Benoît de TRÉGLODÉ

Héros et Révolution au Viêt Nam

1948-1964

L'Harmattan
5-7, rue de l'École-Polytechnique
75005 Paris
FRANCE

L'Harmattan Hongrie
Hargita u. 3
1026 Budapest
HONGRIE

L'Harmattan Italia
Via Bava, 37
10214 Torino
ITALIE

Collection **Recherches Asiatiques**
dirigée par Alain Forest

Dernières parutions

Marie-France LATRONCHE, *L'influence de Gandhi en France*, 1999.
Julien BERJEAUT, *Chinois à Calcutta*, 1999.
Olivier GUILLARD, *Désarmement, coopération et sécurité régionale en Asie du Sud*, 1999.
NGUYÊN TUNG (ED*)*, *Mông Phu, un village du delta du Fleuve Rouge (Viêt Nam)*, 1999.
NGUYÊN THÊ ANH, YOSHIAKI ISHIZAWA (eds), *Commerce et Navigation en Asie du Sud-Est (XIVe-XIXe siècles)*, 1999.
Pierre SINGARAVÉLOU, *L'École française d'Extrême-Orient ou l'institution des marges (1898-1956)*, 1999.
Catherine SERVAN SCHREIBER, *Chanteurs itinérants en Inde du Nord*, 1999.
Éric DÉNÉCÉ, *Géostratégie de la Mer de Chine méridionale et des bassins maritimes adjacents*, 1999.
Françoise CAYRAC-BLANCHARD, Stéphane DOVERT et Frédéric DURAND (eds), *L'Indonésie, un demi-siècle de construction nationale*, 1999.
Michel BODIN, *Les Africains dans la Guerre d'Indochine*, 2000.
Marie-Eve BLANC, Laurence HUSSON, Evelyne MICOLLIER, *Sociétés sud-est asiatiques face au sida*, 2000.
Philippe Le FAILLER, *Monopole et prohibition de l'opium en Indochine*, 2001.
Frédéric MAUREL, *Clefs pour Sunthorn Phu*, 2001.
Anne VAUGIER-CHATTERJEE, *Histoire politique du Pendjab de 1947 à nos jours*, 2001.

Cahier-photos : 1-4 : Agence vietnamienne d'information ;
5-16 Benoît de Tréglodé.

© L'Harmattan, 2001
ISBN : 2-7475-1364-5

à L. A.

VIÊT-NAM

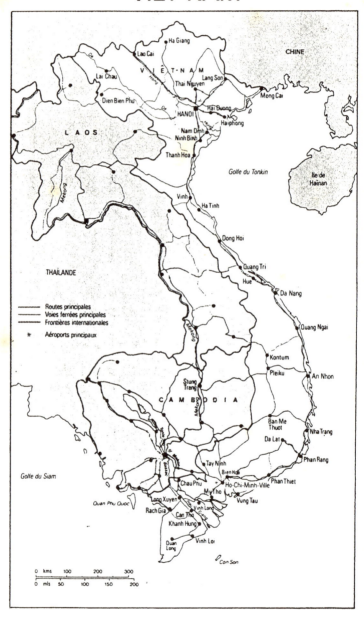

Carte du Viêt Nam

"Peut-être, comme on dit souvent, est-ce là une situation anormale, un pessimisme né de l'impasse de la pensée, d'une vie spirituelle sans espoir. Néanmoins, je crois qu'il est heureux, dans son pèlerinage sans fin vers le passé. Libérée de l'oubli, son âme peut continuer à vivre le printemps des sentiments qui, aujourd'hui, ont disparu, ont vieilli, ont muté. Il reviendra auprès de l'amour, de l'amitié, de la camaraderie, des sentiments qui nous ont aidé à survivre aux mille douleurs de la guerre. J'envie l'inspiration, l'optimisme qui l'attirent dans le passé. Il peut ainsi vivre éternellement les jours, les mois de notre jeunesse. Des jours de douleur, mais aussi de gloire. Des jours où nous savions clairement pourquoi nous devions nous engager dans une guerre, pourquoi nous acceptions de tout supporter, de tout sacrifier. Quand tous, nous étions encore très jeunes, très purs, très sincères".

Bảo Ninh, *Le Chagrin de la guerre*, 1991.

Travaux du Groupe d'études sur le Viêt Nam contemporain.

HISTOIRE ET RÉVOLUTION AU VIÊT NAM

Yves Chevrier

> "Il n'est révolution si prodigieuse qui, décrite de minute en minute, ne se trouvât réduite aux plus petites proportions"[1].

Les héros n'ont pas sauvé le communisme. La nombreuse descendance des Stakhanov et des Lei Feng n'aura pas épargné l'effondrement ou une transformation dénaturante aux régimes fondés par Lénine et Mao. Comment ne pas évoquer, dans le Walhalla du *Crépuscule des Dieux*, l'attente d'un Wotan entouré de guerriers devenus inutiles ? Pourtant, il suffit de rappeler que le marxisme fut le principe d'un système collectif d'action sociale, reposant sur ce que Louis Althusser ne craignait pas d'appeler un "antihumanisme théorique", pour que la symbiose du communisme et de l'héroïsme n'aille plus de soi. Dès lors que les régimes communistes *hic et nunc* produisirent force héros, ne doit-on pas conclure que le ver était dans le fruit ? Ce "ver" n'était autre que l'histoire. Il est devenu banal de le constater : en dépit de leur prétention originaire à dépasser l'histoire qui les portait, les communismes ne purent s'en affranchir ; ils furent

---

[1]. Chateaubriand, *Mémoires d'outre-tombe*, entrée du 3 décembre 1840.

historiques de part en part, dès leurs phases formative et ascendante, avant même celle du déclin[2]. L'héroïsme institutionnalisé fut l'un des nombreux liens qui les rattachaient à l'histoire. Nous avons la chance aujourd'hui de lire sous la plume de Benoît de Tréglodé une belle étude de ce lien dans l'histoire de la formation de la République démocratique du Viêt Nam.

Cruciale pour le devenir des États et des sociétés, la question de l'historicité des communismes ne saurait laisser indifférent l'historien du monde contemporain, en tant précisément qu'il est historien. Car, au-delà des déplacements politiques et idéologiques qu'elle a impliqués et qu'elle implique pour les acteurs politiques et sociaux, elle conduit le spécialiste à s'interroger sur le statut des coupures révolutionnaires dans les pratiques de l'histoire telle qu'elle s'écrit aujourd'hui. Voici donc, à la faveur de cette question d'intérêt général, un rapprochement Viêt Nam-Chine qui ne saurait s'autoriser et ne s'autorise d'aucune autre proximité du préfacier sinologue avec l'univers vietnamien. Il était inévitable que ce regard d'un observateur des mutations du communisme maoïste et de son historiographie, bien qu'il suive une piste ouverte par l'auteur, ne fît guère justice à l'essentiel : à la terre et aux hommes du Viêt Nam, dont on sent l'auteur si proche, par expérience directe et par science.

Ce Viêt Nam n'est plus celui de la révolution et – ou – du mythe révolutionnaire. Ici comme ailleurs, le siècle ne s'est pas arrêté à l'heure voulue. Il ne s'agit cependant pas d'un Viêt Nam moins grand, moins héroïque, moins digne d'enthousiasme. Mais grandeur et héroïsme sont ceux des femmes et des hommes qui vouèrent leur vie à la cause – souvent au sens mortel du terme. C'est à ces humbles, un temps sortis de l'anonymat, que vont l'attention, l'admiration, le souci de l'historien. Il élève sous nos yeux leur Panthéon, un Panthéon de mémoire dans lequel se découvre un double transparent, critique, historique, du Panthéon officiel. Un accès aux archives par force limité l'a rapproché du

---

[2]. Voyez l'introduction de Jean-Luc Domenach dans *Chine : l'archipel oublié*, Paris, Fayard, 1992.

terrain et des hommes : morts dont le souvenir demeure dans les lieux de mémoire disséminés aux quatre coins du pays, vétérans naguère exaltés mais depuis longtemps rendus à l'anonymat du social. Avec une flamme que l'on sent courir sous son texte, B. de Tréglodé est allé à la rencontre de ce passé toujours vivant. Mais il n'a pas voulu se contenter de mettre en scène des témoins. Contrairement à certaines approches des sciences sociales d'aujourd'hui, il ne fait pas œuvre de témoignage, mais d'histoire. Ainsi découvrons-nous, dans un Viêt Nam où la chair, l'os et les cendres se métamorphosent en gloires tutélaires, une histoire du communisme au Viêt Nam et du Viêt Nam dans le communisme qui se déroule, à travers ces vies et ces morts, comme un dessin dont les lignes se chercheraient à mesure qu'avance la main. L'introduction livre la méthode de cette recherche en acte ; mais il faut suivre le parcours entier pour saisir la reconstruction du passé dans son tremblé authentique en même temps que dans la distance qu'instaure l'historien. L'ambition serait à glorifier si, justement, l'histoire n'avait pour mission de produire ces résurrections transfigurées. Saluons quand même la réussite de l'historien !

*

À l'historien sinologue, il revient d'évoquer la façon dont le maoïsme sut faire de l'héroïsme institué un lien utile à tisser entre le communisme universel et la trajectoire historique de la Chine révolutionnaire. Mao et ses militants activistes ne mirent jamais en doute la légitimité d'une incarnation du collectif dans des figures héroïques. L'interrogation de Plekhanov n'avait pas lieu d'être dans leur imaginaire de la révolution, tributaire des lignes de force de la culture politique des révolutionnaires chinois du début du XXe siècle, pour lesquels l'activisme de masse reposait sur la personnalisation de l'action collective, non tant comme symbole que comme principe politique levant toute contradiction fondamentale entre gouvernants et gouvernés, avant-garde activiste et "masse" activée. Ce dispositif excluait les médiations institutionnelles et les corps intermédiaires ; ni la démocratie, ni l'État, au sens où nous entendons ces termes, ne pouvaient y trouver leur compte. Les héros activistes incarnaient une conscience collective qui ne passait pas par l'État institué, et qui n'aboutissait pas en premier lieu à l'institution d'un État, ni même, au reste, à celle d'une nation, au sens étatique du terme. Le résultat, comme en témoigne l'histoire du régime maoïste, fut un collectif politiquement activé dans lequel l'État et la nation n'étaient que des "moments", sans doute indispensables, mais toujours susceptibles d'être dépassés. Ce collectif éminemment politisé était la "révolution ininterrompue", théorisée comme telle après la prise du pouvoir mais présente en acte dans le creuset du maoïsme depuis les années 1940. Le pôle unique et intangible du dispositif était le héros des héros – Mao. Au cœur de cette construction politique particulière se laisse voir une armature banale, jusque et y compris dans l'élaboration d'une histoire symbolique de la Chine révolutionnaire associant une galerie de héros anciens à ceux du présent.

Ce constat pourrait être étendu sans grand risque d'erreur aux autres communismes. L'instrumentalisation d'un patriotisme ou l'incarnation d'une morale publique dans une histoire peuplée de figures singulières en même temps que génériques, loin d'être des traits exclusifs des communismes "historiques", peuvent être considérées comme des emprunts au modèle de l'État-nation moderne, sans que soient négligés pour autant les apports des temps antérieurs aux contraintes de la modernisation et de l'occidentalisation. On mesure la ressource que fut, pour un régime révolutionnaire, la présence d'une dimension héroïque développée dans l'ethos de la société pré-révolutionnaire. L'historien Prasenjit Duara a donné une analyse suggestive de ces phénomènes d'emprunt et du "bricolage" des réactualisations (au sens précis que Lévi-Strauss a donné à ce terme) en insistant sur les tenants pré-modernes et sur les aboutissants modernes de l'élaboration du discours historique en Chine[3]. Ce qui, peut-être,

---

[3]. *Rescuing History from the Nation. Questioning Narratives of Modern China,* Chicago, University of Chicago Press, 1995. L'analyse privilégie

caractérisa davantage le système d'action communiste – je retrouve ici le cas exemplaire du maoïsme –, fut la théâtralisation d'une lutte sociale à résonance directement politique : la guerre de classe ou sa continuation par d'autres moyens et sur d'autres terrains, par exemple sur celui du travail et de la production, eurent leurs héros et héroïnes, comme la guerre révolutionnaire ou la guerre patriotique[4]. Nous quittons ici le domaine symbolique du politique pour entrer dans son élément social. Les distinctions conférées par la reconnaissance de l'héroïsme furent intégrées aux institutions qui structuraient et hiérarchisaient le nouvel ordre social, en y dégageant des groupes-relais, porteurs du message politique du régime en même temps qu'ils étaient la cible de ses largesses. Sans doute, ces distinctions-là furent-elles moins fondamentales que celles qui tenaient à la symbolique essentielle du régime – telle la mythique domination ouvrière, sur laquelle s'articulait la répartition inégale des ressources dans un univers social cloisonné. Sans doute encore, les symboles négatifs de l'exclusion, dont le point focal étaient les institutions de la terreur, jouèrent-ils un rôle plus central. Mais, au sein même de la classe ouvrière, parmi le peuple paysan ou dans l'encadrement, certains individus, activistes ou héros – ils étaient parfois les deux ensemble –, étaient plus égaux que d'autres : ils formaient non point une couche de notables (même petits, même à l'échelle locale), mais le fer de lance du "peuple avancé" qui constituait l'assise sociale du régime, voire l'un des ressorts du "clientélisme institutionnalisé" par lequel Andrew Walder caractérise les grandes lignes de la société industrielle maoïste[5].

---

d'autres thèmes que celui des figures héroïques, qui ne sont qu'épisodiquement évoquées.

[4]. Sur ce dernier point, emblématique et matriciel, voir Kiche Leung, *La Coopération agricole en Chine dans les bases communistes pendant la guerre anti-japonaise (1937-1945)*, thèse de l'EHESS, 1980.

[5]. Andrew G. Walder, *Communist Neotraditionalism. Work and Authority in Chinese Industry*, Berkeley, University of California Press, 1986.

Né d'un mouvement d'émancipation nationale ponctué par deux guerres patriotiques, le communisme vietnamien n'aura pas été avare de figures héroïques. Sachant que ces figures comptaient de longue date dans l'histoire vietnamienne, qu'elles y comptaient au moins autant qu'en Chine et, qui plus est, qu'elles structuraient un imaginaire national dont l'ampleur et la solidité symboliques durent beaucoup aux conflits qui opposèrent les deux puissances, le lecteur ne pourra manquer de conclure que le communisme vietnamien fut saturé d'héroïsme. Cet ouvrage ne le contredira pas. D'autant qu'à ces emprunts au fonds culturel national s'ajoutait la dette contractée envers les modèles héroïques communistes, venus par surcroît et par des moyens différents de deux sources non identiques, Moscou et Pékin. Un historien moins imaginatif eût réduit cette pléthore à un catalogue d'emprunts ; notre auteur en fait le point de départ d'une histoire centrée sur les voies et les voix mêlées de la résistance nationale, de la fondation de l'État et de la révolution. Son discours de la méthode et sa démonstration s'attachent à repérer ces polyphonies dans le parcours des acteurs dits "sociaux" (mais certains participent du politique, d'autres, comme la plupart des héros étudiés, y sont intégrés sans perdre leurs appartenances sociales – et culturelles), à partir des cadres révélateurs que sont l'espace où évoluent ces acteurs, les lieux symboliques où l'action devient sens, et les territoires où sens et action instaurent des pouvoirs. Il n'est pas impossible de déceler dans ces cheminements des logiques de l'action sociale. Au risque d'empiéter sur le domaine vietnamien, je m'y emploierai en rappelant la pente de cette histoire ; elle tient en peu de mots.

*

Deux évolutions la commandent, solidaires l'une de l'autre. L'une est un processus d'identification, grâce auquel les communistes vietnamiens incorporent à leur action de résistance et d'organisation des formules importées d'URSS et de Chine, parmi lesquelles figure en bonne place le moule surhumain de l'homme ou de la femme patriote et révolutionnaire dans lequel est refondue la composante héroïque de l'imaginaire national. Par là, ils se rangent dans le camp communiste tout en se forgeant une nature de communistes. La réorganisation sociale, la construction de l'État, le contrôle territorial, la production économique, l'armée elle-même, tout finit par porter cette marque. Simultanément, pourtant, se dégage une évolution inverse, que l'on pourrait caractériser comme un processus d'imprégnation ou, en jargon, d'"indigénisation" du modèle communiste. Alors que la construction institutionnelle et symbolique du communisme est aisément repérable, puisqu'elle s'affiche en termes de modèles et d'action volontariste, ce second processus n'a rien d'un parcours visible, balisé, auquel une monographie comme celle-ci n'aurait qu'à apporter des ajouts empiriques. Bien au contraire, l'étude de la métamorphose des figures héroïques à travers leur inscription dans la société vietnamienne nous aide à saisir cette chose insaisissable entre toutes qu'est la transformation d'un système d'action sociale en activités de la société.

Contrairement à ce que laisse entendre le mot "indigénisation", cette dynamique ne met pas seulement en jeu des mécanismes culturels de réception et d'appropriation. Elle souligne aussi la marge qui sépare le pouvoir de la société qu'il cherche à transformer en la dominant, et la résorption de cette marge sur certains points stratégiques, lorsque des moyens termes son trouvés, notamment dans la mise en valeur de l'imaginaire héroïque de la nation. Celle-ci apparaît alors comme une construction sinon consensuelle, du moins partagée (n'oublions pas les points de friction que multiplient ou entretiennent les initiatives transformatrices et dominatrices du pouvoir, qui, pour se faire accepter comme âme de la nation, n'en est pas moins un pouvoir révolutionnaire tranchant et un pouvoir d'État contraignant). Quels que soient les enjeux, culturels, sociaux, ou de pouvoirs, et quels que soient les acteurs et les échelles au niveau desquels se nouent ces enjeux, il est difficile de ne pas les ramener à la construction globale du politique dans la société considérée. Selon la logique dominante qui préside à sa construction, le politique portera une marque culturelle, ou sociale, ou nationale, mais il appartient à l'historien d'en retrouver le code et d'identifier les clés des partages. Ceux-ci ont pour trait commun de ne pas mettre en œuvre une confrontation généralisée et organisée qui opposerait le peuple et sa culture au pouvoir et à son modèle (ou à son système) de société et d'idéologie ; les voies et les voix que j'évoquais plus haut se mêlent à travers une infinité de décrochements, derrière lesquels se devinent des résistances, de l'inertie, des divergences et même de simples aléas – toute la part anonyme, inconsistante, inconstante et non orientée de l'histoire, dont on retrouve la présence au niveau même des acteurs et des appareils qui prétendent lui imprimer une direction ferme pour la changer.

Nous voyons par là qu'il est vain d'opposer un cadre politique ou idéologique qui serait porteur d'un projet artificiel à des contenus sociaux, culturels ou historiques, qui résisteraient à ce projet. Le politique fait figure de social et évolue dans le culturel, même s'il reste le politique ; la société, la culture, n'existent pas indépendamment de lui, quels que soient les écarts. C'est pourquoi il me semble préférable d'éclairer l'analyse historique à la lumière des logiques de l'action sociale, de systèmes d'action ou d'activités de la société, plutôt que des entités – État, société, culture – qui résultent de l'interaction de ces logiques. Si la dissémination de l'action sociale favorise les partages que nous avons évoqués, en sens inverse, cependant, la volonté politique n'est pas étrangère à ces partages. On peut y lire, avec l'auteur, à la fois l'autonomisation en acte d'un communisme national par rapport aux centres porteurs de légitimité symbolique et de pouvoir internationaliste, et le consentement du centre de pouvoir vietnamien à l'appropriation de la formule importée par des périphéries territoriales, organisationnelles et sociales au Viêt Nam même. Ainsi, le pouvoir révolutionnaire compose-t-il avec l'ancien monde, sans se décomposer, pour le plus grand bien de l'unité du territoire qu'il agrandit sans cesse ; il parvient à centraliser l'espace politique qu'il domine grâce à la réactivation des symboles nationaux de la continuité historique et de la centralisation de l'État. Au bout du compte, les concepts opératoires du communisme ne sont pas devenus producteurs exclusifs, ni même dominants du lien social ; le liant culturel l'a emporté, mais le nouveau pouvoir s'est solidement enraciné. L'histoire a pris la relève... de l'histoire.

Rien ne dit que ce double parcours soit propre à l'histoire du communisme vietnamien. À partir d'autres sujets, des études en ont repéré les logiques croisées, notamment dans l'univers chinois[6]. J'écrivais en commençant que les communismes n'échappent pas à l'histoire. J'ajouterais volontiers, sur la foi du cas chinois, que cette histoire n'est pas spécifiquement celle du communisme, ni même celle de l'État-nation moderne d'Occident ; sans doute appartient-elle aussi au registre plus large et plus ancien de ce que l'on pourrait appeler les formations étatiques continuées[7]. Ce qui surprend ici est la brièveté du trajet. Le cheminement fut-il bref parce que le communisme, dans le Viêt Nam en guerre, était un patriotisme à peine déguisé ? Parce que ses formes spécifiques – ce que j'appelais plus haut son système d'action, ou sa nature de communisme – y étaient peu affirmées, et son emprise sur la société particulièrement mince ? La longue tradition héroïque de l'imaginaire national exerçait-elle une attraction plus immédiate ? Ou bien encore, n'est-ce pas le regard de l'historien qui confère ce tour direct et rapide au cheminement vietnamien – pour simplifier, du politique au culturel, de l'arrachement à l'enracinement –, alors que les ruptures sociales, les chocs frontaux, ne sont plus d'actualité, ni dans l'histoire du Viêt Nam, ni dans l'histoire qu'écrivent les

---

[6]. Y. Chevrier, "Tenants of the house : privatisation de l'État et construction du politique", in B. Hibou (éd.), *La Privatisation des États*, Paris, Karthala, 1999, pp. 323-393. Le vieux débat sur la part du communisme et du nationalisme dans la révolution maoïste pourrait être revisité – et dépassé – en ce sens.

[7]. Y. Chevrier, "L'Empire distendu : esquisse du politique en Chine des Qing à Deng Xiaoping", in J.F. Bayard (éd.), *La Greffe de l'État*, Paris, Karthala, 1996, pp. 262-395.

historiens d'aujourd'hui ? Que reste-t-il de la révolution, que reste-t-il du communisme, une fois proclamée leur historicité ?

*

Qu'il me soit permis de m'arrêter à ces questions. Notre auteur ne les dédaigne pas, mais ses regards vont ailleurs : il lui suffit d'indiquer, en ouverture, que les vieux couples conceptuels qui ont nom communisme et nationalisme, histoire et culture, tradition et modernité, ne sont pas pertinents dans l'histoire qu'il écrit. S'inscrivant au plus près des cheminements obscurs, là où, d'emblée les trajectoires individuelles mêlent les répertoires de l'action sociale et des représentations collectives, cette histoire favorise les voix anonymes du social plutôt que les voies royales du discours classique sur l'histoire. Il serait commode, mais erroné, d'en déduire que l'accent mis sur l'espace, sur les lieux symboliques et sur les territoires, favorise la dimension spatiale au détriment du temps et réduit la révolution à l'insignifiance. Le temps, tout d'abord, s'impose (comment ne le ferait-il pas ?), mais son inévitable ascendant se résout en fragments discontinus qui tordent le cou au récit linéaire et à l'analyse chronologique chers aux classiques. La révolution, quant à elle, se disperse à travers ses acteurs, dans ses aléas, qui ne sont pas uniquement ceux de la guérilla. Avec eux – car elle n'est d'abord qu'eux avant d'être reconstruite avec toute la superbe et l'omniscience qui conviennent –, elle bégaie, tâtonne, décide à l'emporte-pièce. Nous la suivons, au chapitre II, de capitales en pays lointains, sur les traces d'agents de liaison incertains, en quête de modèles qui lui permettront de s'ancrer fermement dans une "identité". Devenu passe-partout, ce mot retrouve son sens premier (est identique ce qui ne change pas) dans l'acception qui en fait ici la clé ultime d'une construction politique, mais à condition d'y voir, plutôt qu'une réalité première, une volonté politiquement et socialement habitée grâce aux partages auxquels elle consent (cette construction distingue une telle volonté d'un mythe fabriqué ou d'une imposition unidimensionnelle sur le social).

Que les acteurs sociaux aient été "souvent absents", ou "passifs" et "soumis à la volonté du grand Léviathan qui les englobait tous"[8], autrement dit qu'ils aient participé ou non à ce processus politique et qu'ils s'y soient reconnus sans le dévier, ou au contraire en se l'appropriant, à quelles échelles et à quels niveaux de l'action, c'est là un faisceau de questions qui s'éclairent à la lumière des logiques sociales complexes et croisées que nous avons repérées, étant entendu que ces croisements définissent des macro-ensembles politiquement organisés et porteurs de sens, quels que soient les ingrédients et les clés de la construction. Cette approche me semble être à même de rendre compte des phénomènes historiques de grande ampleur – communisme ou révolution, par exemple – sans renoncer à l'analyse fine et critique qui les "déconstruit" par ailleurs. J'y reviendrai donc en concluant ces réflexions. Retenons pour le moment, à partir du rôle que l'auteur accorde aux acteurs de la révolution, un trait important du regard qu'il porte sur elle, dans le temps, c'est-à-dire dans son histoire. Cette histoire, précisément, montre que c'est dans l'espace aussi bien que dans le temps qu'elle échoue d'emblée à être ce qu'elle prétend être et qu'elle devient assurément, dans son idéologie, ainsi que dans un certain type de discours peu ou prou lié à l'autonomisation moderne de la conscience historique, avant que le moment actuel ne remette en cause ses prétentions : une forme parfaitement maîtrisée, à défaut d'être harmonieuse, de l'action collective. L'historien d'aujourd'hui ne peut éviter de la regarder par les dessous ; il l'aplatit, la rapetisse, fait éclater les coutures que ses idéologues s'acharnent à dissimuler dans son étoffe, n'ignore pas son unité ni sa grandeur, mais les situe à des étages particuliers de l'action globale qu'il analyse, sans en faire la substance même de l'histoire.

---

[8]. J. Revel, "Micro-analyse et construction du social", in *Jeux d'échelles. La Micro-analyse à l'expérience* (sous la direction de J. Revel), Hautes Études/Gallimard/Le Seuil, 1996, p. 28.

Le Chateaubriand désabusé qui écrit des Trois glorieuses la phrase que l'on a lue en exergue devance nos regards, si opposés à celui de Michelet. Telle est la Némésis du métier d'historien, voué à n'être qu'une simple pratique scientifique, à l'opposé de l'histoire conçue dans la perspective d'une construction étatique, révolutionnaire et/ou nationale. Notre temps est particulièrement sensible à cette dualité de l'être historique, puisqu'il nous échoit de témoigner de l'historicité des grands ensembles construits – États nationaux, États révolutionnaires – que nos devanciers pouvaient à bon droit tenir pour substantiels. L'historien, et plus encore notre contemporain que celui d'hier, est-il réduit à juxtaposer des fragments d'un discours historique ? Que fera-t-il, alors, du fait non moins avéré que les sociétés sont aussi, en dépit des apparences, des ensembles construits ? Et que dire de ce que j'appelais plus haut la volonté politique, des ruptures, des violences qui en procèdent, autant que des alliances et des partages auxquels, certes, elle consent ? Ces constructions mettent en œuvre les jeux de pouvoirs, les institutions, le classement et le mouvement du social, et bien d'autres facteurs, réductibles ou non à des acteurs sociaux ou à des contenus culturels : les sciences sociales ne s'efforcent-elles pas d'en dresser la liste et d'en comprendre les articulations ?[9] L'analyse de B. de Tréglodé n'est pas centrée sur des domaines de l'action communiste qui, éventuellement, témoigneraient de ruptures, ou de clivages accusés, telle la construction de l'État ou la réorganisation du social. Se voulant l'historien des porteurs de l'héroïsme institué, dont la glorification ne fit pas des figures de premier plan, ni des vecteurs historiques nettement orientés, n'était-il pas condamné à inscrire cette histoire entre l'éclatement et la continuité ? Il échappe heureusement à ce piège en privilégiant l'analyse d'un élément constitutif de l'éclatement aussi bien que de la continuité et de l'unité, dans un registre de l'action qui n'est pas le culturel seul. Cet élément, auquel sont réservées quelques-unes des pages

---

[9]. À titre d'exemple récent et stimulant, cf. *L'Enquête ontologique : du mode d'existence des objets sociaux*, publié sous la direction de P. Livet et R. Ogien (Paris, Éditions de l'EHESS, 2000).

les plus fortes et les plus originales du livre, est la constitution de territoires – espaces géographiques, institutionnels et symboliques – reliés entre eux à travers des échelles diverses et convergeant dans le Panthéon des héros. L'espace redevient ici temps, le politique se fait histoire.

*

L'ouvrage, certes, ne prétend pas aller jusqu'à cette conclusion de portée générale. Mais l'historien peut difficilement éviter la question du sens de cette histoire – d'une orientation qui, peut-être, ne serait pas celle de la fusion symbolique, et qui situerait les trajectoires mêlées des acteurs, où se mélangent éléments révolutionnaires et patriotiques, culture traditionnelle et ferments de politisation, dans un contexte où les ruptures, la violence, et la redistribution économique, bref, les ingrédients non symboliques d'une domination et d'une transformation de la société, dessinent une voie ferme et font entendre une voix… univoque. Somme toute, la démonstration convaincante sur la dissémination du communisme dans l'histoire et sur ce que l'on pourrait appeler, au sens propre, ses voies et voix équivoques, appelle la réciproque, sur l'univocité. De là deux questions. Certains aspects, allons jusqu'à dire certains facteurs, ne l'ont-ils pas emporté sur les autres à certains moments, le caractère systématique de l'action sociale n'a-t-il pas d'abord prévalu contre sa dispersion sociale et culturelle ? Si l'on veut éviter de conférer à cette interprétation en termes d'action et de réaction un caractère à la fois trop schématique (l'action serait politique, la réaction culturelle) et trop conventionnellement chronologique ou causal, une deuxième interrogation paraît légitime. Si les logiques de l'action sociale interagissent non en termes de destruction ou d'effacement (de l'ancien régime, de la tradition, par le communisme et la modernité, quitte à admettre une érosion ultérieure des seconds provoquant un "retour" des premiers), mais de mise en contexte ou d'enchâssement, n'y a-t-il pas place, dans une histoire revisitée des communismes, pour la mise en évidence de conjonctures –

mettons, provisoirement, de hautes et de basses eaux –, qui seraient différenciées par le repérage du caractère enchâssant ou enchâssé des éléments constitutifs de l'action sociale, compte tenu de ses échelles et de ses étagements ?

Il y aurait là matière à réflexion pour une histoire, notamment celle des révolutions, du communisme et des mouvements sociaux, qui n'aurait pas à choisir entre la négation ou le remplacement du social par le culturel, et la reconstitution d'univers historiques indifférents aux trajectoires et à la mémoire des acteurs sociaux. J'esquissais plus haut des questions comparatistes en évoquant un cheminement du communisme au Viêt Nam entre un moment qui serait politique et un autre qui serait identitaire, et en m'interrogeant sur la brièveté de ce trajet. L'interaction permanente de l'identitaire et du politique (pour faire bref) ne rend pas insignifiante cette idée d'une trajectoire, non plus que la possibilité de la confronter à celle du communisme en Chine. Car cette interaction et sa permanence apparaissent de plus en plus comme une dimension fondamentale de la Chine maoïste aussi bien que post-maoïste, grâce à des travaux qui bouleversent quelque peu la vision que nous avions des années cinquante ou soixante. Il n'en reste pas moins qu'en Chine, comme au Viêt Nam, se dégage une chronologie de l'action sociale dont les périodes sont marquées par des changements dans la configuration des logiques sociales plutôt que par leur disparition et par leur remplacement. Dans cette perspective-là, les années cinquante et soixante restent caractérisées par l'ascendant du système d'action maoïste, même si la "grande érosion" diagnostiquée par Jean-Luc Domenach à partir de l'histoire de l'appareil répressif est déjà à l'œuvre[10]. Les

---

[10]. Il est vraisemblable qu'un accès aux archives du régime conduirait à relativiser la prégnance du modèle communiste dans le lien social bien avant les années 1970 et la période des réformes, comme c'est le cas pour l'URSS stalinienne. Mais il est non moins vrai que si les archives de l'ex-URSS révèlent un État stalinien moins présent dans le pays qu'on ne le pensait, elles montrent aussi que cet État maîtrisait le terrain

comparaisons historiques conservent donc leur sens et leur utilité, y compris les comparaisons "internes", qui posent le difficile problème de l'articulation des durées, notamment lorsqu'il s'agit de situer un phénomène comme le communisme par rapport à une émergence ou dans une continuité. Pris dans ses durées propres – celles que commandent les caractères dominants de l'interaction sociale à un moment donné –, le phénomène communiste ne serait plus interprétable comme une rupture ou comme une continuité, comme une coalition sociale ou comme une construction symbolique ; il serait les deux à la fois, l'évolution historique faisant varier les rapports entre les entrées du code que l'historien aurait à charge de décrypter dans son intégralité. Il y aurait donc rupture *puis* continuité, dans une continuation historique ininterrompue.

Cette manière de voir nous renvoie à l'idée que j'ai introduite plus haut d'un codage mutuel des logiques sociales, idée qu'il faut compléter par l'existence d'un code dominant à un moment donné. Qu'un code se configure *à un moment plutôt qu'à un autre*, et qu'il soit possible à l'historien de le déchiffrer comme le code de ce moment-là, tout en explorant ses modifications et leurs conséquences – par exemple, le fait, documenté dans cet ouvrage, qu'un phénomène de rupture socialement construit puisse se transformer en phénomène de continuité dont la clé serait une construction symbolique –, voilà ce qui, sans doute, fera toujours de l'ambition historienne celle d'une science des objets sociaux construits, et de l'histoire une reconstruction des durées différentes qui enveloppent ces constructions et en modifient les lois.

S'interroger de la sorte ne revient pas à restaurer une approche dépassée de l'histoire, en renonçant à ses acquis sociologiques et anthropologiques, ni au point de vue éminemment critique et contemporain qui relativise quelque peu la pérennité de ses repères conventionnels. Mais de ce que les moyens et les questionnements de l'histoire changent, s'ensuit-il que sa grande

---

par le contrôle qu'il exerçait sur les domaines stratégiques de l'action sociale (notamment le domaine symbolique).

ambition doive être abandonnée ? Si nous voulons éviter qu'il en soit ainsi, il faudra que les historiens fassent acte de compréhension et de générosité intellectuelle, afin de tenir ensemble les termes construits et déconstruits de leur approche. C'est à cette condition seulement que l'historien pourra continuer de prétendre à la résurrection transfigurée du passé. L'histoire telle que l'écrivent certains des meilleurs historiens d'aujourd'hui est-elle libre de se donner cette ampleur – celle qu'un Braudel, en son temps, sut conférer à sa *Méditerranée* ? Elle possède en tout cas une force expérimentale. Ces expériences préparent l'avenir du métier, parce qu'elles nous incitent à reformuler les vieilles questions, même si, parfois, elles les bousculent ou en oublient le bien-fondé. N'attendons pas une future nouvelle génération – celle pour laquelle le communisme, ses révolutions, ses constructions étatiques et nationales, ne seront pas un mort proche, mais une réalité historique – pour redécouvrir cette part-là de la réalité.

Introduction

> "...Quand ce qui se passe sous nos yeux même donne lieu aux rumeurs les plus trompeuses, à plus forte raison en est-il ainsi dans le cas d'un pays situé par-delà huit épaisseurs de nuées blanches".
>
> Ueda Akinari
> (1732-1809)

Le 2 mai 1952, alors qu'il s'apprêtait à gravir les marches de l'estrade lui faisant face, La Văn Cầu se répétait les vers que Võ Nguyên Giáp venait de lui attribuer, *"La Văn Cầu, lá cờ đầu phong trào thi đua, giết giặc lập công"* (La Văn Cầu, bannière du mouvement d'émulation, d'une émulation pour vaincre l'ennemi, pour accomplir des performances)[1]. Il savait que dans un instant, là, sur l'estrade, le président Hô lui remettrait le premier titre de "héros nouveau" (anh hùng mới) dans l'histoire de la République démocratique du Việt Nam. Il repensait à Lũng Đình, son village, perdu aux confins de la province de Cao Bằng, à ce bras qu'il avait sacrifié dans le carnage de Đông Khê à l'automne 1950. "Héros", héros de la nation vietnamienne, lui le petit Tày qui savait à peine lire et écrire, les cadres du régime le comparaient déjà à Lý Thường Kiệt, Trần Hưng Đạo ou Phan Đình Phùng.

Dans les collines de la province de Tuyên Quang, en ces premières journées de mai 1952, les dirigeants de la République

---

[1]. Entretien avec La Văn Cầu, Héros des forces armées (1952), Hà Nội, 3.2.1996.

démocratique du Viêt Nam (RDVN) réunis célébraient, non sans un certain faste, les mérites et le dévouement de dizaines de combattants d'émulation (chiến sĩ thi đua) avant d'attribuer à sept d'entre eux, La Văn Cầu, Nguyễn Quốc Trị, Nguyễn thị Chiên, Trần Đại Nghĩa, Ngô Gia Khảm, Hoàng Hanh et le martyr Cù Chính Lan, le titre de "héros des forces armées" (anh hùng lực lượng vũ trang) ou de "héros du travail" (anh hùng lao động)[2]. De 1948, date du lancement du premier mouvement d'émulation, à 1964, à la veille de la guerre contre le régime du Sud Viêt Nam, la République du Việt Bắc élabora une classification réactualisée de l'exemplarité patriotique. "Travailleurs d'avant-garde", "combattants d'émulation" et "héros nouveaux" formaient les rangs d'une nouvelle "société exemplaire" où la vertu politique faisait office de principe de mobilisation populaire. Ce travail se présente comme une étude monographique sur une élite productiviste et politique présente, souvent en nombre, dans les bourgs et les campagnes du territoire nord-vietnamien. De 1950 à 1964, la RDVN a décerné les titres de "héros nouveau" et de "combattant d'émulation" à respectivement 148 et près de 100 000 personnalités. Il convient non seulement de comprendre les principes de ce phénomène, mais aussi les pratiques sociales et les représentations collectives qui lui furent liées, en même temps que l'évolution de ces réalités dans le temps, un temps durant lequel le communisme vietnamien dut être le constructeur d'un État et l'inventeur d'une nouvelle société, en même temps que l'auteur d'une révolution.

Pour saisir ce qui est en jeu, il s'agit d'abord de se détacher de la dénomination et de l'existence individuelle de ces nouveaux acteurs sociaux pour se confronter aux catégories élaborées dans le cadre des études sur la remodélisation des sociétés. Une première approche est suggérée par la façon dont la sinologue

---

[2]. Đại hội toàn quốc chiến sĩ thi đua và cán bộ gương mẫu (họp từ 1.5.1952 đến 6.5.1952 tại Việt Bắc), in AVN3 (Archives nationales de la République socialiste du Viêt Nam, centre n°3), BLĐ (fonds du ministère du Travail), dossier n°432, 529 pages.

Susan L. Shirk distingue trois types de gouvernabilité, la méritocratie, la féodocratie et la virtuocratie des trois principes de l'autorité selon Max Weber[3]. Dans ce dernier système, la distribution de titres, brevets et décorations, basée sur la vertu des membres de la communauté, joue un rôle-clé dans la stratégie du pouvoir. Il y puise sa capacité à transformer le social, son emprise sur la population, et cela, dans l'espoir d'accroître sa légitimité et en fin de compte, sa consolidation politique. On s'attend à trouver de tels réflexes aux époques traditionnelles et dans le monde confucianisé. De fait, la discipline, l'éducation et la moralité peuvent être considérées dans le monde sinisé comme y constituant les trois piliers d'une "société exemplaire"[4]. Mais, bien au-delà, un régime révolutionnaire qui vise à la transformation morale de la société par l'octroi de récompenses et de décorations aux meilleurs de ses sujets peut être appelé une virtuocratie. Le problème est de savoir si cela relève de la substance ou de l'accident : s'il s'agit d'un phénomène central ou périphérique, par rapport au projet du régime, et par rapport au réel social qui découle de la rencontre entre ce projet et des continuités historiques que le pouvoir n'est pas en mesure de rompre ou de transformer totalement.

La République démocratique du Viêt Nam était un régime de type virtuocratique. Dès son avènement en septembre 1945, les hommes du Việt Bắc ont lutté pour offrir aux classes anciennement opprimées une place à part dans le nouveau système. Il ne s'agissait pas simplement de substituer à "l'ancien régime collaborateur" le règne des nouveaux maîtres du pouvoir, mais plutôt de repenser globalement les critères de reconstruction d'une ère politique, ou même plus encore, d'un nouveau lien

---

[3]. S.L. Shirk, *Competitive Comrades – Career Incentitives and Student Strategies in China*, Berkeley, University of California Press, 1982, pp. 9-10.

[4]. B. Bakken, *The Exemplary Society. Human Improvement, Social Control and the Danger of Modernity in China*, Oxford, Oxford University Press, 2000.

social. L'égalitarisme d'un système virtuocratique s'établit dans la négation ou la réparation d'une injustice passée. C'est à partir de la confrontation entre l'échec d'une compromission d'hier et l'idéal obligé de l'instant, que la notion de modèle, ou de modélisation, de l'homme du pouvoir nouveau s'est naturellement imposée dans les sociétés sinisées. Les garants de la vertu s'octroyèrent la responsabilité de façonner, puis de guider les premiers pas d'un "homme exemplaire" à même de réformer la société de l'intérieur. L'arrivée au pouvoir d'un gouvernement révolutionnaire quels que soient sa nature et ses référents idéologiques, s'accompagne invariablement d'une tentative de transformation du groupe par une prise de contrôle de la distribution des honneurs et la célébration des membres exemplaires.

En considérant l'aspect virtuocratique comme essentiel, nous n'avons pourtant nullement envisagé de nous enfermer dans un domaine strictement symbolique, dont la suprématie serait de surcroît légitimée par la tradition confucianiste. L'importance qu'a revêtue l'exemplarité héroïque dans la construction du communisme vietnamien est aussi la conséquence des particularités du contexte social et politique dans lequel cette construction s'est effectuée, aux antipodes de l'univers urbain et internationaliste rêvé par Marx et dans lequel Lénine lui-même put inscrire son action. Le Viêt Nam communiste offre en effet la particularité d'être né d'une guerre nationale prolongée et non d'une révolution sociale, au sein d'une société agraire faiblement urbanisée et fortement confucéanisée. Ces caractéristiques, qui rapprochent sa genèse de celle du pouvoir communiste chinois dans les années 1930-1940, sans effacer d'importantes différences (la nature coloniale du pouvoir politique pré-révolutionnaire, l'existence d'une transition nationale fortement structurée autour des symboles héroïques, justement), ont été abondamment étudiées et discutées, dans leur agencement comme dans leurs conséquences. Nous n'y reviendrons pas. Nous avons préféré montrer que l'élaboration du modèle héroïque national par le régime communiste vietnamien dépendait d'abord du besoin de légitimité et d'identité du nouveau pouvoir politique. Ce besoin s'est exprimé de deux façons, sur le front extérieur et sur le front intérieur. À l'extérieur, le mouvement conduit par Hô Chí Minh dut satisfaire aux critères d'une reconnaissance internationaliste, devenue centrale pour la stratégie qu'ils adoptèrent au début des années 1950. Ce processus d'identification au système communiste international mit à contribution des symboles, mais fut aussi traversé de tensions proprement politiques. C'est dire qu'il ne fut aucunement "neutre", pas plus au regard du choix des symboles que dans la sélection des filiations, russe ou chinoise. À ce processus d'identification internationaliste s'est superposé un processus identitaire autocentré, constitué d'une stratégie de légitimation s'appuyant sur des symboles forts du nationalisme vietnamien, et du devenir de cette stratégie au contact du réel social. Accepter une telle vision des choses revient à contredire les railleurs ou autres thuriféraires de la figure de "l'homme nouveau" dans l'histoire du mouvement communiste international.

De nombreux auteurs ont dénié l'importance de ces "êtres émérites" dans la formation identitaire du nouveau régime vietnamien. Parce qu'il s'agissait d'un modèle d'importation, d'origine internationaliste russe et chinoise, ils ont fait figure de pièces rapportées face à la réalité plus substantielle des héros nationaux attestés dans la longue histoire nationale du Viêt Nam. Pourtant, la nouvelle figure morale et politique qu'ils incarnaient n'a pas manqué sinon de dialoguer, du moins d'entrer en composition avec celle qu'avait campée la tradition. Cette congruence a fait naître une immense possibilité de discours pour l'historien. Alors que le "héros nouveau" a souvent polarisé l'affrontement entre ceux qui s'acharnent coûte que coûte à délimiter les espaces respectifs du nationalisme et du communisme dans l'idéologie d'État de la RDVN, nous avons souhaité d'emblée nous situer en dehors de ce schéma d'opposition. Séparer le nationalisme du communisme dans les pays du Tiers-Monde n'est en effet guère pertinent. Une telle distinction derrière laquelle se tient celle qui oppose le culturel à l'idéologique, relève davantage de la rhétorique, si ce n'est de l'idéologie elle même, que de la réalité. L'arrivée du "héros nouveau" dans les collines de Tuyên Quang en mai 1952 ne s'est pas voulue, vue de l'intérieur, en complète rupture avec l'histoire nationale vietnamienne. Toutefois l'enchaînement historique est indirect. "Vu de Hà Nội", le héros ne correspondait pas à son pendant aperçu depuis les bourgs et les villages du pays. Comment rendre compte de cette dualité ?

La genèse de "l'homme exemplaire" témoigne d'un présupposé intentionnaliste. Alors que l'historiographie d'État affirme que le "héros nouveau" est le fruit d'une "terre héroïque", nous pensons à l'inverse que la naissance de la figure héroïque est à chercher dans une décision politique, ordonnée à une fin, suivant Saint Thomas d'Aquin pour qui "l'intention désigne un acte de volonté par lequel la raison ordonne quelque chose à sa fin". Loin de nier l'existence de destins héroïques dans l'histoire vietnamienne, une approche intentionnaliste présuppose l'appréhension de la question du communisme en tant que problème technique plutôt qu'en termes philosophiques ou éthiques. La construction de l'homme nouveau en RDVN a surtout relevé d'une nécessité organisationnelle. L'essentiel se trouvait moins dans l'élaboration d'une conception du matérialisme pour influencer les esprits que dans la recherche de moyens pour organiser la matière. La viabilité du communisme était avant tout technique. L'émulation du nouvel "officier méritant" n'était pas seulement perçue comme une invention du communisme mais servait aussi à pérenniser une tradition qui recourait depuis des siècles aux récits héroïques dans l'éducation du peuple.

Il ne s'agit pas de séparer l'intention, ou l'intervention du pouvoir, qui serait d'inspiration exogène et de provenance extérieure au social, de la réception de cette intention par la société, et de ses réactions, qui façonneraient une réalité "endogène" ou "indigène". Autrement dit, il apparaît nécessaire de surmonter des distinctions analytiques, entre communisme et nationalisme, pouvoir et société, qui s'avèrent largement factices eu égard aux réalités considérées. La réélaboration de la figure héroïque fabriquée par le pouvoir est tout aussi bien une socialisation du politique qu'une politisation du social, selon un moyen terme ancré dans la tradition nationale, autour duquel le pouvoir et la société ont pu se rencontrer et accepter de se retrouver, en dépit d'écarts parfois considérables. Nous avons choisi de conclure notre travail sur la dimension culturelle de cette histoire à partir des éléments que nos chapitres auront apportés en faveur d'une "indigénisation" de la figure héroïque. Toutefois soulignons, à titre de préalable méthodologique, qu'une problématique de l'interculturalité ne se réduit pas à du pur symbolique, et ne nous fait nullement perdre de vue le terrain social et politique sur lequel cette histoire s'est jouée.

Nous touchons ici à une deuxième problématique des rapports entre pouvoir et société dans la restructuration du social par les pouvoirs révolutionnaires et/ou totalitaires. Il s'agit de relativiser l'isolement, ou l'extranéité, de ce qui serait une action rationnelle orchestrée en fonction d'un but (la *Zweckrationalität* de Max Weber), ou la "fabrication" analysée par Hannah Arendt[5], et d'abandonner le schéma d'évolution linéaire qu'implique ce genre de schéma. H. Arendt développe celui de l'"action sociale", en montrant que toute action d'acteurs sociaux, fût-ce par l'action politique, par essence intentionnelle, d'acteurs révolutionnaires ou totalitaires, par essence volontaristes et "rationnels", est une composition dans son déroulement même : composition d'action et de réaction, d'information, d'intérêts, de conflits, de symboles[6]. Situant son analyse au niveau de ce que le maoïsme eut de plus tranchant, le système de la terreur et de l'enfermement, Jean-Luc Domenach a montré comment ce système s'écartait d'emblée de

---

[5]. H. Arendt, *La Crise de la culture*, Paris, Gallimard, 1996, p. 81.

[6]. "L'action humaine, projetée dans un tissu de relations où se trouvent poursuivies des fins multiples et opposées, n'accomplit presque jamais son intention originelle ; aucun acte ne peut jamais être reconnu par son auteur comme le sien avec la même certitude heureuse qu'une œuvre de n'importe quelle espèce par son auteur.", in *Ibid.*, p. 107.

son épure et évoluait du fait même que, pratique politique traversant des pratiques sociales, il était lui aussi traversé par des pratiques sociales[7]. Au cœur de ce travail, il y a l'idée selon laquelle le processus social engendré par l'émergence d'une élite de la vertu, est devenu un moteur de la réforme sociale. En d'autres termes, le "héros nouveau" et le "combattant d'émulation" au Nord Viêt Nam ont été à l'origine d'une réévaluation, si ce n'est en fin de compte d'une refonte, des liens sociaux et non pas du groupe dans son ensemble, comme le prétendent les tenants de l'approche idéologique du communisme. Comme l'a montré Andrew G. Walder à propos du cas chinois, l'établissement de régimes communistes dans le monde sinisé, a conduit ces pays à échanger "une loyauté politique contre une délivrance systématique de facilités de carrière, de préférences matérielles, et autres faveurs que les dirigeants dans ces sociétés sont seulement à même de proposer"[8]. Ce que le sinologue américain appelle le "Néo-traditionalisme", décrit la réalité de régimes politiques où l'accent est d'abord mis sur la recomposition d'un lien social autour des valeurs de loyauté et de mérite politique des "hommes exemplaires". Plus qu'une forme spécifique, plus qu'un rapport essentiel à la forme, une étude du nouvel "officier méritant" nord-vietnamien se heurte indirectement à la question centrale de la confrontation entre culture et idéologie.

Cela ne signifie pas, évidemment, que ces domaines d'analyse soient à opposer ou à différencier dès lors que l'on quitte le niveau auquel leur efficacité particulière est mise en lumière. Une tentative de modélisation de la société prend appui sur l'ensemble de ces éléments constitutifs ; à l'apport idéologique correspond inévitablement une grille de lecture culturelle. Opérer une distinction à ce niveau relèverait de la pure abstraction. En

---

[7]. J.L. Domenach, *Chine, l'archipel oublié*, Paris, Fayard, 1992 (introduction).

[8]. A. G. Walder, *Communist Neo-traditionalism. Work and Authority in chinese Industry*, Berkeley, University of California Press, 1988, p. 6.

insistant sur ce point, il ne s'agit pas de privilégier la part du déterminisme culturel dans l'endogénisation de la figure héroïque d'importation en RDVN, mais seulement de noter que l'adaptation du "héros nouveau" à la réalité vietnamienne s'avère une question récurrente dans notre réflexion. Le nouvel "officier méritant" n'est pas un objet isolé. Sa modernité tient sans doute davantage de la modification de l'héritage transmis que de la simple acceptation d'un modèle exogène. Accepter d'appréhender dans sa longue durée la figure du héros dans la société vietnamienne, ce n'est pas forcément s'opposer à l'introduction d'une rupture présupposée par les tenants d'une approche idéologique. Une telle vision dualiste de l'histoire éclate quand on procède à une confrontation avec les faits. La nouveauté du phénomène résulterait en fait plutôt de l'addition de ces deux extrémités. Au Viêt Nam, l'élaboration de la "nouvelle société" (xã hội mới) a parfois plus ressemblé à une réaction conservatrice contre l'influence grandissante d'une modernité véhiculée par la colonisation française. En se montrant attentif à l'enchaînement des situations concrètes, la rupture de la fin des années 1940, dans laquelle s'engouffraient les réflexions sur l'homme nouveau, témoignait pourtant davantage d'une tentative de la RDVN pour "réasiatiser" la notion de politique ébranlée par la généralisation d'une modernité occidentale.

La question n'en reste pas moins présente du positionnement de la figure du "héros nouveau" dans la linéarité de l'histoire nationale. Cet ouvrage se propose d'observer la gestation et l'enfantement de ces "diplômés de la RDVN" dans le cadre de leurs activités de tous les jours. Nous avons souhaité une histoire "vue d'en bas", et cela même si le héros doit avant tout être analysé comme point d'intersection entre le centre et la périphérie. Nous nous sommes donc penché sur une population, longtemps ignorée de l'histoire, non de la révolution, mais constituée de paysans, prolétaires et petits fonctionnaires.

Auparavant, écrivait François Furet, "la notion de classes subalternes évoquait avant tout une idée de quantité et d'anonymat"⁹. Mais la multitude de ces "vies minuscules" a trouvé un interlocuteur, un "faiseur d'histoire", en la personne de l'État. La véritable question n'était pas de s'interroger sur la véracité ou la fausseté de la biographie d'une "vie héroïque" ni sur le processus institutionnel de son avènement, mais plutôt, en aval, sur l'ancrage culturel du "héros" dans la société vietnamienne, ainsi que sur la description de la vie quotidienne de ces nouveaux acteurs de l'historiographie d'État. En d'autres termes, au-delà de l'inconsistance chronique ou du stéréotype du livre de vie de ces "êtres exemplaires", l'amplification et la résonance de leurs *faits d'armes* a projeté dans les campagnes l'idéal théâtocratique du nouveau régime nord-vietnamien. Par ce biais, la RDVN assumait sa volonté de maîtriser les règles de la vie quotidienne des hommes en collectivité. Le héros permettait à l'État de mieux commander le réel par l'emploi d'un imaginaire-canevas, guide naturel parce qu'ancestral, de la réorganisation du politique. Une nouvelle fois, la prépondérance des aspects culturels renvoie à l'évanescence du phénomène révolutionnaire selon la définition "moderne" de la révolution.

Le drame de toute composition tient au fait que "toute société est toujours en devenir, jamais achevée et que son unité n'est pas réalisée sinon dans l'image qu'impose le pouvoir dominant, prétentions et prescriptions jamais entièrement conformes à la réalité vécue"¹⁰. Cette remarque, qui fait précisément écho à la vision arendtienne de l'action sociale, incite à cerner une autre réalité : celle qui tend à séparer la perception d'un phénomène par les acteurs à l'appréhension de sa réalité par le chercheur. La dimension imaginée ou recréée du "héros nouveau" éclairait les zones d'ombres de son existence réelle, la banalité de son quotidien à l'exigence d'un égalitarisme idéologique. La croyance en un phénomène est un élément à part entière de sa réalité.

---

[9]. F. Furet, "Pour une définition des classes inférieures à l'époque moderne", in *Annales ESC*, Paris, 18 (3), 1963, pp. 459-474.

[10]. G. Balandier, *Le Pouvoir sur scènes*, Paris, Balland, 1992.

L'évacuer au nom d'une prétendue scientificité de l'histoire serait une erreur.

Nous parlions plus haut de "rencontre entre le pouvoir et la société" en termes culturels. Il faut se garder toutefois d'accorder une importance excessive à ce terme. Les deux visages du "héros nouveau" soliloquèrent plus qu'ils ne dialoguèrent vraiment. Récepteur de ce nouveau discours politique, le peuple semblait parfois étranger à la réorganisation spectaculaire de la vie sociale voulue par l'État et basée sur une vision du monde, une cosmogonie idéologique, traduite en œuvre et en pratique. La fonctionnalité politique du "héros nouveau" traduisait une volonté d'unification de la communauté nationale en s'appuyant sur le fait que son apparente banalité maintenait les petites gens dans l'illusion d'un "État par et pour le peuple". Pourtant, l'historien ne peut retenir de l'irruption de ce nouvel acteur sur la scène sociale que l'écume d'une simple manipulation politique. À la différence de la Chine maoïste, l'intention de commander le réel par l'imaginaire du mythe héroïque n'a pas conduit l'État nord-vietnamien à concevoir le héros à la seule lumière de son immortalité civique. Alors que dans les sociétés communistes le mort héroïque disparaît comme individu derrière la signification politique de sa vie (*cf.* le mythe de Lei Feng en RPC), l'"homme exemplaire" au Viêt Nam affiche la normalité de son quotidien, en confirmant l'idée de Montesquieu selon laquelle "pour faire de grandes choses, il ne faut pas être au-dessus des hommes ; il faut être avec eux"[11].

Les nouveaux "officiers méritants" de la RDVN sont des représentants du peuple, des hommes du quotidien d'une société centrée sur la terre et ses travaux. L'institutionnalisation du communisme a brisé l'anonymat de la classe. Loin d'être une étude de la reconstruction d'existences selon les idéalités modernes du politique et de la ville, la question du "héros nouveau" est avant tout un problème paysan au Viêt Nam. Il

---

[11]. Cité par J.C. Bonnet, *Naissance du panthéon. Essai sur le culte des grands hommes*, Paris, Fayard, 1998.

s'agit d'existences réelles signées par des noms, des dates et des lieux, derrières lesquels se trouvaient toujours "des hommes qui ont vécu et qui sont morts, des souffrances, des méchancetés, des jalousies, des vociférations"[12]. Le verbe de l'"homme exemplaire", collecté et retranscrit, est un matériau parfois imprécis ou idéalisé, souvent emprunté si ce n'est suggéré par le pouvoir, mais la simplicité de ces mots n'est pourtant pas synonyme de fausseté, de mensonge ou d'injustice. Ils évoquent une époque où l'utopie d'un socialisme de résistance se confond avec le souvenir d'une jeunesse évanouie depuis lors et témoignent d'une rencontre entre le destin simple de familles élues par le pouvoir et l'administration officielle des honneurs.

Nous avons voulu, en somme, rassembler quelques rudiments pour une "vie rêvée de ces hommes obscurs" à partir de leurs mots. "Vie rêvée" en effet, parce que la retranscription d'un discours, près d'un demi-siècle après les faits, provoque régulièrement une certaine équivoque entre le fictif et le réel. L'imaginaire pourtant n'est peut-être rien d'autre que la somme de ce qu'on dit. En outre, le manque de formation intellectuelle de ces "hommes exemplaires" excluait souvent une capacité à l'introspection critique. C'est là un autre trait de la vie de l'"homme nouveau" au Viêt Nam. Son existence le cantonnait à ses rapports avec le pouvoir : une vie qui, comme si elle n'avait pas existé, ne trouvait de logique qu'à travers la lecture que voulait bien en offrir l'État. La prise de pouvoir sur l'ordinaire de la vie modifia le rapport à la mémoire individuelle d'êtres auparavant dépourvus de toute existence officielle. Le souvenir individuel se perdait dans les étapes fondatrices d'un avènement sacralisé par l'appareil bureaucratique national (décoration, promotion, mutation, etc.). Avec le temps, cette confusion entre les domaines privé et public ne manqua pas de modifier leur façon de pénétrer dans l'intimité de leur passé.

---

[12]. M. Foucault, "La Vie des hommes infâmes", in *Les Cahiers du chemin*, n°29, 15.1.1977, pp. 12-29. Rééditié in *Ibid.*, *Dits et écrits 1954-1988*, tome III, Paris, Gallimard, 1994, p. 239.

Thomas Carlyle a écrit que "l'histoire est l'essence d'innombrables biographies"[13] ; les ruptures, les effacements, les oublis et les croisements du discours du "héros nouveau" participent en effet de la reconstruction du passé. La spécificité de l'"homme exemplaire" en tant qu'objet sociologique, c'est à dire comme réalité sociale incarnée dans une culture, tient à l'ambiguïté entretenue par un pouvoir qui n'a jamais voulu réellement l'anéantir mais seulement le réorienter, le guider sur la voie d'une nouvelle vertu civique. Son verbe donne donc naissance à une possibilité réduite de discours, induit par la prégnance des directives gouvernementales. Sans omettre l'aspect rêvé, construit, certains diront manipulé, que dégage une première approche de ces "vies minuscules", la simplicité, ou la sincérité, de leur évocation instaure un effet de vérité reconnaissable comme tel. De là le double rapport, à l'histoire de la République démocratique du Viêt Nam et à la biographie individuelle, que revêt cette étude. Un travail sur le "héros nouveau" et le "combattant d'émulation" n'est pas un moyen de revenir sur la chronologie politique et sociale de l'histoire de la RDVN, mais davantage une perspective autonome capable d'éclairer de l'intérieur cette dernière.

Si, en règle générale, la vie de tous les jours de l'homme nouveau nord-vietnamien n'accédait au discours que traversée et transfigurée par l'exploit productiviste et militaire, dans un même temps, afin de fonctionner comme leçon et comme exemple, l'héroïsme nouveau s'installait dans une dimension de proximité. L'ancrage géographique de la nouvelle figure héroïque conserve une grande importance. Apparemment national, le "héros nouveau" a en fait été amené dès son avènement en 1952 à remplir une fonction de relais entre le centre et sa périphérie, en d'autres termes à permettre la consolidation, si ce n'est l'émergence, d'un espace politique, au sens premier du terme. À partir du moment où la logique qui semblait renforcer le

---

[13]. T. Carlyle, "On History", in *Critical and Miscellaneous Essays*, vol. II, Londres, Chapman & Hall, 1869, p. 255.

contingent des "hommes exemplaires" de la RDVN possédait une dimension géographique, l'appréhension de la question du héros nécessitait une approche décentralisée. Les mots de l'homme exemplaire nord-vietnamien parlent sans équivoque d'une généralisation, et donc d'un enracinement, du discours d'État dans le local. Pour que quelque chose parvienne jusqu'à nous, il a fallu écouter et observer à la base, et par là nous entendons loin du centre du pouvoir, les paroles et les gestes de paysans, prolétaires, petits fonctionnaires et factotums locaux, à qui un jour, l'État central accorda un certificat de mérite, conscient de bouleverser à jamais un ancien ordre des choses.

La dimension locale du phénomène nous a amené à prendre en compte la réalité de trois districts du Nord Viêt Nam aux conditions naturelles, historiques, ethniques et religieuses très différentes : Nguyên Bình dans la province de Cao Bằng, Thuận Thành dans le Hà Bắc et Quỳnh Lưu dans le Nghệ An. La volonté d'une lecture provinciale de la question du "héros nouveau" s'est imposée naturellement. On a souvent écrit que la "révolution Việt Minh" était une révolution paysanne. Or, on sait que le recrutement des principaux cadres du mouvement s'est surtout effectué dans les villes, et la campagne s'est davantage avérée un terrain de conquête des esprits pour le nouveau régime qui y trouvait en retour une forte légitimité politique. La rupture occasionnée fut de remettre en cause la pérennité de l'ancien principe de l'autonomie villageoise sous couvert du centralisme démocratique. Dans ce contexte, le "héros nouveau" symbolisait l'abandon d'une extranéité du centre qui était constitutive de l'ancien régime.

Il ne s'agit donc pas plus d'enfermer le local dans du strictement local que le quotidien du héros dans une "pure" individualité. Dans une telle perspective, le recours au local n'avait pas comme objectif la recherche d'une communauté isolée, autonome, longtemps revendiquée pour l'expérimentation abstraite des historiens et des ethnologues. Alors que Claude Lévi-Strauss voyait un moyen de retrouver "l'authenticité" de l'Autre en limitant l'étude à des isolats (village, quartier, ethnie etc.)[14], une prise en compte de la réalité des "diplômés de la RDVN" excluait toute approche monographique ou micro-historique. Il s'agit de penser la figure du "héros nouveau" à travers la combinaison de deux échelles de grandeur, en instaurant un permanent va-et-vient entre l'échelle locale et la dimension nationale. L'intérêt de ce schéma méthodologique est qu'il recherche l'explication de la dynamique d'un corps en constante mutation. C'est dans cette dynamique que s'enchaînent les aspects que sépareraient d'autres approches : le politique, le social, le culturel, comme le national et le communiste. Le nouvel "officier méritant" s'imposa au Nord Viêt Nam afin de satisfaire aux critères d'une reconnaissance internationaliste ; issu d'un modèle d'importation, il dut se fondre dans un cadre culturel distinct afin d'asseoir sa légitimité ; il se voulait le symbole d'une mutation identitaire pour l'extérieur tout en devenant l'expression d'une continuité au sein de la communauté.

Comprendre le rôle du "héros nouveau" au Nord Viêt Nam nécessite un regard à l'échelle de la commune, de la province ou de l'État mais aussi à l'extérieur de ses frontières, plus près de Moscou que de Pékin. L'étude du "héros nouveau" ne pouvait servir d'alibi à l'écriture d'une histoire politique du régime qui le généra au cours de la période choisie (1948-1964).

En faisant du corps et des mots de l'homme nouveau le noyau central de notre étude, le plan thématique s'est très vite imposé. Alors que les deux premiers chapitres s'interrogent successivement sur les raisons, endogènes puis exogènes, de l'arrivée du "héros nouveau" dans les montagnes du Viêt Bắc, nous avons choisi par la suite d'observer les contours et l'inscription sur le territoire de l'homme nouveau dans les années 1950, avant de revenir sur l'évolution et les répercussions du phénomène dans l'affect et l'imaginaire de la conscience nationale du régime communiste vietnamien. Il s'agissait donc d'abord de replacer la figure héroïque vietnamienne dans la longue durée. Nous sommes parti à la recherche de la perception

---

[14]. C. Lévi-Strauss, *Anthropologie structurale*, Plon, Paris, 1958, p. 400.

de l'image du héros dans les textes de l'ancienne historiographie d'État vietnamienne, nous heurtant finalement à la rupture surgie des écrits du libre-penseur et patriote du début du siècle, Phan Bôi Châu (chapitre I). L'imbrication et la singularité de cette double dimension du "héros nouveau" nous a amené à observer comment la nouvelle historiographie d'État avait fait sienne son nouvel objet. Concrétiser un tel objectif revenait en fin de compte, à redonner une place importante aux concepts vernaculaires utilisés par les idéologues et intellectuels de la RDVN. Le travail qui consiste à redessiner les contours d'univers anciens, sans se livrer à une réelle critique des sources, peut, il est vrai, être sujet à caution. Et pourtant, prétendre engager un descriptif de l'existence du "héros nouveau" ou du "combattant d'émulation" sans s'attarder sur les mots qui le désignent et qui le structurent de l'intérieur même de cette communauté, comporte des risques plus grands encore.

Dans un second temps, la figure de l'homme nouveau semblait bel et bien exogène par rapport à une série de conceptions ancestrales issues d'une tradition sinisée. Objet d'importation, le "héros nouveau" en apparaissant sur l'estrade de la conférence de Tuyên Quang en mai 1952, disposait d'une histoire de son avènement. L'idée nous est venue de reprendre à rebours le chemin de l'arrivée dans les collines de Tuyên Quang de la nouvelle figure héroïque vietnamienne (chapitre II). Ce qui pouvait prendre soudain l'aspect d'un détour, de Bangkok à Hong Kong, de Shanghai à Pékin en passant par Moscou, Prague, ou le centre de la Suisse, entamait pourtant le portrait, en apparence distant ou énigmatique parfois, du nouvel acteur de la communauté du Việt Bắc. Histoire diplomatique certes, où soudain l'événement dans son détail, vise à réinsérer dans la chronologie de notre étude un personnage à la réalité tout à la fois culturelle et politique. Une fois présentée cette dimension extérieure, le lancement en juin 1948 de la première campagne d'émulation patriotique, et davantage encore sa réforme au cours du premier semestre de l'année 1950, introduisent une grille de lecture mieux adaptée à la compréhension du phénomène et de ses liens de dépendance. Le "héros nouveau" est né d'une émulation qui invoquait dès son origine ce rattachement à l'appareil institutionnel du monde communiste (chapitre III).

Présenter les paroles de l'historiographie d'État et une chronologie de son avènement nous a semblé un préalable nécessaire à la description des "travaux et des jours" de notre "homme nouveau" (chapitre IV et V). Nous avons ainsi constaté que dans le quotidien du peuple vietnamien, le discours sur le héros sous-entendait l'adoption d'une nouvelle vertu civique souvent plus concrète que les seuls critères d'obtention de ce titre d'honneur. Mais comment comprendre ensuite la valeur de cette mobilisation de masse si l'on n'a pas à l'esprit la réalité quotidienne de ces "hommes émérites" ? Le récit que nous proposons laisse donc une grande part aux mots et aux gestes de ces nouveaux "officiers méritants". Nous avons essayé, en les surprenant dans leur quotidien, de les confronter régulièrement aux écrits officiels qui prétendent les cerner. Pour que quelque chose de réel parvienne jusqu'à nous, il nous a semblé utile de généraliser la confrontation de ces données.

Enfin, après l'étude des origines et celle du quotidien de l'homme nouveau, nous abordons une autre facette de son intégration dans la société nord-vietnamienne. Bien que le "héros nouveau" d'origine internationaliste fût une personnalité en activité, son étude nous amena à prendre en compte la vie des morts illustres dans une perspective accordant au martyr national (liệt sĩ tổ quốc) une position de double culturel du nouveau héros patriotique (chapitre VI). Nous montrons que, passée la concession formaliste à l'internationalisme prolétarien, la figure du martyr national se mit à offrir un visage traditionnel à même également de protéger et de mobiliser la communauté nationale. Or, à partir d'un moment qu'on peut situer au lendemain de la victoire de la RDVN à Điện Biên Phủ, ce mécanisme s'est trouvé débordé par un processus plus global. La prise de pouvoir sur la vie d'un défunt illustre conduit l'Etat d'une part à repenser la place de ses figures anciennes et d'autre part à accorder souvent au "héros nouveau" disparu une vénération conforme aux principes ancestraux (chapitre VII). Il convenait alors de revenir sur la façon dont la nouvelle figure héroïque, cette fois-ci abordée comme objet de représentation, participa à la reconstruction d'un imaginaire patriotique national. Pour évoquer cette vie rêvée du héros nouveau, nous avons souhaité suivre sa descente dans le village en tant qu'outil de propagande (chapitre VIII). Il nous est apparu intéressant de distinguer ce niveau d'existence de l'homme exemplaire de ceux que nous avons présentés ci-dessus. Accepter une telle vision des choses, une semblable redistribution des rôles, revenait finalement à admettre qu'en dehors de l'existence réelle de nos "vies minuscules", "les acteurs sociaux sont souvent massivement absents, ou encore ils sont passifs et ils se sont soumis, historiquement, à la volonté du grand Léviathan qui les englobait tous"[15]. L'exploitation de la nouvelle figure héroïque dans le discours national nous a permis, en effet, d'étudier en dernier lieu la réactualisation du panthéon politique national. La vénération du "héros nouveau" avait indirectement suscité l'émergence d'un réseau de références identitaires, mettant à jour le plan d'ensemble d'une nouvelle mémoire collective. Il nous semble nécessaire d'ajouter que notre travail d'historien est naturellement un essai de reconstruction. Il se produit parfois dans le traitement des sources, et dans la complexité de leur interprétation dans le cas de la réalité des pays communistes, un effet de disparate ou de malentendu. Or, par souci et respect pour ceux que nous avons fait parler, pour ceux qui nous ont fait confiance, nous reconnaissons au préalable que toutes les erreurs de cette recherche, qu'elles soient factuelles ou interprétatives, sont naturellement nôtres.

Nous tenons enfin à rendre hommage à la mémoire du Professeur Denys Lombard sans qui ce travail n'aurait pu aboutir. Nous adressons par ailleurs nos plus vifs remerciements à

---

[15]. J. Revel, "Micro-analyse et construction du social", in *Jeux d'échelles. La micro-analyse à l'expérience* (sous la direction de J. Revel), Hautes Études/Gallimard/Le Seuil, 1996, p. 28.

l'ensemble de ceux qui nous ont accompagné au cours de ces années. En France, à Jean-Luc Domenach, Yves Chevrier, Nguyễn Thế Anh, Daniel Hemery, Pierre Brocheux. Au Viêt Nam, s'il est impossible de citer tous ceux qui nous ont encouragé par leur amitié et leurs conseils, nous tenons à évoquer en ces lignes les Professeurs Phan Ngọc, Hoàng Cao Cương, Hoàng Văn Hành et Bùi Đình Thanh ainsi que Messieurs Nguyễn Văn Sự, Phan Thế Hồng, Hoàng Nguyên, Mã A Lĩnh et Mai Nam Thắng et au centre de l'École française d'Extrême-Orient de Hanoi, à Philippe Papin, Trần thị Lan Anh, ainsi que Nguyễn Văn Trường, Vũ thị Mai Anh, Lê thị Thu Hắng et Trịnh Anh Tú. Ailleurs, nous remercions encore le Centre d'Études Vietnamiennes et l'Académie des Sciences à Moscou, et plus spécialement Vladimir I. Antochtchenko, Anatoli A. Sokolov et Paul Noujain ; le Collegium Budapest en souvenir de Ferenc et Vera Erös, le Nordic Institute of Asian Studies de Copenhague, le Center of Asian Studies à Amsterdam (IIAS) et la Maison des Sciences de l'Homme à Paris. Enfin, nous devons aussi beaucoup à l'amitié, l'expérience et la profonde connaissance de la réalité vietnamienne de Messieurs John Kleinen, Stein Tønnesson, Ben Kerkvliet et Christopher E. Goscha. Nos plus vifs remerciements s'adressent enfin à Serge François, responsable en ces années du bureau de formation des Français à l'étranger du ministère des Affaires étrangères, et à la croisée de ces chemins, à Boris Lojkine, George Mack, Arnaud Le Brusq, Diane Masson et Cyril Lapointe.

Chapitre I
De l'héroïsme au Viêt Nam

"Où était l'homme nouveau ? Le troisième jour, il avait posé abruptement la question à son guide. L'homme nouveau ? lui avait répondu l'autre, un peu surpris. Mais ce sont ces gens que vous voyez autour de vous, au café, dans la rue. Voilà les hommes nouveaux ! Ils déambulaient sur le grand boulevard de Tirana et Krams se sentait floué. Tu excuseras mon franc-parler, avait-il dit à son accompagnateur en lui désignant du menton les passants, mais ces gens-là peuvent être baptisés comme tu voudras, sauf d'hommes nouveaux ! — Ah ? s'était borné à répondre l'autre. — Cette façon de s'habiller, avait poursuivi Krams, ces gestes des garçons, ces regards des filles, je ne sais comment les qualifier... L'autre avait ri : Ce sont des gestes d'humains, avait-il riposté, ce sont de simples regards humains. Pourquoi auraient-ils besoin d'une autre définition ?"

Ismail Kadaré [1]

Le thème de la continuité a toujours habité la civilisation vietnamienne. Le communisme "a réussi à se fondre avec succès dans les éléments de la culture vietnamienne afin de mettre en place les bases d'un nouveau régime politique dans le pays"[2]. Au Viêt Nam, penser la nouvelle figure héroïque ne revendique ni rupture ni rejet de l'ancien "héros historique". Dès les années 1960, l'historiographie officielle a fait de Hô Chí Minh le

---

[1]. Ismail Kadaré, *Le Concert*, Fayard, Paris, 1988, pp. 240-241.
[2]. J.K. Whitmore, "Communism and History in Vietnam", in William S. Turley dir., *Vietnamese Communism in Comparative Perspective*, Boulder, Westview Press, 1980, p. 14.

successeur naturel des ancêtres héroïques[3]. Les "hommes remarquables" dans la tradition vietnamienne participent à la définition de leur époque et sont intégrés à un ordre social censé assurer l'harmonie de la communauté. La figure héroïque conservait son rôle de garant d'un rapport ancestral du citoyen à la "terre des ancêtres" (Tổ quốc).

Le héros dans le Viêt Nam traditionnel

L'un des aspects de la civilisation chinoise que l'on retrouve chez les Vietnamiens est la croyance que "les hommes naissent inégaux en talent"[4]. En conséquence, la notion de différence sociale, et nous entendons par là la capacité ou l'incapacité des individus à tenir une certaine place dans la société, était inhérente à l'idée d'ordre social. Les trois relations essentielles à la pérennité de l'harmonie socio-politique étaient la loyauté du bureaucrate envers l'empereur, l'obéissance du fils à son père et la soumission de la femme à son mari. La société se construisait sur une organisation verticale des différences sociales, à travers l'application des principes confucéens de la hiérarchie. La généralisation de ce principe des trois relations affirmait en paradigme la soumission de l'inférieur à son supérieur de manière à assurer la cohésion de l'ensemble social. Les relations sociales entre les membres de la communauté étaient hiérarchiques. La responsabilité de chacun dépendait de son positionnement au sein du groupe. Le devoir de l'homme était marqué par son respect de l'ordre social (tôn ti trật tự), principe moteur de l'organisation confucéenne.

La hiérarchisation de la communauté vietnamienne ne générait pas pour autant de l'inégalité. Si les hommes naissaient inégaux,

---

[3]. Võ Nguyên Gíap, *Banner of the People's War. The Party's Military Line*, New York, Praeger, 1970. Lê Duẩn, "Revolution is the work of the Masses" (1958), in Trần Văn Đình dir., *This Nation and Socialism are one*, Chicago, Vanguard Books, 1976.
[4]. A. Woodside, *Vietnam and the Chinese Model*, Cambridge, Harvard UP, 1971, p. 10.

ils se révélaient aussi inégaux en devoirs. La plus grande responsabilité du "supérieur" était de se présenter comme un modèle de vertu à son peuple. Il lui revenait par l'exemple de mettre en pratique dans son quotidien les vertus de loyauté, de piété, de don de soi au groupe etc. afin d'inculquer aux "inférieurs" les valeurs constitutives de la communauté. Un proverbe rappelle que "si les supérieurs ne sont pas exemplaires vis-à-vis de leurs inférieurs, alors ces derniers ne vivront jamais dans l'ordre". Le héros dans la communauté occupait cette position supérieure marquée du sceau de sa vertu. Il se distinguait de la figure du père de famille ou de celle du chef de l'État par le lien constitutif qu'il entretenait à la "terre des ancêtres" : "Dans l'histoire de notre pays, dans les activités de notre peuple, il convient de comprendre l'héroïsme comme la conséquence du patriotisme. Enlever l'élément de l'amour pour la patrie du concept d'héroïsme le priverait de tout son sens. En d'autres termes, l'amour pour la patrie est le terreau de l'héroïsme vietnamien, le patriotisme parvenu à un tel niveau de développement devient de l'héroïsme."[5] Le héros entretient une relation de hiérarchie avec une abstraction, le "pays des ancêtres". L'idée de patrie constitue le corps et l'esprit du héros.

Depuis des siècles, le pouvoir politique a honoré les meilleurs de ses sujets. Le héros était un baromètre de la vertu patriotique. Il se rattachait au territoire national par un lien filial. L'historiographie de la figure héroïque affirmait ce lien hiérarchique. Le descriptif d'une existence héroïque insistait peu sur l'aspect biographique du héros, mais se contentait de situer son existence à la frontière du personnel et du collectif. On préférait traditionnellement une lecture générique et impersonnelle. Le héros intégrait un ordre social sur ses marges. L'autorité politique était reconnue juste lorsqu'elle participait à la défense du territoire national. Le héros partageait cette légitimité en occupant la position que la société attendait de lui, il offrait son corps à l'abstraction d'une entité politique, en retour, la patrie

---

[5]. Trần Văn Giàu, *Giá trị tinh thần truyền thống của dân tộc*, Hà Nội, nxb Khoa học xã hội, 1980, p. 182.

participait à sa définition. Elle le créait. Le héros était le meilleur serviteur du pays. Il était l'inférieur d'une essence supérieure. La population reconnaissait cette sujétion de l'"homme exemplaire" à la collectivité. En guise d'hommage, elle acceptait de vénérer la figure héroïque afin de rétablir une parité de l'échange symbolique à la base de l'harmonie dans une société confucéenne.

La notion "d'amour pour la patrie" (*yêu nước* ou *ái quốc* en sino-vietnamien) se confondait avec l'expression de la "fidélité" (trung) qui signifiait davantage une loyauté individuelle envers le roi, la famille ou un proche. Le concept de nation s'imposa récemment et ne se satisfaisait pas du seul lien à l'espace physique du territoire. La frontière politique s'affirma tardivement en Asie du Sud-Est[6]. La Terre des ancêtres recherchait une pérennité dans la sphère surnaturelle où "l'esprit miraculeux des rivières et des montagnes" (hồn thiêng sống núi) posait les limites de l'espace national[7]. L'esprit des éléments dans la mythologie nationale marquait la genèse des hommes et des femmes indomptables. L'âme des générations de héros qui vécurent et moururent sur cette terre achevait de la sacraliser. Pour avoir hébergé ces héros, la terre vietnamienne était sacrée (địa linh), son peuple, héroïque depuis la nuit des temps. La protection de l'âme des héros de cet âge mythique était à l'origine de l'attachement du peuple vietnamien à sa terre. Quitter son sol revenait à rompre le lien filial qui rattachait l'homme à ses ancêtres héroïques. Il devenait *de facto* difficile de distinguer le national de l'individuel, du familial ou du communal dans les profondeurs de ce patrimoine ancestral. Tous ces éléments se mélangeaient dans une complexité constitutive de l'identité nationale.

---

[6]. C. Goscha, *Vietnam or Indochina ? Contesting Concepts of Space in Vietnamese Nationalism, 1887-1954*, Copenhague, NIAS books, 1995.

[7]. Pham Cao Duong, "Comments on The Vietnamese Sense of the Past by John K. Whitmore", in *The Việt Nam Forum*, Yale university, n°1, hiver-printemps 1983, p. 13.

Le héros enserré dans l'espace et le temps de ce passé mythique définissait à lui seul l'esprit de son époque. De sa fusion avec les éléments naturels, le héros mythique était représentation de l'identité nationale : "Ces héros, qu'ils soient mythiques ou historiques, se traduisaient en pouvoir spirituel et rejoignaient les rangs des figures de culte qui parsemaient le paysage vietnamien et participaient ainsi à le définir."[8] La légende rappelle que l'ancêtre du peuple vietnamien était le dragon Lạc Long Quân. L'omniprésence de la référence au héros national était conséquente à une constante homologie entre la figure héroïque et la nation.

Les communistes nord-vietnamiens ont préféré quant à eux évoquer la continuité de l'Esprit national (tinh thần dân tộc)[9] plutôt que celle de l'"âme vietnamienne", mais le mythe des 4 000 ans d'histoire (4 000 năm lịch sử Việt Nam) confirmait le besoin de rattachement à cet héritage héroïque. Le Parti communiste indochinois (PCI) se présentait comme le descendant direct des héros de l'histoire nationale[10]. La figure héroïque concentrait l'essence du caractère national. Il n'y avait pas de patriotisme sans héros, ni de héros sans patriotisme. Le culte des héros mythiques participait naturellement au marquage de l'espace physique du territoire national. Ils avaient lutté siècle après siècle pour la défense de ces parcelles de terre et par là même se retrouvaient éternellement associés à sa pérennité[11]. La

---

[8]. J. K. Whitmore, "The Vietnamese Sense of the Past", in *Ibid.*, p. 8.

[9]. "Chérir les héros, étudier et les prendre en exemple est une tradition qui se transmet de génération en génération au Việt Nam. De Lý Thường Kiệt, Trần Hưng Đạo en passant par Lê Lợi, Nguyễn Trãi, Quang Trung à Hồ Chí Minh, notre peuple se réfère aux héros afin d'étudier leurs mérites, leur modèle et d'essayer de les dépasser". cf. Vũ Khiêu, "Về truyền thống Anh hùng của dân tộc ta", in *Ibid.*, *Anh hùng và Nghệ sĩ*, Tp Hồ Chí Minh, nxb văn học, 1975, p. 134.

[10]. Vũ Hồng, "Sự ra đời của Đảng và bước ngoặt lịch sử của chủ nghĩa anh hùng", in *Học tập*, Hà Nội, n°4, 1967, pp. 75-81.

[11]. "Quand des hommes et des femmes meurent en martyrs pour le pays, les montagnes et les rivières transforment la bonté de leur existence en esprit. Et le soleil et la lune en brilleront de tout leur éclat". Citation d'un couplet d'une sentence parallèle dédiée à Trương Công Định (1820-

croyance en cette fusion de l'homme exemplaire à l'espace physique du territoire est un élément-clé de la culture nationale. Si l'héroïsme des anciens avait permis à la "terre des ancêtres" de résister à une sinisation absolue de sa civilisation, alors l'homme d'aujourd'hui devait se montrer à la hauteur d'un tel patrimoine. Le mythe de l'origine héroïque de la "nation vietnamienne" reviendra obsessionnellement dans la rhétorique politique du régime communiste. Au lendemain de la victoire de Điện Biên Phủ, la relecture des personnages historiques élaborée par la République démocratique du Viêt Nam avait comme objectif d'insuffler la force de cet "Esprit national" dans les corps de ses "hommes nouveaux".

Dans le Viêt Nam pré-communiste, le héros national était à lui seul une représentation de la terre des ancêtres dans le quotidien des villageois. Le fondement de la légitimité de l'autorité politique nécessitait l'élaboration généalogique d'une continuité dynastique. Cette dernière se manifestait par l'invocation des ancêtres glorieux de l'équipe au pouvoir. Il s'agissait de bien les connaître[12]. L'homme et l'État recherchaient dans la personnalité de l'ancêtre héroïque, mythique ou historique, la forme et le devenir d'une continuité historique source d'identité.

Le pouvoir politique vietnamien s'appuyait depuis des siècles sur ce principe pour produire une historiographie d'État qui mettait à l'honneur une descendance richement nourrie en figures héroïques. Outre une abondante production de livres d'histoire récapitulant les grandes heures des dynasties nationales, l'historiographie d'État comptait de nombreux ouvrages dédiés aux vies héroïques des "sujets loyaux, dévoués et bienfaiteurs de la patrie". Le plus célèbre d'entre eux fut rédigé par Lý Tế Xuyên en 1329 : *Les Pouvoirs spirituels du royaume Viêt* (Việt điện u linh tập). On y trouvait une série de biographies des "esprits

---

1864), patriote sud-vietnamien qui s'était levé contre les Français. Cité in Phạm Cao Dương, *op. cit.*, p. 13.

[12]. P. Langlet, *L'ancienne historiographie d'État au Vietnam*, Tome I : *Raisons d'être, conditions d'élaboration et caractères au siècle des Nguyễn*, Paris, PEFEO, 1990, p. 16.

exemplaires" de l'antiquité jusqu'au début du XIVe siècle[13]. Tous avaient participé à la diffusion de l'esprit et de la tradition du peuple vietnamien. L'État incitait la population à en vénérer le modèle. Chaque nouvel empereur réactualisait à son profit la liste des ancêtres héroïques du pays. Au XVe siècle les huit volumes biographiques du *Lĩnh Nam Chích Quái* (Récits merveilleux du pays du Sud) recensaient "les personnages ayant rendu des services dans la fondation et la défense du pays, dans la protection du peuple"[14]. En 1623, Phạm Phi Kiến publiait le *Nam Thiên Trung Nghĩa Bảo Lục* (Présentation de la fidélité et de la juste cause du pays du Sud) consacré aux grands hommes dévoués à la patrie sous les dynasties des Đinh, Lí, Trần et Lê postérieurs[15]. En 1771, le lettré Hồng Cầm Hoàng rédigea un vaste recueil de poèmes intitulé *Danh Tích Thi Tập* (Recueil des renommées illustres) consacré principalement aux "combattants pour la juste cause" et "hommes extraordinaires" de la "terre des ancêtres" etc.

Les figures héroïques nationales ne représentaient pas seulement un exemple, un modèle pour le représentant de l'État mais "une source constamment active de sa vie, de son pouvoir, de sa réussite, de la perpétuité de la dynastie en vue du bien du peuple"[16]. C'est dans ce lien au pouvoir qu'il convient d'analyser

---

[13]. Légendaire des souverains, des sujets loyaux et dévoués et des génies bienfaiteurs du pays, le *Việt điện u linh tạp* fut réédité en 1919 avec trois récits supplémentaires de Nguyễn Văn Chất sur les sœurs Trưng, Thanh Đông, Phạm Ngũ Lão, Từ Đạo Hạnh, Nguyễn Minh Không et Trần Hưng Đạo. *cf.* Trần Nghĩa, F. Gros dir. (Viện nghiên cứu Hán Nôm và Học Viện Viễn Đông Bác cổ Pháp), *Catalogue des livres de Han Nôm*, tome III, Hà Nội, nxb Khoa học xã hội, 1993, pp. 586-588.

[14]. Les quatre premiers volumes ont été rédigés par Vũ Quỳnh entre 1478 et 1492. Les lettrés Trần Thế Pháp et Kiều Phú en poursuivirent ensuite la rédaction. *cf.* Trần Nghĩa, F. Gros dir., *Ibid.*, tome II, pp. 206-207.

[15]. Notamment Nguyễn Điền, Nguyễn Bặc, Lê Phụng Hiểu, Trần Nguyên Hãn, Trần Quốc Tuấn, Trương Phu Duyệt, Lê Quýnh, Nguyễn Viết Triệu, Trần Danh Án etc. *cf. Ibid.*, pp. 353-354.

[16]. Nguyễn Thế Anh, "La conception de la monarchie divine dans le Viêt Nam traditionnel", in *BEFEO*, Paris, tome LXXXIV, 1997, p. 157.

la fonction du héros dans la civilisation vietnamienne. Philippe Langlet dans son étude sur l'historiographie d'État de la dynastie des Nguyễn (1802-1945) a décrit l'utilisation de ce culte des ancêtres héroïques dans l'affirmation de la majesté dynastique[17]. Le personnage héroïque au Viêt Nam était d'abord un "officier méritant" auquel rendait hommage la dynastie au pouvoir. Les biographies des Officiers de Loyauté Illustres (hiển trung chư thần liệt truyện) offraient la liste des "hommes exemplaires" avec l'énumération des mérites justifiant le choix. Il fallait entretenir la fidélité et encourager l'ardeur des serviteurs de l'État afin de renforcer la stabilité des institutions, d'où l'organisation d'un culte officiel sous la responsabilité du ministère des Rites (bộ lễ) à leur intention.

En 1790, Nguyễn Phước Ánh (Gia Long) avait fait établir une liste des "officiers méritants" survivants ou décédés, pour des promotions réelles ou honorifiques. En 1791, il faisait construire non loin de Saigon un temple des Loyautés Illustres pour honorer plus de 600 héros qui l'avaient accompagné à Bangkok (1784-1787), où ils s'étaient ralliés ensuite pour la conquête du Gia Định (1788). Il était fondamental dans la civilisation vietnamienne de satisfaire les mânes vertueux et par ce biais, leurs descendants : "Le pouvoir dynastique était celui d'un chef de famille mais aussi d'un groupe constituant les principaux cadres de l'État ; ils devaient être honorés et les âmes des défunts satisfaites par un culte d'État. Ce culte, sous la présidence du souverain, était aussi une manifestation du respect de principes fondamentaux excluant la tyrannie."[18]

Le culte des officiers méritants était organisé par catégories de mérite après enquêtes. En 1810, l'État érigeait près de Huế un temple des officiers méritants de la Restauration dédié à leurs actions émérites. Le pouvoir temporel faisait preuve d'une grande prudence envers ses "mânes héroïques". En témoignant respect et vénération, il pensait agir sur le temps présent et assurer la bienveillance des éléments. Chaque nouveau souverain s'attirait

---

[17]. P. Langlet, *op. cit.*
[18]. *Ibid.*, p. 21.

la protection des esprits illustres de l'histoire nationale. Cette reconnaissance du défunt héroïque se manifestait par l'entretien et l'amplification de cultes officiels. À la mort de Gia Long (1819), Minh Mạng (1791-1840) se lança à son tour dans une relecture des mérites historiques des personnalités héroïques afin d'établir la liste des plus grands héros et les associer au culte de son père. Sous les Nguyễn, l'hommage aux "hommes exemplaires" comprenait trois types de figures : les Loyautés Illustres (hiển trung), les Officiers méritants de la Restauration (trung hưng) et les Loyaux et Fidèles (trung tiết). Tous profitaient de la sollicitude du pouvoir impérial et se voulaient l'expression de la solidarité du groupe dynastique au pouvoir.

Vénérer un héros était un acte politique essentiel. Le coutumier populaire prétendait que les gestes de piété envers ces figures héroïques étaient capables d'intercessions salvatrices. Ils étaient considérés comme un moyen réel de gouvernement. On craignait la colère des âmes insatisfaites. La vertu du souverain dépendait de "son comportement dans le moment, mais aussi de sa piété filiale ou plutôt familiale, le situant dans une continuité historique. L'exaltation des mérites bénéfiques des ancêtres ne servait pas seulement à montrer la légitimité du souverain, elle faisait partie du culte de l'harmonie universelle, condition du bon gouvernement"[19]. Le héros légitime (anh hùng chân chính) se définissait par le bénéfice de ses actions vis-à-vis du pouvoir politique. Quand nous aborderons la question de la genèse de "l'homme nouveau" en République démocratique du Việt Nam, nous nous souviendrons de l'ancienne filiation de l'officier méritant à l'État. La culture vietnamienne refusait le droit à l'existence d'une figure héroïque illégitime ou liée à une mauvaise cause (phi nghĩa)[20]. Le héros était ontologiquement serviteur d'une juste cause et se définissait par le lien filial qui le rattachait au pouvoir séculier. Si la vénération du héros en tant qu'officier méritant renforçait la légitimité de l'autorité politique,

---

[19]. *Ibid.*, p. 69.
[20]. Văn Tạo, *Chủ nghĩa Anh hùng cách mạng Việt Nam*, Hà Nội, nxb Khoa học xã hội, 1972, pp. 7-34.

le rapport à l'ancêtre héroïque occupait par ailleurs une position clé dans la construction de l'identité nationale.

La confucianisation de l'appareil politique relancée depuis le XIe siècle avait tâché d'imposer des mécanismes régulateurs dans la société. Selon une tradition millénaire, le village vietnamien représentait une identité et une unité politique en soi : "La loi de l'empereur s'arrêtait à la haie de bambous du village" (phép vua thua lệ làng). Au sein de la culture communale, la figure du génie tutélaire (thành hoàng) était le facteur d'identité le plus important[21]. Selon Lê Minh Ngọc, ce dernier "représentait le destin commun d'une société d'hommes vivant sur le même territoire"[22]. Le génie tutélaire définissait de la sorte l'unité territoriale de la commune villageoise. Un culte lui était rendu afin de protéger les travaux et le quotidien de la communauté villageoise. Dans la civilisation vietnamienne, le pouvoir impérial pensait la patrie à travers la communauté de ses ancêtres officiels. L'autonomie politique de la commune n'exprimait pas une limite de son existence en tant qu'entité nationale. L'État se concevait dans un pays confucéen à travers l'unité de ses références à l'ancêtre. C'est ainsi que depuis la dynastie des Lý (1010-1225), l'enjeu pour le pouvoir impérial fut d'accentuer sa mainmise sur la figure du génie tutélaire au sein de la commune. Le culte des génies locaux devait être approuvé par des brevets ou édits royaux délivrés par le ministère des Rites. Sous les Lê postérieurs (1428-1788), chaque village dut déclarer au pouvoir central tout ce qui se rapportait au culte du génie tutélaire (histoire, légende, rituel, date de célébration des fêtes etc.). L'administration centrale s'infiltrait dans la commune par sa mainmise sur les rapports

---

[21]. Le génie tutélaire était le protecteur de la communauté des vivants du village. Le terme de *thành hoàng* est un mot chinois formé de deux éléments : *thành* (fortifications, remparts) et *hoàng* (fossé sans eau creusé autour des remparts). Il définissait à l'origine l'espace se trouvant à l'intérieur des fortifications et des fossés qui les protègent. Le terme prit par la suite le sens de dieu qui protège les fortifications.

[22]. Lê Minh Ngọc, "Tín ngưỡng thần hoàng và ý thức tâm lý cộng đồng làng xã", in *Nông thôn Việt Nam trong lịch sử*, tome I, Hà Nội, nxb Khoa học xã hội, 1977, p. 337.

cultuels villageois. Le pouvoir séculier dénonçait les "cultes inconvenants" non conformes à l'idéologie d'État[23]. En contrôlant les génies tutélaires, le pouvoir central marquait son ascendance sur la terre communale. En d'autres termes, la délivrance des brevets des génies locaux rattachait le destin de la commune vietnamienne à celui de l'État.

Les génies tutélaires se composaient de figures mythologiques, les génies célestes ou *thiên thần*, et de figures historiques, les génies humains ou *nhân thần*. Un lien consubstantiel avait toujours uni le "héros" au génie humain[24]. Ces personnalités recevaient un culte parce que de leur vivant, elles avaient rendu de grands services au pays, à l'empereur ou au village. Le pouvoir central en favorisait l'implantation dans l'ensemble des communes de son territoire. On sait par exemple que parmi tous les génies vénérés dans les provinces de Vĩnh Phú, Hà Tây, Hà Bắc, plus de 60 % étaient des patriotes qui avaient lutté pour la défense du pays. Le ministère des Rites occupait une position-clé dans l'appareil d'État. Il participait à l'homogénéisation de l'imaginaire national.

Grâce à la figure du héros, national mais aussi provincial ou plus strictement communal, le mythe de la grande famille vietnamienne (đại gia đình Việt Nam) apposait la logique d'une hiérarchisation familiale sur les rapports entre les différents membres de la communauté nationale : "D'habitude les dynasties féodales des Lý aux Nguyễn avaient conscience d'utiliser la culture populaire pour servir leurs intérêts politiques. Ils firent

---

[23]. Léon Vandermeesch, "Remarques sur les rapports de la religion officielle et des cultes populaires dans la tradition chinoise", in A. Forest, Y. Ishizawa, L. Vandermeesch dir., *Cultes populaires et sociétés asiatiques*, Paris, L'Harmattan, 1991, pp. 29-37. G. Boudarel, "L'insertion du pouvoir central dans les cultes villageois au Viêt Nam. Esquisse des problèmes à partir des écrits de Ngô Tât Tô", in *Ibid.*, 1991, pp. 87-147.

[24]. Lê Văn Kỳ, "Về việc bổ sung lớp ý nghĩa ca ngợi các anh hùng chống ngoại xâm trong các hội lễ cầu mùa của cư dân nông nghiệp trồng lúa nước", in *Ibid.*, *Mối quan hệ giữ truyền thuyết người Việt và hội lễ về anh hùng*, Hà Nội, nxb Khoa học xã hội, 1997, pp. 60-70.

beaucoup pour collecter ces légendes des esprits héroïques de toutes les provinces afin que l'autorité centrale les retouche, les approuve, avant de les renvoyer dans les provinces où l'on créait des temples et des autels pour les vénérer. Chaque année, les villages devaient désormais organiser des festivals pour rendre hommage à ces génies bienfaiteurs. Cette politique construisait et renforçait le sentiment de fierté populaire, l'esprit d'indépendance du peuple, l'esprit de vénération des héros qui participèrent à la construction du pays."[25]

La figure du "héros historique" (anh hùng lịch sử) offrait aux dynasties vietnamiennes la voie d'une unification politique de l'espace territorial. On ne dénombrait plus les villages du pays qui rendaient un culte à Hai bà Trưng, Bà Triệu, Lý Thường Kiệt, Trần Hưng Đạo, Nguyễn Trãi, Lê Lợi et autres protecteurs de l'indépendance du pays au cours des siècles. L'État vietnamien était parvenu à instaurer une homologie entre le destin du Proche et du Lointain. Sur la base du culte des ancêtres[26], la vénération des génies bienfaisants remplissait une fonction politique majeure dans la construction de l'identité nationale. Ce rituel de vénération des mânes du pays avait le privilège et la capacité de relier la Grande à la Petite famille (*đại gia đình* et *gia đình nhỏ*). Le culte du héros symbolisait une première tentative d'unification de l'État. Il visait à contourner une traditionnelle autonomie locale du politique dans le pays.

Phan Bội Châu ou la mue du héros

Au début du siècle, le lettré et patriote Phan Bội Châu (1867-1940) a soudain proposé une relecture de la figure héroïque inaugurant le passage de la figure traditionnelle du "héros historique" (*anh hùng lịch sử* ou *anh hùng phong kiến*) à la figure

---

[25]. *Ibid.*, p. 64.
[26]. Nguyễn Kiến Giang, "Thờ cúng tổ tiên trong đời sống tâm linh ngưới Việt", in *Xưa Nay*, Hà Nội, số 23, 1.1996, pp. 16-18. Nguyễn Văn Kiệm, "Góp thêm vào sự tìm hiểu thờ cúng tổ tiên của người Việt", in *Xưa Nay*, Hà Nội, số 27, 5.1996, pp. 23-24.

progressiste du "héros collectif" (anh hùng tập thể)[27]. On retrouve de manière récurrente dans la culture vietnamienne un discours sur l'assimilation ou le rejet d'un cadre de pensée exogène. L'adoption de l'idéologie marxiste-léniniste au Viêt Nam devait beaucoup aux pérégrinations de Nguyễn Ái Quốc-Hồ Chí Minh depuis son départ pour l'Europe en 1911. Le "héros nouveau" d'importation ne pouvait pas n'être que le fruit d'un rapprochement internationaliste dans les années 1950. La bibliographie du lettré patriote comprend de nombreux ouvrages, brochures, pamphlets, livres de morale et d'entretiens ; nous distinguerons à la lecture de ces textes trois étapes distinctes dans sa conception de la figure héroïque vietnamienne.

Dans ses premiers écrits sur le sujet, *Sùng bái giai nhân* (Le Culte des belles figures, 1907), *Việt Nam quốc sử khảo* (Étude sur l'histoire du Viêt Nam, 1908), Phan Bội Châu préconisait une approche traditionnelle, celle des lettrés et de l'historiographie d'État, du "héros historique". Seul un lettré pouvait soulever le peuple vietnamien pour une juste cause, lui seul avait les moyens de penser l'esprit d'un mouvement de manière à passer à l'action. Châu reprenait l'exemple de Nguyễn Trãi et de Lê Lợi pour illustrer le profil idéal de la personnalité héroïque nationale. Le héros possédait une haute conception de l'idéal politique (lý thưởng nhiệt tình) et y greffait un fort sentiment de haine (tinh thần căm thù) envers l'agresseur. Son personnage était haut en couleur, il resplendissait d'un caractère exceptionnel (nhân cách phải cao thượng nhân) : "Un héros n'est surtout pas une chose insignifiante. Vouloir devenir héros signifie avoir les moyens de l'être. Tout comme savoir gravir une colline permet d'atteindre un col et creuser un puits d'atteindre les canaux de la source." Ces

---

[27]. La figure du héros revient constamment dans ses écrits : *Lưu cầu huyết lệ tân thư* (1903), *Việt Nam vong quốc sử* (1905), *Hải ngoại huyết thư* (1906), *Sùng bái giai nhân* (1907), *Hoàng Phạm Thái truyện* (1907), *Việt Nam quốc sử khảo* (1908), *Trần Đông Phòng truyện*, *Hà thành liệt sĩ truyện*, *Trùng quang tâm sử* (1913), *Ngư Hải ông liệt truyện*, *Hà thành liệt sĩ truyện*, *Trưng nữ vương* (1911), *Truyện Phạm Hồng Thái* (1925) etc.

trois critères définissaient depuis des siècles la figure du héros. Ils retiraient aux paysans et aux "classes inférieures" (tầng lớp dưới) la capacité de fournir à la nation une figure héroïque. Une formation intellectuelle offrait seule l'accès à un comportement digne de l'héroïsme des grands hommes.

Les idéologues de la RDVN ont reproché au Phan Bội Châu de cette première période d'exclure les ouvriers et les paysans de ce mouvement. Le court ouvrage *Đề tỉnh quốc dân hồn* (Projet pour éveiller l'esprit national, 1907) illustre toutefois l'évolution de la pensée de Phan Bội Châu. Châu qui use pour la première fois du concept de "normalisation du héros" (việc bình thường hóa anh hùng). Il montrait par ce biais que si la défense de la patrie avait concentré depuis toujours l'essence de la légitimité de la lutte héroïque, le peuple méritait dorénavant de partager ce privilège : "Il fut le premier à proposer un nouveau critère pour estimer la personnalité historique. Le pays et le peuple, l'un et l'autre pouvaient désormais fournir des mérites héroïques à des personnages exemplaires."[28]

Le progressisme de Phan Bội Châu n'allait cependant pas le conduire plus loin en ces années. Sans s'éloigner d'un cadre de pensée traditionnel, Châu prônait une réévaluation du rôle des masses populaires dans l'origine des soulèvements patriotiques. La "normalisation du héros" annonçait l'irruption prochaine de personnalités auparavant exclues de l'historiographie d'État dans le domaine de l'héroïsme patriotique.

Phan Bội Châu rédigea deux ouvrages dans les années 1910, *Trùng quang tâm sử* (Histoire douloureuse d'une dynastie usurpée, 1913) et *Chân tướng quân* (Portrait d'un général, 1917), qui témoignèrent de l'évolution de sa perception de la figure héroïque. Le destin du patriote Hoàng Hoa Thám, alias Đề Thám (1883-1913), à l'origine du soulèvement paysan de Yên Thế, eut une influence notable sur les positions du lettré patriote : "Dès lors, Phan Bội Châu a commencé à affirmer le rôle des paysans dans le processus de libération nationale, une chose qui n'avait

---

[28]. Nguyễn Đổng Chi, "Bàn thêm về quan niệm chủ nghĩa anh hùng của Phan Bội Châu", in *Nghiên cứu lịch sử* (NCLS), Hà Nội, n°111, 6.1968.

jamais encore eu lieu. Il mettait surtout l'accent sur le fait que la classe ouvrière, les miséreux dans les campagnes et les femmes pouvaient aussi avoir de l'enthousiasme patriotique, de la haine contre la clique des oppresseurs du pays et luttaient pour sa libération en ayant les capacités de devenir des héros"[29].

De ce point de vue, *Trùng quang tâm sử* (1913) représente l'ouvrage charnière de son œuvre. Désormais, Phan Bội Châu remettait en cause la longue distinction appliquée entre le "héros anonyme" (anh hùng vô danh) et le "héros renommé" (anh hùng hữu danh) : "On connaît la morale et les grands mérites du roi Lý Thái Tổ car ce dernier est le plus grand héros de notre pays. Mais combien de héros vaincus, de héros anonymes aux grands mérites sont-ils parvenus à trouver une voie, vaincre les collines et présenter un tempérament héroïque sans que personne ne le sache dans le peuple."[30] L'axe de gravité de la référence héroïque se déplaçait d'une référence individuelle à un hommage au collectif : "Le pays a besoin de milliers de héros anonymes avant d'avoir des héros renommés."[31] La prise en compte de l'héroïsme discret et quotidien des "classes inférieures" amenait Phan Bội Châu à reconsidérer le rôle des masses populaires dans son ensemble. Accorder au "héros anonyme" les faveurs précédemment réservées au caractère hors du commun du "héros historique" a fait écrire à Nguyễn Đổng Chi que l'on assistait à la première apparition du "héros collectif" dans l'historiographie vietnamienne : "Phan Bội Châu utilisa l'image artistique de la construction du héros collectif. Un collectif qui incluait tous les types d'individualités : des hommes, des femmes, des jeunes, des vieux, des *Kinh* et des minoritaires etc. Du côté de leur origine sociale, il y avait des gens qui venaient de la lignée royale, des

---

[29]. À l'occasion du centenaire de sa naissance en 1967, de nombreuses études furent publiées dans la presse nord-vietnamienne : Trần Huy Liệu, "Phan Bội Châu tiêu biểu cho những cuộc vận động yêu nước ở Việt Nam đầu thế kỷ XX", in *NCLS*, Hà Nội, n°105, 12.1967. Nguyễn Đình Chú, "Tìm hiểu quan niệm anh hùng của Phan Bội Châu", in *Tập chí Văn học*, Hà Nội, 12.1967 et Nguyễn Đổng Chi, *op.cit.*
[30]. Nguyễn Đổng Chi, *Ibid.*, p. 20.
[31]. Phan Bội Châu, *Trùng quang tâm sử*, 1913, p. 34.

anciens mandarins comme Trần Qúy Khoáng, Đặng Tất, des paysans, des pêcheurs, des commerçants, des forgerons."[32] Phan Bội Châu relatait les actes de bravoure des petites gens ; sous sa plume ông Xí, cụ Chìm, ông Võ, cô Triệu etc. partageaient l'honneur avec leurs illustres condisciples d'un comportement héroïque dédié à la défense de l'indépendance nationale. Le virage emprunté par le lettré patriote l'amenait à reconsidérer la position occupée par la masse des "héros anonymes" ou en d'autres termes, par le peuple. La conjonction de leurs efforts ne manquerait pas de conduire le pays à la libération. Ainsi poursuivait-il, vénérer l'action plurielle de ces "hommes exemplaires" du quotidien revenait à octroyer au collectif une valeur supérieure à une simple action individuelle.

Avec le *Trùng quang tâm sử*, Phan Bội Châu procédait à une rupture unique dans l'historiographie nationale, sans pour autant faire "œuvre révolutionnaire" s'empressaient d'ajouter les idéologues du régime nord-vietnamien. Le paysan trônait désormais aux côtés du mandarin patriote dans la hiérarchie des hommes de valeur, mais ne destituait toutefois pas l'ancien modèle ; l'héroïsme paysan se mêlait désormais habilement à l'héroïsme traditionnel[33]. La révolte de Yên Thế bouleversa Phan Bội Châu et provoqua dans l'esprit du lettré patriote doute et remise en cause théorique. Il y consacra l'ouvrage *Chân tướng quân* (1917) qu'il dédia à la personnalité de son meneur Hoàng Hoa Thám. Son enthousiasme le conduisait à comparer l'action de Đê Thám à celle des "héros bourgeois" de Đống Đa (1788). La conception traditionnelle de l'héroïsme ne convenait plus à son nouveau cadre théorique ; Phan Bội Châu décidait d'en redéfinir les contours. Trần Hưng Đạo et Hoàng Hoa Thám se retrouvaient sur un même plan, ils avaient tous deux montré un courage incomparable, une persévérance dans leur lutte contre l'hostilité de l'ennemi de la nation ; ensemble Đạo et Thám illustraient le

---

[32]. Nguyễn Đổng Chi, *op. cit.*, p. 20.
[33]. Tôn Quang Phiệt, "Cụ Phan Bội Châu trong lịch sử dân tộc của chúng ta", in *Văn Sử Địa*, Hà Nội, n°13, 1.1956, pp. 53-65.

meilleur de l'héroïsme vietnamien. Le seul élément tangible de l'héroïsme concluait Phan Bội Châu était l'action[34].

La conception de la figure héroïque évolua encore dans les écrits de Phan Bội Châu rédigés dans les années 1920-1930. Afin d'illustrer cette troisième étape, prenons à titre d'exemple son opuscule consacré au jeune patriote tombé lors d'une tentative d'assassinat du gouverneur Merlin à Canton en 1924 : Phạm Hồng Thái (1893-1924) (*Phạm Hồng Thái truyện*, 1924). Au cours de ce travail, nous reviendrons à plusieurs reprises sur la personnalité de ce jeune ngheanais de 31 ans auquel le régime nord-vietnamien accorda une position-clé dans l'imaginaire de son mouvement en soulignant la position de relais qu'il occupait entre deux générations de patriotes. La personnalité de Phạm Hồng Thái permettait à Phan Bội Châu de poursuivre la transmutation suggérée dans ses derniers ouvrages. La biographie du jeune héros reliait deux époques de la lutte patriotique. Phạm Hồng Thái était petit-fils et fils des lettrés patriotes Phạm Trọng Tuyển et Phạm Thành Mỹ, morts sous la répression coloniale[35]. Cette tragédie familiale avait renforcé le patriotisme du jeune Phạm Hồng Thái. En 1922, il quitta sa province natale pour rejoindre des organisations patriotiques basées en Chine "en compagnie des camarades Lê Hồng Phong, Lê Thiết Hùng qui quittaient le pays pour trouver les moyens de sauver la patrie". Phạm Hồng Thái écrivait Phan Bội Châu, était l'illustration d'un transfert du domaine de compétence de l'héroïsme d'une élite éclairée à un peuple omniprésent[36]. Son acte de bravoure matérialisait l'exigence d'un "droit des classes inférieures" à participer au devenir d'un pays[37]. La défense du collectif drapait

---

[34]. Voir à ce sujet la galerie de portraits héroïques proposée par Phan Bội Châu dans *Việt Nam nghĩa liệt sĩ* (Hà Nội, nxb Văn học) réédité en 1984.

[35]. Phạm thị Kim dir., *Phạm Hồng Thái*, tp Hồ Chí Minh, 1994.

[36]. Phan Bội Châu, "Sưu tầm, văn tế liệt sĩ Phạm Hồng Thái", in *Tập chí Văn học, Hà Nội* 12.1967, pp. 50-52.

[37]. "Trương Tử Phong est aussi un héros mais pas du même type que Phạm Hồng Thái car Trương avait lutté au nom de l'empereur, alors que

de modernité la mort du héros. La patrie partageait dorénavant avec le peuple le privilège de la lutte légitime. L'honneur de la lignée ne rivalisait pas avec la grandeur d'une juste cause (vì nghĩa).

L'ambiguïté de l'approche développée par Phan Bội Châu ne fait certes pas de lui pour autant un précurseur du communisme vietnamien. Jamais il ne se hasarda à de tels paradigmes[38], refusant notamment d'accorder une primauté dans l'héroïsme à "la conscience de classe ouvrière". Bien qu'octroyant aux "classes inférieures" les moyens de participer pleinement à un mouvement patriotique, il jugeait toujours que la "personnalité éclairée" de l'intellectuel était plus à même pour guider "le formidable désordre des masses populaires". Les idéologues de la RDVN critiquèrent à ce niveau ce qu'ils nommèrent "la limite de la pensée de Phan Bội Châu" tout en l'attribuant à l'esprit XIXe siècle de son époque[39]. Mais ces interrogations nous éloignent de notre étude. Premier socialiste vietnamien ou lettré du siècle dernier, Phan Bội Châu ne manqua pas de toute façon de révolutionner la vision de la figure héroïque au Viêt Nam. Ses écrits furent les premiers à imposer une distinction entre deux formes de rapport à l'excellence patriotique dans la communauté. Il avait été le premier à reconnaître au peuple le droit de partager avec la patrie la légitimité de la juste cause et à accorder aux petites gens le droit de se draper des habits du héros national.

Phạm Hồng Thái l'avait fait au nom du peuple et plus particulièrement au nom des petites gens", in Nguyễn Đổng Chi, *op.cit.*, p. 23.

[38]. Hương Phố, "Nhân đọc một tác phẩm, góp phần đánh gía tư tưởng Phan Bội Châu", in *NCLS*, Hà Nội, n°94, 1.1967, pp. 23-28.

[39]. Tôn Quang Phiệt, *Phan Bội Châu và một giai đoạn lịch sử chống Pháp của nhân dân Việt Nam*, Hà Nội, nxb Văn hóa, 1958. Nguyễn Anh, "Bàn thêm về nguyên nhân ra đời của hai xu hướng cải lương và bạo động trong phong trào cách mạng đầu thế kỷ XX", in *NCLS*, Hà Nội, n°65, 8.1964, pp. 35-42. Trần Huy Liệu, "Nhớ lại ông già Bến Ngự", in *NCLS*, Hà Nội, n°47, 2.1963, pp. 40-44. Nguyễn thị Tuyết Mai, "Phan Bội Châu trong lịch sử cách mạng Việt Nam", in *NCLS*, Hà Nội, n°104, 11.1967, pp. 41-44. Tôn Quang Phiệt, "Phan Bội Châu trong lịch sử chống thực dân Pháp của dân tộc Việt Nam", in *Văn Sử Địa*, Hà Nội, n°13, 1.1956, pp. 53-65.

Avec Phan Bội Châu, le héros vietnamien avait entamé sa mue, les trois étapes de sa formation annonçaient l'apparition d'un "pré-homme nouveau" de conception sino-vietnamienne. Il a fallu attendre la sortie de son ouvrage-clé sur la question, *Trùng quang tâm sử* (1913), avant que le lettré n'élabore une typologie originale du héros patriotique. Au regard des siècles de l'histoire nationale, la société avait généré trois types dissociables de figures héroïques : le héros historique (Hai Bà Trưng, Ngô Quyền, Trần Hưng Đạo, Lê Lợi, Nguyễn Trãi, Quang Trung, Trương Định, Nguyễn Hữu Huân etc.) ; le héros contemporain de l'auteur (Đặng Thái Thân, Tăng Bạt Hổ, Phạm Hồng Thái etc.) ; la figure populaire imaginaire à caractère générique (Phan, Lực, ông Võ, cô Chí, cô Triệu, cụ Chìm etc.).

Depuis *Việt Nam quốc sử khảo* (1908), Phan Bội Châu s'attachait à déterminer la psychologie du héros. "Héros historique", "héros contemporain", "figure générique" écrivait-il, partageaient en commun les cinq traits de caractère essentiels à leur élévation au rang de héros : de l'idéal et de la ferveur, un sens de l'action et de la haine, du dévouement et du charisme[40]. La figure héroïque légitime (anh hùng chân chính) possédait un sens élevé de l'idéal de société (lý tưởng cao đẹp mang ý nghĩa xã hội). L'idéal du héros est un idéal moral et politique qui le situe au centre de la communauté en tant que garant d'un principe supérieur. La figure héroïque avait foi en un idéal, elle envisageait de mourir pour le défendre et faisait preuve d'enthousiasme (nhiệt tình đối với lý tưởng) ou de ferveur (nhiệt thành với lý thưởng) dans l'expression de ses convictions. Phan Bội Châu mesurait la sincérité de l'engagement du héros dans la passion et la virulence de son comportement. Il ponctuait ses livres de descriptions d'hommes et de femmes sachant distinguer

---

[40]. "Dans la culture vietnamienne, les personnalités héroïques étaient celles qui affirmaient la réalité de l'un de ces principes : la lutte contre la nature pour conquérir le droit de propriété de l'homme, la lutte pour la liberté et la justice des masses populaires, la lutte pour l'indépendance de la patrie", in Nguyễn Đình Chú, "Tìm hiểu quan niệm anh hùng của Phan Bội Châu", in *Tạp chí Văn học*, Hà Nội, n°12, 12.1967, p. 2.

le bien du mal et promouvoir autour d'eux la noblesse du juste. La conviction politique du héros était indéracinable, la société pouvait compter sur sa fidélité. Son ardeur servait à briser l'atonie des travaux et des jours du "commun des mortels" (con người bình thường), sa chaleur et son pouvoir de conviction à rallier les masses égarées : "Il n'y a qu'un seul comportement à adopter envers l'idéal, c'est celui de la foi. Sans une telle attitude, comment pouvoir prétendre œuvrer comme un héros ?"[41]. Le héros se distinguerait toujours de ses contemporains par sa force et son enthousiasme à défendre l'idéal communautaire tout au long de son existence.

La force de cette conviction procurait au héros un fort sentiment de haine à l'encontre des ennemis de la nation (lòng căm thù giặc) : "Parmi les personnalités héroïques que l'on retrouve dans l'œuvre de Phan Bội Châu, tous bouillaient de haine contre la clique des envahisseurs de la patrie vietnamienne."[42] Phan Bội Châu dressait une galerie de portraits de héros à la verve acérée. Une rhétorique familière du refus exprimait leur sentiment de haine légitime vis-à-vis des profanateurs des mânes ancestraux, le ton était familier, l'injonction naturellement menaçante. La haine de l'ennemi situait l'engagement du héros pour la juste cause. Si la défense d'un idéal de justice et de liberté légitimait un sentiment de haine chez la personnalité héroïque, elle le condamnait alors irrémédiablement à l'action (hành động) : "La haine conduisait à l'action, elle conduisait à la lutte et selon la conception de Phan Bội Châu, la lutte du héros était absolument contrainte de traverser cette épreuve du feu". Décrire la vie d'une personnalité héroïque conviait son biographe à se consacrer avec attention aux détails de ses exploits. L'action créait le héros. Elle matérialisait son idéal de liberté et sa haine de l'injustice. Seule une figure réellement héroïque parvenait à transformer une violence verbale en un comportement glorieux.

Un hommage au héros montrait toujours la façon dont ce dernier s'était acharné à surmonter les difficultés (khắc phục khó

---

[41]. *Ibid.*, p. 5.
[42]. *Ibid.*, p. 5.

khăn) pour défendre la juste cause. La grandeur de la personnalité héroïque prenait véritablement un sens dans son rapport à la mort. Un héros ne craignait pas la mort. Les idéologues de la RDVN condamnaient la vision du lettré patriote pour son aspect littéraire empreint d'un lyrisme "petit-bourgeois" caractéristique de la fin du XIXe siècle. Pour un communiste vietnamien, la mort du héros matérialisait d'abord l'affirmation d'une croyance en l'indépendance de la communauté : "La mort est utile, il ne faut pas avoir une mort insipide, on doit mourir dans la lutte et non dans les bras de sa femme". Le héros signait par ce geste la profondeur de son engagement. Phan Bội Châu revenait sur une tradition patriotique qui accordait à ses figures martyres, Trần Bình Trọng (XIIIe siècle), Bùi thị Xuân (XVIIIe siècle), Trương Định (XIXe siècle), Thủ Khoa Huân (XIXe siècle) etc., l'aura d'une pureté non disputée. L'absolu du don de soi, insistait Phan Bội Châu, construisait à lui seul la figure du héros, qu'il soit "illustre" ou "anonyme". Invariablement, Châu contait dans ses biographies le récit des dernières heures du héros dans l'emphase et l'émotion. La mort d'un héros assurait l'éternité d'un idéal et satisfaisait le tourment des mânes de la nation.

Aux quatre premiers critères susdits, Phan Bội Châu ajoutait celui d'un charisme nécessaire afin de répondre au rôle social qui l'attendait désormais dans la communauté. Mais la notion de "personnalité exceptionnelle" (nhân cách cao thượng) évolua dans l'œuvre de Phan Bôi Châu. Dans l'action de Phạm Hồng Thái, le biographe retrouvait l'empreinte d'une réelle grandeur. La valeur charismatique du héros lui délivrait une mission dans la communauté. Mandarin, paysan ou ouvrier, la figure héroïque était au service d'un modèle de moralité et d'action légué par son temps.

Pourquoi les historiens et hommes de lettres dans les années 1950 scrutèrent-ils avec tant de frénésie l'héritage légué par Phan Bội Châu? Qu'espéraient-ils trouver dans les réflexions du lettré patriote sur la conception héroïque ? Le mouvement de relecture de l'œuvre de Phan Bội Châu s'inscrivait dans une période de repositionnement du régime nord-vietnamien vis-à-vis de son imaginaire national. Depuis le discours de Trường Chinh prônant une rupture maoïste entre l'Ancien et le Nouveau en mai 1952[43], l'historiographie d'État se réorientait vers une revendication d'une continuité de l'histoire nationale. Les idéologues partaient à la recherche de l'origine nationale d'un homme nouveau d'importation à travers les écrits sur l'héroïsme de Phan Bội Châu. Le critique Nguyễn Đình Chú affirmait que l'on trouvait déjà dans les pages du *Trùng quang tâm sử* (1913) les bases théoriques de l'homme nouveau. On expliquait qu'en déplaçant les sources de l'héroïsme sur des personnalités du peuple, Phan Bội Châu fut le premier à affirmer l'existence et la primauté du héros collectif (anh hùng tập thể) sur la figure individuelle (anh hùng cá nhân). "Par ce moyen, on espérait sans doute renforcer la vietnamisation d'un concept étranger. On allait dans le même sens au début des années 1960 lorsque l'État et le Parti incitèrent les administrations locales à construire des lieux du souvenir dédiés à ces nouvelles personnalités" (Phan Ngọc, 1997). Si le héros collectif de Phan Bội Châu, poursuivait Nguyễn Đình Chú, n'avait pas reconnu les hiérarchies de classes de l'idéologie marxiste-léniniste, il fallait l'imputer aux seules conditions d'une époque trop précoce. L'essentiel était d'affirmer que la figure du "héros nouveau" faisait partie intégrante du patrimoine national.

La recherche d'une généalogie de l'appartenance est une habitude tenace dans la culture vietnamienne. La RDVN en situant l'invention du "héros collectif" dans l'œuvre d'un penseur patriotique national se réappropriait l'exogénéité d'un mythe internationaliste. Il ne s'agit pas tant de savoir si Phan Bội Châu fut réellement le premier à penser le "héros collectif" au Viêt Nam, mais plutôt de montrer comment le régime communiste vietnamien rechercha pendant l'entre-deux-guerres (1954-1964) à "nationaliser" une figure d'importation de manière à renforcer l'ascendance de son pouvoir dans les campagnes.

---

[43]. Trường Chinh, "Thế nào là Anh hùng mới ?", in Hồ Chí Minh, Trường Chinh, *Thi đua và Anh hùng mới*, Việt Bắc, Nhà tuyên truyền và văn nghệ, 1953.

Le "héros nouveau" dans le Viêt Nam communiste

L'historiographie d'État de la RDVN s'est en quelques années réapproprié l'esprit de la figure héroïque traditionnelle. En mai 1952, la conférence de Tuyên Quang est l'acte de naissance du "héros nouveau" (anh hùng mới). À la tête d'une hiérarchie réactualisée de la vertu politique, le nouvel "homme exemplaire" s'accompagna dans l'historiographie nationale d'une réflexion sur la place de l'"homme nouveau" au sein de la "nouvelle société". À la différence de la Chine maoïste, l'"homme nouveau" au Nord Viêt Nam n'était pas seulement une figure conçue à la lumière de son immortalité civique ; bien au contraire, avec constance, ce dernier a revendiqué une normalité à même d'offrir un canevas déchiffrable par une population rurale souvent distante des contingences et abstractions du discours idéologique. L'homme nouveau était un cadre, un soldat ou un paysan émérite. L'émulation du héros n'était pas seulement perçue comme une invention du communisme, la tradition confucéenne recourait depuis des siècles aux récits héroïques dans l'éducation du peuple. La nouveauté avec le communisme se résumait davantage à l'emploi des moyens de mise en œuvre : un sérieux contrôle idéologique des caractéristiques du héros ; des techniques de propagande massive et globale ; une politique autoritaire de mobilisation des membres de la collectivité placée sous la bannière exemplaire de ses nouvelles figures vertueuses[44]. L'homme nouveau est rapidement devenu un enjeu de premier plan pour un gouvernement qui cherchait à ancrer sa légitimité politique sur de nouvelles forces vives. Loin des abstractions philosophiques, la nouvelle bureaucratie héroïque généra un contingent d'hommes et de femmes aptes à renforcer les structures de pouvoir de l'État (administration, organisations de masses, armée etc.). L'étude de ses mutations est une étude des mutations du régime.

---

[44]. M. Sheridan, "The Emulation of Heroes", in *The China Quaterly*, London, n°33, 1968, p. 47.

Les révolutionnaires vietnamiens connaissaient la figure stakhanoviste dès les années d'avant-guerre à travers la presse communiste française diffusée librement dans la péninsule depuis les accords du Front populaire. Le nouveau héros soviétique vantait la supériorité de "l'homme communiste" sur son antithèse "capitaliste et impérialiste". La société soviétique disposait de deux catégories de figures héroïques : le "héros du travail socialiste" (Geroi Socialisticheskogo Truda) et le "héros de l'Union soviétique" (Geroi Sovetskogo Soyuza). Le titre honorifique de "héros du travail" fut institué par un oukase du Présidium du Soviet Suprême du 27 juillet 1927. En décembre 1938, le pouvoir soviétique le remplaçait par le grade de "héros du travail socialiste", mais l'objectif était toujours de promouvoir "les personnes ayant réalisé d'exceptionnelles innovations dans l'industrie, l'agriculture, les métiers du transport, le champ scientifique ou technique qui améliorèrent l'économie, la culture ou la science dans le pays ou qui intensifièrent le rayonnement et la gloire de l'Union soviétique"[45]. Le titre de "héros de l'Union soviétique" datait quant à lui d'un décret du comité central de l'URSS du 16 avril 1934. L'administration le réservait aux "personnes qui avaient rendu de grands services à l'État au cours d'immenses performances héroïques"[46]. Dans les années 1930, les deux distinctions honorifiques délimitaient les contours d'un nouvel idéal internationaliste prêt à l'exportation dans l'ensemble du monde socialiste. En Union soviétique, le mouvement pour la construction de l'homme nouveau s'accéléra lorsque le 30 août 1935, le mineur de Donbass, Alexei Stakhanov, réussit à extraire 102 tonnes de minerai de fer à lui seul. Au-delà de l'anecdote, le mouvement productiviste rebaptisé en l'honneur de son héros

---

[45]. De décembre 1938 au 1er septembre 1971, le titre de "héros du travail socialiste" fut décerné à 16 245 personnes dans le pays. *cf.* Articles sur les "héros du travail" et "héros du travail socialiste" in *Great Soviet Encyclopedia*, vol. 6, New York, Mac Millan, 1975, p. 594 (Moscou, édition 1970).

[46]. D'avril 1934 au 1er septembre 1971, le titre de "héros de l'Union soviétique" fut décerné à 12 447 personnes dans le pays. *cf.* Article sur les "héros de l'Union soviétique", in *Ibid.*, p. 594.

permettait au régime stalinien de "réaffirmer son autorité sur la population ouvrière par le biais de l'intimidation et de la création d'une caste loyale de travailleurs privilégiés"[47]. Dans son analyse de l'industrialisation stalinienne, Donald Filtzer montre que l'objectif de l'État soviétique était d'utiliser les figures stakhanovistes "comme une arme dans l'assaut final lancé contre l'ensemble de la société". L'homme nouveau participait à la recomposition d'une "élite intermédiaire" frappée par les purges staliniennes. Dans la Russie des années 1930, le mouvement servait ainsi davantage à consolider l'assise sociale du pouvoir qu'à satisfaire le seul diktat d'une croissance productiviste.

L'apparition en Asie de la figure de "l'homme nouveau" internationaliste date de la fin de l'année 1943. L'organe du Parti communiste chinois, *Jiefang Jih-pao*, en novembre-décembre 1943 illustrait quotidiennement sa Une avec des portraits de "héros du travail" ou de soldats émérites originaires des zones sous contrôle communiste au nord du pays. Le 19 décembre 1943, le mouvement de Mao Zedong organisa une conférence afin d'élire officiellement les nouvelles figures internationalistes du mouvement révolutionnaire chinois : "Une réunion populaire se tint afin de délivrer récompenses et félicitations à ces hommes et à ces femmes. On décerna à des collectifs des prix en nature ou des sommes d'argent. On offrit aux héros individuels des prix en argent ou en petits biens comme des serviettes, des mouchoirs, des chaussettes, du savon, des allumettes et des graines"[48] : "héros du travail" et "héros des forces armées" furent repris par les organes de propagande du PCC au cours de la guerre civile chinoise pour mobiliser la population des zones libérées par l'armée de Mao Zedong.

La première émulation vietnamienne s'est efforcée d'épouser une forme et un esprit plus souples que celui de la campagne de Youn'an (1942-44). L'homme nouveau dans sa conception sino-

---

[47]. D. Filtzer, *Soviet Workers and Stalinist Industrialization. The formation of a modern Soviet productions relations 1928-1941*, New York, M.E. Sharpe, Inc., 1986, p. 179.
[48]. M. Sheridan, *op. cit.*, p. 50.

soviétique ne deviendra pas une réalité au Viêt Nam avant 1950-1951. La diffusion du "nouvel héroïsme" est à relier aux "conversations des dirigeants du comité central du PCUS avec leurs homologues du PCC" qui se déroulèrent à Pékin au cours du mois d'avril 1950[49]. Centrés sur des problèmes organisationnels du Parti et des instances de propagande dans les sociétés socialistes, les émissaires du PCUS ont à cette occasion participé à la formation des futurs conseillers chinois en route pour les provinces nord-vietnamiennes. Au début des années 1950 au Nord Viêt Nam, le profil de "l'homme nouveau" socialiste élaboré par les responsables du comité national d'émulation correspondait à celui de la figure héroïque internationaliste théorisée par les idéologues soviétiques depuis les années 1930. En 1950-52, le gouvernement avait élaboré une hiérarchie de l'homme nouveau composée de trois rangs distincts : le "travailleur exemplaire" (lao động xuất sắc), le "combattant d'émulation" (chiến sĩ thi đua) et le "héros nouveau" (anh hùng mới).

Afin d'imposer un nouveau modèle de société, il s'agissait de renouveler le lien entre gouvernants et gouvernés. La population devait prendre conscience que seule une action au côté du pouvoir légitime la rapprocherait d'une ère promise de "prospérité économique et d'égalité sociale"[50]. Il s'agissait de repositionner le paysan, l'ouvrier ou le petit commerçant face à ses responsabilités envers la communauté. L'homme nouveau satisfaisait une juxtaposition de trois types de critères, politique : une fidélité totale au Parti ; technique : des mérites guerriers ou productivistes exceptionnels ; social : une origine et une proximité avec les masses populaires. La "bureaucratie héroïque" distinguait les plus vertueux de ces sujets. Elle rendait honneur à la discipline et au

---

[49]. Conversation des leaders du comité central du PCUS avec des membres de direction du PCC, in Archives du CC du PCC, Moscou, dossiers n°1 200 et n°1 201, avril-décembre 1950.
[50]. Văn Tạo, *Chủ nghĩa anh hùng cách mạng Việt Nam*, Hà Nội, nxb Khoa học xã hội, 1972, p. 6.

dévouement de ces "hommes et femmes exemplaires" afin d'avoir la mainmise sur son espace social.

Au cours de son intervention du 5 mai 1952 lors de la conférence de Tuyên Quang, Trường Chinh arrêta une définition du héros nouveau en sept points : "Le héros est orienté vers la patrie, dévoué au service du peuple. Il n'opprime pas le peuple et participe à la libération des masses populaires. La plupart des héros sont des ouvriers et des paysans. Pour le bien des masses, le héros est volontaire et dévoué, exemplaire dans la production, le travail. Le héros suit la ligne politique du Parti d'avant-garde et du gouvernement. Le héros a des liens très étroits avec les masses, il doit apprendre des masses. Le héros n'est pas orgueilleux ni suffisant ; il essaye d'apprendre ; il pratique la critique et l'autocritique afin de progresser sans cesse. Le héros a un esprit révolutionnaire, des initiatives, des connaissances et une discipline nouvelle issue d'une riche expérience au côté des masses. Le héros a un sentiment de classe fort. Il sait distinguer le bon du mauvais, l'ami de l'ennemi. Il a le don de soi, un esprit responsable envers les dirigeants et les masses. Ce n'est pas un intérêt individuel qui le guide dans la lutte ou la production mais un intérêt collectif."[51]

Les critères d'exemplarité civique devaient être connus de l'ensemble des cadres de direction dès l'échelon de la commune. L'homme nouveau était le fruit d'un nouvel environnement socio-économique sur lequel se basait la réorganisation de la société. L'État faisait la promotion de l'homme du peuple et d'une nouvelle solidarité communautaire. Il rejetait en bloc un modèle de société qui depuis le début de la colonisation française encourageait la montée des valeurs individualistes[52]. Paradoxalement, la voie vers l'homme nouveau offrait aux

---

[51]. Đại hội toàn quốc chiến sĩ thi đua và cán bộ gương mẫu (từ 1.5.1952 đến 6.5.1952 tại Việt Bắc), in AVN3, BLD, dossier n°432, 1952, p. 34-35.

[52]. Nguyễn Văn Ký, *La Société vietnamienne face à la modernité. Le Tonkin de la fin du XIXe siècle à la seconde guerre mondiale*, Paris, L'Harmattan, 1995.

dirigeants l'espoir d'une restauration ; un retour vers des valeurs holistiques situant le membre de la communauté dans un lien de dépendance vis-à-vis de la nation : "La morale socialiste n'est pas la même partout. Dans notre pays, elle est synonyme de diligence et d'économie. Tous les participants à l'émulation étudient dans l'esprit du socialisme, travaillent dans un cadre socialiste et possèdent une morale socialiste."[53] En adhérant aux organisations de masses, au Parti, l'homme nouveau vietnamien se libérait "du joug de l'intérêt individuel et prenait possession de lui-même"[54].

Afin de mieux comprendre le rôle de l'homme nouveau, il convient ainsi d'étudier la place occupée par Hồ Chí Minh au sein de sa communauté. Sa formation intellectuelle le rapprocha du marxisme-léninisme dans les années 1920 avant qu'il ne devienne l'avocat d'une approche modérée de l'idéologisation du mouvement. Dès son retour au Viêt Nam en 1941, Hồ Chí Minh s'arrangea pour faire de son propre personnage l'unique modèle de la vertu légitime[55]. Si Hồ avait choisi le marxisme-léninisme, c'est qu'il s'agissait de la juste voie pour le pays répétait-on dans les campagnes. La véracité d'un tel choix ne supposait aucune contestation. Le détenteur du pouvoir légitime était celui qui savait distinguer le bon du mauvais. Sa position à la tête de l'État lui en conférait le don. La "nouvelle société" était celle d'une rupture dynastique. Hồ Chí Minh et son Parti assuraient la formation de l'esprit de son peuple. L'homme nouveau était le produit de la "nouvelle société" bâtie sur le principe du juste choix de son chef politique. Le régime faisait de lui le plus ardent défenseur des valeurs d'État, de la révolution, du socialisme et de la lutte pour la réunification nationale. La biographie du dirigeant vietnamien symbolisait la quintessence du mouvement de la

---

[53]. Hồ Chí Minh, "Nói chuyện với sinh viên và cán bộ Việt Nam đang học tập và công tác " (10.1961), in *Ibid.*, *Toàn tập*, p. 115.
[54]. Nguyễn Khánh Toàn, "Việc xây dựng con người mới và trách niệm của khoa học xã hội", in *Học tập*, Hà Nội, n°8, 1968, p. 51.
[55]. Helmut Martin, "Canonical Writings and Forms of the Personality Cult at China's Periphery" (Vietnam : a Ho Chi Minh Cult without an Orthodox Canon), in *Ibid.*, *Cult and Canon, the Origins and Development of State Maoism*, New York, Sharpe, 1982, pp. 150-154.

nation vers le socialisme. Hồ, expliquait la propagande nationale, avait un tel "amour pour son prochain" (lòng nhân ái) qu'il s'était naturellement tourné dès sa prime jeunesse vers les véritables opprimés de son époque, les ouvriers et les paysans. Son humanité, continuaient les hagiographes du Lao động, le poussait à refuser l'injustice. Une injustice qui, selon le chef de l'État, stigmatisait les "impérialistes et les classes de l'oppression". Cet amour du Juste amena Hồ à se faire le défenseur des "pauvres et des opprimés"[56]. Hà Huy Giáp voyait dans l'humanisme de "l'Oncle Hồ" le chemin qui devait conduire le pouvoir au marxisme-léninisme ; c'est la "raison" et "l'amour du prochain" écrivait-il encore, qui poussèrent en fin de compte le Viêt Nam dans le sillon du socialisme. Se soucier de la libération du pays revenait à délivrer l'homme du joug de l'oppression. L'indépendance ne pouvait qu'annoncer de façon systémique l'apparition d'un homme nouveau, fils de l'humanisme du père de la nation pour ses enfants légitimes. De cette bonté, l'ensemble des membres de la communauté devait lui être redevable. L'amour du prochain de Hồ méritait en retour l'absolu respect (kính yêu) des citoyens envers leur leader. L'équilibre de la société en dépendait. Puisque le père de la nation avait fait don de lui-même, le bon citoyen était appelé à faire de même. Dans l'esprit du peuple, l'homme nouveau n'était au bout du compte que le résultat de l'affirmation de cette dualité traditionnelle.

L'homme nouveau se construisait ainsi à l'image de deux vénérations, l'une le reliant au peuple, l'autre à l'idéologie du chef de l'État. Mais en fin de compte, toutes deux ne faisaient que mettre en pratique un caractère central, sa discipline de l'action. Il était l'homme du résultat. Dans l'action se dissimulait la force et la limite de son envergure au sein de la société. La transformation de l'homme prenait l'habit de sa mise en ordre. On ne lui

---

[56]. Hà Huy Giáp n'hésitait pas à confronter l'humanisme de son chef aux figures bibliques. "Jésus-Christ dit - Rencontrer une personne qui a commis une faute et le regrette en implorant le ciel vaut mieux que 90 croyants". Hà Huy Giáp, "Một vài suy nghĩ về Đạo lý làm người của Hồ chủ tích", in *Học tập*, Hà Nội, n°5, 1969, p. 29.

demandait pas de penser, mais d'œuvrer et d'adhérer. Dans le schéma stalinien, et maoïste, la production de la pensée est dévolue aux intellectuels. Si le Parti encourageait les initiatives de l'homme nouveau, celles-ci se limitaient au domaine de la production et non à celui des idées. Son esprit était marqué par une déférence disciplinée au verbe du créateur ; quant à l'action, elle l'engageait dans un face à face prométhéen avec l'hostilité de son environnement.

Mencius définissait la juste cause (*vì nghĩa*, *chính nghĩa*, ou *nghĩa*) comme étant le seul domaine du possible. L'action politique dans une société confucianisée était évaluée à l'aune de ce principe. La perte du mandat céleste s'expliquait par une dérogation des gouvernants à cet axiome. Toute la question fut de déterminer les limites naturelles du légitime et de l'illégitime. Au XXe siècle, le légitime trouvait son expression dans la maxime de Hồ Chí Minh : "Vì độc lập tự do của Tổ quốc" (Pour l'indépendance, la liberté de la patrie). La juste cause était celle de la patrie. L'homme juste ne pouvait être que celui qui combattait pour sa défense. Le patriotisme était chair du politique dans un pays régulièrement convoité par l'étranger. La cause juste était celle des glorieux ancêtres du passé, de ceux qui s'évertuèrent à défendre les limites de la nation contre les sempiternels assauts des envahisseurs Chinois, Français puis Américains. Une gestion par l'étranger de la terre des ancêtres bafouait l'esprit de ses mânes fondateurs.

L'insurrection d'août 1945 opposa les justes aux détenteurs illégitimes du pouvoir. Japonais et Français repoussés, le pouvoir de Hồ Chí Minh avait gagné une primauté que nulle force d'opposition n'avait pu obtenir. La victoire du Việt Minh participait *de facto* à la matérialisation de la légitimité du nouveau régime. Il restait au gouvernement d'arrimer son pouvoir à la vertu des ancêtres illustres et à la loyauté de ses nouveaux "officiers méritants". Hồ Chí Minh, le Parti et plus tardivement la classe ouvrière symbolisaient la défense du juste. L'homme nouveau leur devait loyauté absolue. La fidélité politique du sujet, autrement dit son "positionnement politique" (lập trường chính trị), était toujours en tête dans les critères de recrutement de ses "hommes exemplaires"[57].

Le juste était unique et indivisible dans un cadre de pensée confucéen. Il ne souffrait pas davantage la contestation sous un gouvernement marxiste-léniniste. Seule une fidélité à la juste cause pouvait prétendre au bon positionnement de l'homme dans la société. Afin de définir l'homme nouveau, il suffisait ainsi de se calquer sur le modèle de vertu (đức) des personnalités héroïques de l'histoire nationale ; chaque période trouvait matière à une personnification dans le destin d'une de ses figures-clés[58]. Hồ Chí Minh symbolisait à lui seul cette symbiose dans le Việt Nam contemporain : "Le président Hồ n'appelait pas seulement le peuple à plus de solidarité, il mettait en œuvre cette solidarité. Plus encore, le président Hồ n'était pas seulement le symbole de la solidarité, mais il était à lui seul la solidarité."[59] Hồ Chí Minh était la personnification par excellence de l'homme nouveau. L'héroïsme révolutionnaire représentait la version moderne et la plus développée (phát triển cao nhất) de la tradition héroïque nationale. Hà Huy Giáp allait jusqu'à démontrer que le parcours exemplaire du chef de l'État illustrait la gestation progressive de l'homme nouveau au Nord Việt Nam, ce dernier n'existant qu'au regard de son modèle. L'homme nouveau était l'anthropomorphisme d'un "corps-nation". Pour avoir su choisir la juste cause, l'"homme exemplaire" avait naturellement fait preuve d'une "grandeur d'âme" (khí phách). La société en retour lui témoignait respect (tôn trọng) et vénération (tôn kính).

Lettrés et idéologues se posaient régulièrement la question de savoir qui du "héros" ou de "l'environnement" engendrait

---

[57]. Hướng dẫn về việc lựa anh hùng thi đua ái quốc (Phong thi đua ái quốc Trung ương), in AVN3, Fonds BLD, dossier n°510, document sans numéro, 12.1956, p. 2.
[58]. Trần Dân Tiến (pseudonyme pour Hồ Chí Minh), Những mẩu chuyện về hoạt động của Hồ chủ tịch, Hà Nội, nxb Văn Học, 1960.
[59]. Phạm Văn Đồng, Hồ chủ tịch, lãnh tụ của chúng ta, Hà Nội nxb Sự Thật, 1963, p. 10.

l'autre[60]. Nombreux furent les écrits à démontrer l'influx primordial de la terre vietnamienne sur la "grandeur d'âme" de ses habitants. Aléas climatiques, accidents géographiques, typhons et inondations meurtrières renforçaient, selon les croyances populaires, la vigueur des habitants et leur attachement à la terre natale. La géomancie chinoise admettait qu'il y avait une "terre source de héros et qu'il fallait la tenir en ordre". Le Viêt Nam était cette terre, se répétaient inlassablement les patriotes vietnamiens.

La naissance du Parti communiste en 1930 ne représentait guère qu'une étape supplémentaire dans le destin héroïque de la terre vietnamienne. Son apparition était le fruit d'actes engendrés par des hommes et des femmes touchés par la grâce d'une terre ancestralement héroïque : "Né sur une terre aux beaux éclats mais étroite, coincée entre les montagnes et la mer, notre peuple au cours des siècles a dû vivre sous la menace continue des envahisseurs étrangers et des calamités naturelles. Il lui a fallu une grandeur d'âme immense pour supporter mois après l'autre ouragans, inondations, sécheresses et éviter de mourir de faim ou de froid."[61] L'homme nouveau, dans le lien filial qu'il entretenait avec la nouvelle autorité politique, faisait preuve d'une même "grandeur d'âme" que ses ancêtres. Il n'était pas seulement le résultat d'un internationalisme d'importation mais d'abord le produit de "la culture, l'esprit et la beauté spirituelle de la nation vietnamienne".

L'homme nouveau en tant qu'éponyme de l'"officier méritant" d'autrefois, se définissait par une proximité avec le pouvoir. Pour avoir su se sacrifier à la Juste cause (xả thân), pour avoir témoigné une grande piété filiale à la nation (chí hiếu tổ quốc), la société présente dans chacun des membres de la communauté avait le devoir de participer à l'éducation de ses "hommes

---

[60]. Trần Huy Liệu, "Anh hùng tạo thời thế hay Thời thế tạo anh hùng ?", in *NCLS*, Hà Nội, n°96, mars 1967, pp. 1-3. Hồng Quang, "Lịch sử và chủ nghĩa anh hùng ", in *NCLS*, n°99, juin 1967, pp. 1-9.

[61]. Vũ Hồng, "Sự ra đời của Đảng và bước ngoặt lịch sử của chủ nghĩa anh hùng", in *Học tập*, Hà Nội, n°4, 1967, p. 75.

vertueux". L'État dans le respect d'un principe ancestral devait forger l'esprit des siens (hun đúc tư tưởng). À l'origine, l'homme était telle une feuille blanche (như tờ giấy trắng), sa socialisation (xã hội hóa) était un devoir de l'autorité politique. Tout homme pouvait prétendre à devenir un "homme nouveau". Sa "grandeur d'âme" était présente dans la feuille blanche de son existence. Seule une collaboration avec les "forces réactionnaires" (propriétaires, administration coloniale) pouvait l'en exclure. Mais dans ce cas, il était déjà trop tard, la période de "socialisation néfaste" avait déjà eu lieu. L'homme nouveau ne supportait pas la rééducation car jamais il ne s'était trompé de cause (phí nghĩa)[62].

La "grandeur d'âme" de l'homme nouveau trouvait une explication dans le lien qui l'attachait irrémédiablement à la terre de ses ancêtres, à sa vertu propre et sa propension à suivre l'enseignement d'un pouvoir temporel au "mandat céleste" reconnu. Une société juste recherchait l'équilibre. À cette fin, les représentants de l'autorité politique avaient le devoir de témoigner un respect sans faille aux plus émérites des citoyens. Sa fierté envers ses héros d'hier et d'aujourd'hui n'avait d'égal que son besoin de les vénérer en retour. Lorsqu'en 1956 le rapport Khroutchtchev fut diffusé en Asie, les idéologues nord-vietnamiens montèrent à la barre afin de distinguer le culte de la personnalité (sùng bái cá nhân) de la vénération traditionnelle que l'État réservait à ses meilleurs serviteurs (tôn kính anh hùng)[63].

---

[62]. Le mythe de la "feuille blanche" est un élément essentiel de la culture vietnamienne. Il était supérieur dans les faits à la seule origine sociale de l'individu. En effet, mieux valait provenir d'une famille bourgeoise mais décider de lutter dès le départ pour la *Juste cause* qu'à l'inverse être issu des classes prolétaires mais s'être laissé un temps fourvoyer par l'ennemi. Ils n'étaient pas rares les dirigeants politiques (Hồ Chí Minh, Võ Nguyên Giáp etc.) et les héros nouveaux (Tôn Thất Tùng, Phạm Ngọc Thạch etc.) à ne pas venir directement de la classe ouvrière ou paysanne. Mais ces derniers n'avaient en revanche jamais manqué l'étape de la première socialisation.

[63]. Trần Huy Liệu, "Bàn thêm về vấn đề chống sùng bái cá nhân", in *Văn Sử Địa*, Hà Nội, n°19, juillet 1956.

Vénérer une figure héroïque était un hommage à l'esprit de la nation. Ce principe conduisait à une symbiose entre le héros et l'histoire nationale étrangère à tout phénomène de déification d'une personnalité individuelle. L'homme nouveau trouvait ses limites dans ce lien profond le reliant à la communauté.

L'hommage de l'État arbora dans un premier temps une forme internationaliste avant, au début des années 1960, de reprendre place lentement dans une hiérarchie culturelle. La pensée confucéenne accordait au réel une propension à la transformation continue. Confucius déclarait "détester l'entêtement", le jugement, la conduite de "l'homme vertueux" ne devait pas se scléroser[64]. Une définition de l'homme nouveau relève donc plutôt de la morale que de l'idéologie, plutôt de la sagesse que de la philosophie. Son statut était bien celui de l'homme de la vertu nationale. Le confucianisme en se constituant en orthodoxie avait placé la morale collective au cœur de son système. Le sage était l'homme du bien, l'homme du Juste milieu, de la morale. Il coïncidait avec les éléments (ciel, terre etc.) explique-t-on dans les *Entretiens*. Sans cesse sa condition l'amenait à se réguler au regard des fluctuations du réel. En 1946-48, lorsque la RDVN aborda la question de la "vie nouvelle", elle adoptait la nécessité d'une telle régulation. Un respect de ce principe d'immanence s'imposait à l'idée d'une rupture formellement internationaliste. L'objectif était ambitieux, il s'agissait "de lancer une transformation de la conscience populaire"[65]. Un rééquilibrage de la société, sur la base du principe de classes, impliquait *de facto* un recentrage du juste milieu.

Quel que soit l'esprit de négation des principes confucéens parfois émis par les idéologues, jamais la notion du juste, ou du milieu, du vrai, du sage, du raisonnable, du possible etc., ne fut réellement éludée. On assistait plutôt à l'apparition d'une variation supplémentaire inhérente à sa définition. La morale dans

---

[64]. F. Jullien, *Un Sage est sans idée ou l'autre de la philosophie*, Paris, Seuil, 1998, p. 22.
[65]. Shaun Malarney, *Ritual and Revolution in Viet Nam*, Thèse de doctorat, Université de Michigan, 1993, p. 286.

un tel système ne servait qu'à légiférer le rapport au juste (lí) ; légitimité et pérennité de la société en étaient l'enjeu. Dans son essai sur la responsabilité des sciences sociales dans la construction de l'homme nouveau, Nguyễn Khánh Toàn a montré que seul un bon positionnement de l'homme nouveau vis-à-vis du collectif pourrait prétendre à le définir. Son idéologie raccordait la figure héroïque à l'instant ; une approche de son éthique déterminait la stabilité de son rôle au sein de la communauté. L'homme nouveau se voulait l'objet du juste. Hồ Chí Minh se plaisait à répéter que "la morale représente l'élément premier sinon la qualité essentielle des combattants révolutionnaires"[66]. La moralité de l'homme nouveau se résumait dans un désintérêt de soi au profit de la patrie.

Dans un texte-clé écrit en 1958, Hồ, sous le pseudonyme de Trần Lực, expliquait que "le véritable intérêt individuel, c'est l'intérêt collectif" et qu'ainsi "Trần Phú, Ngô Gia Tự, Lê Hồng Phong, Nguyễn Văn Cừ, Hoàng Văn Thụ et Nguyễn thị Minh Khai étaient les réels précurseurs de la nouvelle morale révolutionnaire"[67]. Il conviendrait de s'interroger sur la notion de nouveauté dans une telle perspective. La variation satisfaisait-elle une telle dénomination ? Par "morale révolutionnaire" (đạo đức cách mạng), Hồ entendait la satisfaction de quatre points essentiels : "Être déterminé toute sa vie à lutter pour le Parti, pour la révolution. S'évertuer à travailler pour le Parti, suivre la discipline du Parti, accomplir correctement la politique du Parti. Mettre l'intérêt du Parti et du peuple en avant, mettre au second plan les intérêts individuels. S'employer à étudier le marxisme-léninisme, toujours s'appliquer à pratiquer la critique et l'autocritique afin d'améliorer son esprit."[68]

La morale révolutionnaire délimitait l'espace du possible au sein de la communauté. "La voie n'est pas loin de l'homme" trouve-t-on dans les *Entretiens*. Outil de cohésion du groupe,

---

[66]. Trần Văn Giàu, *op. cit.*, p. 306.
[67]. Trần Lực, "Đạo đức cách mạng", in *Học tập*, Hà Nội, n°35, 12.1958, p. 11.
[68]. *Ibid.*, p. 12.

l'éthique de la révolution au Viêt Nam était une projection du proche et se refusait à toute théorisation abusive. Hồ Chí Minh rappelait que cette "morale civique" ne se concevait qu'au regard de son application : "La morale du citoyen l'amène à respecter certains principes : obéir à la loi du gouvernement ; obéir à la discipline dans le travail ; se conformer aux directives collectives ; contribuer avec exactitude à l'impôt populaire de manière à renforcer l'intérêt collectif ; participer avec enthousiasme aux travaux collectifs ; protéger le bien public ; protéger la patrie"[69] ; la défense de l'intégrité et de la stabilité de la "grande famille vietnamienne" s'imposait ainsi comme principe moteur de l'homme nouveau. "Dans la lutte armée comme dans la production", le Parti animait l'esprit de victoire du peuple vietnamien[70]. Il faisait de l'héroïsme le fondement de la morale révolutionnaire.

Le Parti écrivait Vũ Khiêu, en s'attachant à la figure de l'homme nouveau faisait réapparaître l'immanence d'une morale révolutionnaire inscrite dans ses "4 000 ans d'histoire". L'homme nouveau était un modèle du moralisme révolutionnaire. Pourtant le gouvernement n'attendait pas de discours, ni de beaux textes de sa part. Il lui suffisait de suivre consciencieusement dans son activité économique et le quotidien de son existence l'éthique des quatre vertus fondatrices (bốn chữ vàng) : Économie, Diligence, Intégrité, Droiture (cần, kiệm, liêm, chính). Vũ Khiêu assure que Hồ Chí Minh a octroyé un contenu totalement nouveau à ces valeurs-clés de la morale confucéenne[71]. À ces quatre lettres d'or, on en trouvait, il est vrai, une cinquième : *chí công vô tư* (Tout à la collectivité et rien à l'intérêt personnel). Il serait toutefois abusif de parler de relecture. La personnalité de Hồ Chí Minh portait en elle-même les stigmates du nouvel idéal moral. Comme preuve de son absolu dévouement à la patrie, on citait en exemple

---

[69]. Hồ Chí Minh, "Đạo đức cộng dân" (15.1.1955), in Hồ Chí Minh, *Xây dựng con người mới*, Hà Nội, nxb Chính trị Quốc gia, 1995, p. 103.
[70]. Vũ Khiêu, "Đảng ta và chủ nghĩa anh hùng", in *Ibid., Anh hùng và Nghệ sĩ*, Saigon, nxb Văn học, nxb Giải phóng, 1975, p. 176.
[71]. Vũ Khiêu, "Tấm gương sáng ngời ở Hồ chủ tịch", in *Ibid.*, p. 247.

l'abnégation qui l'avait poussé à ne pas fonder de famille[72]. "Hô (Người) n'a pas pensé une seule fois à lui. Sa famille était une famille au sens large, celle de la classe ouvrière mondiale, celle du peuple vietnamien". Son don de soi à la collectivité représentait à lui seul une part essentielle de l'éthique révolutionnaire à répandre dans le pays. Le bonheur du groupe (nguồn hạnh phúc của chúng ta) dépendait de l'affirmation de ce devoir patriotique. Les actes et le quotidien de l'homme nouveau matérialisaient l'essence du principe des cinq vertus[73].

À l'inverse, les faiblesses de l'homme nouveau participaient également de la généralisation de son modèle dans la société. Aborder les "maux" (tội ác) et "fléaux sociaux" (tệ nạn xã hội) du temps présent conduisait à l'affirmation de l'éthique de l'homme nouveau au sein de la "nouvelle société". On l'accusait tour à tour de gaspillage, de vol, de bureaucratisme, de sectarisme, d'étroitesse d'esprit, de corruption, d'indiscipline de formalisme, d'orgueil, d'égoïsme, de paresse, de provincialisme, d'individualisme ou bien encore d'un trop grand sens de l'intérêt. La diffusion des critères de l'homme nouveau permettait aux cadres de l'appareil de répertorier les faiblesses à éradiquer. L'énumération de ses maux offrait le négatif de ses vertus à l'ensemble d'une population entraînée sur la voie de la "vie nouvelle" depuis la fin des années 1940. La construction de l'homme nouveau concrétisait la nouvelle morale civique de l'État.

La figure de Tuyên Quang n'avait pas besoin de faits pour prouver son existence ; le Parti lui avait façonné une biographie

---

[72]. Sophie Quinn-Judge publia en 1993 un article relatif aux relations amoureuses du jeune Nguyễn Ái Quốc dans les années 1920-30 prouvant l'union de ce dernier avec la militante Nguyễn thị Minh Khai. Les autorités vietnamiennes condamnèrent fermement la diffusion de cette étude dans le pays. cf. S. Quinn-Judge, "Hô Chi Minh : New Perspectives from the Comintern Files", in Viêt Nam Forum, New Haven, n°14, 1993, pp. 61-81.

[73]. Hồ chủ tịch với dân chủ, kỷ luật và đạo đức cách mạng, Hà Nội, nxb Sự Thật, 1967, p. 35.

linéaire, esquivant les détours de sa vie privée. L'homme nouveau était un homme de l'action. L'État attendait de lui fidélité et efficacité, lui rendant en retour un vibrant hommage. Son irruption dans la mémoire collective (sources d'archives administratives, ouvrages, films etc.) offre à l'historien un nouvel objet d'investigation[74]. L'homme nouveau s'était grimé en passeur d'une société en mouvement. Ce sont ces gestes, ceux du paysan, de l'artisan ou de l'ouvrier, que nous avons choisi de traquer dans les chapitres à venir. Ces gestes que l'on retrouve à l'origine des "travaux et des jours" des petites gens, de ces hommes du quotidien qu'un œil nouveau nous offre au regard.

"Histoire futile", le terme choisi par l'historien Philippe Papin[75], renvoie à celui d'une histoire du quotidien, de celui que l'on répète jour après jour sans jamais vraiment s'y arrêter. L'homme nouveau est l'homme de ce quotidien démultiplié, un homme du peuple frappé par une surprenante et inattendue collusion historiographique.

---

[74]. Sur ce sujet voir l'excellente analyse de Michel Foucault, "La Vie des hommes infâmes", in *Les Cahiers du chemin*, Paris, n°29, 15.1.1977, pp. 12-29. Repris in M. Foucault, *Dits et écrits 1954-1988*, tome III : 1976-1979, Paris, Gallimard, 1994, pp. 237-253.

[75]. "Il s'agit en effet d'histoires futiles, d'anecdotes parfois cocasses et parfois tragiques, mais toujours au plus près de la population et donc de la vie sociale réelle des villages. Elles constituent à notre connaissance, la seule façon de connaître directement le monde des pauvres, des paysans, des villageois de base, tour à tour vilipendés et glorifiés par ceux qui avaient le privilège d'avoir accès à l'écrit. En lisant ces documents, comment le cacher ?, nous éprouvons la sensation d'un contact direct avec le réel, non médiatisé par le discours littéraire, administratif, politique ou journalistique. Les pauvres n'écrivent pas, ou si peu, leur biographie qu'il convient de prêter la plus grande attention à ces archives qui exhibent la vie des plus démunis"., in P. Papin, "Sources, approches et premiers résultats pour une histoire du village vu d'en bas", in *BEFEO*, Paris, n°83, 1996, p. 94.

Chapitre II
Le "héros nouveau", une affaire de diplomatie

> "Cela paraît étrange et inexplicable que les intérêts des grandes puissances se soient opposés sur un petit pays qui jouait un rôle si minime dans l'équilibre stratégique du monde en ces années".
>
> Ilya V. Gaiduk[1]

L'apparition de la figure du "héros nouveau" au Viêt Nam a une histoire. La chronologie de son avènement est l'objet de cinq années de complexes négociations entre le régime communiste vietnamien et la communauté des pays socialistes. En 1947, la RDVN a compris que les promesses de l'après-guerre n'étaient que souvenirs. Son isolement au sein de la communauté internationale réduisait ses chances à terme de prétendre à un soutien militaire indispensable à la poursuite de sa lutte contre le pouvoir colonial français. La nouvelle bipolarisation des relations internationales conduisait le régime à se tourner vers les "ennemis du colonialisme", en d'autres termes à réorienter sa diplomatie en direction des pays socialistes. La figure du "héros nouveau" va être le fruit de la refonte de ses institutions réalisée avec l'appui de ses "nouvelles amitiés". Un historique de la reprise du dialogue soviéto-vietnamien offre la clé d'une compréhension de

---

[1]. Ilya V. Gaiduk, *The Soviet Union and the Vietnam War*, Chicago, Ivan R. Dee, 1996, p. vi.

l'apparition de la figure du "héros nouveau" au Nord Viêt Nam ; le choix d'un modèle d'importation avait été avant tout "une affaire de nécessité" pour les dirigeants. Entre 1947 et 1952, le destin de "l'homme nouveau" va surgir aux recoins de la lente, pragmatique et souvent maladroite formation de l'identité politique de la RDVN.

Les hésitations d'une diplomatie désorientée (1947-1948)

L'Union soviétique dès 1946 envisagea de renforcer sa présence diplomatique en Asie du Sud-Est. La Thaïlande de l'après-guerre s'était lancée dans une adroite politique afin de faire oublier aux Alliés son attitude envers les Japonais au cours du second conflit mondial. En novembre 1946, en échange du soutien promis par Moscou pour obtenir un siège aux Nations unies, elle acceptait que l'Union soviétique ouvre une légation sur son territoire. Une fois le vote soviétique concédé, le gouvernement thaïlandais fin 1946, donna officiellement son accord pour l'envoi d'une mission soviétique préparatoire à son installation. Suprême concession au "monde communiste", les députés de l'Assemblée nationale thaï décidaient en 1946 d'abolir les lois anti-communistes de 1933. La bonne volonté de la coalition menée par le patriarche Pridi Phanamyong fut saluée par les dirigeants soviétiques.

Entre temps, l'Union soviétique continuait sa prospection dans la région. Moscou étudia la possibilité d'installer l'un de ses établissements diplomatiques en Cochinchine, à Saigon, mais l'ambiguïté de sa politique avec la France fit avorter le projet[2].

---

[2]. Le 26 octobre 1946, une mission soviétique dirigée par le colonel Doubrovine, responsable depuis 1946 de la branche militaire des services spéciaux soviétiques (*General Razvedyvatelnoye Upravleniye* ou *G.R.U.*), arrivait à Saigon. Elle était chargée en principe d'assurer le retour de prisonniers de guerre et de quelques ressortissants soviétiques toujours en Indochine. Alors que Doubrovine répétait à la presse que la politique n'était pas de la compétence de sa mission, l'un des membres de sa délégation se rendit cependant secrètement à une Assemblée générale des membres du PCC en Cochinchine et au Cambodge organisée à Cholon le 30 octobre au soir. Au cours de son intervention,

Au début du second semestre de l'année 1946 selon des sources des Renseignements français, le bureau politique du PCUS aurait décidé de réactiver les services du Dalburo dans le Pacifique et le Sud-Est asiatique. À cette fin, l'URSS aurait créé à Shanghai un groupement du nom de l'Union du Sud-Est avec comme mission de relancer les activités communistes dans la région.

La politique soviétique en 1946-47 avec le gouvernement de Chiang Kai-shek et la pression de la police de ce dernier faisait de Bangkok un endroit moins exposé pour un tel redéploiement au début de l'année 1947. La Thaïlande occupait une place centrale dans les activités de résistance des Vietnamiens depuis des décennies[3]. Au cours de l'année 1946, la communauté vietnamienne dans ce pays avait plus que doublé, atteignant le chiffre de plus de 10 000 émigrés[4]. En 1946, la République démocratique du Viêt Nam y avait ouvert une délégation de son gouvernement (phái đoàn chính phủ) auprès de laquelle s'ajouta un bureau d'information chargé des questions de propagande (cơ quan thông tấn xã Việt Nam) et une antenne de ravitaillement (ban tiếp tế) sous la responsabilité du comité de résistance du Nam bộ dès la reprise des hostilités avec la France. La RDVN tâchait d'entretenir des liens chaleureux avec la classe politique thaïlandaise.

En 1946-1947, le gouvernement de Pridi Phanamyong se montrait très coopératif et désireux de voir les Vietnamiens se libérer du "joug de leur oppresseur étranger". L'étrange mort du jeune roi Ananda le matin du 9 juin 1946 entraîna la Thaïlande dans une longue période de désordre politique. Alors que l'Union

---

ce dernier annonça que la mission dont il faisait partie était en fait chargée d'enquêter sur "l'état d'esprit des différentes populations d'Indochine en vue de l'installation ultérieure dans ce pays d'une représentation diplomatique soviétique chargée d'y propager la doctrine marxiste", in Archives d'Outre-Mer (CAOM), Fonds du Conseiller Diplomatique (CD), dossier n°168, document n°3997, 14.11.1946.

[3] . C.E. Goscha, *Thailand and the Southeast Asian Networks of the Vietnamese Revolution, 1885-1954*, Richmond, Curzon, 1999.

[4] . Hoàng Văn Hoan, *Giọt nước trong biển cả*, Pékin, nxb Tin Việt Nam, 1986, p. 287.

soviétique avait décidé l'envoi des membres de sa légation, en novembre 1947 un coup d'État renversait le gouvernement de Khuang Aphaiwong et contraignait le précieux allié Pridi Phanamyong à l'exil. Le pouvoir revenait aux mains de Phibun Songkram et de deux généraux, Phao Sriyanon (chef de la Police) et Sarit Thanarat (chef de l'armée) aux intentions moins favorables envers le "monde communiste". À Moscou, le gouvernement décidait de patienter quelques semaines avant d'envoyer les fonctionnaires soviétiques sur le sol thaïlandais.

Début janvier 1948, une partie des membres de la mission soviétique était encore à Hong Kong alors que l'autre stationnait toujours à Shanghai. La scène politique thaïlandaise se révéla en fin de compte moins encline à un virage conservateur qu'à poursuivre ses querelles internes. Moscou rassuré donna le feu vert pour un départ vers Bangkok. Fin janvier 1948, les services de la Sûreté française notait l'arrivée d'une partie des Soviétiques de la légation. Dans la nuit du 15 au 16 mars, dix personnes supplémentaires les rejoignirent, dont Sergei Niemchine (Sergei Sergeevitch Nemtchina), en charge de la légation soviétique. Les Renseignements français le connaissaient déjà pour avoir été conseiller à l'ambassade d'Union soviétique à Paris. Le choix d'un francophone n'était pas innocent pour Moscou. Outre son représentant, la légation se composait du second secrétaire Igor Usatchev, un parfait sinisant, et des attachés Nicolas Shmigol, Drugov et Vasiku Moskov. Toujours selon des sources françaises, l'effectif total de la mission atteignait 59 personnes fin 1948, chiffre comprenant les ingénieurs et autres experts techniques.

La reprise du dialogue entre Soviétiques et Vietnamiens s'avérait toutefois délicate en 1947. N'oublions pas qu'à la sortie du second conflit mondial, l'Union soviétique avait ostensiblement ignoré la question indochinoise afin de ne pas compromettre sa politique européenne. Ajoutons que le traditionnel désintérêt de son administration pour les pays de cette péninsule asiatique s'était transformé en méfiance depuis que le gouvernement Hô Chí Minh avait choisi de dissoudre le Parti communiste indochinois en novembre 1945. À cela la RDVN avait répondu par une politique "neutraliste" ouverte au dialogue avec tout pays prêt à supporter ses revendications indépendantistes. Moscou le lui reprochera longtemps. L'année 1947 montrait toutefois les limites de cette politique.

La grande tournée diplomatique de la RDVN auprès des pays asiatiques depuis 1946 n'avait pas obtenu le succès escompté alors que l'installation progressive de la guerre froide sapait ses tentatives de conciliation avec la France. Les historiens officiels à Hà Nôi décriront postérieurement cette période comme celle de l'étouffement ou de l'encerclement généralisé du pays (bao vây Viêt Nam). Dans ces conditions, la décision avait été prise au cours du premier trimestre 1947 de relancer le dialogue avec les Soviétiques. Selon l'historien Christopher Goscha, c'est à Trân Văn Giàu, un "Retour de Russie", qu'aurait incombé la responsabilité de prendre un premier contact avec les Soviétiques dans la capitale thaïlandaise. Il en aurait reçu l'ordre directement de Hô Chí Minh[5]. Bien que nous sachions peu de chose sur les activités de la mission préparatoire envoyée par Moscou au cours de l'année pour mettre en place l'arrivée de sa légation, la réalité d'un tel dialogue à Bangkok en 1947 est peu vraisemblable. Si à notre avis, la décision fut bien prise au plus haut niveau par la RDVN, les éléments d'une première rencontre n'étaient pas encore suffisants en Thaïlande. Pour l'historien américain Douglas Pike, il n'y a aucun doute que cette reprise des discussions n'eut pas lieu en Thaïlande, mais bien en Inde où se tenait la conférence Inter-Asiatique de New Delhi en avril 1947[6]. Aucune trace de valeur de ces premiers pourparlers n'est actuellement disponible.

Toutefois nous savons que Soviétiques et Vietnamiens s'entendirent à cette occasion pour se rencontrer dans la plus grande discrétion en Europe à l'automne 1947. Le docteur Phạm Ngọc Thạch, sous-secrétaire d'État, fut chargé de mener les négociations lors de cette première rencontre. Le choix de

---

[5]. Cité par Goscha, *op.cit.*, pp. 295-296.
[6]. D. Pike, *Vietnam and the Soviet Union, Anatomy of an Alliance*, Boulder, Westview Press, 1987, p. 18.

l'émissaire n'avait à proprement parler rien d'étonnant. Hô Chí Minh l'avait déjà envoyé tout au long de l'année 1947 à la rencontre des différents dirigeants des pays asiatiques. En septembre, selon des sources du comité central du PCUS, il s'envola pour la Suisse avec un passeport chinois au nom de Liên Tai pour rencontrer un envoyé du gouvernement soviétique. Au cours de l'entretien, Phạm Ngọc Thạch présenta au délégué soviétique une demande d'aide financière et militaire de la part de son gouvernement[7]. Il apportait aussi un courrier de Hô Chí Minh priant Staline d'intercéder en faveur de la RDVN afin que les Nations unies interviennent sur la question du conflit franco-vietnamien. Le délégué soviétique se serait empressé de promettre à Phạm Ngọc Thạch qu'il transmettrait un rapport détaillé sur la question à son gouvernement et qu'il ne manquerait pas de le tenir au courant des suites de l'affaire dans les meilleurs délais. Visiblement satisfait de la teneur des entretiens, le représentant vietnamien quittait la Suisse à la fin du mois de septembre.

Pour le Kremlin à l'automne 1947, il s'agissait d'abord de s'informer sur la situation politique dans la colonie française au moment où le PCF jouait un rôle important en France. L'Union soviétique commençait à accorder un certain crédit à la "guerre patriotique" menée par le Viêt Minh. En septembre 1947, Jdanov utilisa des termes élogieux pour décrire la "vigoureuse lutte du Viêt Nam pour sa libération nationale" dans son discours prononcé à Varsovie lors de la création du Kominform.

Mais l'URSS ne souhaitait pourtant pas prendre d'engagement. Dans le programme du Kominform, ou dans celui de sa mystérieuse aile asiatique, le Viêt Nam occupait un rang secondaire. Le gouvernement soviétique avait décidé de ne pas répondre aux requêtes de Phạm Ngọc Thạch. Un rapport sur l'Indochine du ministère des Affaires étrangères créditait même

---

[7]. Conversations d'un envoyé de l'URSS en Suisse avec le représentant de la RDVN à propos de la situation dans le pays, dans les partis communistes et sur les répercussions internationales de la guerre du Vietnam, in Archives du CC du PCUS, dossier n°404, septembre 1947.

Hồ Chí Minh de "journaliste de qualité possédant une bonne préparation théorique"[8]. À la fin de l'année 1947, le Kremlin continuait, sans l'avouer publiquement, de voir en Hồ Chí Minh un potentiel "Tito asiatique". Le dialogue était cependant renoué. Un rapport du ministère des Affaires étrangères soviétique concluait en janvier 1948 que "le communisme en Indochine avait des racines plus profondes que dans n'importe quel autre pays d'Extrême-Orient". L'évolution de la position soviétique se concrétisa à Calcutta lors du congrès de la Jeunesse d'Asie du Sud-Est de février 1948. L'intervention de la délégation de la RDVN (Trần Văn Giàu, Trần Văn Luân et Mai Thế Châu) fut acclamée par les "pays progressistes". Pour la première fois depuis l'après-guerre, l'Union soviétique et le monde socialiste montraient des signes d'encouragement.

Alors que, fin 1947, la France excluait toute perspective de négociation avec la RDVN dans la logique de l'accord conclu en baie d'Along, l'organisation nord-vietnamienne se mettait à caresser l'espoir d'un soutien prochain de l'Union soviétique sur le terrain de sa lutte armée. Dès février 1948, Lê Hy (de son vrai nom Lai Vinh Loi), chef du bureau d'information du Việt Nam en Thaïlande, se rendit à l'hôtel Ratanakosin de Bangkok afin de rencontrer la légation soviétique qui y résidait temporairement. Les ouvertures suggérées lors du Congrès de Calcutta et l'arrivée consécutive de la légation soviétique à Bangkok inauguraient une période d'espoir pour les intérêts vietnamiens en Asie. Le dialogue timidement amorcé par Phạm Ngọc Thạch en septembre 1947 allait enfin pouvoir se poursuivre par l'intermédiaire du délégué de la RDVN à Bangkok, Nguyễn Đức Quý et de son subordonné hiérarchique, Lê Hy.

Nonobstant cette volonté de reprise du dialogue avec les Soviétiques, les consignes du régime communiste vietnamien étaient toujours à l'extrême prudence. Un document Việt Minh du 2 avril 1948 revenait sur les raisons de la dissolution du PCI en

---

[8]. Rapport d'information sur la situation en Indochine à l'attention du camarade Jdanov, in Archives du Kominform, Fonds n°575, dossier n°21, document n°25/F 25116, 13 .9.1947, p. 18.

novembre 1945 et précisait que "vis-à-vis de l'étranger, il convenait toujours de faire en sorte que les colonialistes français n'aient plus aucune raison de considérer notre pouvoir démocratique comme un pouvoir communiste et cela dans l'espoir de nous séparer des nations et de l'élite mondiale"[9].

Pour de nombreux cadres et militants, la décision de dissoudre le PCI prise en 1945 par Hô Chí Minh restait toujours fort controversée. Lorsque la guerre froide s'abattait sur le monde en 1947, les choix politiques de l'équipe dirigeante divisèrent les membres de l'appareil. L'attitude conciliante de Moscou amenait certains dirigeants Việt Minh à réfléchir sur une réorientation de la diplomatie clandestine du mouvement. Fallait-il répondre sans crainte aux discrets appels soviétiques ou bien se cantonner à poursuivre une politique ostensiblement "indépendante" ? La RDVN devait-elle se tourner vers l'Asie ? En 1947, la politique soviétique introduisait un doute dans l'esprit des Nord-Vietnamiens. Nombreux furent les "Retours de Russie" à critiquer les hésitations de leur chef. Dans les montagnes du Việt Bắc, on s'interrogeait sur la meilleure attitude à prendre. Les tenants de la mise en place d'une "voie européenne" souhaitaient raccrocher le conflit vietnamien à la bipolarisation de la scène internationale. D'autres préconisaient de se tourner d'abord vers l'armée populaire chinoise. Mais en 1948, choisir la voie de l'Asie, c'était ne pas accepter celle du communisme international, c'était préférer celle du localisme et donc du nationalisme. Le spectre du titisme hantait l'esprit des dirigeants communistes du monde entier. Hô Chí Minh ne sous-évaluait pas les dangers d'une telle alternative. En janvier 1948, il penchait pour une politique de l'équidistance. La bienveillante attitude des Soviétiques et du monde socialiste envers la résistance vietnamienne ne devait et ne pouvait pas être ignorée. On le lui aurait reproché au sein de son organisation. Il courait le risque de mettre de côté une opportunité aux conséquences cruciales pour la poursuite de sa lutte de libération.

---

[9]. Traduction de documents Việt Minh, in CAOM, Fonds du CD, dossier n°105, document n°9819, 13.10.1949.

En février 1948, la RDVN décidait de renouer le dialogue avec le monde communiste. N'oublions pas que les requêtes présentées par Phạm Ngọc Thạch en Suisse étaient toujours sans réponse. L'hypothétique promesse des Soviétiques rapportée par Thạch offrait aux tenants de la "voie européenne" un contexte et une raison supplémentaire pour exiger une poursuite du dialogue avec les Soviétiques. Pourtant elle ne souhaitait pas se laisser déborder par la tendance "internationaliste", forte au sein de son réseau à l'étranger, qui risquait à terme de menacer la stabilité de l'ensemble de son organisation. En février 1948, Phạm Ngọc Thạch de retour d'une mission en Thaïlande rapportait au comité central du PCI les ravages provoqués par cette discussion au sein de son réseau d'Outre-mer. L'état-major de la RDVN tenait à renforcer parallèlement ses contacts avec le PCC. Un rapport politique du Haut-Commissariat pour l'Indochine du mois de juin fait état d'un probable déplacement de Võ Nguyên Gíap au cours du premier trimestre dans le Guangxi en vue de négocier un accord d'assistance mutuelle avec les représentants locaux de Mao Zedong. Malgré le peu de validité de cette source, nous savons en revanche que l'origine de la mission de Hoàng Văn Hoan en Thaïlande en juin 1948 fut bien de reprendre contact, au nom du PCI, avec le Parti communiste chinois. Entre janvier 1948 et l'automne 1948, la RDVN maintiendrait cette ambiguïté afin notamment de parer à une menaçante scission interne de son mouvement.

Au cours du premier semestre 1948, Lê Hy, responsable du bureau d'information de Bangkok, devenait le principal artisan de la reprise des contacts avec la légation soviétique en Thaïlande. Il était omniprésent, on appréciait de part et d'autre son activisme. C'est lui et non Nguyễn Đức Quỳ que l'on retrouva aux avant-postes dans la plupart des entretiens avec les délégués soviétiques Niemchine et Usatchev ; c'est encore lui qui s'était rendu sur les recommandations des Soviétiques à Shanghai au printemps pour une courte mission secrète. Le comportement volontariste de Lê Hy déplaisait toutefois à son supérieur Nguyễn Đức Quỳ concurrencé dans sa position de leader du mouvement vietnamien en Thaïlande. Chương parlait des "préjugés et des rapports peu amicaux de supérieurs à inférieurs" dans la communauté vietnamienne en Thaïlande avant d'ajouter que même si la situation était meilleure que du temps où Trần Văn Giàu était responsable du mouvement en Thaïlande, il subsistait "encore beaucoup de contradictions"[10]. Bien que ces tensions touchassent davantage les groupes de Vietnamiens basés à Bangkok et ceux implantés au Nord-Est du pays, il est notable, et les événements de la fin de l'été le confirmeront, qu'elles existaient au sein des différents bureaux de représentation de la RDVN en Thaïlande.

Lê Hy attachait beaucoup d'importance aux amabilités de la légation soviétique. Proche de Trần Ngọc Danh, chef de la délégation de la RDVN à Paris, il était un tenant de l'ouverture du réseau vers l'Europe et avant tout vers son cœur, l'Union soviétique. Les Soviétiques accueillirent favorablement les démarches du Vietnamien, au point de l'envoyer à Shanghai afin qu'il y rencontre des responsables tchèques et polonais. Au Consulat général soviétique de Shanghai, Lê Hy croisait de nombreux officiels communistes, notamment Roskov, le correspondant de l'agence TASS en Chine, avec qui il s'entretint de la dégradation de la situation militaire au Viêt Nam. En quelques semaines, un terrain d'entente fut trouvé de sorte que le 12 juin 1948, Lê Hy n'avait plus qu'à solliciter auprès du délégué soviétique "une aide pour la demande de visa de la délégation vietnamienne en partance pour la Tchécoslovaquie et la Pologne".

En février 1948, Phạm Ngọc Thạch était revenu très critique vis-à-vis de l'esprit d'indépendance existant entre les différentes organisations de son réseau thaïlandais. Il avait noté le climat de mauvaise entente entre les regroupements de Việt kiều installés au Nord-Est thaïlandais et les instances de représentation de la RDVN à Bangkok. Au printemps 1948, le comité central du Parti décidait l'envoi d'un délégué spécial afin de remettre de l'ordre dans son antenne thaïlandaise. Le risque de fragilisation du réseau

---

[10]. Enregistrement de la conversation entre les camarades Usatchev et Lê Hy, in Archives du MAE d'URSS, ASE, dossier n°33, document n°411, 23.7.1948.

thaïlandais était tel qu'il décidait de confier à Hoàng Văn Hoan, proche collaborateur de Hồ Chí Minh depuis l'époque où ils avaient travaillé ensemble en Thaïlande en 1929, la mission de remédier au plus vite à ces dysfonctionnements. Nommé "représentant spécial du comité central du PCI" (đại diện trung ương Đảng) par le Parti, Hoan fut détaché par son gouvernement en tant que "représentant spécial de la RDVN à l'étranger" (đặc phái viên chính phủ Việt Nam dân chủ cộng hòa ở hải ngoại), responsable de sa politique étrangère en Thaïlande, Birmanie, Inde et Tchécoslovaquie.

Lorsqu'il quitta le Việt Bắc en juin 1948 pour la Thaïlande, Hoàng Văn Hoan était chargé de trois missions : resserrer les liens entre les différentes organisations de la communauté vietnamienne à l'étranger, et notamment en Thaïlande où la crise était flagrante ; superviser le déroulement de l'ouverture du bureau d'information à Prague, le premier dans un pays socialiste ; et enfin, prendre officiellement contact avec le Parti communiste chinois. Hồ Chí Minh refusait toujours de trancher dans le débat qui divisait son équipe entre les tenants de la "voie européenne" et ceux de la "voie asiatique". Au milieu de l'année 1948, la RDVN lançait une diplomatie secrète de part et d'autre du monde socialiste. Arrivé dans la région Nord-Est de la Thaïlande dans le courant du mois de juin, Hoàng Văn Hoan se rendit d'abord à Udon pour s'entretenir avec les responsables de la communauté vietnamienne de la région (*đặc ủy Việt kiều* et *tổng hội Việt kiều cứu quốc*). Quand il apprit que Nguyễn Đức Quỳ était à Ubon pour inaugurer une plantation créée par des Việt kiều, il décida de l'y retrouver au plus vite.

Au cours de leurs entretiens, Hoàng Văn Hoan reprocha sévèrement à Nguyễn Đức Quỳ la faiblesse des activités de la délégation de Bangkok. Il le critiqua notamment pour n'avoir pas suffisamment développé de contacts avec les autres représentants vietnamiens dans la région, en particulier avec les groupements Việt kiều du Nord-Est du pays et avec l'antenne birmane nouvellement créée à Rangoon. Nguyễn Đức Quỳ fit vraisemblablement son autocritique, à tel point que l'émissaire du comité central, en principe mandé pour le remplacer, se décida finalement à le laisser poursuivre ses activités à la tête de la délégation. Mais Hoàng Văn Hoan créa toutefois un nouvel organisme, distinct de la délégation, appelé le "bureau central des cadres d'Outre-mer" (ban cán sự trung ương ở hải ngoại) ; il en prenait la direction et confia le poste de secrétaire-adjoint à Nguyễn Đức Quỳ. Ce bureau s'occuperait des affaires relevant du gouvernement et du Parti. Selon Hoàng Văn Hoan, l'organisme était responsable des missions suivantes : superviser le démarrage des activités de la délégation à Rangoon dirigée par Trần Văn Luân ; réorganiser et harmoniser les liens entre la communauté vietnamienne en Thaïlande de manière à préserver le rôle stratégique de ce pays pour la RDVN ; développer les prises de contact à Bangkok avec les ambassades d'URSS, d'Inde, de Birmanie, du Pakistan et d'Indonésie ; communiquer avec les "organisations progressistes" internationales (Jeunesses Internationales, Mouvement syndical etc.), et enfin, négocier la présence officielle d'un bureau d'information en Tchécoslovaquie.

La puissante structure créée par l'envoyé du comité central du PCI devait en principe faciliter le travail de liaison entre les bureaux existants. On assistait en fait davantage à la création d'un double de l'appareil en activité, témoin d'une reprise en main du réseau en Thaïlande par le comité central du PCI[11]. Nguyễn Đức Quỳ rentré à Bangkok, Hoàng Văn Hoan séjourna l'été durant dans les provinces du nord du pays. Entre le 15 et le 17 août 1948, il supervisait l'organisation d'une réunion des Việt kiều tenue à Udon. À tous les délégués réunis, il prodigua critiques et conseils quant à l'amélioration de leurs activités dans un pays où

---

[11]. Outre le poste de secrétaire-adjoint occupé par Nguyễn Đức Quỳ, le bureau central des cadres d'Outre-mer comprenait une section responsable de la communauté Việt kiều dirigée par Hồng et Song Tùng, un bureau concernant les mouvements lao et cambodgien sous la responsabilité des cadres Khanh et Binh et un bureau de ravitaillement dont s'occupaient Cao Hồng Lãnh et Dũng Văn Phúc, in Hoàng Văn Hoan, *Ibid.*, pp.296-97.

le nouveau gouvernement de Phibun Songkram accentuait sa pression politique. En l'espace de quelques semaines, il aurait ainsi repris le contrôle du réseau dans la région. Cao Hồng Lãnh, responsable de la question du ravitaillement, réitéra en juillet 1948 sa fidélité au nouvel organisme (ban cán sự). Le rappel à l'ordre de l'envoyé du comité central du PCI était de nature à réaffirmer une "discipline collective" au sein de l'appareil de la RDVN à l'étranger.

Mi-juillet 1948, Nguyễn Đức Quỳ revenait à Bangkok après une absence d'environ trois semaines. Il avait laissé Lê Hy poursuivre avec les Soviétiques les négociations relatives à l'envoi de la délégation chargée d'ouvrir le bureau d'information en Tchécoslovaquie. Hoàng Văn Hoan avait été mis au courant de l'état des discussions par Quỳ ; ces dernières appliquaient les directives de l'état-major de la RDVN prises au cours du printemps. La suite des événements se déroula pourtant dans la confusion. Le "bureau central des cadres d'Outre-mer" veillait donc à la préparation de l'ouverture du bureau d'information à Prague. Le 28 juin, Lê Hy avait confirmé à Sergei Niemchine que son gouvernement venait de décider d'envoyer des représentants non seulement en Tchécoslovaquie mais aussi en Pologne et en Chine du Nord tout en précisant que ces missions étaient indépendantes de la délégation de la RDVN de Bangkok. Lê Hy faisait probablement référence à l'intention du comité central du PCI de réorganiser l'activité du réseau vietnamien en Thaïlande autour du *ban cán sự* qui se substituait dans les faits, à sa grande satisfaction, au bureau dirigé par Nguyễn Đức Quỳ. La décision de Hoàng Văn Hoan de maintenir ce dernier à Bangkok et d'entretenir une stratégie médiane entre les voies européenne et asiatique décevait toutefois les attentes du chef du bureau d'information.

À partir du mois de juillet, nous assistons à un tournant dans la stratégie de la direction de la RDVN qui allait s'avérer fatal aux tenants de l'aile internationaliste du mouvement regroupés en Thaïlande autour de Lê Hy. Au début du mois de juin 1948, il était encore question pour l'état-major de la RDVN d'éviter à la délégation nord-vietnamienne un passage à travers le territoire soviétique. Rappelons qu'un pareil déplacement comportait des risques sérieux au regard de la politique neutraliste poursuivie par le gouvernement du Việt Bắc auprès de la communauté internationale. Début juillet, Cao Hồng Lãnh précisa que les cadres du *ban cán sự* "projetaient d'utiliser l'itinéraire passant par la Birmanie et l'Inde pour établir des liaisons avec les partis amis de l'Europe orientale".

Après un tour de table, Hoàng Văn Hoan serait toutefois revenu sur sa décision. Il défendait dorénavant un passage par le sol soviétique avec comme condition *sine qua non* l'obtention d'une lettre de recommandation du PCC afin de faciliter le travail de la délégation. Hoan chargea Cao Hồng Lãnh et Chương de cette mission après avoir télégraphié au comité central du PCI pour lui demander son accord. La réponse de l'état-major vietnamien se fit longuement attendre. Devant l'urgence de la situation, de son propre chef, il donna l'ordre aux deux hommes de se rendre à Hong Kong et d'y attendre ses instructions[12]. Resté seul à Bangkok, Lê Hy poursuivait les tractations avec les Soviétiques. Le 28 juin, il annonça à Niemchine que son gouvernement souhaitait accélérer le départ de la délégation devant l'instabilité de la politique intérieure thaïlandaise. Les rencontres entre les deux hommes se firent plus fréquentes. Outre une aide pour l'octroi des visas nécessaires au départ de la délégation, Lê Hy obtint des Soviétiques l'utilisation du courrier diplomatique de la légation pour acheminer les documents nécessaires à la création du bureau d'information pragois. Il se renseignait par ailleurs sur la possibilité d'envoyer des Vietnamiens à Moscou afin d'y poursuivre études et formation technique. Que se passa-t-il dans l'esprit de Lê Hy à ce niveau

---

[12]. Lettre de Chương à Hoàng Văn Hoan, in CAOM, fonds du CD, dossier n°105, document sans numéro, 11.7.1948. Le 21 juillet 1948, un document des services de renseignements français signale "l'arrivée de Vietnamiens à Hong Kong qui seraient chargés de prendre contact avec le PCC sur place"., in CAOM, Fonds du CD, dossier n°165, document n°5327, août 1948.

des négociations ? N'outrepassait-il pas les prérogatives de sa fonction ? Ne voyait-il pas au fil de ces rencontres l'opportunité pour son mouvement de renouer avec l'URSS après de douloureuses années d'atermoiement ? Ne s'apprêtait-il pas sans trop de concertation avec les instances supérieures à imposer de son propre chef une "voie européenne" au détriment des choix de son gouvernement, à son goût bien timorés ?

Le 30 juin Lê Hy déplorait que la liste de la délégation (cinq personnes) ne fût pas encore approuvée par son gouvernement. À la satisfaction de Niemchine, il venait d'intégrer à son équipe Brotherton, un membre du Parti communiste australien très apprécié de la légation soviétique. La présence à ses côtés de ce "cadre internationaliste" apportait un élément supplémentaire à la réalité d'une tendance "pro-soviétique" dans laquelle se déroulaient les négociations soviéto-vietnamiennes en Thaïlande. À Bangkok, les Soviétiques invitèrent Lê Hy à collaborer avec ses instances de représentation sur son chemin pour Prague ; Niemchine l'assura d'être reçu par son ministère dès son arrivée à Moscou. Après quelques mois de négociations avec Lê Hy, les Soviétiques témoignaient une confiance croissante à l'émissaire vietnamien et se montraient prêts à épauler ses activités[13].

Pendant ce temps, la RDVN se perdait dans une politique de la "demi-mesure". On revenait sur les risques encourus d'une réorientation de la diplomatie secrète du régime. Aucune décision n'était prise d'un côté comme de l'autre. À Hong Kong, Cao Hồng Lãnh et Chương se résignaient toujours à attendre la lettre de recommandation du comité central du PCI sans laquelle un contact officiel avec les représentants locaux du PCI s'avérait illusoire. À Bangkok, Lê Hy entamait déjà ses préparatifs de départ tout en attendant le feu vert de son gouvernement. Alors qu'il avait pour lui la promesse du Soviétique, l'interminable attente du courrier d'introduction du PCC lui paraissait *de facto* inutile. Le 28 juillet, date vraisemblable de son dernier entretien à la légation soviétique avant son départ pour Shanghai, il cacha le

---

[13]. Sur le représentant du bureau d'information à Prague, in Archives du MAE d'URSS, ASE, dossier n°113-ext, document n°520, 11.8.1948.

silence de l'état-major de la RDVN[14]. Nguyễn Đức Quỳ le somma pourtant d'attendre cette réponse, l'accord selon ce dernier serait donné lors d'une réunion du comité central du PCI au cours du mois d'août. La tension entre les deux hommes augmentait.

Pressé par la franche collaboration des Soviétiques, Lê Hy décida finalement, en dépit du désaccord de son supérieur, de quitter début août le territoire thaïlandais pour Shanghai où l'attendait son visa soviétique. Il partit seul, renonçant peut-être par ce geste à compromettre les autres membres de la mission prévus. Seul Brotherton, son "secrétaire australien", devait le rejoindre d'ici quelques semaines. Nguyễn Đức Quỳ n'avoua pas à Hoàng Văn Hoan l'acte de désobéissance de son subordonné de peur de se désavouer. Il craignait que Hoan revienne sur sa décision du mois de juin et lui fasse perdre ainsi toute crédibilité au sein de l'appareil. Lê Hy arriva à Shanghai au début du mois d'août. Il prit immédiatement contact avec le Consulat soviétique. Depuis Shanghai, Lê Hy adressa le 12 août un courrier au fonctionnaire soviétique Plekhailov (directeur du département d'Asie du Sud-Est du ministère des Affaires étrangères) pour le remercier de la coopération de son administration qui lui avait délivré son visa de transit sur le champ[15].

Arrivé à Moscou le 30 août 1948, Lê Hy était reçu dès le lendemain au ministère des Affaires étrangères où il s'entretint avec le fonctionnaire Bachitov de la situation en Indochine. À plusieurs reprises, il revint sur le "dramatique isolement du régime nord-vietnamien dans sa lutte pour l'indépendance". Dommageable solitude, précisait-t-il, pour un pays dressé contre les "puissances impérialistes". Lê Hy annonçait que son gouvernement l'avait chargé de façon non officielle, "au nom des communistes vietnamiens", de solliciter une aide militaire et financière auprès des Soviétiques ; en cas d'accord favorable, la

---

[14]. Conversation entre Niemchine et Lê Hy (28.7.1948), in Archives du MAE d'URSS, ASE, dossier n°033-ext, document n°536, 30.07.1948.
[15]. Sur la visite en URSS du représentant du bureau d'information du Việt Nam, Lê Hy, in Archives du MAE d'URSS, ASE, dossier n°522, document sans numéro, 12.8.1948.

RDVN enverrait alors une délégation officielle à Moscou pour en négocier les modalités.

Pourtant rien de tel ne semble avoir été décidé. Le directeur du bureau d'information de Bangkok, aveuglé par ses succès auprès de la légation soviétique en Thaïlande, pensait réitérer son offensive à Moscou. Le flou de la politique de son gouvernement à l'égard des Soviétiques depuis le début de l'année continuait d'entretenir ses espérances. Dans l'enthousiasme et l'orgueil de sa tentative, Lê Hy commit toutefois des erreurs dues à son inexpérience de négociation à un tel niveau. N'avait-il pas annoncé péremptoirement au fonctionnaire Bachitov qu'il ne rejoindrait pas Prague avant d'avoir obtenu réponse à toutes ses questions ? Le fonctionnaire soviétique ne manqua pas d'ironiser sur l'intransigeance déplacée du Vietnamien.

Le passage de Lê Hy en Union soviétique était cependant le fruit d'une parfaite collaboration entre le ministère des Affaires étrangères et sa légation à Bangkok. L'administration soviétique facilita grandement le séjour de Lê Hy à Moscou : on lui délivra un permis de séjour valable deux semaines, une prolongation de visa lui fut même octroyée sans difficulté et on le logea à l'hôtel Savoy ; enfin sur l'indication de Molotov (vice-ministre des Affaires étrangères), le ministère prit à son compte l'ensemble de ses frais de séjour. La position des Soviétiques ne présentait pas d'ambiguïté ; depuis l'année 1947, le Kremlin appréciait le changement de discours des Vietnamiens et la vision idéologique du conflit indochinois qu'avait Lê Hy correspondait aux vues de Moscou. L'appareil soviétique voyait en lui un partenaire complaisant, proche du groupe des "Retours de Russie", Trân Ngọc Danh en tête. Fortement soutenu par le PCF et *de facto* proche des représentants soviétiques à Paris, Trân Ngọc Danh représentait le type de "révolutionnaire vietnamien" que l'Union soviétique aurait aimé voir à la tête de la RDVN[16]. Toutefois, la

---

[16]. Le PCF organisa le départ de Trân Ngọc Danh et de sa femme Trân thị Liên pour Prague en 1949. Jacques Duclos rédigea en son nom une lettre les recommandant au Parti communiste de Tchécoslovaquie : "Le camarade Trân Ngọc Danh a joué un grand rôle en France contre la

question d'une aide directe à la lutte de son mouvement contre la France n'était toujours pas envisagée. L'URSS montrait seulement sa bonne volonté pour intervenir de plus près dans les affaires de la RDVN.

Dès les premiers jours de septembre, Lê Hy essaya d'entrer en contact avec son gouvernement par l'intermédiaire de la légation soviétique à Bangkok. Inquiet du silence de Bachitov, il attendait impatiemment nouvelles et directives de son gouvernement. Début septembre, Lê Hy ne doutait pas un instant du bien-fondé de sa démarche et voyait déjà dans sa mission en Union soviétique une grande avancée pour la RDVN. À la mort de Jdanov, il n'avait pas hésité à rédiger un télégramme de condoléances à l'attention de Staline "au nom du groupe culturel marxiste du Viêt Nam". Le 6 septembre à Bangkok, l'attaché soviétique Usatchev se rendit à la délégation de la RDVN pour transmettre le courrier que Niemchine venait de recevoir à l'attention de Nguyễn Đức Quỳ. À la grande surprise du Soviétique, le délégué vietnamien lui avoua qu'il était "très étonné par cette annonce, n'étant lui-même pas au courant des objectifs de cette mission". Nguyễn Đức Quỳ promit à Usatchev quelque peu interloqué de se renseigner au plus vite auprès de son gouvernement. Le Vietnamien ajouta que personnellement, il s'était toujours opposé à ce départ précipité de Lê Hy pour l'Union soviétique.

L'annonce de la présence de Lê Hy à Moscou divisait l'appareil nord-vietnamien. Aucun document disponible ne relate la réaction officielle de l'appareil. Rien n'indiquerait de la sorte que la réunion du comité central chargée de statuer sur la faisabilité de la mission Lê Hy s'y soit formellement opposée en août 1948. Mais il convient de se demander si l'équipe dirigeante n'aurait finalement pas reculé devant les risques de dérapage de la mission. On en est réduit aux hypothèses suivantes : soit le comité

---

guerre au Viêt Nam, son travail a eu une grande influence sur le peuple et de la sorte nous vous le recommandons et vous demandons de l'aider"., in Archives du CC du PCUS, dossier n°425, document n°1382, 8.1949 (date d'enregistrement 19 mars 1950).

central du PCI se prononça sur le choix de l'itinéraire Sud (Birmanie, Inde, Tchécoslovaquie), excluant de fait le passage par Moscou de Lê Hy ; soit le PCI décida de poursuivre sa politique du *wait and see* et condamna tardivement le voyage de Lê Hy au regard des hésitations du Kremlin face à l'intransigeance du Vietnamien. Hoàng Văn Hoan raconte dans ses Mémoires que la RDVN condamna l'action de Lê Hy pour l'insubordination qu'elle représentait, mais surtout pour le danger qu'elle faisait courir à sa "politique ostensiblement neutraliste" sur la scène internationale.

En 1948, le gouvernement ne souhaitait pas "idéologiser" sa guerre. Rappelons qu'en installant le *ban cán sự*, Hoàng Văn Hoan avait réclamé la fermeture d'un comité de liaison avec l'étranger lié à la délégation de la RDVN à Bangkok car la presse occidentale y voyait une antenne du Kominform. Hoan appliquait à la lettre les directives de son gouvernement, ce dernier souhaitait éviter de courir le risque d'une telle collusion qui la brouillerait définitivement avec les "gouvernements impérialistes" encore sensibles à la mystérieuse figure Hồ Chí Minh. Aux dirigeants thaï, il annonça que Lê Hy était en déplacement en province pour rencontrer la communauté vietnamienne. Il confia dans un second temps à Nguyễn Đức Quỳ la mission de transmettre aux Soviétiques la position officielle de son gouvernement : "L'imprudence de Lê Hy mettait à jour le renforcement au sein de la RDVN d'une tendance gauchiste trop éloignée des réalités du pays." Au Việt Bắc, on s'interrogeait néanmoins sur la meilleure façon de réagir dans de telles circonstances. On décida tout d'abord de sanctionner Lê Hy pour sa précipitation, mais il s'agissait aussi d'étudier les aspects positifs de son initiative. N'avait-il pas réussi à réaliser ce que l'appareil osait à peine imaginer quelques mois auparavant ?

Mainmise sur la diplomatie de la RDVN (1949) ?

Nguyễn Đức Quỳ devant la confusion de son gouvernement a dû attendre le 15 septembre avant d'annoncer à Niemchine la décision prise de rappeler au plus vite Lê Hy de Moscou. Dans le même temps, Hoàng Văn Hoan quitta précipitamment la Thaïlande pour entrer directement en contact avec le PCC. Hoan aurait été cette fois-ci officiellement mandaté par le comité central du PCI pour obtenir une lettre de recommandation des communistes chinois.

Un climat d'affolement s'empara de l'appareil nord-vietnamien : le 20 septembre Niemchine fut surpris de voir arriver Nguyễn Đức Quỳ à la légation soviétique à "une heure non convenable" pour lui annoncer que finalement son gouvernement avait choisi de poursuivre la négociation engagée par Lê Hy, revenant ainsi sur sa décision du 15 septembre. Mais à sa place, le comité central du PCI mandatait le fidèle Hoàng Văn Hoan, ce dernier étant chargé de se rendre au plus vite à Moscou pour établir des rapports officiels avec le gouvernement soviétique et le PCUS. Au cours de cette rencontre, Nguyễn Đức Quỳ se comportait comme s'il avait définitivement perdu la confiance du Soviétique. Il ne parvenait pas à recréer le climat de cordialité qui transparaissait dans les enregistrements des conversations avec Lê Hy quelques semaines auparavant. Quỳ revenait encore gauchement sur le fait que "le PCV (sic) dirigeait toute la vie de la République" et que *de facto* la RDVN pouvait prétendre légitimement à un soutien du monde communiste. Les Soviétiques n'avaient-ils pas d'ailleurs promis à Phạm Ngọc Thạch voici un an déjà en Suisse d'examiner avec sérieux cette question affirmait-il à Niemchine ? Le temps presse aujourd'hui plus qu'hier poursuivait le Vietnamien. Le mouvement avait désormais cruellement besoin de subsides. Le soutien de Moscou s'avérait jour après jour plus crucial. Devant l'urgence, Quỳ demanda à Niemchine si la légation ne pouvait pas faire office d'intermédiaire entre le PCI et un représentant du PCUS. Mieux encore enchaîna-t-il, pourquoi ne pas organiser cette rencontre directement à Bangkok dans les semaines à venir ? Niemchine gardait le silence. L'insistance du Vietnamien commençait visiblement à lui déplaire. Il revenait sur la question du devenir de la mission Lê Hy à Moscou. Comment les Soviétiques devaient-ils comprendre les atermoiements de la politique de la RDVN vis-à-vis de son émissaire toujours présent à Moscou ?

L'affaire Lê Hy dérangeait les Soviétiques alors qu'ils avaient pris la décision au plus haut niveau de soutenir l'émissaire vietnamien. À Moscou, Lê Hy restait reclus dans son hôtel. Il était toujours sans nouvelle de Bangkok. L'Union soviétique avait pris note de la nouvelle position présentée par Nguyễn Đức Quỳ. Une directive du gouvernement précisait qu'il convenait d'assister Lê Hy lors de sa visite à Prague. Aucune autre visite officielle ne devait toutefois être prévue lors de son séjour à Moscou. Il n'empêche que lorsque l'émissaire vietnamien demanda aux Soviétiques fin septembre de continuer à lui prodiguer leur confiance en accordant une aide à Brotherton en route pour Prague via Moscou, ils répondirent positivement à sa demande. De même lorsque la question du soutien financier à la mission Lê Hy-Brotherton fut discutée en novembre, la réaction soviétique a été très favorable.

L'URSS ne revenait pas sur son soutien à la "mission Lê Hy", elle proposa même au Vietnamien de suivre une formation politique dans ses universités. Juste avant de quitter Moscou pour Prague à la fin du mois de septembre, Lê Hy savait qu'il venait d'être désavoué par la délégation de la RDVN à Bangkok et par le PCI. Mais il gardait toujours le sentiment de faire "progresser l'œuvre générale de son parti" en poursuivant sa quête solitaire. Une fois arrivé à Prague, Lê Hy commençait toutefois à douter du bien-fondé de sa démarche. Seul, lâché par son gouvernement, il décidait en accord avec les Soviétiques de revenir à Moscou pour y suivre une formation politique. Quand Niemchine annonça à Nguyễn Đức Quỳ que Lê Hy sollicitait désormais une bourse de son gouvernement pour étudier à Moscou, il tentait significativement de prendre à revers le représentant de la RDVN. Alors que Nguyễn Đức Quỳ d'un ton tranchant lui répliqua qu'il convenait dorénavant de traiter : "Lê Hy comme une personne privée et non plus comme un représentant des intérêts de la RDVN", Niemchine lui rétorqua que dans ce cas Lê Hy était tout à fait libre de venir suivre cette formation à Moscou accordée par son administration. Embarrassé, Nguyễn Đức Quỳ changea immédiatement de sujet avant de revenir sur la question de l'aide que l'URSS devrait accorder à son gouvernement mais Niemchine se refusait désormais à toute collaboration.

Pendant ce temps au Nord Viêt Nam, la décision fut prise de renforcer le canal de négociation avec le PCC afin de contrebalancer si possible la dégradation des relations avec Moscou. Dans son journal, Lê Văn Hiến, alors ministre des Finances, raconte que le 22 septembre, Hồ Chí Minh inquiet de ce retournement des Soviétiques, aurait quitté précipitamment sa retraite du Việt Bắc pour demander de l'aide à un représentant du Kominform basé sur le territoire chinois[17]. Au début de l'automne 1948, le climat se rafraîchissait soudainement entre Soviétiques et Nord-Vietnamiens.

L'affaire Lê Hy montrait aux Soviétiques la faiblesse d'un système jugé depuis la fin de la guerre peu fiable et trop orienté vers la question nationale. La condamnation de la mission Lê Hy avait irrité les Soviétiques sensibles à l'appel du Vietnamien. Et le Parti avait du mal à juger. Pour ne pas remettre en cause un dialogue avec les Soviétiques, le comité central décidait d'abord de reculer d'un pas en confirmant Lê Hy dans ses positions. Mais au fond, l'appareil préférait attendre le bon moment pour juger l'indiscipline de son militant. C'est pour cette raison, nous y reviendrons, que Hoàng Văn Hoan partira pour Prague à l'automne 1949, une fois résolue la question de l'aide financière et militaire avec la Chine populaire.

À l'automne 1948, la RDVN estimait pourtant proche le jour où l'URSS se déciderait à soutenir sa "guerre légitime" en Indochine. Les circonstances ne favorisaient pas la condamnation de l'indiscipline d'un militant si apprécié de Moscou. Par ailleurs, la détérioration de la situation politique thaïlandaise pouvait expliquer ce soudain retournement. En effet, les pressions du gouvernement nationaliste de Phibun Songkram menaçaient à terme son approvisionnement en armes et matériel. En septembre,

---

[17]. Lê Văn Hiến, *Nhật ký của một Bộ trưởng*, tập I, Đà Nẵng nxb Đà Nẵng, 1995, p. 433.

une mission thaï en Indochine, dirigée par le général Kat Katsonggram, avait signé un accord avec le général Alessandri en vue d'améliorer la surveillance des zones frontalières et de renforcer la coopération entre les services de police et de renseignements des deux pays. La RDVN avait bien envisagé un repli vers les pays voisins, Hong Kong et la Birmanie, mais rien n'était encore décidé à l'automne 1948. Les démarches entamées depuis l'été par Cao Hồng Lãnh et Chương à Hong Kong n'avançaient pas et les négociations avec le PCC s'éternisaient. Le régime se trouvait dans une impasse. La voie empruntée par Lê Hy à Moscou continuait d'offrir l'unique espoir pour l'organisation nord-vietnamienne. Hoàng Văn Hoan et Nguyễn Đức Quỳ recevaient l'ordre de redoubler de prudence dans leurs discussions avec les Soviétiques. Pour eux, l'enjeu était d'obtenir dans les meilleurs délais un soutien officiel de l'Union soviétique.

Les démarches des Vietnamiens auprès de la légation soviétique de Bangkok prirent un tournant extrêmement revendicatif en octobre. À Shanghai, l'objectif du voyage de Lê Hy venait d'être découvert par les autorités chinoises. L'obtention de passeports chinois s'avérait désormais plus délicate. Pour Nguyễn Đức Quỳ, il fallait inciter la légation soviétique à traiter la question du soutien soviétique directement sur le sol thaïlandais. Les rencontres entre les deux hommes s'accéléraient. À chaque reprise, Quỳ réitérait son intention de présenter officiellement Hoàng Văn Hoan à la légation. Seul ce dernier était habilité à signer un tel accord avec le Soviétique, mais la position de ce dernier ne changeait guère. Niemchine assurait au Vietnamien qu'il n'avait pas les compétences d'entamer ce type de pourparlers. Seul un voyage en Union soviétique de l'envoyé du comité central du PCI permettrait d'engager les négociations. Le Soviétique préférait ne pas avouer au Vietnamien qu'à Moscou la question d'un soutien au Việt Minh n'était pas d'actualité. Mais Nguyễn Đức Quỳ ne lâchait pas prise. Sans cesse, il revenait sur la désormais "bonne volonté de son gouvernement" dans le traitement de l'affaire Lê Hy. Le Soviétique souhaitait en avoir des preuves concrètes. Son administration exigeait une lettre de recommandation du gouvernement nord-vietnamien avant d'intervenir auprès des autorités tchécoslovaques. La RDVN préférait cependant ne pas donner raison à "l'aile gauchiste et indisciplinée" de son organisation. Lê Hy avait quitté son poste à Bangkok sans son consentement. Il avait répondu aux incitations de la légation soviétique. L'URSS, pensait-on au Việt Bắc, ne pouvait choisir d'appuyer une fraction internationaliste au sein de son mouvement ; omettre de sanctionner l'indiscipline de Lê Hy menaçait de diviser son organisation. Niemchine essayait dans un même temps de rassurer son interlocuteur de l'amitié de son gouvernement. L'URSS n'était-elle pas en train de mettre en route des démarches pour proposer la candidature de la RDVN aux Nations unies ? Mais cela était insuffisant pour le Vietnamien, son unique obsession étant d'obtenir le feu vert des Soviétiques dans l'octroi d'une aide militaire et financière à la cause Việt Minh.

Malgré les insistances vietnamiennes, la position du délégué Niemchine n'évoluait pas. Le Soviétique cachait de moins en moins son antipathie pour le Vietnamien et la mésentente entre les deux hommes finit par éclater le 1er novembre 1948. Ce jour-là, Nguyễn Đức Quỳ se présenta pour la première fois à la légation soviétique au côté de Hoàng Văn Hoan. Le délégué de la RDVN espérait que la présence du haut dignitaire ferait fléchir le Soviétique. Les deux Vietnamiens présentèrent à nouveau leur requête : leur cause était juste, leur gouvernement reconnaissait la grandeur de l'idéal communiste, l'URSS devait donc les aider à se libérer du joug du colonialisme français. Niemchine connaissait la position de ses interlocuteurs. Il conseilla fermement aux Vietnamiens de mettre un terme immédiat à cette discussion. Quỳ, pris au dépourvu, se concerta un instant avec Hoàng Văn Hoan. Devait-il finalement conclure à un échec de sa mission ? La position du Soviétique pouvait-elle encore évoluer ? Nguyễn Đức Quỳ attendait un geste favorable de Niemchine. Il lui suggéra dans un premier temps d'octroyer à la délégation de la RDVN une modeste somme d'argent pour poursuivre son action en Thaïlande. La réponse de Niem<u>ch</u>ine fut tout aussi catégorique : "Alors Nguyễn Đức Quỳ m'a demandé brusquement si je pouvais, personnellement, lui donner un soutien financier ainsi qu'à Hoan au regard de leurs difficultés financières du moment. J'ai refusé catégoriquement cette demande et mis un terme immédiatement à notre conversation."[18]

Une telle demande de soutien directe était pourtant assez courante. Le réseau de la RDVN à l'étranger subsistait souvent grâce au soutien des gouvernements des pays d'accueil ou d'organisations sympathisantes. À l'automne 1948, la pression organisée par le gouvernement Phibun Songkhram ne concernait plus seulement les Chinois résidant en Thaïlande mais de plus en plus directement la communauté vietnamienne. À cette date, la délégation de la RDVN commençait à en subir les effets. Elle craignait une rupture de ses canaux de financement. Mais par ce changement brutal d'attitude, les experts soviétiques condamnaient le recul de l'administration nord vietnamienne. Ils jugeaient que le désaveu de Lê Hy marquait le retour de la RDVN à une "politique nationaliste et opportuniste". Les Soviétiques critiquaient la désorganisation et l'amateurisme de l'appareil nord-vietnamien tout en l'accusant de "tourner une fois encore le dos à l'ensemble du monde progressiste dans un élan chauviniste"[19]. À l'automne 1948, alors que les retombées du schisme yougoslave fragilisaient l'unité du bloc socialiste, l'attitude de la RDVN inquiétait les dirigeants soviétiques.

Fin 1948, la question indochinoise retrouvait la place secondaire qu'elle occupait dans la politique extérieure de l'Union soviétique à la sortie de la seconde guerre mondiale. La relance du dialogue avec les Soviétiques avait été conduite par des personnalités favorables à un rapprochement avec le bloc communiste (Trần Ngọc Danh et Đường Bách Mai à Paris et Lê Hy à Bangkok). Leurs discours respectaient les conceptions

---

[18]. Archives du MAE d'URSS, ASE, dossier n°33, document n°685, 1.11.1948.
[19]. Rapport Trần Ngọc Danh, in Archives du CC du PCUS, dossier n°425, document n°89357, 4.1.1950.

idéologiques des responsables soviétiques. Mais le retournement de la politique de la RDVN brisait ses attentes. Les Soviétiques reprochaient à nouveau un manque de vision politique aux "révolutionnaires nord-vietnamiens". Sur le terrain, l'avancée des armées de Mao Zedong confirmait qu'en Asie, hormis les Chinois, "les autres organisations révolutionnaires n'étaient pas encore assez mûres politiquement". En toute logique, l'Union soviétique optait pour un renforcement de sa politique en Asie du Sud-Est par le réseau des communistes chinois[20]. Elle réorientait son action dans la région autour de son poste de Shanghai au détriment de son implantation en Thaïlande. Fin 1948, la RDVN ne pouvait que constater l'échec de sa politique vers l'Union soviétique. Désormais, la Chine de Mao Zedong représentait le dernier espoir de briser l'isolement de sa guerre de libération.

À l'état-major du Việt Bắc, on optait alors pour un mouvement vers la Chine communiste. Résistances et ingérences soviétiques incitèrent à réorienter son réseau thaïlandais vers l'organisation de Mao Zedong. À l'automne 1948, les contacts entre les deux organisations de libération étaient encore rares. La collusion sino-vietnamienne imaginée par les services de Renseignements français s'avérait bien supérieure à la réalité. Les négociations bilatérales prirent cependant un tournant décisif à la fin de l'année. En septembre, Hoàng Văn Hoan avait déjà rencontré des officiels du PCC à Hong Kong. En décembre, un télégramme de Cao Hồng Lãnh (représentant du bureau des cadres d'Outre-mer

---

[20]. Selon des sources des Renseignements français à Bangkok, les Soviétiques renforçaient leurs liaisons avec l'association chinoise *Chek Kaing Houy*. Ils lui assuraient une grande partie de ses frais de fonctionnement et participaient étroitement à l'élaboration de ses activités. En Birmanie, ils prirent la direction du mouvement *White flag* dirigé par Thakin Than Tun en plaçant un certain Gosval qui était en fait leur représentant local du Kominform et entretenait de solides liens avec Bai Denchen, le représentant non-officiel du PCC à Rangoon. cf. CAOM, Fonds CD, dossier n°168, documents n°7792 (30.9.48) et n°9791 (30.11.48). Voir aussi Hoàng Nguyên, "Tôi tham gia đoàn cán bộ đối ngoại đầu tiên đi Đông Nam Á", in *Nghiên cứu Đông Nam Á*, Hà Nội, n°1, 1991, p.55.

dans la colonie britannique) intercepté par les Renseignements français faisait état de la récente création d'un bureau de liaison entre la Chine du Sud et le Viêt Nam.

Au cours du premier trimestre de l'année 1949, on décelait des signes de cette nouvelle coopération sur le terrain même des opérations, au Việt Bắc. En janvier 1949, un accord aurait finalement été signé entre les organisations communistes des deux pays en vue d'officialiser leurs relations[21]. Le PCC par cet accord aurait obtenu l'engagement des forces vietnamiennes sur son sol afin de participer à la libération de sa région frontalière. Une opération militaire commune aurait eu lieu d'avril à juin 1949. Le 23 avril, le quartier général de l'armée populaire avait donné l'ordre à ses troupes de collaborer avec l'armée de libération chinoise afin d'agrandir la zone libérée sino-vietnamienne. Au même moment, la RDVN diffusait massivement dans ses campagnes le slogan "Giúp bạn như giúp mình" (Aider ses amis comme soi-même) sans ambiguïté sur l'état de la coopération entre les deux pays.

En revanche, il est probable que Hồ Chí Minh ait proposé une clause de réciprocité dans la négociation du traité : une aide des communistes chinois pour plaider la cause du Viêt Nam auprès des Soviétiques. Les faits semblent confirmer cette hypothèse. Nous savons en effet que le PCC négocia la question vietnamienne auprès du PCUS tout au long de l'année 1949. La RDVN souhaitait contrer par ce geste l'échec de l'automne 1948. En se tournant vers le PCC, Hồ Chí Minh essayait de retrouver la bienveillance perdue des Soviétiques de façon à limiter quelque peu la dépendance de son organisation à l'appareil révolutionnaire maoïste[22].

---

[21]. *Cao bằng lịch sử vũ trang cách mạng 1930-1954*, Bộ chỉ huy quân sự, Tỉnh Cao Bằng, 1990, pp. 124-125.

[22]. Un document du 7 janvier 1950 signé Trường Chinh (origine non certifiée) notait qu'à l'issue d'un conseil de délibération du PCI tenu le 3 janvier, il aurait été décidé de "protester contre le plan d'opération de Mao Zedong", ce dernier préconisant une participation massive du PCC dans la guerre de libération de la RDVN, in Archives du MAE (France), Fonds États associés, carton n°91, document n°995/TNH, 1950.

En 1949, la réorientation vers la Chine communiste fut fatale au dialogue soviéto-vietnamien. À l'entrée de l'hiver, l'Union soviétique décidait de renforcer la position de son Consulat général de Shanghai au détriment de sa légation en Thaïlande. Dans un même temps, la RDVN conseillait à ses représentants à Bangkok d'opter pour une "attitude conciliante" avec les Soviétiques. L'avancée de l'armée populaire de Mao Zedong confortait l'état-major nord-vietnamien dans son impression d'avoir bien évalué le nouveau contexte international.

Début 1949, personne ne doutait de la victoire prochaine du PCC ; jouer la carte chinoise ne pouvait que renforcer à terme la cause vietnamienne dans le monde communiste. Il s'agissait dorénavant d'éviter toute friction diplomatique supplémentaire avec l'URSS. Au cours de l'hiver 1949, Nguyễn Đức Quỳ expliquait à Usatchev que les choses avaient évolué pour son gouvernement. Il apportait les preuves de la nouvelle exemplarité idéologique de la RDVN. En mars, il raconta à Usatchev que la RDVN avait reçu une proposition américaine d'installer l'entreprise d'extraction de phosphates Fox sur son territoire en échange d'une somme de trois millions de dollars. Pactole non négligeable confirmait-il non sans malice qui "aurait permis à la RDVN d'acheter des armes à l'étranger pour poursuivre sa guerre légitime". Mais l'argument offrait en fait au Vietnamien le luxe de démontrer au Soviétique la sagesse de son gouvernement dans son refus d'accepter les "cadeaux empoisonnés des impérialistes". L'époque des balancements de sa diplomatie était bel et bien révolue affirmait Quỳ, désormais le Viêt Nam est devenu un élément décisif dans l'offensive américaine en Asie du Sud-Est. Usatchev et Nguyễn Đức Quỳ espacèrent cependant leurs rencontres et ne s'entretinrent plus guère que de l'évolution de la conjoncture thaïlandaise. La lutte diplomatique pour la reconnaissance de la RDVN se déroulait visiblement ailleurs.

Depuis 1949, le PCC a fait pression sur l'Union soviétique afin d'intégrer la cause vietnamienne au pôle des pays réformistes en Asie. Sans l'action des Chinois, il est probable que la RDVN ne serait pas parvenue à déjouer l'hostilité grandissante à son égard au sein de l'appareil soviétique. À Moscou, l'image de la résistance vietnamienne était déplorable. Molotov confiait au diplomate hongrois Janos Radvanyi la piètre opinion qu'il en avait : "Hồ Chí Minh, tout comme Phạm Văn Đồng, ne sont que deux obstinés, uniquement intéressés par le Viêt Nam et non pas par le mouvement international."[23] Pour le PCC, la situation était différente. Ce petit pays de sa frontière méridionale conservait une millénaire fonction de "barrière de l'Empire du milieu, servant à protéger les provinces du Yunnan et du Kwang Siyh et qui, bien que située en dehors, ne devait pas être abandonnée"[24]. En outre, les communistes chinois s'étaient engagés avec la RDVN par l'accord secret du mois de janvier 1949.

En 1949, la question indochinoise échappait à la diplomatie vietnamienne à mesure que la médiation des communistes chinois se mettait en place. Les victoires militaires du PCC renforçaient son pouvoir sur le terrain des négociations à Moscou. L'administration soviétique accordait désormais la plus grande attention à son voisin oriental et ne voyait pas d'objection à ce que la Chine s'approprie la question du Viêt Nam ; une vieille règle du Komintern intégrait depuis des décennies l'Indochine à la zone de compétence de la Chine. Les négociations soviéto-vietnamiennes de 1947-48 avaient permis une reprise du dialogue entre les deux pays. En haut lieu désormais, Chinois et Soviétiques continuaient seuls les tractations. Liu Shaoqi se rendit en visite secrète à Moscou en juillet puis en août 1949, Staline l'encouragea vivement à promouvoir les mouvements révolutionnaires en Asie du Sud-Est[25]. Pour le Kremlin, la victoire des Chinois s'accompagnait d'une profonde volonté

---

[23]. J. Radvanyi, *Delusions and reality*, South Bend, Gateway ed., 1978, p. 20.
[24]. Extrait d'un document chinois de 1882. Cité par J. Sainteny, *Face à Hô Chi Minh*, Paris, Seghers, 1970, pp. 19-20.
[25]. Qiang Zhai, *China & the Vietnam wars, 1950-1975*, Chapel Hill, The University of North Carolina Press, 2000. Chen Jian, "China and the first Indochina war, 1950-1954", in *The China Quarterly*, n°133, (mars 1993), pp. 85-110. King C. Chen, *Vietnam and China 1938-1954*, Princeton, Princeton University Press, 1969, pp. 212-220.

d'assimiler le mouvement vietnamien à l'idéologie et à la dynamique chinoise. Le 16 décembre 1949, Staline se réjouissait d'entendre une confirmation de ses vues sur la question lors de son premier entretien avec Mao Zedong[26]. Le dirigeant soviétique acceptait les propositions du Chinois quant à la question vietnamienne en particulier et aux nations asiatiques en général[27]. Staline rendit à la Chine les territoires mandchous occupés depuis 1945. Il accorderait une assistance économique et militaire à la RPC. Au cours des négociations sino-soviétiques, il fut prévu en outre d'organiser à Pékin au printemps 1950 un séminaire sur les questions d'organisation et de gestion politique du pouvoir. Mao Zedong obtint sans difficulté l'accord de Staline quant à la poursuite de son rôle de guide du processus révolutionnaire vietnamien. Au cours de ces discussions, diplomates chinois et soviétiques s'entendirent sur une visite de Hồ Chí Minh en Union soviétique.

Avec la victoire de la Chine en octobre 1949, la RDVN jugea le moment opportun de régler la question du "foyer gauchiste pragois" qui réunissait Trần Ngọc Danh et Lê Hy. À l'époque du triomphe de la Chine communiste, la crainte de représailles des Soviétiques ne semblait plus d'actualité ; c'est pourtant grâce à ce voyage à Prague de Hoàng Văn Hoan et Bùi Các que l'on va mieux comprendre la nature de l'antagonisme soviéto-vietnamien, toujours vivace en 1949. Officiellement, les envoyés du comité central du PCI prirent la route pour Pékin où ils étaient attendus au Congrès de la Fédération syndicale mondiale en décembre 1949. Un arrêt à Prague était néanmoins prévu expliqua Nguyễn Đức Quỳ à Usatchev afin de remédier au "manque de discipline de Lê Hy qui continuait de provoquer des tensions

---

[26]. Keith (R.C.), *The Diplomacy of Zhou Enlai*, New York, Macmillan, 1989.

[27]. Conversations entre Mao Zedong et Staline (décembre 1949-janvier 1950). Commentées par Chen Jian, Vojtech Mastny, Odd Arne Westad et Vladislav Zubok, in *Cold War International History Project Bulletin*, Washington D.C., n°6-7 (The Cold War in Asia), Hiver 1995-96, pp. 4-29.

entre le bureau d'information de la RDVN à Prague et les autorités tchèques". Le passage par Hong Kong trop délicat, Hoàng Văn Hoan choisit de se rendre à Prague via la Birmanie, l'Inde et le Pakistan. Bloqué en Inde par des problèmes consulaires, Hoan contacta Nguyễn Đức Quỳ pour lui suggérer de solliciter l'aide de la légation soviétique afin de rejoindre Prague via Moscou ; l'Union soviétique pouvait lui délivrer un visa de transit depuis ses représentations diplomatiques en Inde ou au Pakistan. Les Soviétiques préférèrent le laisser se débrouiller seul.

La rudesse de ce désaveu fera écrire à Hoàng Văn Hoan dans ses Mémoires qu'à la suite de cette réaction, il refusa de prendre tout contact avec les représentants soviétiques pour sortir de ce mauvais pas. Hoàng Văn Hoan arriva à Prague dans le courant du mois de décembre, en retard de plusieurs semaines sur son programme. Il rencontra d'abord Lê Đức Chỉnh, un ouvrier chargé de représenter l'organisation syndicale vietnamienne, et Nguyễn Văn Hướng, un journaliste délégué du mouvement de la jeunesse du Viêt Nam. Ils s'entretinrent de la situation de la communauté vietnamienne en Tchécoslovaquie. Hoan aurait appris que Trần Ngọc Danh poursuivait son activité "anti-Parti" en défendant toujours une ligne politique très "pro-soviétique". Chỉnh et Hướng ajoutaient qu'avec sa "réelle supériorité théorique", Trần Ngọc Danh avait une influence notable sur les consciences perplexes des militants. Hoàng Văn Hoan prit alors directement contact avec Trần Ngọc Danh et Lê Hy et leur reprocha leur "esprit frondeur" avant de leur ordonner de rentrer au plus vite au Nord Viêt Nam.

L'état-major de la RDVN avait vraisemblablement déjà décidé leur exclusion du Parti qui ne sera effective qu'en 1950. Trần Ngọc Danh sera condamné pour avoir "critiqué sans motif, sans étude approfondie les agissements du Parti communiste et du comité central. Il a provoqué inconsciemment une dissension dans les rangs du Parti et a séparé notre Parti et notre gouvernement d'autres partis sympathiques à notre cause" et pour "s'être laissé influencer par des éléments étrangers au Parti dans des affaires importantes qui s'avèrent nuisibles au Parti". Quant à

Lê Hy, l'appareil lui reprochera parmi d'autres erreurs de "n'avoir pas demandé l'avis du conseil central du Parti en Thaïlande et les instructions du comité central avant de prendre la décision d'abandonner son poste à Bangkok pour faire un voyage en Europe orientale en 1948, d'avoir porté atteinte à la dignité d'un dirigeant et d'avoir critiqué les agissements du Parti sans motifs fondés"[28].

L'affaire réglée, Hoàng Văn Hoan rejoignit Pékin via Moscou. À en croire son récit des événements, le Vietnamien serait resté à peine trois jours dans la capitale soviétique dans une étonnante discrétion. À moins d'un mois de la reconnaissance diplomatique de la RDVN par l'Union soviétique, un tel comportement était assez troublant. Quand on sait qu'au même moment à Pékin, Hồ thị Minh (représentante de la RDVN au congrès de la Fédération syndicale mondiale), chantait les louanges de la nouvelle amitié soviéto-vietnamienne, la position de Hoàng Văn Hoan ne manque pas d'anachronisme. Serait-il resté en dehors des tractations sino-soviétiques au point de ne pas être au courant des succès de la diplomatie chinoise en cette fin de l'année 1949 ? La difficulté de communication à l'intérieur du réseau de la RDVN était certes le lot de la clandestinité. Mais en fait, ne devait-on pas plutôt y voir une volonté de Hồ Chí Minh de sanctionner coûte que coûte l'indiscipline de son antenne pragoise afin de conforter sa position au sein de son mouvement? En comparaison, le récent réajustement politique de l'appareil nord-vietnamien vis-à-vis des Soviétiques pouvait attendre quelques semaines.

Au-delà de ce décalage, l'attitude de Hoàng Văn Hoan reflétait l'étrange climat de crispation sur le terrain dans les relations soviéto-vietnamiennes. L'Union soviétique en reconnaissant officiellement la RDVN en janvier 1950 répondait d'abord aux exigences de Pékin. La division de l'administration soviétique fut encore renforcée par la diffusion d'un brûlot "anti-Hồ Chí Minh" rédigé en décembre 1949 par Trần Ngọc Danh. Sommé de rentrer

---

[28]. Bureau permanent du CC du Parti, in SHAT, Vincennes, Carton n°10H620, documents n°71/KS et 72/KS (23.11.1950). Communiqué par C.E. Goscha.

au plus vite au Việt Bắc par Hoàng Văn Hoan, Danh avait invoqué des raisons de santé pour prolonger de quelques semaines son séjour en Tchécoslovaquie. Il en profita pour lancer un dernier appel de protestation à l'attention des Soviétiques. Dans un long article pour le journal du Kominform *Pour une paix durable*, il critiqua vertement le revirement politique de la RDVN de l'automne 1948. Véritable diatribe contre les excès du système Hồ Chí Minh, ce texte circula longtemps parmi les hautes instances soviétiques[29]. Le Vietnamien accusait l'état-major nord-vietnamien d'avoir répudié l'internationalisme prolétarien, d'être obsédé par le nationalisme et de manquer de solidarité pour les causes du "monde progressiste". Rageur, Trần Ngọc Danh concluait que le régime était dévoré par une sourde "arrogance obscurantiste". Le pamphlet ne manqua pas de trouver un public au sein de l'appareil soviétique. Même s'il semble difficile d'en mesurer l'impact réel, le rapport Trần Ngọc Danh confirmait à ceux qui voulaient l'entendre l'image rétrograde de la République démocratique du Viêt Nam. À la fin de l'année 1949, la RDVN avait indéniablement réussi sa politique chinoise, mais elle était toujours loin d'avoir convaincu les Soviétiques. Malgré sa volonté d'offrir à la résistance vietnamienne une légitimité sur la scène internationale, l'URSS gardait une certaine méfiance vis-à-vis de l'organisation révolutionnaire vietnamienne. Son administration s'apprêtait à prodiguer de vigoureux avertissements à Hồ Chí Minh lors de son séjour à Moscou en janvier-février 1950.

L'intégration de la RDVN au bloc communiste

Staline et Hồ Chí Minh se rencontrèrent pour la première fois à Moscou en janvier 1950. Les circonstances de ce mystérieux entretien divisent depuis lors Soviétiques, Chinois et Vietnamiens. Ce qui n'aurait pu être qu'une histoire de chronologie devint tardivement affaire de morale. Au moment où

---

[29]. Rapport sur la RDVN du camarade Trần Ngọc Danh, in Archives du CC du PCUS, dossier n°425, document n°89357, 4.1.1950, 20 pages.

la guerre du Viêt Nam projetait à la face du monde la question de la responsabilité, à qui revenait la primauté de la reconnaissance du régime nord-vietnamien ? De quelle manière celle-ci devait-elle être interprétée ? S'agissait-il d'une victoire de son mouvement de libération ? Ne devait-on pas davantage y voir le résultat d'un partage sino-soviétique à l'origine d'un petit Yalta asiatique ?

Depuis les années 1950, Soviétiques, Vietnamiens et Chinois affirmèrent par publications interposées la primauté de leurs actions au cours de ces semaines : trois chronologies divergentes des événements émergèrent de ces débats. Pour l'historiographie officielle soviétique, la rencontre entre Staline et Hô Chí Minh datait du mois de décembre 1949. Le dirigeant nord-vietnamien aurait fait le voyage pour Moscou de concert avec les dirigeants communistes du monde entier afin de participer aux célébrations du soixante-dixième anniversaire de Staline. La petite république du Việt Bắc selon les historiens soviétiques se positionnait dès 1949 au cœur de la mouvance de l'internationale communiste[30]. L'historiographie soviétique souhaitait par cet argument effacer les divergences d'opinion sur la question vietnamienne dans son appareil dans les années d'après-guerre. Plus tard, lors de la rupture sino-soviétique, l'allié vietnamien devenait un partenaire de premier ordre. L'appareil idéologique en URSS replaçait dorénavant l'amitié soviéto-vietnamienne dans une longue durée.

En République socialiste du Viêt Nam, en revanche, l'historiographie officielle refusait de situer le moment de cette première rencontre bilatérale au mois de décembre 1949 ; elle repoussait l'événement au 3 février 1950[31]. Après avoir lancé son "apostrophe à tous les pays du monde" depuis la zone libérée du

---

[30]. A.G. Egorov, Nguyên Vinh, *Internatsilnaoe Soutroudnitsesstvo KPSS I KPV Istoria I Sovriepiennosst* (Relations internationales entre le PCUS et le PCV, histoire et actualité), Moscou, Éditions de littérature politique, 1987, p. 189.

[31]. Lưu Văn Lợi, *Năm mươi năm ngoại giao Việt Nam 1945-95*, tập I, Ngoại giao Việt Nam 1945-75, Hà Nội, nxb Công nhân dân, 1996, pp. 151-53.

Nord Viêt Nam le 14 janvier, Hô Chí Minh se serait rendu à Pékin le 21 janvier 1950. Il aurait ensuite rejoint Moscou par train où il arriva début février en réponse à la "gracieuse" reconnaissance diplomatique des Soviétiques[32]. Outre le fait que le ministre des Affaires étrangères chinois était déjà à Moscou à cette date, une telle version des événements semblait d'abord destinée à conforter le mythe de la "Juste cause de la lutte vietnamienne" entretenue par ses organes de propagande. En effet, une arrivée tardive en Union soviétique du président Hô contredisait l'hypothèse des tractations multilatérales en réalité à l'origine de la reconnaissance diplomatique du régime nord-vietnamien. Puisque la RDVN était légitime, quoi de plus normal que Pékin et Moscou se soient décidés à en défendre les droits sur la scène internationale, aimait-on s'entendre dire à Hà Nội. En fait, Hô n'avait entrepris ce long voyage que pour remercier les dirigeants chinois et soviétiques d'avoir reconnu diplomatiquement son gouvernement.

Enfin, troisième et dernière reconstruction historique, celle proposée par les historiens officiels chinois, reprise et complétée par les Vietnamiens exilés à Pékin au moment de la crise sino-vietnamienne des années 1980. Dans leurs Mémoires Shi Zhe (interprète de russe de Mao Zedong) et Wu Xuiquan (directeur du département des affaires soviétiques et est-européennes du ministère des Affaires étrangères de la RPC) présentent une chronologie à laquelle nous accorderons sensiblement plus de crédit[33]. Zhou Enlai aurait quitté Pékin le 10 janvier 1950 pour se rendre à Moscou où Mao Zedong l'attendait pour poursuivre la négociation du traité d'amitié sino-soviétique. Les discussions sino-vietnamiennes préalables à la reconnaissance de la RDVN

---

[32]. *Hô Chí Minh Biên niên tiểu sử*, Hà Nội, nxb Chính trị Quốc gia, 1994, p.399.
[33]. *Zai lishi juren shenbian : Shi Zhe huiyilu* (Together with Historical Giants : Shi Zhe's Memoirs), Beijing, The Central Press of Historical Documents, 1992. (Traduction Chen Jian). Wu Xiuquan, *Eight Years in the Ministry of Foreign Affairs, January 1950-October 1958 : Memoirs of a Diplomat*, Beijing, New World Press, 1985.

par la RPC du 18 janvier eurent bien lieu à Pékin avec Zhou Enlai. Elles se déroulèrent de la sorte avant la date du 10 janvier. Les récits de Hoàng Tranh et de Hoàng Văn Hoan publiés à Pékin dans les années 1980 confirment que le départ de Zhou Enlai pour Moscou coïncidait avec celui de Hồ Chí Minh[34]. Le chef de la RDVN aurait ainsi atteint la capitale soviétique onze jours avant la décision du gouvernement soviétique du 31 janvier. La première rencontre entre Staline et Hồ Chí Minh daterait donc vraisemblablement de cette période. L'historiographie officielle de la Chine populaire insiste sur le lien de dépendance entre la négociation du traité d'amitié sino-soviétique et la question vietnamienne. On comprend aisément pourquoi Vietnamiens et Soviétiques dans les années 1970-80 en refusèrent la promotion. Elle remettait en cause la légitimité de leur discours politique. À Moscou, on ne voulait pas admettre que la question vietnamienne avait été sujette à tant d'hésitations. À Hà Nội, il n'était pas question non plus de montrer que la reconnaissance sur la scène internationale avait dépendu d'une quelconque soumission de ses dirigeants. Affaire de propagande, question de morale politique, la chronologie des événements qui conduisirent la Chine populaire et l'Union soviétique à reconnaître la RDVN en janvier 1950 mérite de la sorte une attention toute particulière.

Hoàng Văn Hoan et Bùi Các arrivaient à Pékin le 2 janvier 1950 quant ils apprirent que Hồ Chí Minh et Trần Đăng Ninh étaient en route pour la capitale chinoise à l'invitation du comité central du PCC. Nous savons grâce au récent récit de Võ Nguyên Giáp que Hồ Chí Minh lui avait demandé en décembre 1949 de rédiger un rapport sur l'état de la situation militaire au Nord Viêt Nam à l'attention de Staline[35]. Le passage dans la capitale

---

[34]. Hoàng Tranh (transcription vietnamienne), *Hồ Chí Minh và Trung Quốc*, Pékin, nxb Giải Phóng quân, 1987. et Hoàng Văn Hoan, *op. cit.*, 1986.

[35]. Giáp raconte que Hồ Chí Minh lui aurait dit en décembre : "Sois concis, dresse-moi une liste des problèmes majeurs, celui qui va écouter sera le camarade Staline", in Võ Nguyên Giáp, *Chiến đấu trong vòng vây*, Hà Nội, nxb Quân đội nhân dân & nxb Thanh niên, 1995, p. 408.

chinoise ne représentait qu'une étape dans un périple qui le conduirait jusqu'à Moscou. À la fin du mois, accompagné de Trần Đăng Ninh, Hồ Chí Minh traversait à pied la frontière chinoise.

À leur arrivée à Nanning, un train les attendait pour les conduire à Pékin, où ils parvinrent vraisemblablement dans la journée du 3 janvier 1950. Hồ Chí Minh s'entretint dans la nouvelle capitale de la Chine communiste avec Zhou Enlai. Ils abordèrent la question du soutien de la RPC au mouvement nord-vietnamien. Selon Giáp, le Premier ministre chinois "promit de tout faire pour soutenir la résistance Việt Minh". Il incita le dirigeant vietnamien à persévérer dans "une guerre de longue durée". La question de l'engagement direct de la Chine dans le conflit vietnamien n'était pas d'actualité. La tension en Corée commençait à se faire sentir. L'Union soviétique y accordait beaucoup d'attention. La consolidation des fragiles arcades de son nouveau pouvoir lui imposait un recentrage sur ses affaires intérieures. Les bases d'un accord furent discutées, Zhou Enlai annonça comme gage de l'amitié de son gouvernement l'imminence de la reconnaissance diplomatique de la RDVN par son administration.

En retrouvant Hoàng Văn Hoan, Hồ Chí Minh l'interrogea rapidement sur les résultats de sa mission. Hoan ignorait visiblement tout de ce retournement de la politique de son gouvernement. Il avait été l'homme de confiance dont Hồ Chí Minh avait besoin pour mater les dissensions internes du mouvement à l'étranger. La direction de la RDVN préférait aborder sa nouvelle collaboration avec Moscou sans avoir recours à ses services. À son départ pour Moscou, Hồ Chí Minh demanda à Hoan de rester à Pékin pour préparer l'installation de la première ambassade de la RDVN en RPC.

Début janvier 1950, l'atmosphère était excellente entre Chinois et Vietnamiens à Pékin. Les officiels du PCC abondaient de prévenance envers la délégation vietnamienne. En l'honneur de ses invités, Zhou Enlai organisa une réception en compagnie de tous les hauts dignitaires du régime (Liu Shaoqi, Dong Qi Wu, Zhu De, Lin Bo Qu). Hoàng Văn Hoan raconte qu'à la suite de cette réunion, Liu Shaoqi aurait annoncé aux Vietnamiens que la Chine demanderait sous peu à l'URSS de reconnaître officiellement la République démocratique du Viêt Nam. Selon l'historiographie chinoise, un contact avait été pris avec l'ambassadeur soviétique à Pékin, Roshchin, afin qu'il transmette à son gouvernement la proposition d'une visite de Hô Chí Minh en URSS doublée d'un entretien avec Staline. Võ Nguyên Giáp dans un écrit autobiographique s'oppose à cette version des faits. Les officiels chinois auraient expliqué aux Vietnamiens que "seules les démarches cordiales de leur administration" avaient rendu possible un tel contact. Dans les faits, le séjour de Hô à Moscou, sa rencontre avec Staline et la reconnaissance de la RDVN, furent toutefois mis en place avant cette date, lors des discussions entre Liu Shaoqi et des membres du gouvernement soviétique en 1949. En décembre 1949, Hô Chí Minh connaissait en outre déjà le but de son voyage. Giáp raconte qu'il reçut une invitation non-officielle des autorités soviétiques entre le 1er et le 15 décembre. Enfin, lorsque l'ambassadeur Roshchin organisait à son tour une réception en l'honneur des Vietnamiens à la fin de la première semaine de janvier, le diplomate avait salué le départ imminent des représentants de la RDVN pour l'Union soviétique.

La délégation vietnamienne quitta en effet Pékin au côté d'un grand nombre d'officiels chinois au cours de la deuxième semaine du mois de janvier vraisemblablement. La discrétion était de rigueur à Moscou comme à Pékin ; aucun journal ne citait l'événement. L'Union soviétique ne voulait pas donner un caractère protocolaire à cette visite. Nous savons qu'elle désirait surtout éviter de prendre l'initiative de la reconnaissance de la RDVN. Son objectif était de laisser au dirigeant vietnamien le soin de faire un appel préliminaire afin d'y répondre ensuite sans prendre de risques diplomatiques. La date exacte de la rencontre entre Staline et Hô Chí Minh est toujours inconnue. Elle a dû avoir lieu autour de l'arrivée à Moscou de Zhou Enlai le 20 janvier 1950. Wang Jiaxiang (ambassadeur de la RPC en Union soviétique) assistait à la rencontre. Le directeur de l'Institut d'Etudes Orientales faisait office de traducteur (Chinois-Russe) et de nombreux officiels chinois et soviétiques, dont Nikita Khrouchtchev furent présents à l'entretien. En l'absence des minutes de cette première rencontre, proposons un descriptif, parcellaire, basé sur les sources secondaires actuellement disponibles. Hô Chí Minh aurait entamé la conversation par le récit de sa longue marche à travers la jungle qui le mena à la rencontre de Staline. Lorsque le Soviétique prit enfin la parole, Khrouchtchev dans ses Mémoires note que "Hô Chí Minh se mit à regarder fixement Staline avec le regard d'un enfant naïf"[36]. Staline lui aurait conseillé, raconte Giáp, d'accorder une importance particulière aux zones de montagnes à l'ouest du pays (Lào Cai et Lai Châu), condition *sine qua non* de la libération du pays[37]. Puis Staline se serait levé et aurait condamné le manque de "réalisme" de la politique agraire de l'organisation nord-vietnamienne. La légende voudrait que Staline se soit à cet instant emparé de deux chaises en interpellant Hô Chí Minh : "Cette chaise est la chaise des paysans, celle-là est celle des propriétaires, dites-moi sur laquelle les révolutionnaires vietnamiens veulent s'asseoir ?"[38] Hô aurait écouté silencieusement. Staline se serait finalement retourné vers l'ambassadeur chinois et lui aurait demandé d'aider les Vietnamiens à lancer une véritable réforme agraire au Viêt Nam. Wang Jiaxiang promit au Soviétique que son pays tâcherait de faire pour le mieux.

La dernière pièce d'un scénario minutieusement élaboré entre Soviétiques et Chinois en 1949 se mettait en place. Avant de conclure l'entretien, Staline n'aurait pas hésité à répéter au dirigeant vietnamien que le PCC devenait le guide officiel du mouvement révolutionnaire vietnamien. Hoàng Văn Hoan

---

[36]. N. Khrouchtchev, "Kho Chi Minh i Voina vo Vietnamia" (Hô Chí Minh et la guerre au Viêt Nam), in *Problemi dalniego Voctoka* (Problèmes de l'Extrême-Orient), Moscou, n°3, 1990, pp. 78-80.
[37]. Võ Nguyên Giáp, *op. cit.*, p. 412 (très probablement apocryphe).
[38]. *Ibid.*, p. 412. Une légende vietnamienne voudrait que Hô Chí Minh dans un dernier acte de défiance se soit mis entre les deux chaises, donnant au dirigeant soviétique une preuve de son courage et de son indépendance politique. Laissons cela aux rêveurs...

rapporte dans ses Mémoires que lors de son passage à Moscou le 1ᵉʳ mai 1950, l'ambassadeur chinois lui aurait rappelé l'injonction de Staline : "Le camarade Staline s'intéresse beaucoup à la résistance du peuple vietnamien contre les Français et nous a assigné la tâche de soutenir le Viêt Nam, nous en sommes les responsables officiels."[39]

Avant la clôture de l'entretien, un événement d'apparence anecdotique allait cependant durablement marquer les Vietnamiens. Hô Chí Minh se serait emparé d'un numéro du magazine *L'URSS en chantier* afin que Staline le lui dédicace. Ce geste surprit beaucoup les officiels soviétiques ; d'aucuns y virent une habitude que Hô tenait de ses années passées en France ; d'autres comme Staline une intention moins innocente[40]. Le dirigeant soviétique accepta cependant, l'air faussement amusé. Mais le soir même, il envoya à la datcha de Hô Chí Minh un agent du KGB afin de récupérer la revue[41]. Nous n'en savons guère plus sur le déroulement de cet entretien. Mais quelle que soit l'ampleur de ces imprécisions, on retiendra de ce dialogue au sommet qu'il déléguait à la Chine populaire la conduite des événements dans les montagnes du Viêt Bắc. L'URSS choisissait de rester en retrait de la question indochinoise.

Le 15 janvier 1950, Hoàng Minh Gíam faisait parvenir au représentant de la RDVN à Bangkok la "déclaration à tous les pays du monde qui estiment le principe d'égalité, le principe de territorialité et la souveraineté de l'État vietnamien". Sur les conseils des Chinois, en concertation avec les Soviétiques, il fut expliqué aux Vietnamiens qu'il convenait d'attendre la diffusion de cette déclaration pour que la communauté des pays communistes puisse reconnaître la RDVN. L'URSS refusait d'en prendre l'initiative. Elle suggéra probablement à la RPC de se

---

[39]. Hoàng Văn Hoan, *op. cit.*, p. 334.
[40]. Il est compréhensible que Staline se soit méfié. La diffusion par les canaux de propagande d'un tel document aurait pu être d'une très grande utilité à Hô Chí Minh pour conforter son leadership auprès des siens.
[41]. N. Khrouchtchev, *op. cit.*, p. 80. Cité aussi dans : N. Krushcev, *Krushchev remembers*, Boston, Brown, 1971, p. 442.

prononcer dans un premier temps afin d'évaluer les conséquences d'une telle décision sur la scène internationale. Le 18 janvier, Pékin reconnaissait officiellement la RDVN, l'URSS le 30 janvier. Avec l'aval de Staline, l'ensemble des pays socialistes firent de même au début du mois de février.

À Bangkok, Nguyễn Đức Quỳ ignorait vraisemblablement les tractations entourant la déclaration que Hoàng Minh Gíam l'avait chargé de diffuser. Surpris de la lenteur de réaction des Soviétiques en possession de l'apostrophe de son président depuis le 18 janvier, il prit rendez-vous avec Sergei Niemchine le 27 janvier pour en savoir plus. Le diplomate soviétique le reçut une dizaine de minutes seulement ; assez pour entendre Quỳ lui annoncer qu'il avait remis cette déclaration aux mains des ambassadeurs anglais et américain en Thaïlande. Une impression de mise en scène se dégage de la lecture du compte-rendu d'entretien du Soviétique. Comme si la façade officielle de l'appareil de négociation entre les deux pays servait en fait à avaliser le dédale des réseaux de communication confidentiels au sein du monde communiste à l'origine de cet accord. Niemchine attendit le 10 février pour prévenir Trần Mai, le nouveau chef du bureau d'information en Thaïlande, en lui apportant le télégramme de Vichinsky à l'attention de son homologue vietnamien avant que ce dernier lui exprime "sa reconnaissance profonde au gouvernement soviétique et soulignât que l'ouverture des liens diplomatiques allait stimuler le peuple vietnamien dans sa lutte pour la libération du pays"[42].

Pendant ce temps, Hồ Chí Minh poursuivait son discret séjour dans la capitale soviétique. Un programme avait été soigneusement élaboré à son attention : rencontres, cycles de conférences, réunions de formation, séances d'auto-critiques, Hồ Chí Minh n'allait pas quitter Moscou sans de sérieux avertissements de la part des Soviétiques. On attendait de lui "l'élaboration d'une bonne politique nationale dans un climat de

---

[42]. Enregistrement de la conversation entre le camarade Niemchine et le représentant de la RDVN en Thaïlande, in Archives du MAE d'URSS, ASE, dossier n°033, document n°317, 10.2.1950.

forte coopération avec les camarades chinois". Aucun document disponible n'atteste réellement les pressions politiques qui entourèrent Hô Chí Minh ; certains signes évoquent toutefois l'atmosphère dans laquelle dut évoluer le Vietnamien au cours de ces semaines de formation. À partir de janvier 1950, on retrouvera désormais en marge des courriers, articles ou documents rédigés par Hô Chí Minh à l'attention des autorités soviétiques, une petite note, souvent manuscrite, implorant excuse et compréhension pour les faiblesses ou erreurs idéologiques éventuelles de son auteur.

De même sur le chemin du retour le 25 février 1950, le dirigeant vietnamien jugea encore opportun de s'excuser de ne pas avoir eu le temps de dire au revoir au camarade Souslov. Un geste regrettable poursuivait-il car le Soviétique aurait eu la possibilité de lui prodiguer maints "conseils et critiques supplémentaires". Une anecdote rapportée par Wu Xiuquan confirme la délicate position du chef de la RDVN vis-à-vis du pouvoir soviétique. Pour célébrer la signature du traité d'amitié entre l'URSS et la RPC (14 février 1950), le gouvernement soviétique organisa un grand banquet au Kremlin dans la soirée du 16 février. Hô Chí Minh était sur la liste des invités de la cérémonie. Au cours du dîner, le Vietnamien, à la veille de son retour en Asie, pria Staline de lui donner quelques conseils supplémentaires à lui et son mouvement. Wu Xiuquan rapporte la soudaine désinvolture choisie par le dirigeant soviétique dans sa réponse : "Staline dit en plaisantant – Comment pourrais-je vous donner des conseils ? Vous êtes président, un rang supérieur au mien ! Hô répliqua alors dans le même esprit –Vous avez conclu un traité avec les camarades Chinois, pourquoi de même ne pas traiter avec nous puisque je suis ici ! Staline répondit – Parce que la visite de Hô Chí Minh en Union soviétique est sous le signe du secret et que dans le cas d'un tel accord, les gens ne manqueront pas de se demander de quelle manière vous êtes apparu ici de façon si impromptue. Et le Vietnamien de répliquer –Vous pouvez me mettre dans un avion pour un vol d'un instant puis ensuite envoyer du monde m'accueillir à l'aéroport et l'annoncer publiquement. Cela ne posera pas de problème ! Staline se mit à rire et répondit – Voilà bien là votre imagination à vous les orientaux !"[43] Hồ Chí Minh achevait son séjour à Moscou sur l'étrange ironie de cet échange. L'avertissement reçu ne souffrait pas l'ambiguïté : le gouvernement soviétique refusait de traiter directement la question de la "résistance légitime du Nord Viêt Nam". Il chargeait toutefois la Chine populaire d'orienter le "petit régime du Viêt Bắc" vers la voie de la révolution.

Hồ Chí Minh quitta Moscou mi-février 1950 accompagné du diplomate soviétique Pschinoviev qui rejoignait son poste dans la capitale chinoise. À Pékin, il s'arrêta quelques jours pour s'entretenir avec Mao Zedong, Zhou Enlai et son envoyé Hoàng Văn Hoan. Son programme comprenait en outre un passage à l'ambassade soviétique. Au cours de son entretien avec Pschinoviev, Hồ Chí Minh remercia le gouvernement soviétique pour l'aide apportée au cours de son séjour à Moscou et profita de l'occasion pour revenir sur une question "qui le tourmentait beaucoup". En effet, il ne comprenait toujours pas comment son exemplaire de la revue *L'URSS en chantier* dédicacé par Staline avait pu disparaître ; Hồ demanda à son interlocuteur si des recherches pouvaient avoir lieu. Le fonctionnaire soviétique était visiblement gêné. Dans un courrier à son supérieur Machentov, il demanda qu'on lui communique au plus vite la manière de répondre à son interlocuteur[44]. L'incident était d'importance pour les Vietnamiens. Quand Hồ Chí Minh rejoignit les siens à la fin du mois de février, il en parla à ses proches conseillers. Pas question d'en faire grand cas puisque de toute façon l'URSS venait de reconnaître la RDVN ; toutefois ajoutait-il, ce contretemps méritait peut-être de "relativiser le degré d'ouverture et d'amitié entre les deux pays".

---

[43]. Wu Xiuquan, "Sino-soviet Relations in the Early 1950's", in *Beijing Review*, Pékin, vol. 26, n°47, 21.11.1983, p. 19.
[44]. Lettre manuscrite du camarade N. Pschinoviev (Ambassade d'URSS en RPC) au camarade Machentov (MAE d'URSS), in Archives du CC du PCUS, dossier n°425, document n°36671, 2.4.1950 (date d'enregistrement).

À la fin de l'hiver 1950, la RDVN était finalement parvenue à briser son isolement sur la scène internationale après de longs mois de négociations. Cette reconnaissance, certes, ne s'annonçait pas sans contreparties. Le prix à payer pour ce soutien extérieur se ferait sentir dans la conduite de ses affaires intérieures. Le PCC occupait une position de levier dans l'accomplissement des réformes suggérées par Staline. La Chine voyait dans la lutte vietnamienne une continuation de la sienne. Mais l'arrivée des conseillers chinois au Việt Bắc était aussi une victoire pour la RDVN, un espoir pour sortir de l'impasse militaire du moment.

Les dernières rencontres avec les Soviétiques montraient toutefois que le dialogue avec Moscou s'avérait toujours aussi délicat[45]. À son retour au Việt Bắc, Hồ Chí Minh lança son gouvernement dans une ostensible politique d'amitié internationaliste. Son séjour à Moscou l'avait convaincu que la méfiance et le relatif désintérêt des Soviétiques à l'égard de son mouvement étaient toujours d'actualité. Staline n'avait-il pas refusé en janvier 1950 d'octroyer toute aide militaire ou soutien financier directs à l'organisation Việt Minh ?[46] Hồ était désormais bien décidé à montrer au Kremlin les preuves de sa déférence et de sa bonne volonté politique. L'enthousiasme des Chinois à partir au secours de leurs "petits frères vietnamiens" ne comportait pas que des avantages pour ces derniers. Bùi Tín dans ses Mémoires raconte que Hồ allait même jusqu'à redouter une confrontation sino-vietnamienne sur le terrain des opérations[47].

---

[45]. Dans ses Mémoires, Nikita Khrouchtchev raconte l'anecdote suivante : "Après son départ de Moscou, Hồ Chí Minh nous écrit pour nous demander de la quinine parce que le peuple vietnamien souffrait de la malaria. À l'époque l'URSS produisait beaucoup de quinine. Staline répondit alors — oui, on peut lui en envoyer demi-tonne". (sic) *cf.* N. Krouchtchev, "Kho Chi Minh I voina vo Vietnamia" (Hồ Chí Minh et la guerre au Việt Nam), in *Problemi dalniego Voctoka* (Problèmes de l'Extrême-Orient), Moscou, n°3, 1990, pp. 78-80.
[46]. Chen Jian, "China and the first Indo-China war 1950-54", in *The China Quaterly*, London, n°133, mars 1993, p. 88.
[47]. Bùi Tín, *Following Hồ Chi Minh, the Memoirs of a North Vietnamese Colonel*, Honolulu, University of Hawai Press, 1995, p. 28.

Afin d'éviter un délicat tête-à-tête, Hô Chí Minh rêvait d'offrir à Staline un poste d'observateur complaisant dans le déroulement de ce huis clos.

L'accord octroyé par l'Union soviétique à la Chine de se voir nommée garante du processus révolutionnaire vietnamien comportait par ailleurs un élément d'importance : la question de la représentation diplomatique des intérêts de la RDVN[48]. Wang Jiaxiang, ambassadeur de la RPC en URSS, souhaitait adjoindre *de facto* les affaires nord-vietnamiennes à son administration. Les Vietnamiens, précisait-il, n'avaient pas les moyens dans le contexte actuel d'organiser leur appareil diplomatique. La Chine se proposait, bienveillamment ajoutait l'ambassadeur, de pallier cette insuffisance. Dans un premier temps, le ministre des Affaires étrangères de la RDVN, Hoàng Minh Gíam, réagit assez vivement afin d'éviter un tel état de fait. Dans un courrier en date du 8 février 1950, il exigeait que l'échange de représentants diplomatiques entre l'URSS et la RDVN se fasse dans les meilleurs délais. La reconnaissance accordée à l'appareil nord-vietnamien sur la scène internationale devait s'accompagner d'un réseau autonome de délégations diplomatiques. Les Soviétiques n'avaient pas d'idée bien précise sur la question. Après concertation avec les Chinois, ils conseillaient finalement à Hô Chí Minh d'accepter la proposition de Wang Jiaxiang[49]. Le Vietnamien contraint revenait sur sa décision. Avant de quitter Moscou, il confirmait qu'il ne voyait aucune objection à ce que l'ambassade de Chine représente provisoirement les intérêts de la République démocratique du Viêt Nam. L'URSS insista toutefois auprès de Pékin pour que cette représentation soit temporaire[50].

---

[48]. Du carnet de notes de Gromyko, in Archives du MAE d'URSS, ASE, dossier n°111-ext, document n°131, 23.2.1950 (date d'enregistrement).

[49]. Note de rapport sur la décision du gouvernement soviétique d'échanger des envoyés avec la RDVN, in Archives du MAE d'URSS, ASE, dossier n°111-ext, document n°92, février 1950.

[50]. "Nous pensons que cela serait bien si dans votre réponse à Hô Chí Minh vous précisiez que le gouvernement de l'URSS accepte qu'avant l'arrivée à Moscou du représentant vietnamien, ses intérêts soient représentés par l'ambassade de Chine en URSS. En même temps, il

Dès le retour de Hồ Chí Minh au Việt Nam, le gouvernement de la RDVN va tâcher de parer à cette situation. Le 16 mai, il transmet le *curriculum vitæ* de Nguyễn Lương Bằng, son candidat au poste d'ambassadeur en URSS, aux autorités soviétiques en RPC[51]. Né en 1905 dans la province de Hải Dương, celui-ci, quand il entre au Comité général du Việt Minh en 1947, est connu sous le pseudonyme Étoile rouge (*Sao đỏ*). Bằng, rappelle Hoàng Văn Hoan, est un "bon communiste de la famille des ouvriers politiquement très préparé"[52]. Membre des *Thanh Niên* en 1925, il appartenait au comité central du parti communiste indochinois dès sa formation en 1930. Il a passé l'essentiel de sa vie dans la clandestinité et à trois reprises, s'est évadé des geôles françaises. Depuis 1945, il était responsable de la section financière de l'organisation officiellement dissoute. Alors que la pratique favorisait une transmission des courriers à l'attention des Soviétiques *via* le ministère chinois des Affaires étrangères, les Vietnamiens ont tenu cette fois-ci à communiquer le dossier de Nguyễn Lương Bằng directement à l'ambassade soviétique à Beijing. Étrangement plus de trois mois seront nécessaires avant que le courrier ne parvienne au ministère des Affaires étrangères à Moscou. Hoàng Văn Hoan à Beijing revenait régulièrement sur la question lors de ses entretiens avec les diplomates soviétiques. Invariablement, on lui répondait, sans néanmoins lui fournir plus d'explication, qu'il était toujours impossible de statuer sur

---

convient de préciser oralement à Wang Jiaxiang qu'il ne doit pas prendre en son nom les fonctions de messager de la RDVN en URSS car ce ne serait pas acceptable d'un point de vue de la pratique diplomatique internationale et pourrait créer un précédent négatif", in *Ibid.*, Archives du MAE d'URSS, ASE, dossier n°111-ext, document n°203, 1.4.1950 (date d'enregistrement).

[51]. *Curriculum vitæ* de Nguyễn Lương Bằng envoyé par le comité central du PCV, in Archives du CC du PCUS, dossier n°425, document sans numéro, 31.8.1950 (date d'enregistrement).

[52]. Lettre de Gromyko à Staline, in Archives du MAE d'URSS (Secrétariat de Vichinsky), dossier n°30/100 VN, chemise n°11, 18 juillet 1950.

l'affaire[53]. Dans un télégramme du 7 juillet 1950, Zhou Enlai rejette une nouvelle fois la demande des Vietnamiens dans la mesure où, selon ce dernier, la situation de guerre qui régnait dans le pays rendait "inconvenante" l'arrivée de représentations diplomatiques étrangères.

À Moscou, la décision fut toutefois prise dès juillet d'accepter la nomination de Nguyễn Lương Bằng au poste d'ambassadeur de la RDVN. Gromyko annonca en outre que le consul général de l'URSS à Shanghai, Vladimirov, venait d'être choisi comme futur ambassadeur soviétique en RDVN. Beijing désapprouvait la position du Kremlin. Wang Jiaxiang rappela à Gromyko que la préparation de l'offensive des frontières n'était pas un moment opportun pour détacher un corps diplomatique (le général chinois Chen Geng posté auprès de l'Armée populaire vietnamienne est arrivé au Viêt Nam le 7 juillet). Il conseilla au Soviétique de s'appuyer plutôt sur Luo Guibo, l'envoyé du PCC arrivé au Viêt Nam au printemps, pour prendre contact avec la RDVN. Au moment où éclatait la crise en Corée, la question vietnamienne devait apparaître de toute façon secondaire pour l'Union soviétique. À l'automne, le Kremlin rejoignait finalement la position chinoise. La nomination de son ambassadeur fut ajournée et l'arrivée de Nguyễn Lương Bằng repoussée. À compter de cette date, la RPC allait disposer d'une grande liberté dans sa gestion de la question vietnamienne. D'un point de vue politique, la décision soviétique allait avoir des répercussions immédiates et profondes pour le Viêt Minh. La période qui s'ouvrait fut l'une de celles durant lesquelles les relations sino-vietnamiennes ont été les plus intimes.

L'ambassade de la RDVN n'ouvre ses portes à Moscou qu'en mars 1952, plus de deux ans après la reconnaissance soviétique. Pendant ce temps-là, la Chine avait servi d'intermédiaire entre les communistes vietnamiens et les Soviétiques. Quinze personnes y sont affectées dont trois diplomates : l'ambassadeur Nguyễn

---

[53]. Conversation entre l'ambassadeur d'URSS en RPC et le représentant de la RDVN en RPC in Archives du CC du PCUS, dossier n°425, document n°01486, 20.12.1950 (enregistré le 4.1.1951).

Lương Bằng, l'ancien représentant de la délégation de la RDVN à Bangkok Nguyễn Đức Quỳ à titre de Premier secrétaire et Nguyễn Thường, au poste de Second secrétaire. Au quotidien, il n'y a guère de changement. Les comptes rendus d'entretiens entre diplomates vietnamiens et soviétiques illustrent le vide décisionnel des représentants de la RDVN ; rien ne se décidait à leur niveau, il n'était question que de visites d'usines et de questions de procédure.

Pour l'administration soviétique, la question indochinoise se traitait toujours avec la République Populaire de Chine. Xiu Gu, deuxième secrétaire de l'ambassade chinoise, était en charge des contacts avec les Vietnamiens. Rentré à Moscou en 1951 Sergei Niemchine, ancien chef de la délégation soviétique à Bangkok, avait été nommé vice-directeur du Département d'Asie du Sud-Est du ministère des Affaires étrangères. Le traitement de la question indochinoise se partageait entre les deux hommes. Dès son arrivée en avril 1952, l'ambassadeur vietnamien s'est heurté à ce canal décisionnel. Malgré ses demandes, aucune relation entre le Parti des Travailleurs Vietnamien et le PCUS n'apparaissait encore envisageable[54]. Avec beaucoup d'habileté, Xiu Gu était devenu l'intermédiaire obligé des Vietnamiens dans leurs démarches auprès de l'administration soviétique[55].

Au Việt Nam, Hồ Chí Minh espérait pourtant toujours regagner la confiance de Staline. Son administration, estimait-il, devait prouver au chef de l'État soviétique sa fidélité aux clauses des accords de janvier 1950. Dans l'esprit de Hồ, seul Staline pouvait permettre de parer aux excès d'une politique chinoise. Il demanda à son administration de multiplier les communications avec Moscou. Le verbe était souvent flatteur. Une refonte

---

[54]. Lettre du camarade Bachitov au camarade Grigorian, in Archives du CC du PCUS, dossier n°951, document n°34910, 7.5.1952.

[55]. "L'art de la diplomatie chinoise était tel que nous nous contentions souvent de suivre leurs conseils. En 1952-53, nos rapports avec les responsables soviétiques restaient souvent beaucoup trop émotionnels. Au sein de l'ambassade, nous ignorions tout de la stratégie générale de nos partenaires vis-à-vis de notre lutte"., in Entretien avec un attaché de l'Ambassade de la RDVN à Moscou (1952-1954), Hà Nội, 29.12.1999.

complète des institutions était lancée. En l'espace de trois ans (1950-1953), les réformes, suggérées par Moscou et épaulées sur le terrain par des conseillers chinois, ont concerné l'essentiel des domaines d'activités des ministères de la RDVN[56]. La porte était étroite pour le régime. Condition *sine qua non* de son acceptation au sein de la communauté des pays socialistes, et *de facto* de son soutien, le gouvernement était contraint de lancer le pays dans une vague de réformes d'inspiration internationaliste. Tout porte à croire que les conditions tenaient plus du diktat que du choix politique. La poursuite des combats sur le terrain offrait-elle réellement à la République démocratique du Viêt Nam le choix de ses propres exigences ? Le gouvernement soviétique avait exigé une refonte en profondeur du système d'encadrement des masses afin de lancer rapidement le pays sur la voie de la réforme agraire. L'idéal des pays progressistes commandait l'émergence d'une figure nouvelle à même de réorienter en profondeur la société. Dans les provinces montagneuses du pays, l'arrivée des conseillers chinois sonnait soudain le glas de la figure héroïque traditionnelle. L'"homme nouveau" était en marche.

---

[56]. Sur la refonte de l'appareil nord-vietnamien au début des années 1950 voir K. Post, *Revolution, socialism and nationalism in Vietnam an interrupted revolution*, vol. I, Hants, Darmouth, 1989. G. Lockhart, *Nations in arms. The origins of People's Army of Vietnam*, Sydney, Allen and Unwin, 1989.

Chapitre III
L'émulation patriotique
1948-1952

"Quel est le but de l'émulation patriotique ? Faire disparaître la famine ; éradiquer l'analphabétisme ; bouter l'envahisseur. Il faut s'appuyer, sur les forces populaires, sur l'esprit du peuple pour apporter le bonheur pour le peuple. Les premiers résultats de l'émulation patriotique permettront au peuple entier de se nourrir et de se vêtir, le peuple entier saura lire et écrire, l'armée entière sera bien nourrie et bien équipée pour bouter l'envahisseur, pour libérer le pays entier et le rendre totalement indépendant".

Hồ Chí Minh[1]

"Seigneur, c'est quand j'obéis davantage à ta volonté que je me sens plus libre".

Saint Augustin

Au tournant de l'année 1948, la "cause Việt Minh" gagnait en popularité dans la communauté des pays socialistes. La résistance nord-vietnamienne restait pourtant toujours isolée. La solution nationale prônée par la France continuait de déstabiliser le pays. L'appareil de la RDVN cherchait à renforcer sa présence au cœur de la communauté villageoise. Il s'agissait de transformer le chaos de son avènement en 1945 en stabilité politique. La double face de l'autorité politique ("gouvernement nationaliste collaborateur" et "régime progressiste du Việt Bắc") constituait un facteur de trouble dans l'esprit de la population. Avec habileté, le régime nord-vietnamien tâchait de reconquérir par étapes les sources traditionnelles de légitimité du "pouvoir temporel". Le gouvernement défendait une juste cause (chính nghĩa) ; il n'était

---

[1]. "Lời kêu gọi thi đua ái quốc", in Hồ Chí Minh, *Thi đua yêu nước*, Hà Nội, nxb Sự Thật, 1984, pp. 7-8 (2ᵉ édition).

pas question de politique mais bien d'éthique. Hô Chí Minh faisait la promotion de la "vie nouvelle" (đời sống mới), d'une société où une "filiation horizontale" entre les membres du groupe succèderait à l'ancienne et pervertie "filiation verticale" reliant l'individu à son souverain. En 1948, la RDVN n'était pas le Viêt Nam. Son ancrage territorial ne lui permettait pas encore de rassembler l'hétérogénéité culturelle, ethnique et politique de son peuple. La population paysanne lui était moins acquise que ne le prétend la nouvelle historiographie d'État. Le mot d'ordre était à la mobilisation populaire : "Prendre les armes contre les armées étrangères et fantoches, prendre la pioche pour défendre l'unité et la légalité du pouvoir de la République démocratique du Viêt Nam."[2]

Le Viêt Nam n'allait pas connaître une mais bien deux émulations distinctes. En juin 1948, une première campagne (phong trào thi đua ái quốc) était lancée sur le territoire, en comptant sur l'efficacité d'un outil de propagande qui avait été prouvée dans l'ensemble du monde communiste. Le gouvernement attendait de la diffusion du mouvement un renforcement de son emprise politique sur la population et un surcroît de "légalité idéologique" à l'occasion de la reprise de son dialogue avec les Soviétiques[3]. En janvier 1950, en s'engageant cette fois directement auprès du camp socialiste, la RDVN annonçait la refonte de son "émulation patriotique" attendue par Staline. Tandis qu'il s'agissait jusqu'alors de réformer l'homme dans son rapport au groupe, l'"émulation socialiste" exigeait, dans un mouvement inverse, un changement de la société sur l'exemple d'un nouvel acteur, l'"homme nouveau" internationaliste (con người mới). À partir de l'hiver 1950-51, la seconde émulation lançait au Viêt Nam la production du "combattant d'émulation" et du "héros nouveau".

---

[2]. *Ibid.*, p. 23.
[3]. Documents du service d'information du Viêt Nam (Prague), in Archives du Cominform, Fonds n°575, dossier n°118, document n°195, 6.2.1949.

Une morale collective

La première campagne d'émulation patriotique devait générer l'apparition d'une nouvelle morale collective. Il s'agissait de repositionner l'homme vietnamien "au sein du groupe"[4]. En 1948, la révolution, ou plus précisément la lutte révolutionnaire, rappelait Hồ Chí Minh, était affaire de morale : "Comme un fleuve qui par sa source est alimenté, sans elle est asséché, un arbre doit avoir des racines, sans elles il se meurt. Un révolutionnaire doit avoir une morale, sans morale quel que soit son talent, il ne peut pas diriger le peuple."[5] La modification des mœurs préconisée par le gouvernement ne visait pas une rupture entre l'Ancien et le Nouveau[6].

Davantage encore que Mao Zedong, Hồ Chí Minh maîtrisait l'art de la graduation et de la modération tactique. La RDVN comptait préalablement reprendre l'ascendant sur le gouvernement nationaliste pro-français, son principal concurrent politique. Il ne s'agissait pas d'orienter le pays vers un modèle de société progressiste, l'objectif était plutôt de créer une alternative interne[7]. Le pouvoir espérait séduire le paysan vietnamien plus friand de "néo-conservatisme" que de "conversion bolchevique". Lorsque l'état-major de la RDVN préconisait de supprimer les "fêtes régionales sans importance" pour les remplacer par des anniversaires de héros patriotiques, il revendiquait une pureté politique renouvelée, réfutant les compromissions de l'idéologie traditionaliste passéiste du gouvernement du général Xuân[8].

À la fin des années 1940, le discours sur la "nouvelle vie" s'opposait davantage à "l'ordre intérieur collaborateur" qu'il

---

[4]. Traductions de document Việt Minh, in CAOM, Fonds du HCI, dossier n°6-36, document n°1376, 18.8.1948.
[5]. "Sửa đổi lề lối làm việc", 10.1947, in Hồ Chí Minh, *Về xây dựng con người mới*, Hà Nội, nxb Chính trị Quốc gia, 1995, p. 86.
[6]. Bùi Đình Phong, *Hồ Chí Minh với việc xây dựng văn hóa mới Việt Nam trước 1954*, Mémoire d'Histoire, Université de Hà Nội, 1993.
[7]. Tân Sinh, *Đời sống mới*, UBVDDSM, 1948.
[8]. Sur la modification des mœurs, in CAOM, Fonds du HCI, dossier n°6-36, document n°1376, 18.8.1948.

n'imitait un mouvement de type internationaliste. Le mot d'ordre était à l'unité et à la solidarité du peuple vietnamien. La réussite de la politique de la RDVN depuis 1945 s'exprimait par sa capacité à avoir déplacé la source de la légitimité du pouvoir politique vers une morale collective. L'organisation familiale et le devoir filial étaient au cœur du succès de l'émulation patriotique. Plutôt que de s'y opposer, elle y trouvait son assise.

L'homme nouveau était d'abord l'ennemi du régime des Nguyễn : "Pour arriver à de beaux résultats, je demande : aux personnes âgées d'inciter leurs petits-enfants à participer à chaque activité ; à tous les enfants dans l'émulation de bien étudier et d'aider les adultes ; aux compatriotes commerçants dans l'émulation de développer leurs affaires ; aux compatriotes paysans de produire dans l'émulation ; aux compatriotes intellectuels et spécialistes de créer et d'inventer dans l'émulation ; aux membres du gouvernement dans l'émulation de se dévouer à leur travail et de servir le peuple ; aux soldats et miliciens dans l'émulation de bouter l'ennemi et de s'emparer de beaucoup d'armes."[9]

L'État n'abordait pas sa guerre patriotique en terme de classes, il défendait seulement une "guerre juste", dirigée contre "l'envahisseur et l'oppresseur, pour la sauvegarde de la liberté et de l'indépendance du peuple entier". Le mythe de la pureté nationale ne s'opposait pas au féodalisme dans sa conceptualisation marxiste-léniniste. Le combat du Việt Minh était une lutte progressiste car fondée sur une défense des intérêts vitaux du petit peuple ; l'objectif était d'améliorer ses conditions de vie et d'augmenter ses "droits démocratiques". Un discours sur la défense du peuple ancrait sa légitimité dans les campagnes et facilitait une mobilisation générale de ses "forces vives". Les hommes du Việt Bắc revendiquaient une filiation directe avec les héros et héroïnes du passé glorieux de l'histoire nationale[10]. Le discours était à l'unité, mais une union que le "mouvement

---

[9]. Hồ Chí Minh, *Thi đua yêu nước, op. cit.*, p. 8.
[10]. "Hồ Chí Minh cứu tinh của dân tộc", in *Sinh Hoạt Nội bộ* (SHNB), Việt Bắc, n°8, 5.1948, pp. 6-7.

révolutionnaire" souhaitait garder exclusivement à son actif. L'émulation patriotique servirait d'abord "à former de nouveaux cadres et à perfectionner les anciens dans un nouvel esprit de solidarité collective"[11]. L'État évoquait la nécessité de promouvoir des "héros collectifs" susceptibles de guider le peuple sur la voie de la "libération populaire", masse collective héroïque d'où émergera quelques "individualités exemplaires"[12].

Le recul de la résistance sur le terrain militaire contraignait le pouvoir à l'emploi de nouvelles techniques de mobilisation populaire. Le Việt Minh, à défaut de penser l'"homme nouveau", aspirait avec l'émulation patriotique à resserrer les liens de solidarité entre les membres d'une communauté nationale divisée par l'administration coloniale. L'année 1948 marquait un premier tournant dans la guerre relancée dans les docks du port de Hải Phòng en décembre 1946. À l'étranger, la communauté des pays progressistes ne montrait plus guère d'hostilité à l'encontre de son mouvement ; dans le pays, l'implantation de l'appareil d'État poursuivait sa progression.

Dans le courant du mois de janvier 1948, l'état-major de la RDVN décida de clore la période de repli de ses forces militaires pour entamer une seconde phase, dite de l'équilibre[13]. Le lancement de la première campagne d'émulation patriotique répondait à une volonté de changement stratégique. L'hiver 1947 avait apporté une série de victoires militaires, redonnant confiance à la résistance Việt Minh. Les effectifs des unités de l'armée régulière, provinciale et des milices locales se renforcèrent : de 50 000 hommes au début de la guerre, ces forces atteignaient le chiffre de 250 000 soldats et miliciens en 1948.

---

[11]. Exposé de Trường Chinh au IVe congrès des cadres du Parti (14-18.1.1949), in CAOM, Fonds du CD, dossier n°105, document n°1417, 2.2.1950, p. 12.

[12]. Lê Ngọc, "Nước ngoài thi đua, từ Xít Ta Kha Nốp đến Ngô Man Hữu", in *Sự Thật* (ST), Việt Bắc, n°95, 19.6.1948, p. 10.

[13]. Ngô Tiến Chất, "Vào nét truyền thống đấu tranh anh dũng của nhân dân các dân tộc Tây Bắc từ sau cách mạng tháng tám đến kháng chiến chống Mỹ cứu nước hiện nay", in *NCLS,* Hà Nội, n°95, février 1967, pp. 32-45.

Bien que les Français occupassent toujours l'essentiel du delta du fleuve Rouge, la RDVN lançait une "phase de pacification des zones libérées" afin d'y renforcer ses activités politiques. Võ Nguyên Giáp affirmait que la guérilla ne correspondait plus aux objectifs politiques de la nouvelle phase d'action[14]. Il s'agissait désormais de reprendre l'initiative sur le champ de bataille et d'accentuer la mobilisation de la population.

En décembre 1945, lorsque la RDVN entama la réforme de son appareil administratif, l'objectif avait été d'accentuer une emprise sur les pouvoirs locaux. Le Parti consolidait le réseau de l'appareil administratif de résistance[15]. En octobre 1947, le gouvernement créa des comités de résistance et d'administration à chaque échelon territorial (commune, district, province, zone). Sous couvert des principes du centralisme démocratique, la réforme du système favorisa un *turn-over* des élites locales au profit des cadres Việt Minh. Les villages, districts et provinces du territoire furent regroupés sous la responsabilité d'un même commandement militaire. En mars 1948, le pays était divisé en six inter-zones (liên khu), plus une spéciale pour Saigon[16]. Les nominations des dirigeants locaux étaient avalisées par l'échelon central. Au niveau de l'inter-zone, le comité exécutif comportait cinq à sept membres choisis par la présidence de la République et le comité suprême de la défense nationale. Les affaires politiques locales se décidaient dorénavant davantage au niveau de l'État. La restructuration de l'appareil militaire et administratif participait à une opération de reconquête du territoire national.

En 1948, le régime poursuivait un second objectif: l'unification rapide "d'un peuple démembré, enclavé et

---

[14]. Võ Nguyên Giáp, *People's War, People's Army*, Hanoi, Éditions en Langues étrangères, 1962, p. 92.

[15]. *Cao Bằng Lịch sử đấu tranh vũ trang cách mạng 1930-1954*, Bộ chỉ huy quân sự, Tỉnh Cao Bằng, 1990, pp. 117-118.

[16]. Sur la réforme de l'administration révolutionnaire voir G. Ginsburgs, "Local Government and Administration in North Vietnam, 1945-1954", in *The China Quaterly*, London, n°10, avril-juin 1962, pp. 174-204. B. Fall "Local Administration under the Viêt Minh", in *Pacific Affairs*, Vancouver, n°1, 1954.

composite"[17]. L'unanimité de l'engagement du peuple auprès du Việt Minh est un mythe de l'historiographie communiste. En juillet 1945, Trường Chinh avait condamné la faible participation des habitants du Tonkin à la lutte pour la libération du pays. Dans son étude sur la révolution d'août, l'historien David Marr précise que 10 % seulement de la population des zones montagneuses libérées du Nord se seraient réellement engagés dans les unités de l'Armée pour le salut national[18]. L'insurrection du mois d'août ne fut pas seulement un succès du Việt Minh ; des groupes locaux, porteurs de l'étiquette Việt Minh, étaient nombreux à tout ignorer des orientations du comité central du Parti.

Deux années plus tard, fin 1947, l'enjeu n'était plus seulement de lutter contre les avancées de l'armée française, mais aussi de remédier à une nouvelle érosion de la légitimité politique de son mouvement dans les campagnes. La violence des vagues de répression et le déclin de l'autonomie communale mécontentait une partie de la population rurale. Depuis les années 1930, le Parti luttait pour sauvegarder son influence dans les zones rurales à coup de réduction des taxes, d'abolition des monopoles et de distribution de paddy. Lorsque la guerre reprit en décembre 1946, la RDVN prônait encore un mouvement de réduction des taux d'intérêts et des rentes du fermage afin de s'assurer le soutien des masses paysannes.

Au tournant de l'année 1948, les résultats de ces campagnes s'avéraient cependant plutôt décevants. Trường Chinh reconnaissait l'échec de sa politique de mobilisation des paysans pauvres. Pour la plupart, les nouvelles recrues du Việt Minh provenaient encore des zones urbaines et industrialisées du pays. La population rurale était toujours peu incline à rejoindre les organisations de masses villageoises. Sur l'ensemble du territoire, les associations paysannes d'obédience Việt Minh ne recensaient

---

[17]. Courrier Việt Minh (zone de Hòa Bình), in CAOM, Fond CP, dossier supplément 17, document n°1221/B, 9.5.1947.
[18]. D. Marr, *Vietnam 1945 the Quest for Power*, Berkeley, University of California Press, 1995, p. 239.

guère plus de 820 000 adhérents[19]. Pour Võ Nguyên Giáp, l'urgence désormais n'était pas seulement de combattre l'occupant français, mais davantage de reconstruire "l'esprit de l'homme vietnamien" (tinh thần người Việt) afin qu'il distingue de lui-même la "juste cause", celle du Việt Minh. Les organes de propagande assuraient que la résistance permettrait la "métamorphose de l'homme vietnamien"[20]. Il s'agissait de mettre en place un nouveau mouvement de mobilisation de masses qui puisse enfin parvenir à cet objectif, changer l'homme pour mieux se l'assurer. En 1948, avec l'émulation patriotique, l'État nord-vietnamien aspirait à répondre aux dysfonctionnements internes (politiques et moraux) de la société. L'émulation se voulait un tremplin vers une "nouvelle vie" où le Việt Minh parviendrait à offrir à la classe paysanne une "raison légitime" pour se mobiliser et s'unir patriotiquement. La construction des esprits devait parfaire l'élaboration en cours du nouvel appareil d'État à même de remédier aux faiblesses chroniques de l'implantation du pouvoir dans les campagnes.

La première campagne d'émulation patriotique

L'élaboration de la première campagne d'émulation patriotique date du printemps 1948. Le 27 mars, lors d'un plenum du comité permanent du Parti, les dirigeants expliquèrent que le mouvement offrirait à la résistance les moyens humains et matériels de la victoire et un renforcement de sa crédibilité auprès du monde communiste[21]. Le 19 juin 1948, anniversaire du millième jour de lutte contre les "forces coloniales", la première campagne d'émulation patriotique était officiellement lancée dans le pays[22] :

---

[19]. Văn Tạo, "Vài nét về quá trình xây dựng và phát triển của nhà nước cách mạng Việt Nam 20 năm qua", in *NCLS*, Hà Nội, n°77, août 1965, p. 23.
[20]. Võ Nguyên Giáp, "Đẩy mạnh kháng chiến cứu quốc", in *SHNB*, 12.1947.
[21]. Chiến Hữu, "Thi đua ái quốc", in *SHNB*, n°8, 5.1948, pp. 16-17.
[22]. M.X., "Đẩy mạnh thi đua, động viên thi đua", in *ST*, 19.5.1948, p. 2. Publication de la directive du 30.4.1948 : "Chỉ thị về ngày cổ động thi

"Qu'est-ce que le concours d'émulation patriotique ? Rivaliser par sentiment patriotique dans l'exécution de toutes les tâches pour obtenir de bons résultats. Atteindre une mobilisation générale pour conquérir la victoire. Exterminer les trois ennemis (envahisseur, faim, ignorance). Quelles sont les tâches essentielles qui sont l'objet du concours ? Politiquement, il faut construire les organisations de base du Parti, de la population et du pouvoir politique dans les régions provisoirement occupées. Il faut développer et consolider les organisations populaires du *Liên Việt* et constituer des cellules autonomes. Économiquement, il faut produire des armes, augmenter la production de riz et de paddy pour faire des réserves, réorganiser les coopératives et en créer de nouvelles, diminuer les redevances fermières de 25% et saboter l'économie ennemie. Culturellement, il faut extirper l'analphabétisme et promouvoir la vie nouvelle. Militairement enfin, il faut développer la guerre populaire, constituer des organisations de base de guérilla, acheter des bons de résistance et souscrire à la caisse de participation à la résistance. Les concours d'émulation patriotique doivent avoir le caractère d'un mouvement populaire."[23]

Afin d'accompagner le développement du mouvement sur le territoire, le gouvernement créait un comité ou bureau national d'émulation (*ban vận động thi đua* ou *ban điều khiển thi đua*) par le décret 195-SL du 1er juin 1948[24]. Chargé de l'application du programme, le comité se composait de représentants du gouvernement, de délégués de l'Assemblée nationale et de membres des comités de direction de l'ensemble des organisations de masses. En principe, chaque échelon de l'appareil bureaucratique (gouvernement, zone, province, district

---

đua ái quốc khắp nước", in *SHNB*, n°8, 5.1948. Chính Nghĩa, "Nhân ngày 1.6, kiểm điểm phong trào thi đua ái quốc. Hãy đẩy phong trào thi đua đi vào thực tế", in *SHNB*, n°13, 1.1949, pp. 13-14. etc.

[23]. Chương trình cơ sở, in CAOM, Fonds CP, document unique (70 pages), 1950.

[24]. *Vận động phong trào thi đua ái quốc*, Ủy ban vận động thi đua ái quốc trung ương, Sở thông tin Nam bộ, 1949, pp. 7-8.

et commune), devait disposer de son antenne locale responsable de la gestion des campagnes d'émulation, le bureau central étant seulement chargé de faire le lien avec les comités régionaux afin d'optimiser l'implantation du mouvement dans le pays[25]. À l'échelon de la zone et de la province, le bureau d'émulation se composait de trois à cinq personnes, au niveau du district et de la commune, ce chiffre pouvait être inférieur. Les cadres responsables étaient recrutés dans l'appareil administratif ou au sein des organisations de masses. Le gouvernement conseillait de prêter une attention particulière à la composition de ces comités, soutenant qu'il était préférable d'en choisir les responsables hors des rangs du Parti[26]. Les villageois "progressistes" étaient naturellement destinés à occuper les postes de direction de ces nouveaux organismes. L'État recommandait de ne pas choisir les "anciens" ou les "lettrés" du village mais plutôt des personnalités actives et compétentes dans leur domaine d'activité, affirmant que seule une composition judicieuse de ces comités permettrait de vaincre les résistances d'une population rurale traditionnellement réticente aux innovations. Le bureau communal d'émulation devait recenser les "hommes exemplaires" afin de diffuser leurs expériences dans la circonscription. Ces derniers formeraient des "groupes d'avant-garde" (đội xung phong) dans les villages à qui reviendrait la responsabilité d'encadrer les masses populaires. À défaut de réel comité d'émulation communal, les groupes d'élite représenteraient le cœur de "l'avant-garde patriotique" dans les campagnes. Dans les faits, pourtant, bien peu de ces antennes locales virent le jour dans les communes et districts. À la fin de la première saison d'émulation, seuls les comités administratifs des zones militaires ou parfois des provinces disposaient de relais opérationnels de l'émulation. Dans les villages, le président de la commune ou le secrétaire de la cellule du Parti tenait les rênes de l'opération.

---

[25]. Chiến Hữu, "Thi đua : xây dựng hội ", in *SHNB*, n°9, 6.1948, p. 13.
[26]. Exposé de Trường Chinh au IVe congrès des cadres du Parti (14-18.1.1949), in *op. cit.*, 1949, p. 10.

Afin de pallier ces premières difficultés, le gouvernement reporta sur son appareil provincial l'essentiel de la mise en œuvre de la politique d'émulation. Réunis au niveau des zones militaires, les délégués des comités administratifs de résistance provinciaux servaient de relais entre l'échelon central et les collectivités locales de leurs circonscriptions. La province disposait de deux types de fonctionnaires responsables de ces questions : les "cadres de l'émulation" (cán bộ thi đua tỉnh) chargés d'élaborer un programme d'émulation adapté aux conditions particulières de leur territoire, et les cadres itinérants (cán bộ lưu động tỉnh), dont la mission était d'aider à l'implantation du mouvement dans la circonscription. Les équipes mobiles se composaient d'éléments sélectionnés pour leur "tempérament de patriote" par l'administration de la province[27].

En juin 1949, les cadres mobiles étaient encore peu nombreux. Par manque d'effectif, l'administration provinciale dirigeait d'abord ses équipes vers les villages de plaines et de moyennes montagnes plus peuplés où leurs actions, faute de temps, se limitaient principalement à la tenue de courtes réunions d'information. Le mouvement d'émulation patriotique s'implantait d'abord dans les communes visitées par des groupes de cadres itinérants. Sous leur responsabilité, les dirigeants villageois organisèrent dans un premier temps des réunions de sensibilisation, montrant à la population l'intérêt qu'elle pouvait retirer d'une participation à la campagne. Les cadres de l'appareil provincial se heurtaient aux tendances "localistes" et au "conservatisme" des villageois[28]. L'absentéisme était élevé. Afin de lutter contre ce désintérêt, le responsable notait le nom des

---

[27]. *Vận động phong trào thi đua ái quốc, op. cit.*, pp. 7-8.
[28]. "Le Parti doit agir contre l'esprit "régional", indépendant, borné de nombreux paysans", in CAOM, Fonds du HCI, dossier n°253/34, document n°CP 867/D, 8.8.1947. Dans un document postérieur, il est noté que les caractères particuliers des paysans sont les suivants : "Intéressés et égoïstes ; conservateurs ; serviles ; pacifistes", in CAOM, Fonds HCI, dossier n°245-718, document n°9868 (été 1950), 3.11.1950.

absents et leur rendait visite pour leur expliquer les raisons de leur erreur.

Dans un second temps, l'administration communale mettait en place des actions collectives (nettoyage, drainage de canaux, essartage etc.) afin d'illustrer concrètement les bienfaits du travail de groupe et ses avantages en termes de productivité et d'effort. Les villageois s'entraidaient dans une "atmosphère collective et joviale" au cours d'une journée dédiée à "l'esprit de l'émulation". Les cadres distribuaient des textes de chansons, préparés par le comité national d'émulation, à entonner collectivement pendant les heures de labeur : "L'oncle Hồ a lancé l'appel à l'émulation, regarde celui qui réussit et celui qui échoue. Pars au front lutter contre l'étranger, aux champs pour y récolter. Pauvre tu resteras pauvre, tu ne pourras pas lutter seul contre la chaleur du matin et la pluie de l'après-midi. Alors pour avoir suffisamment de riz et d'argent, pour nourrir tous les soldats, il faut s'engager hardiment. Les plus jeunes auprès de leurs vieilles mères, les plus grands auprès de leurs cadets. Et toi, tu dois essayer d'aller voir plus loin, te battre sur combien de fronts, couper encore combien de têtes, à chacun de nos maris et leurs femmes, dis-moi celui qui est récompensé, celui qui prend la tête de l'émulation."[29]

Les groupes d'éducation populaire utilisaient la déclaration de Hồ Chí Minh du 19 juin comme outil d'enseignement. Les organisations de jeunes (*thanh niên* et *thiếu nhi*) envoyaient des groupes de deux à trois enfants chanter des poèmes et chansons sur l'émulation patriotique auprès des villageois[30]. L'objectif était de vaincre les préjugés et la méfiance des paysans. Dans chaque hameau, l'administration formait des unités d'émulation composées de vingt à cinquante familles[31]. Les cadres provinciaux collectaient les premiers résultats afin d'élaborer un programme adapté aux conditions locales. On examinait avec

---

[29]. Chant composé en 1948 par Thôn Nữ à l'occasion de la première campagne d'émulation, in *Vận động phong trào..., op. cit.*, p. 24.

[30]. Đào Duy Kỳ, "Thanh niên với phong trào thi đua ái quốc", in *ST*, n°95, 19.6.1948, p. 11.

[31]. Chính Nghĩa, "Phát triển thi đua ở xã", in *SHNB*, n°16, 4.1949, p. 6.

soin la répartition des terres ; les types de production et de métiers étaient répertoriés ainsi que les critères (sexe, âge, situation familiale, comportement vis-à-vis de la résistance etc.) et la capacité physique des habitants. L'administration provinciale demandait à ses cadres de s'entretenir avec les anciens dans chaque village pour éviter les risques de confrontations (inimitiés entre lignages etc.) nuisibles au bon déroulement de la campagne.

Enfin, les villageois étaient à nouveau réunis par les cadres itinérants afin de faire un premier bilan des activités réalisées. À cette étape, il convenait "parfois de parler très fermement pour montrer les choses importantes à réaliser" mais le tout "dans l'esprit de simplicité et souplesse"[32]. Les cadres insistaient sur le lien "congénital" qui reliait "l'homme du peuple" à sa patrie avant d'aborder le détail de l'organisation des concours patriotiques. La notion de concours était connue de la population mais dans sa forme traditionnelle. Autrefois, le concours sélectionnait les fonctionnaires de l'État impérial ; l'épreuve était difficile ; désormais, la clé du succès à ces épreuves dépendait du patriotisme et du soutien à la lutte du Việt Minh de chaque candidat. On ne parlait plus de concurrence mais de solidarité entre les membres de la communauté ; le peuple n'avait plus à étudier les classiques chinois mais les directives du gouvernement. C'était à celui qui montrait le plus d'ardeur à répondre aux exigences, productivistes, militaires ou politiques, du pouvoir.

À la fin de chaque saison ou campagne d'émulation (d'une durée de trois à six mois), l'appareil d'État sélectionnait les "éléments les plus progressifs". À tous les participants, l'administration communale décernait un certificat d'émulation à l'inscription explicite "Je participe à l'émulation" (tôi thi đua) qu'ils devaient accrocher chez eux afin que les cadres puissent contrôler à loisir la participation des villageois au mouvement d'émulation. Dans les rangs de l'armée (troupes régulières et régionales) ou des milices populaires, ce certificat prenait la

---

[32]. *Vận động phong trào...*, *op. cit.*, p. 13.

forme d'un fanion ou étendard patriotique délivré par le ministère de la Défense[33]. Dans chaque secteur d'activité, les comités de direction organisaient des réunions de clôture afin d'élire les meilleurs représentants de la saison. Le comité national d'émulation montrait l'intérêt personnel que la population pouvait retirer de sa participation au mouvement : "Tous les services rendus devront faire l'objet de récompenses, d'encouragements afin de former de bons soldats. Les fautifs devront être punis pour qu'ils se conforment strictement aux règles de la discipline, force principale d'une armée."[34]

En Union soviétique, l'émulation socialiste s'était attachée à "offrir à tous les stakhanovistes des privilèges spéciaux en nature ou en service auparavant inaccessibles à leur niveau de salaire"[35]. Au Viêt Nam, on promettait dans un même élan de récompenser les "personnes vertueuses" pour leur engagement dans le combat des "forces légitimes". Dans les sociétés asiatiques, la décoration a valeur de don. Un don engendrait une réciprocité obligatoire, non quantitative mais basée sur l'honneur. Le contractant, devenu débiteur, avait un devoir de "contre-don" afin d'effacer un temporaire déséquilibre de l'ordre social. Le don opérait une distinction inacceptable à la pérennité du collectif. Une famille récompensée par l'État gagnait en légitimité sur son entourage et créait par ce fait une source de désordre. La permanence culturelle du principe du don / contre-don offrait à l'État un vecteur d'émulation supplémentaire pour renforcer sa mobilisation des masses. L'armée accordait une attention

---

[33]. Về việc khen thưởng cho các đơn vị bộ đội, du kích năm 1948, in AVN3, Fonds Assemblée Nationale, dossier n°59, document n°53/LQCT, 19.7.1948.

[34]. Directive de Nguyễn Thanh Sơn, commissaire chargé des affaires extérieures du Nam bộ, in CAOM, Fonds du HCI, dossier n°314/863, document n°5165/S, 5.9.1949. Voir aussi : Khổng Minh, *Cách huấn luyện cán bộ quân sự, 1948* (traduction Hồ Chí Minh) ; *Cuốn sách của chính trị viên*, Hội tan văn hóa, 1948.

[35]. D. Filtzer, *Soviet Workers and Stalinist Industrialization. The formation of a modern Soviet production relations 1928-1941*, New York, M.E. Sharpe, Inc., 1986, p. 186.

particulière à la satisfaction de cette logique de l'échange. Après le combat, le commissaire politique réunissait les soldats afin de discuter des mérites de chacun sur le champ de bataille. À la fin de ces "causeries", il était demandé aux soldats d'élire collectivement le meilleur d'entre eux. Le combattant émérite était alors décoré et félicité sous l'autorité du commissaire politique de l'escouade.

En mai 1948, un barème des récompenses avait été arrêté par le comité permanent de l'Assemblée nationale[36]. Chaque ministère avait la responsabilité des concours patriotiques dans sa branche d'activité. En septembre 1947, un institut des décorations était créé avec la charge d'attribuer les nouveaux titres patriotiques aux "hommes exemplaires de la RDVN"[37]. Les récompenses, individuelles et collectives, s'accompagnaient de petites sommes d'argent gérées et délivrées par l'échelon administratif provincial[38]. Une distinction était opérée entre le "prix symbolique" (*giải chính*, littéralement le "vrai prix") et le "prix d'encouragement" (*giải khuyến khích*)[39]. Le gouvernement y voyait un moyen de renforcer son influence dans la société. Aucune source disponible n'indique le traitement des cas individuels à la fin des années 1940, mais nous savons en revanche, qu'en 1948, le comité de la province de Bắc Ninh récompensa la compagnie Hồng Hà (troupe régionale de la province) pour ses efforts en matière d'émulation par un étendard d'une valeur de 750 đồng (prix symbolique). À cette somme, le

---

[36]. Directive 139/CT, 1.5.1948, in AVN3, Fonds de l'Assemblée nationale, dossier n°59, document n°53/LQCT, 19.7.1948.

[37]. Prix Hồ Chí Minh (décret n°49/SL, 15.5.1947), médaille du mérite militaire et médaille du combattant (décret n°50/SL, 15.5.1947) ; médaille de l'étoile d'or, médaille Hồ Chí Minh, médaille de l'Indépendance (décret n°58/SL, 6.6.1947), médaille de la résistance (décret n°216/SL, 10.10.1947), in *Công Báo*, 1947.

[38]. Télégramme sur les concours de patriotisme, in CAOM, Fonds du SPCE, dossier n°370, document n°958/SCA, 13.5.1949.

[39]. Về việc khen thưởng cho các đơn vị bộ đội, du kích năm 1948, in AVN3, Fonds Assemblée Nationale, dossier n°59, document n°4376-VP, 7.8.1949.

ministère de la Défense avait jugé nécessaire d'ajouter la somme de 5 000 đông en guise de "prix d'encouragement". En 1948-49, la politique d'encouragement des hommes exemplaires (chế độ bồi dưỡng người thi đua) était en cours d'élaboration avant d'entamer sa refonte dans la première partie des années 1950.

L'émulation dans la province du Nghệ Tĩnh

Longtemps considérée comme un pilier dans la stratégie d'implantation du pouvoir, la province du Nghệ Tĩnh, addition des circonscriptions du Nghệ An et du Hà Tĩnh, représentait depuis des siècles le "bouclier défensif" du Sud[40]. Début 1947, le comité central du Parti avait choisi les provinces de Thanh Hòa et du Nghệ Tĩnh comme base arrière pour les combats à venir au centre du pays. Avec comme mot d'ordre "protéger le Sud, avancer vers le Sud, repousser l'ennemi vers le Sud"[41], cette région se voulait un rempart pour contrer les avancées de l'armée française. Mi-1947, la région du Bình Trị Thiên étant tombée aux mains des forces franco-vietnamiennes, l'intérêt stratégique du Nghệ Tĩnh se renforçait soudainement ; la mobilisation de sa population devenait une priorité.

En 1948, la campagne d'émulation patriotique poursuivait la tâche de nombreux mouvements de mobilisation populaire mis en place depuis la reprise des hostilités fin 1946. Au cours de l'été 1947, l'association des femmes de la province du Nghệ An avait été chargée de créer des unités de mères de combattants dans les communes de la circonscription. Ces structures avaient offert un soutien actif aux soldats sur le front. Au côté des associations des

---

[40]. Le poète et stratège Nguyễn Trãi (1380-1442) voyait dans le Nghệ Tĩnh le troisième bouclier dans le Sud et selon l'historien Phan Huy Chú (1782-1840) "le Nghệ Tĩnh était une région stratégique, un bouclier défensif au cours des dynasties", in Phan Huy Chú, *Lịch Triều hiến chương loại chí*, TI, Dư địa chí, nxb Bộ văn hóa giáo dục và thanh niên, 1974 (réédition).

[41]. Lê Nam Thắng, "Vài nét về công tác quân sự ở Nghệ Tĩnh trong kháng chiến chống thực dân Pháp 1945-1954", in *Những vấn đề lịch sử Nghệ Tĩnh*, Vinh, n°2, 1982, p. 17.

femmes, ces nouveaux regroupements assuraient des collectes de vivres, de vêtements, d'argent et servaient d'appui pour l'administration provinciale afin de diffuser les campagnes de l'échelon central. Trois collectes populaires avaient été organisées dans l'année, rassemblant du riz pour les soldats de l'armée (hũ gạo nuôi quân), des métaux pour confectionner des armes (tuần lễ kim chí) et des fonds pour la résistance (đảm phụ quốc phòng)[42].

Le mouvement d'émulation patriotique représentait une nouvelle variante de ces campagnes de solidarité patriotique. Afin de présenter la nature et les objectifs du mouvement d'émulation patriotique, une conférence fut organisée à Nam Đàn (chef-lieu du district de Nam Đàn) entre le 18 et le 20 juin 1948[43]. Sous la direction de l'antenne locale du Parti, le comité provincial de résistance et d'administration avait réuni les représentants des assemblées populaires, du *Liên Việt*, des organisations de masses et de chaque échelon administratif de la circonscription afin de présenter les étapes à suivre.

La première campagne d'émulation patriotique s'est étalée sur onze mois en deux phases distinctes : du 1er août au 23 décembre 1948 puis du 1er mars 1949 au 19 juin. L'administration prévoyait de tenir à la même période l'année suivante une nouvelle conférence afin d'établir un bilan des actions effectuées dans la province. Rentrés dans leur village, les délégués organisèrent des "causeries" auprès des habitants pour les informer du déroulement de la campagne. Bien qu'une directive du ministère du Travail le conseillât, les communes et les districts de la province ne jugèrent pas nécessaire de créer un bureau des questions d'émulation. Les cadres locaux choisirent plutôt de déléguer la diffusion du mouvement aux organisations de masses avant d'attribuer la gestion des résultats au comité administratif et à l'antenne locale du Parti.

---

[42]. *Quỳnh Thọ trong lịch sử,* Đảng ủy, UBND xã Quỳnh Thọ, 1990, pp. 46-47.
[43]. *Lịch sử Đảng bộ Đảng cộng sản tỉnh Nghệ Tĩnh,* T. I 1925-54, Vinh, nxb Nghệ An, 1987, p. 263.

En 1948, les communes ne disposaient pas toutes de cellules du Parti (officiellement dissous, rappelons-le)[44]. À Quỳnh Lưu, la commune de Tân Hải (aujourd'hui Quỳnh Thọ) avait bien reçu l'ordre du comité du Parti du district de former sa première cellule dès juillet 1947[45], mais dans les zones plus reculées et peuplées majoritairement de minorités ethniques (districts de Quê Phong, Kỳ Sơn, Tương Dương, Qùy Hợp, Quỳ Châu, Con Cuông et Anh Sơn), rien n'était encore réalisé[46].

Les régiments de l'armée populaire furent les premiers à appliquer le mouvement d'émulation patriotique. Au lendemain de la conférence de Nam Đàn, les commissaires politiques tinrent des réunions d'information auprès de leurs troupes (de la zone militaire au district) avant de proposer des cours de politique, de stratégie militaire et de technique de guérilla. Le gouvernement désirait renforcer les effectifs de ses organisations révolutionnaires, les forces communales de l'armée populaire, les milices populaires et les unités de guérilla. À la fin du mois de juin 1948, le mouvement "Un mois d'entrée dans les milices populaires" est lancé dans la province. Tous les hommes de dix-huit à quarante-cinq ans et les femmes de dix-huit à trente-cinq ans furent encouragés à rejoindre des groupes locaux de résistance.

Au regard des statistiques officielles, cette campagne obtint d'excellents résultats ; en quelques semaines, les effectifs des milices populaires de la province seraient passés de 166 460 à 387 530 personnes. Un service d'ordre fut mis en place à l'échelon des communes et des hameaux. Les groupes villageois de sécurité se composaient de cinq familles chargées de veiller à

---

[44]. Rapport sur la situation du PCI en 1948 et sur la planification du travail intérieur en 1949 du comité exécutif de la section centrale du PCI, in CAOM, Fonds CD, dossier n°105, document n°10234, 24.10.1949.
[45]. *Quỳnh Thọ trong Lịch sử*, op. cit., pp. 37-38.
[46]. *Lịch sử Nghệ Tĩnh*, -tâp I, Vinh, nxb Nghệ Tĩnh, 1984, pp. 6-7.

la protection de leur quartier⁴⁷. Le 17 février 1949, le district de Nam Đàn créait le premier groupe de militaires du troisième âge (đội lão quân) du Nord Viêt Nam auquel 43 380 "anciens" se seraient ralliés au cours de l'année. Des levées étaient organisées dans la population villageoise afin de créer des groupes de travailleurs civiques (dân công) chargés du transport de matériel (vivre, armes, médicaments, vêtements etc.) dans la zone de combat de Bình Trị Thiên⁴⁸. À la fin de l'année, le conseil suprême de défense nationale déléguait le financement des milices populaires aux provinces. Afin de collecter les sommes nécessaires, le Parti lança une collecte dans les villages de la circonscription. La commune de Ốc Khê dans le district de Can Lộc (Hà Tĩnh) fut choisie en janvier 1949 pour tester la nouvelle campagne⁴⁹.

Au renforcement de l'effectif des forces patriotiques, le mouvement d'émulation ajoutait un second objectif : l'amélioration de la production agricole, artisanale et industrielle. La population fut incitée à défricher de nouvelles terres et à remettre en culture celles qui étaient laissées en jachère. Les sources officielles affirment que, dès novembre 1948, le Nghệ An aurait augmenté sa surface cultivable de près de deux mille hectares. On encourageait les paysans à améliorer les rendements de production grâce à l'emploi d'engrais, naturels (engrais vert, fumier, compost) ou industriels (phosphates). Les cadres locaux expliquaient qu'il était plus productif de se réunir en petits groupes pour se partager le travail, s'encourager et se critiquer

---

⁴⁷. *Lịch sử Đảng bộ Đảng cộng sản Việt Nam Huyện Nghi Lộc*, Vinh, nxb Nghệ An, 1991, p. 175.

⁴⁸. Ninh Viết Giao, Trần Thanh Tâm, *Nam Đàn quê hương chủ tịch Hồ Chí Minh*, Hà Nội, nxb Khoa học xã hội, 1989, p. 313.

⁴⁹. De février à décembre 1949, la province du Hà Tĩnh aurait réussi à collecter pour la résistance 1 800 mẫu (600 hectares) de terre, 195 habitations, 2 679 213 đông, 886 tonnes de paddy, 8 tonnes de sel, 2 967 buffles d'eau, 7 000 araires, 5 361 porcs, 50 lingots d'or, 6 taels d'argent, 6 anneaux d'or, 1 397 bracelets, 3 948 boucles d'oreilles, 17 308 vases etc. in *Lịch sử Đảng bộ Đảng cộng sản Việt Nam tỉnh Nghệ Tĩnh*, op. cit., p. 267.

mutuellement. La province dépêchait des cadres itinérants dans les communes pour créer des cellules d'entraide. En juin 1949, le district de Nghi Lộc (Nghệ An) comptait à lui seul 462 unités de production collective regroupant près de 20 000 paysans. Mais la production agricole ne pouvait s'accroître sans une amélioration de l'irrigation. Le comité provincial entendait consacrer aux travaux hydrauliques le surcroît de force productive généré par le mouvement d'émulation patriotique. L'administration incita de nombreuses communes à rehausser leurs digues. En 1948, les habitants des districts de Kỳ Anh, Thạch Hà, Hữu Vinh, Nghi Lộc, se réunirent pour participer collectivement à cette tâche millénaire. À Quỳnh Lưu, Diễn Châu et Yên Thành, des équipes responsables de l'entretien du système hydraulique agricole furent mises en place.

À l'échelon de la province et du district, l'administration créait des "comités agricoles" (*ban khuyến nông* ou *ban canh nông*) chargés de former des "cadres de production agricole" (cán bộ sản xuất nông nghiệp). Ces techniciens détenaient un rôle-pivot entre les administrations villageoises et les organisations de masses. Ils devaient améliorer la diffusion du mouvement et permettre la création de groupements professionnels et de cellules d'entraide dans les campagnes. L'État accordait une grande importance à ce "corps d'élite". Les comités agricoles recensaient les performances productivistes dans chaque village avant de transmettre à l'échelon supérieur la liste des travailleurs émérites à qui l'administration remettait un certificat de bonne conduite patriotique. C'est ainsi qu'en 1948, le comité agricole de la province du Nghệ An accorda une première récompense au paysan catholique Hoàng Hanh (Xuân Lạc, Nam Đàn) quatre années avant que ce dernier ne reçoive le premier titre de "héros du travail agricole" lors de la conférence de Tuyên Quang (mai 1952).

Dans le domaine de la production artisanale et industrielle, le mouvement d'émulation patriotique se révéla en revanche moins efficace. À la fin des années 1940, le Nghệ Tĩnh disposait d'un tissu industriel peu développé. Seul Vinh et sa proche banlieue disposaient de quelques usines et ateliers, mais en 1948, le chef-lieu de province était toujours solidement tenu par les Français. On trouvait dans l'arrière-pays toutefois quelques structures de production aux mains du Việt Minh. En septembre 1948, le district de Nghi Lộc avait créé un atelier d'armement et la circonscription de Nam Đàn possédait une petite fabrique de grenades. Toujours selon les statistiques officielles, ces deux unités de production auraient profité du mouvement d'émulation pour augmenter grandement leur production[50].

L'émulation patriotique contribuait par ailleurs au renforcement de la lutte contre l'analphabétisme. Depuis 1945, la RDVN disposait d'un programme d'enseignement populaire. En 1947 pourtant, 15 % seulement de la population du Hà Tĩnh savait lire et écrire. Le gouvernement mettait un point d'honneur à lutter contre ce qu'il estimait être une "carence de l'administration coloniale". Dans les sociétés confucéennes, le pouvoir politique avait un devoir d'instruction de son peuple, sa légitimité dépendait de sa capacité à éduquer la population. La RDVN remplissait ainsi une mission traditionnelle. En 1949, l'administration provinciale récompensa Hoàng thị Liên, une ancienne analphabète, pour ses qualités d'enseignante populaire au sein de la commune de Nghi Hượng (district de Nghi Lộc). Les comités de résistance recouraient pourtant davantage aux enseignants de l'ancien régime en les incitant à "revenir au village" pour animer des groupes d'éducation populaire. À ceux qui désiraient faire oublier leurs "écarts collaborationnistes", l'administration proposait en échange des certificats de patriotisme. À Quỳnh Lưu, une association pour le développement de l'éducation (hội trợ giúp giáo dục) fut mise en place pour inciter les lettrés du pays à enseigner dans ces "formations officielles". L'administration organisait des collectes populaires pour pourvoir à leur rémunération[51]. Dans les milices

---

[50]. Ninh Viết Giao, Trần Thanh Tâm, *op. cit.*, p. 312.
[51]. Mouvement "Thanh toán nạn mù chữ" lancé le 19.5.1949 dans les districts de Quỳnh Lưu, Diễn Châu, Nghi Lộc, Hưng Nguyên, Nam Đàn

populaires, ceux qui savaient lire étaient regroupés dans des groupes culturels et envoyés enseigner dans leurs hameaux ou dans leurs familles. Dès 1949, le gouvernement n'hésitait pas à proclamer une "victoire totale contre ce mal avec un mois d'avance sur la clôture de la première phase d'émulation patriotique".

Enfin, la campagne d'émulation patriotique visait à construire une "vie nouvelle" (xây dựng đời sống mới). Dès juin 1948, les cadres locaux mettaient en exergue l'effort de l'administration dans le domaine de l'hygiène publique. À en croire la presse du nouveau régime, l'ensemble des communes du Nghệ Tĩnh se dotèrent en quelques mois de latrines, de douches collectives, d'enclos pour le bétail ou de centaines de postes d'infirmerie. Pourtant en 1949, les localités à disposer réellement de ces installations étaient rares ou inexistantes. Le mouvement de la "vie nouvelle" comprenait en outre des programmes de diffusion du sport, et de la lutte contre les "fléaux sociaux" (opium, prostitution...) et les croyances féodales etc. Dès l'été 1948, les cadres locaux recommandèrent aux jeunes femmes de se couper les cheveux court et de quitter leurs colliers et bracelets traditionnels afin "d'épouser l'esprit de l'émulation patriotique"[52]. Dans le village de Văn Hải (district de Quỳnh Lưu), le cadre du Parti Hoàng Ngọc Oanh avait encouragé la population à détruire collectivement les maisons communales et les pagodes des alentours de manière à récupérer les matériaux de ces bâtiments (briques, pierres, charpentes de bois) pour construire des "édifices progressistes". Au-delà de l'action isolée de ces quelques villages, la commune vietnamienne ne connut pourtant pas, il est vrai, de profonds bouleversements à la fin des années 1940.

Au Nghệ Tĩnh comme dans le reste du pays, le succès de la première campagne d'émulation patriotique servait en fin de

---

et Thanh Chương, in *Lịch sử Đảng bộ Đảng cộng sản Việt Nam tỉnh Nghệ Tĩnh, op. cit*, pp. 272-73.

[52]. Mouvement "Rèn luyện thân thể, kiến thiết quốc gia" (Cultiver l'esprit, construire la patrie), in *Lịch sử Đảng bộ Đảng cộng sản Việt Nam Huyện Nghi Lộc, op. cit.*, p. 181.

compte davantage à renforcer l'implantation de l'appareil d'encadrement des masses dans les campagnes. En mai 1949, le district de Nghi Lộc disposait de cinq nouveaux organismes : un regroupement de fonctionnaires locaux ; un réseau de groupes culturels ; une association d'étude du marxisme ; une fédération des enseignants et un regroupement d'élèves. La première émulation avait permis la multiplication des cellules du Parti sur le territoire. La progression du nombre de ses adhérents avait été fulgurante. Officiellement, les effectifs du Việt Minh seraient passés de 21 160 à 31 050 adhérents, ceux du *Liên Việt* de 10 307 à 32 957, les membres de l'association de la jeunesse de 6 070 à 10 450, ceux de l'association des femmes de 300 à 5 212 et enfin ceux des associations des mères de soldats de 1 700 à 3 540.

En 1948-49, l'émulation patriotique représentait essentiellement un instrument de conquête de la communauté villageoise. Au printemps 1949, le gouvernement doutait pourtant du succès de sa première campagne. Hồ Chí Minh constatait que de "nombreuses provinces étaient encore très peu touchées par le mouvement"[53] avant de reconnaître que "l'émulation était un mouvement nouveau qui avait relativement désorienté le peuple et les cadres"[54]. L'État jugeait que les cadres chargés de la diffusion du mouvement dans le pays étaient encore trop peu nombreux. En outre, les responsables locaux furent souvent conduits à négliger l'émulation devant la multitude de leurs tâches en période de clandestinité[55].

Quand une province disposait d'un solide maillage d'infrastructures idéologiques, l'État reprochait parfois à ses cadres de n'avoir vu dans l'émulation qu'un moyen de renforcer les effectifs du Parti ou d'améliorer la formation de ses dirigeants locaux sans tenir compte du reste de la population. En appliquant

---

[53]. Vệ Quốc quân Khu VII, n°9, 17.11.1949, p. 2.
[54]. Thoại Sơn, "Đẩy mạnh phong trào thi đua ái quốc", in *ST*, n°106-107, 2.1949, p. 4.
[55]. Chính Nghĩa,"Nhân ngày 1.6, kiểm điểm phong trào thi đua ái quốc. Hãy đẩy phong trào thi đua đi vào thực tế", in *SHNB*, n°13, 1.1949, p. 14.

exclusivement la directive "Émulation pour la construction du Parti", ils avaient fait preuve d'une "attitude ségrégationniste" dangereuse pour l'unité du pays alors que le gouvernement souhaitait davantage s'appuyer sur les hommes et les femmes encore extérieurs au Parti[56]. Afin d'assurer le succès du mouvement d'émulation, sa diffusion aurait dû relever directement de l'administration locale et des organisations de masses plutôt que du Parti. Au cours d'une intervention publique le 1er août 1949, Hô Chí Minh revenait sur cet échec et l'expliquait "par la mauvaise compréhension que les cadres de l'appareil avaient de la signification de la campagne d'émulation patriotique"[57]. Les responsables locaux furent mis à l'index. On leur reprochait de n'avoir pas expliqué suffisamment la notion d'émulation aux villageois, d'avoir oublié de nommer des responsables dans les communes pour s'occuper de ces tâches, de n'avoir pas favorisé le partage des expériences entre les divers comités d'émulation, d'avoir rarement transmis des rapports d'activité à l'échelon supérieur ou d'avoir négligé les moyens de propagande classiques (arts, animations) dans la diffusion de "l'esprit de la campagne dans les masses populaires".

À l'occasion du premier anniversaire du mouvement, les critiques étaient virulentes. La mauvaise application de la campagne lui donnait souvent l'aspect dans les villages d'un nouvel "impôt patriotique" imposé par l'échelon central. L'émulation, rappelaient les représentants du gouvernement lors de la première conférence nationale d'émulation en juin, n'était surtout pas une activité temporaire, mais définissait "le nouveau quotidien du peuple vietnamien"[58]. L'État n'avait pas vocation à se substituer au peuple pour assurer le succès de la campagne. L'ère de la "nouvelle société" ne s'imposerait dans le pays

---

[56]. L.T., "Thi đua ái quốc, một ý kiến về thi đua", in *SHNB*, n°11, 11.1948, p. 5.
[57]. Hô Chí Minh, "Lời kêu gọi thi đua ái quốc", in *Ibid.*, *Thi đua yêu nước*, Hà Nội, nxb Sự Thật, 1984, p. 13.
[58]. Chính Đạo, "Tổ chức và lãnh đạo thi đua", in *ST*, n°1/5, 10.7.1949, p. 10.

qu'après l'investissement de chacun de ses membres[59] : Hồ Chí Minh rappelait à son peuple que "l'émulation patriotique était dans son propre intérêt, dans l'intérêt de sa famille, dans l'intérêt de son village, de son pays, et cela quelle que soit son ethnie"[60]. La RDVN optait pour une émulation patriotique à l'écoute de la diversité de son peuplement, de ses croyances et de la géographie de son territoire. En août 1949, le régime lançait une nouvelle campagne d'émulation avec l'espoir de pallier les erreurs passées et d'accroître la mobilisation du peuple auprès de son administration.

La réforme sino-soviétique de l'émulation

Le mouvement d'émulation patriotique visait à réunir l'ensemble de la population vietnamienne. Depuis sa création en 1941, le Việt Minh défendait une stratégie politique du front uni. En 1949, Trường Chinh insistait sur la nécessité de "s'appuyer sur la solidarité de tout un peuple" dans la lutte pour la libération nationale. La guerre était un devoir collectif et patriotique. Seule la terre, affirmait Hồ Chí Minh, représentait un appel suffisant pour se concilier les faveurs de la population rurale. La résistance contre "l'oppresseur étranger" devait nécessairement s'accompagner d'une réforme agraire. En 1948-1949, on soutenait toutefois que la question agraire était d'abord une affaire de "moment opportun". Trường Chinh affirmait que le gouvernement n'envisageait qu'une nationalisation progressive de la terre afin de ne pas perdre le soutien d'une partie de la population[61]. À la prudence de l'appareil répondait la faiblesse de

---

[59]. Quang Đạm, "Ý nghĩa phối hợp và phân công trông thi đua ái quốc", in *ST*, n°110, 25.4.1949, p. 3.
[60]. Hồ Chí Minh, *op. cit.*, p. 14.
[61]. En 1949, Trường Chinh précisait les trois étapes de la réforme agraire : 1) Réduire le taux de fermage, distribuer aux paysans les terres des colonialistes et des traîtres, pousser les riches à faire des donations de parcelles. 2) Abolir le régime de grande propriété par expropriation avec indemnité. 3) Abolir tout le système d'exploitation et préparer la

son implantation réelle dans les campagnes. Au tournant des années 1950, le nouveau régime n'était pas à la recherche d'un modèle, mais n'était pas non plus en position d'en défendre un.

Le 6 janvier 1950, le journal *Sự Thật* posait finalement ouvertement la question du modèle[62]. L'état-major penchait pour l'affirmation d'une troisième voie entre l'émulation stalinienne et la compétition de nature capitaliste. La société vietnamienne était profondément attachée au principe de solidarité entre les membres de la communauté. Mais ce concept de solidarité, que nous appelons ici, par commodité, filiale ou confucéenne, différait en bien des points de celui porté par l'approche internationaliste. Après avoir affirmé, non sans prudence, que la lutte des classes était aussi une réalité vietnamienne, le gouvernement préconisait une spécificité nationale dans la conception de sa politique d'émulation. Le but de sa campagne était de rapprocher les différentes composantes de sa population afin de lutter contre "l'oppression étrangère". En janvier 1950, la RDVN prenait la défense d'une émulation patriotique adaptée aux conditions socio-culturelles du pays. Une rhétorique politique de la spécificité nationale n'était pas une nouveauté au Viêt Nam. Mais en 1950, le schisme yougoslave divisait toujours le monde communiste. Staline continuait de condamner tout détournement nationaliste de la vulgate marxiste-léniniste. En décembre 1949, Mao Zedong avait habilement dédié au dirigeant soviétique sa victoire contre les forces nationalistes de Chiang Kai-chek. Son gouvernement avait pris garde de multiplier les actes de déférence envers le maître du Kremlin, ce dernier craignant l'émergence d'un pôle concurrentiel à sa suprématie dans le monde communiste. Au moment où Hồ Chí Minh et Trần Đăng Ninh prenaient la route pour Moscou, la RDVN continuait de défendre le principe de la "spécificité nationale". Mais, rappelons-le, au lendemain de la rencontre secrète Staline-Hồ Chí Minh, l'Union soviétique exigea des Vietnamiens un engagement sur la voie du

---

socialisation des terres. *Cf.* Sur le Viêt Nam, in Archives du CC du PCUS, dossier n°425, document n°89 357, 4.1.1950.

[62]. "Đẩy mạnh phong trào thi đua ái quốc", in *ST*, n°126, 6.1.1950, p. 10.

"progressisme internationaliste". En janvier 1950, le leader soviétique avait confié à la Chine de Mao Zedong la mission d'entraîner les communistes vietnamiens vers une refonte de son système d'encadrement.

L'émulation patriotique au Nord Viêt Nam entrait dans une phase de profonde mutation. À son retour au Việt Bắc, Hồ Chí Minh était conscient de l'importance des réformes à adopter s'il souhaitait conserver le soutien militaire, économique et diplomatique du monde communiste. Dès 1947, le général Nguyễn Sơn, connu pour sa proximité avec les milieux maoïstes[63], avait été le premier à proposer l'organisation de "cours de rectification" (chỉnh huấn)[64]. En 1950, le Parti recourait toutefois encore peu à cette méthode, la jugeant inadaptée à "l'esprit vietnamien". Pour la Chine populaire, il convenait pourtant d'aller plus loin et de s'orienter vers "une opération de remodelage du caractère, du tempérament, des idées, en bref de toute la psychologie de l'homme. Le but n'était pas intellectuel, mais affectif : il s'agissait de créer une nouvelle mentalité, un nouveau comportement"[65]. De son côté, Hồ Chí Minh continuait de concevoir son mouvement d'émulation dans un tout autre esprit. Dans son appel du 11 juin 1948, le dirigeant nord-vietnamien avait mis au premier plan la culture et la connaissance. L'objectif avait été de développer un savoir utile à la vie de tous les jours adapté aux conditions de l'époque : "Il n'entendait pas faire changer l'homme du jour au lendemain,

---

[63]. Le général Nguyễn Sơn était alors président de la IVe zone. Figure haute en couleur, il avait combattu dix années en Chine contre les armées japonaises. Hồ Chí Minh s'était toujours méfié de lui à cause de son attitude trop ouvertement "maoïste". Concurrent et ennemi intime de Võ Nguyên Giáp, il fut envoyé en 1950 en Corée en tant que représentant du soutien vietnamien. Il revient en 1953 au comité central du Parti, mais mourra prématurément d'une maladie du foie quelques mois plus tard.

[64]. Hoàng Văn Chi, *From colonialism to communism. A case history of North Vietnam*, New York, Praeger, 1964, p. 126.

[65]. G. Boudarel, "L'idéocratie importée au Vietnam avec le Maoïsme", in *La Bureaucratie au Vietnam*, Paris, L'Harmattan, 1983, pp. 60-61.

mais l'instruire progressivement pour l'aider à évoluer. La brusque accélération du temps lui était étrangère. L'idée d'un bond en avant de la conscience ne l'effleurait même pas."[66] L'anti-intellectualisme de la méthode chinoise et son orthodoxie idéologique différaient de l'expérience vietnamienne. Le Parti était divisé quant à l'adoption d'une "rectification" à la chinoise.

Le 6 mai 1950, Hồ Chí Minh se décida enfin à aborder la question de la rééducation idéologique (cải tạo tư tưởng) dans une "réunion de formation et d'étude" (hội nghị toàn quốc lần thứ nhất về công tác huấn luyện và học tập). Au cours de son intervention, Hồ critiqua ouvertement le modèle du *chỉnh huấn*, préconisant une réforme de l'homme vietnamien sous surveillance : "Le travail de rééducation doit être positif et scrupuleux. Il faut savoir précisément qui rééduquer, qui doit s'en charger, quoi rééduquer, comment rééduquer et sur quelles bases. Il faut faire attention à bien suivre le travail de formation et le moteur de cet enseignement. Il convient de corriger immédiatement les cas de zèle sans scrupule. Il faut savoir bien user des principes plutôt que trop en user, il est inutile d'ouvrir anarchiquement des cours de rééducation, si un cours a trop de participants, alors les niveaux seront inégaux, le programme ne sera pas approprié... et cela ne manquera pas d'avoir de l'influence sur l'ensemble de la rééducation."[67] Dans ses Mémoires, Bùi Tín raconte que Hồ Chí Minh redoutait en ces semaines une mainmise chinoise sur le terrain idéologique[68]. Lorsqu'il mentionnait la question de l'autocritique (kiểm thảo), Hồ entendait davantage une thérapie capable de mettre en avant les points forts des membres de la communauté. La méthode vietnamienne revendiquait un droit à la différence et de la souplesse ; l'objectif était de gagner l'adhésion de la population à la "juste cause" (chính nghĩa).

---

[66]. *Ibid.*, pp. 66-71.
[67]. *Hồ Chí Minh biên niên tiểu sử*, t. IV, Hà Nội, nxb Chính trị Quốc gia, 1994, pp. 424-425.
[68]. Bùi Tín, *Following Hô Chi Minh, the Memoirs of a North Vietnamese Colonel,* Honolulu, University of Hawai Press, 1995, p. 28.

Jusqu'ici les organisations administratives provinciales s'étaient contentées de récompenser ou d'adresser des blâmes à ses "hommes vertueux"⁶⁹. De leur côté, les communistes chinois reprochaient aux Vietnamiens de manquer d'idéalisme politique. La rééducation de l'homme dans l'erreur devait conduire à sa transformation plutôt qu'à sa sanction. Au cours de l'année 1950, la confrontation sino-vietnamienne tournait à l'avantage de l'approche maoïste⁷⁰. La méthode du *chỉnh huấn* s'imposait. En mars 1950, Trường Chinh avait annoncé que l'échec de l'émulation de 1948 était imputable à une mauvaise interprétation des expériences soviétiques et chinoises. À la différence de l'URSS, précisait-il encore, le régime vietnamien n'avait pas accordé suffisamment d'attention à l'intéressement matériel de ses "hommes exemplaires" : le devoir de l'État était de rétribuer davantage celui qui travaillait plus, celui qui acceptait davantage de responsabilité⁷¹. Lénine en personne au moment de la NEP n'avait-il pas farouchement défendu l'intéressement matériel de la classe paysanne afin de l'intégrer à la révolution mondiale ? Récompenser ou punir, la RDVN penchait pour une solution pragmatique adaptée à son contexte national. Hồ Chí Minh prônait la poursuite d'une politique de séduction envers les paysans ; mettre en avant l'intéressement matériel correspondait davantage à l'esprit de l'émulation de 1948 que la rééducation musclée voulue par les maoïstes chinois⁷².

Mais l'émulation patriotique selon Hồ Chí Minh ne satisfaisait toujours pas pleinement les communistes chinois. Alors que les Vietnamiens visaient une refonte de la solidarité collective, les maoïstes prônaient une rééducation de l'individu, seule capable de "guérir la communauté". La RDVN maintenait que le succès

---

⁶⁹. Décisions prises au cours de la réunion spéciale du comité de la libération de la province de Hải Ninh (2 février 1950), in CAOM, Fonds CD, dossier n°105, document n°5676, 5.6.1950.
⁷⁰. Đàm Ngọc Liên, "Chuyển sang cuộc thi đua mới", in *ST*, 5.1950, p. 5.
⁷¹. Trường Chinh, "Thi đua ái quốc", in *SHNB*, n°20, 2/3.1950, p. 68.
⁷². CAOM, Fonds du HCI, dossier n°253/34, document n°CP 867/D, 8.8.1947.

de l'émulation se vérifiait surtout à la valeur du nouveau lien social constitué entre les membres de la commune. À l'inverse, les Chinois défendaient l'idée de reconstruction de la solidarité nationale par la rééducation des consciences individuelles. Hô Chí Minh avait voulu rééduquer la société alors que Mao Zedong préférait rééduquer l'individu. En 1950, les idéologues chinois reprochaient aux Vietnamiens d'avoir négligé le rôle de l'homme de mérite dans la révolution nationale. Rééduquer l'homme offrait au peuple un guide à la propagation du mouvement. L'appareil vietnamien avait trop longtemps parlé de "héros pluriel" dans l'armée, la production ou l'agriculture. Le PCC souhaitait en personnaliser la fonction. Il s'agissait désormais d'imaginer une nouvelle émulation construite sur des figures réelles[73].

D'un changement de l'homme à l'apparition de "l'homme nouveau", la refonte de l'émulation au Viêt Nam entrait dans une phase de "sécularisation"[74]. La nouvelle émulation devait générer l'apparition d'un gisement d'"hommes nouveaux", étape préalable au lancement à grande échelle de la réforme agraire. L'URSS tenait particulièrement à ce que les Vietnamiens accélèrent le traitement de la question foncière. Au lendemain des accords de janvier-février 1950, le Parti communiste soviétique dépêcha un groupe de cadres responsables des questions idéologiques à Pékin afin d'organiser un séminaire de formation réservé notamment aux conseillers chinois en partance pour le Viêt Nam[75].

Du 17 au 28 avril 1950, plusieurs conférences furent consacrées aux questions organisationnelles. Les Soviétiques revenaient sur le rôle moteur joué par l'émulation socialiste dans l'encadrement des masses. La journée du 27 avril fut entièrement

---

[73]. Nghị quyết Hội toàn quốc lần thứ III (21.1-3.2.1950), in *SHNB*, n°20, 2-3.1950, p. 96.

[74]. Đàm Ngọc Liên, *op. cit.*, 5.1950, p. 5.

[75]. Les conversations entre le PCUS et le PCC qui ont eu lieu à Pékin du 17 au 28 avril 1950 sont retranscrites dans deux dossiers des archives du CC du PCUS (n°1200 et n°1201) qui totalisent plus de 720 pages (en russe et en chinois).

consacrée à "l'expérience du travail, de l'organisation du Parti et de l'émulation socialiste dans l'usine *Serp & Molot* (la faucille et le marteau) de Moscou". Les instructeurs soviétiques détaillaient les étapes d'élaboration des campagnes d'émulation socialiste (phong trào thi đua xã hội chủ nghĩa) dans un régime collectiviste. Ils vantaient les mérites du "combattant d'émulation" et expliquaient aux cadres chinois les avantages de l'expérience soviétique et la manière de l'adapter en Chine et au Viêt Nam : "À propos du développement du niveau de culture, de la conscience de nos ouvriers, nous avons eu de grandes initiatives, beaucoup de volonté et de victoires. Ces qualités extraordinaires de l'homme soviétique sont clairement exprimées dans le courant de l'émulation socialiste. Par l'émulation, la direction du Parti entend : l'apprentissage d'une expérience de travail des ouvriers, sa généralisation, une large transparence et une diffusion autant qu'il soit possible de cette expérience aux autres. Dans la pratique, ça se passe comme cela : l'ouvrier qui a atteint une haute productivité, par son exemple, remet en question les méthodes de travail de son voisin, le voisin comprend la critique de ses défauts, il ne veut pas être mal considéré et profite de l'expérience de son voisin, corrige ses défauts et lui-même devient un homme exemplaire. Les travailleurs signent une convention pour l'émulation et prennent sur eux l'engagement d'accomplir de bons résultats. Notre travail consiste à soutenir de tels débuts, à soutenir le vainqueur de l'émulation pour montrer son intérêt sur son travail. A l'usine, les meilleurs ouvriers sont décorés par des diplômes d'honneur, leurs noms et photos sont mis dans un livre et sur un tableau d'honneur. On parle d'eux dans les publications, les journaux, à la radio et dans les réunions. Avec comme objectif de changer le travail par la diffusion des bonnes expériences, nous avons organisé des conférences de stakhanovistes. Grâce à l'émulation, nous sentons chaque jour une force extraordinaire qui pousse notre société vers l'avant. L'émulation est devenue un mouvement social, vivant, indispensable, une partie intégrante de la conscience de l'individu. L'organisation du Parti communiste soutient les nouvelles émulations et dirige le mouvement."[76]

Les cadres chinois recevaient un enseignement qui leur permettrait d'engager la réforme de l'ancien système en vigueur au Viêt Nam. Dans un même temps, les Soviétiques faisaient parvenir au Việt Bắc le film de Mikhail Tchiaourelli, *La chute de Berlin* consacré à la figure du "héros du travail" Ivanov[77]. Ce dernier montrait comment l'héroïsme traditionnel (fondé sur l'exploit guerrier) rejoignait son pendant contemporain marqué par la performance productiviste. Au Viêt Nam, les ministères du Travail et de la Culture utilisèrent les aventures d'Ivanov comme tête de pont d'un mouvement de diffusion de la nouvelle émulation dans les campagnes. Le syndrome Ivanov se répandit dans les organisations de jeunesse, les groupements professionnels et les mouvements de masses. La fresque de Tchiaourelli matérialisait le tournant formaliste entrepris en matière d'émulation et de conception héroïque. À l'automne 1950, le délégué vietnamien en RPC, Hoàng Văn Hoan, a fièrement annoncé à l'ambassadeur soviétique que des milliers de spectateurs se pressaient pour voir le film dans les provinces mitoyennes de la Chine (Hà Giang, Cao Bằng, Lạng Sơn)[78]. L'appareil de propagande célébrait "la glorieuse armée rouge et son éternelle victoire sur l'Allemagne nazie", la lutte d'Ivanov était celle du "travailleur exemplaire" vietnamien et davantage

---

[76]. Conversation avec la délégation du PCC sur la direction par l'émulation socialiste dans l'usine *Serp & Molot*, in Archives du CC du PCUS, dossier n°1201, document sans numéro, avril-décembre 1950.

[77]. *La chute de Berlin* (Padenie Berlina), Réalisation : Mikhail Tchiaourelli, 1949. Scénario : Pjotr Pavlenko. Interprètes : Mihail Gelovani (Staline), Oleg Frölich (Roosevelt), Viktor Sztanicin (Churchill), Borisz Andrejev (Ivanov), Marija Kovaljova (Natacha), 165 minutes.

[78]. Conversation entre les camarades Phin (Hoàng Văn Hoan) et Rochin (9.11.1950), in Archives du CC du PCUS, dossier n°425, document n°01486, 20.12.1950 (enregistrement le 4.1.1951).

encore, celle du patriote épris d'indépendance[79]. Dans les rapports adressés deux fois l'an à l'Union soviétique, les officiels vietnamiens concédaient désormais une large part à la question de la formation de l'homme nouveau[80]. L'émulation avait opéré sa mutation. Phạm Văn Đồng annonçait aux Soviétiques que l'élection des sept premiers héros de l'histoire de la RDVN, était "une grandiose réussite de la résistance et de la construction nationale du peuple vietnamien"[81]. La figure d'Ivanov, grâce à l'action des conseillers chinois, avait servie de modèle à Ngô Gia Khảm, son *alter ego* vietnamien, élu au titre de "héros du travail" dans les montagnes de Tuyên Quang en mai 1952.

En mars 1950, la mission chinoise dirigée par Luo Guibo annonçait la généralisation dans le nord du Viêt Nam des méthodes sino-soviétiques. Les experts chinois apportaient une aide sur les questions de gestion financière et économique, d'organisation du travail et de mobilisation des cadres. Mais à Pékin, on continuait de critiquer Hồ Chí Minh pour sa tendance à accorder trop d'attention à la guerre patriotique plutôt qu'à l'établissement du communisme. La question de l'émulation patriotique était au cœur de la réforme idéologique vers laquelle le régime vietnamien devait "absolument se diriger aux côtés de ses alliés chinois". Il s'agissait de repenser l'ensemble de son appareil idéologique d'encadrement. Dès le printemps 1950, l'État-major de la RDVN, conscient de son retard organisationnel, entamait la refonte de son système d'encadrement des masses. En 1952, Hồ revenait sur le fait que "l'expérience de la Chine avait

---

[79]. Un rapport bisannuel rédigé par Hồ Chí Minh pour le nouvel an 1952 représente de ce point de vue un sommet. *cf.* Hồ Chí Minh, "Lettre du Viêt Nam" (24 pages), in Archives du CC du PCUS, dossier n°951, document sans numéro, 19.3.1952, p. 1-3.
[80]. "La société vietnamienne et la révolution", in Archives du CC du PCUS, Dossier n°740, document unique, 3.1951.
[81]. Rapport de 1952 Phạm Văn Đồng, in Archives du CC du PCUS, dossier n°951, document n°65 271, 4.9.1952 (date d'enregistrement).

réellement permis la fonctionnalisation du mouvement d'émulation au Viêt Nam"[82].

De février à avril, une douzaine de conférences regroupant les diverses organisations nationales de masses (conférence de l'Union étudiant, du mouvement de la jeunesse, de l'association des paysans, du syndicat national etc.) se tinrent dans les montagnes du Viêt Bắc. En août, le mouvement de jeunesse du Viêt Minh fut unifié[83]. Fin septembre, l'association paysanne décidait une répartition de ses paysans en deux catégories : les propriétaires fonciers (địa chủ) et les paysans riches (phú nông) dirigés vers le *Liên Việt* ; les paysans pauvres (bần nông) et moyens (trung nông) admis dès dix-huit ans dans l'association des paysans du salut national[84]. Dorénavant, l'appareil exigeait des responsables du Parti davantage de vigilance dans le choix de ses membres. Les futurs adhérents passeraient une période probatoire au cours de laquelle était étudiée la valeur de leur candidature. Le temps d'intégration variait selon l'appartenance sociale du candidat. Pour un ouvrier, il fallait compter deux mois ; pour un paysan, quatre mois ; pour un lettré ou commerçant, six mois et enfin pour des anciens membres d'autres organisations, cette période s'étalait au moins sur une année[85].

Le 1er mai 1950, le gouvernement créait une médaille du travail (huân chương Lao động) à l'intention de ses travailleurs, intellectuels et manuels, exemplaires[86]. Composée de trois rangs, la plus haute distinction (huân chương hạng nhất) était décernée par la présidence de la République alors que les décorations de

---

[82]. Báo cáo thi đua trước Đại hội chiến sĩ thi đua và cán bộ gương mẫu toàn quốc từ 1.5 đến 6.5.1952, in AVN3, BLD, dossier n°422, 5.1952.

[83]. Résolutions de la session du Parti (20.8.1950), in CAOM, CD, dossier n°105, document n°9 243, 7.10.1950.

[84]. Synthèse hebdomadaire de la radio et de la presse en Indochine (2-9.10.1950), in CAOM, HCI, dossier n°8/48-60, document n°3229/SC, 13.10.1950.

[85]. Rapport exécutif de la section centrale du PCI (12.1950), in CAOM, CD, dossier n°105, 12.1950.

[86]. *Hồ Chí Minh biên niên tiểu sử*, tome IV, Hà Nội, nxb Chính trị Quốc gia, 1994, p. 423.

deuxième et de troisième rang relevaient du bureau du Premier ministre. Afin d'enregistrer les dossiers des futurs candidats, le gouvernement préconisa la mise sur pied d'un bureau local chargé de la collecte des informations (hội đồng huân chương lao động) placé sous la responsabilité de l'Institut des décorations[87]. À l'échelon local, le nouvel organisme comprenait le président de la province, le responsable provincial du département du travail, des délégués de la branche professionnelle (chef du département d'économie et du bureau des affaires rurales par exemple) et enfin le représentant des organisations de masses (syndicat ou association paysanne). À l'échelon national, l'Institut des décorations coordonnait ces activités (en 1961, l'organisme sera remplacé par une commission des décorations, *hội đồng khen thưởng trung ương*)[88]. En novembre 1950, l'appareil expliquait que "les exploits des ouvriers méritaient cette nouvelle hiérarchie de récompenses afin d'accélérer la mobilisation des masses populaires"[89].

La distinction honorifique était un élément essentiel d'éducation et de propagande dans un régime virtuocratique. Alors que les décorations créées lors des premières années de guerre étaient distribuées par le gouvernement ou la présidence de la République, la refonte du système en 1950 visait à un élargissement populaire du système de distribution des

---

[87]. Tài liệu về việc thưởng huân chương lao động, in AVN3, BLD, dossier n°402, document n°16 110, 16.11.1950.

[88]. Le *Hội đồng khen thưởng trung ương* en 1961 se composait de 11 membres. Lê Thanh Nghị en tant que président (Vice-Premier Ministre) et Nguyễn Khang comme vice-président (Ministre à la présidence du gouvernement). Puis les 9 membres suivants: Nguyễn Văn Tạo (Ministre du travail), Vũ Dương (vice-responsable de l'organisation du comité central), Xuân Thủy (secrétaire général du Front pour la patrie), Lê Tất Đắc (Ministre de l'Intérieur), Trương Quang Giao (vice-directeur du Comité pour l'Unification), Bùi Qúy (membre du comité permanent de l'organisation syndicale), Hoàng thị Lý (vice-directrice de l'Association des Femmes), Dương Công Hoạt (vice-président du comité des nationalités) et Vũ Quang (secrétaire du comité de direction des *Thanh niên*), in AVN3, BNV, dossier n°1722, 1961.

[89]. Tài liệu về việc thưởng..., *op. cit.*, document n°16 116, 18.11.1950.

récompenses. L'objectif était de toucher une population plus importante et plus diversifiée. Le leitmotiv était plus que jamais "Khen thưởng cá nhân nhiều hơn trước, rộng rãi, xứng đáng hơn trước" (Plus de récompenses individuelles qu'avant, plus de gens qui le méritent).

L'État proposait la distribution de deux nouvelles récompenses : le "témoignage de satisfaction" (giấy khen) et le "certificat de mérite" (bằng khen). À la base, les comités administratifs communaux repéraient les individus, les unités de production et les cellules exemplaires au niveau du hameau. Il s'agissait de "faire perdurer un sentiment d'exception et de représentation" dans les campagnes. Alors que les comités communaux, de district et les bataillons distribuaient à leur échelon des *giấy khen* aux personnalités méritantes, la distribution des *bằng khen* relevait en revanche de la province, du régiment ou directement de l'administration de tutelle du sujet méritant. Enfin, les comités de chaque zone délivraient des "certificats de mérite" aux meilleurs éléments choisis parmi les listes transmises par les comités provinciaux. L'administration locale organisait "aussi souvent que possible" des remises solennelles de décorations en collaboration avec les comités administratifs des provinces de leur circonscription. La récompense (médaille, décoration, certificat) reliait son titulaire à un univers de "respectabilité et d'exemplarité patriotique". Titres et décorations créaient en retour un sentiment de devoir chez les individus distingués. La fierté gagnée du paysan ou de l'ouvrier n'avait pas de valeur quantifiable. L'État faisait de "l'honneur conquis par les petites gens" le tremplin de sa conquête des esprits.

À partir de 1950, le traitement de la politique nationale d'émulation fut réparti entre les ministères de la Défense nationale, du Travail et de l'Agriculture. La réforme fonctionnelle du système rehaussait le rôle du "combattant productiviste", ouvrier et paysan, aux dépens de son *alter ego* guerrier. Alors que l'émulation patriotique se bornait depuis 1948 à parfaire l'acquisition d'un savoir utile à la vie de tous les jours, la réforme de l'automne 1950 visait à la création *ex nihilo* de "l'homme nouveau". En septembre, la commission gouvernementale étudiait la mise en place d'une nouvelle distinction afin de féliciter les "efforts des paysans et des ouvriers dans leur lutte pour accroître la production"[90].

Le 4 novembre 1950, le ministère de l'Agriculture promulguait le titre de "combattant du travail agricole" (chiến sĩ lao động nông nghiệp). Plus qu'un simple diplôme, l'arrêté annonçait la production d'une classe d'individus symbolisant le tournant politique et identitaire entrepris. Sélectionnés à tous les échelons de l'appareil administratif (thôn, xã, huyện, tỉnh, khu, bộ), les combattants d'émulation agricole et ouvrière renforçaient l'image des "travailleurs émérites" dans les campagnes et matérialisaient les contours du nouveau mouvement national. Le "combattant d'émulation" devait être un exemple afin de conduire le peuple sur la voie de la production et de la modernisation des techniques agricoles et industrielles dans les campagnes : "Afin de parvenir à de bons résultats dans l'élection des combattants d'émulation, il s'agit d'encourager et de mettre à l'honneur les hommes et les femmes exemplaires au sein du mouvement d'émulation agricole. Cette élection doit être démocratique. Les représentants de chaque famille à l'échelon du hameau doivent élire les meilleurs d'entre eux, une élection équivalente sera alors réalisée au niveau de la commune, puis au niveau du district, de la province et de la zone. Quand les opérations de sélection seront achevées dans toute les zones militaires du pays, l'État réunira les hommes exemplaires dans une conférence nationale afin d'élire les combattants d'émulation de l'échelon national. L'élection doit être une action populaire, le peuple doit y participer activement."[91]

À la fin de l'année 1950, la RDVN disposait d'une nouvelle hiérarchie administrative du mérite patriotique. À la base, dans les hameaux, les communes ou les unités de production,

---

[90]. Nghị định số 6-QT-CN-ND đặt danh hiệu "chiến sĩ lao động nông nghiệp", in *Công báo*, n°12, 1950, p. 280.
[91]. "Kinh nghiệm bầu chiến sĩ nông nghiệp ở Liên khu Việt Bắc", in *Nhân dân* (ND), n°5, 22.4.1951, p. 1.

l'administration élisait à la fin de chaque saison d'émulation des "travailleurs d'exception" (*lao động xuất sắc, cá nhân xuất sắc* ou *lao động tiên tiến*). Tous les trois mois, les unités se réunissaient pour élire leurs meilleurs éléments. Au cours de l'hiver, l'appareil local reprenait ses listes pour opérer une seconde sélection afin de choisir les "travailleurs émérites" de l'année. Chaque branche d'activité disposait d'un contingent d'hommes exemplaires. Outre les combattants d'émulation ouvriers (chiến sĩ thi đua công nghiệp), paysans (chiến sĩ thi đua nông nghiệp) et militaires (chiến sĩ thi đua bộ đội), les comités d'émulation sélectionnaient des "combattants contre l'analphabétisme" (chiến sĩ thi đua diệt dốt) et des "combattants du travail populaire" (chiến sĩ thi đua dân công). Jusqu'en 1953-54, une distinction était opérée entre les "combattants de courte phase" (chiến sĩ đợt ngắn) et ceux qui étaient élus pour longue période (chiến sĩ toàn đợt). Par la suite, le diplôme de "travailleur exemplaire" n'était plus accordé qu'aux premiers, laissant aux seconds l'apanage du titre de "combattant d'émulation"[92]. Enfin, en 1952, on s'entendait pour coiffer cette nouvelle hiérarchie du mérite par l'élection des premiers "héros nouveaux" (anh hùng mới) de l'histoire nationale, achevant ainsi la réforme de la hiérarchie du mérite patriotique.

Afin de construire une nouvelle société d'êtres émérites, le régime devait mettre en place une série de nouveaux outils institutionnels. Il s'agissait dans un premier temps de multiplier les campagnes d'émulation dans l'ensemble des communes et hameaux du pays. Aux deux grandes campagnes annuelles (février-mai et juin-décembre), l'appareil proposait un nouveau découpage : la première session s'ouvrirait désormais le 3 février, date anniversaire de la fondation du PCI pour se clore le 19 mai, jour anniversaire de Hô Chí Minh ; la deuxième irait de cette date au 2 septembre, fête nationale ; enfin, la troisième session s'achèverait le 19 décembre, souvenir de la fondation de l'armée nationale en 1944 et inaugurerait une dernière période (19 décembre – 3 février), consacrée à un bilan de l'activité annuelle.

---

[92]. Thiết Thực, "Sơ kết kinh nghiệm, đẩy mạnh thi đua", in *ND*, n°50, 26.3.1952.

La production du nouvel "homme vertueux" nécessitait dans un second temps l'affirmation d'une "bureaucratie de l'héroïsme" chargée de la gestion des nouveaux concours patriotiques. Créé en 1948, le comité national de l'émulation coordonnait déjà les activités en matière d'émulation de l'ensemble des ministères. À partir de l'été 1950, son action fut repensée par les nombreux conseillers chinois affectés à son service, de l'échelon central aux antennes délocalisées situées dans les zones militaires et dans chacune des provinces du pays. L'objectif était de pallier l'inefficacité en la matière de l'administration locale, qui avait signé l'échec de la première émulation.

Sur les conseils des experts chinois, on réorganisa le programme des campagnes d'émulation par branche d'activité (agriculture, industrie légère, industrie lourde, armement, éducation etc.). Une cellule de planification (phòng kế hoạch thi đua) fut créée au sein de chaque ministère. À cet échelon, les conseillers chinois disposaient d'un important pouvoir décisionnel. Une fois achevée l'élaboration du programme, la commission gouvernementale diffusait la teneur de la nouvelle campagne aux comités administratifs des zones militaires, afin que ces derniers supervisent l'application des directives de l'échelon central par les antennes provinciales responsables de la question. Les commissions d'émulation provinciales servaient de relais entre les administrations locales et l'échelon central. Elles collectaient les résultats des sessions d'émulation et les transmettaient aux ministères concernés. Les bureaux d'émulation de zone ou de province étaient dirigés par un représentant du comité administratif et se composaient de six membres : le directeur du département du travail, le secrétaire de l'organisation syndicale, le directeur du département de propagande, le directeur des travaux publics, le président de l'association paysanne et un représentant du département d'assistance sociale de l'administration.

En principe, la commission contribuait à l'implantation de nouvelles cellules d'encadrement de l'émulation dans les unités de production et les comités administratifs des communes de la circonscription. Dans les faits pourtant, ces actions relevaient davantage des antennes provinciales de l'organisation syndicale et de l'association paysanne. La commission d'émulation du chef-lieu de province se contentait d'une part de diffuser ses instructions à la base par l'intermédiaire des représentants des organisations de masses et d'autre part, de récupérer les rapports de chacune des branches d'activité en fin de session pour les transmettre à leurs ministères respectifs[93] : "Les comités d'émulation provinciaux et des cadres de l'appareil administratif doivent superviser le mouvement et faire partager les expériences positives dans leurs circonscriptions. Toutes les organisations de masses doivent aider et encourager le peuple à participer aux activités d'émulation. Il convient de remettre en ordre ces comités afin qu'ils participent pleinement à la diffusion du mouvement. À l'intérieur de ces bureaux, il est utile d'inviter les valeureux anciens qui grâce à leur prestige et leurs expériences pourront inciter les jeunes à participer à l'émulation."[94]

Le but du gouvernement était sans nul doute de ranimer un dialogue avec les campagnes. L'élaboration d'un modèle de vertu dans un pays sinisé relevait profondément du besoin de légitimité et d'identité du pouvoir politique législateur. À ce niveau, la généralisation de la nouvelle campagne d'émulation, plus dirigiste que la précédente, ne manquait pas de faire apparaître une série de dysfonctionnements[95]. En avril 1951, le journal *Nhân Dân* critiquait le bourg de Bắc Giang pour avoir insuffisamment collaboré avec l'association paysanne dans la mise en place de la

---

[93]. Thông tri của UBND Khu Hồng Quảng về thành lập Hội đồng thi đua các cấp, in AVN3, BLD dossier n°491, document n°1139, 26.9.1955.
[94]. "Đẩy mạnh thi đua vụ mùa thắng lợi", in *ND*, 17.7.1951.
[95]. Au cours du dernier trimestre de l'année 1951, les provinces étaient nombreuses à avouer leur incapacité à communiquer un bilan d'activité : "Au regard de la situation de Sơn La dont la population paysanne est très arriérée et lutte contre la faim, le mouvement d'émulation n'a pas pu être développé dans le peuple". (signé Nguyễn Bá Kinh, président du comité administratif de résistance de la province de Sơn La), in AVN3, Fonds régional (Sơn La), dossier n°15, document n°70/NC, 12.1.1952.

campagne d'émulation au sein de la circonscription[96]. Puisqu'aucun organisme responsable n'avait finalement été créé à l'échelon de la province, le gouvernement conseilla à l'association paysanne de devenir le véritable opérateur de l'émulation dans les bourgs et communes de la province. En outre, l'absence des comités de direction de l'émulation dans le secteur industriel a conduit le gouvernement à accélérer la coopération entre le Parti et l'organisation syndicale pour améliorer la sensibilisation des ouvriers. Le 1er mai 1951, le gouvernement lança la campagne "Produire, réaliser des actions d'éclat, encourager les combattants"[97]. Les entreprises d'État (armement, biens de grande consommation, extractions minières etc.) devaient porter le flambeau de l'émulation auprès du secteur de production privé. Le nouveau régime affirmait que la réussite d'une campagne d'émulation était le fruit d'une profonde collaboration entre l'ensemble des organisations de masses et l'appareil administratif des districts et des communes du pays[98].

Afin de permettre la désignation de ses premiers "héros nouveaux" l'année suivante, on poursuivait l'élection des "combattants d'émulation" locaux à l'échelon supérieur jusqu'à la nomination de figures nationales pour chaque branche d'activité. La tenue d'un bilan annuel des activités devait avoir lieu entre le 19 décembre 1951 et le 3 février 1952, il s'agissait d'une étape préalable à l'organisation des conférences nationales dans les trois branches majeures (Armée, Agriculture, Industrie)[99]. En octobre 1951, les comités administratifs provinciaux reçurent la consigne de réunir les représentants de chaque branche d'activité et des organisations de masses de la

---

[96]. "Kinh nghiệm bầu chiến sĩ nông nghiệp ở Liên khu Việt Bắc", in *op. cit.*, 22.4.1951.

[97]. M.D., "Góp ý kiến, bầu chiến sĩ thi đua công nhân", in *Nhân Dân*, n°37, 19.12.1951.

[98]. Tài liệu hướng dẫn thi đua của Tổng liên đoàn LĐVN năm 1951, in AVN3, BLD, dossier n°408, document unique, 1951.

[99]. Chuẩn bị tổ chức Đại hội chiến sĩ thi đua và cán bộ gương mẫu toàn quốc năm 1952, in AVN3, BLD, dossier n°415, document n°3.718/4B, 22.11.1951.

circonscription[100]. Un bilan d'activité devait être transmis au comité provincial d'émulation avant la fin du mois de décembre. À ce niveau, une conférence réunirait, et cela avant le 20 janvier, les "hommes émérites" sélectionnés par les communes et les unités de production. Chacun des "travailleurs exemplaires" disposait d'une courte biographie rédigée par les responsables locaux de l'émulation. De son côté, la province constituait un comité d'organisation de la conférence dirigé par un représentant de son administration auprès de représentants du *Liên Việt*, du Parti du travail, du Parti démocratique, de l'organisation syndicale, des organisations de masses et des départements provinciaux de l'agriculture, des travaux publics, du travail de la propagande. Le comité se chargeait de collecter les biographies des "travailleurs exemplaires" et de préparer les récompenses à distribuer.

Traditionnellement structurée autour du principe de la "nomination générationnelle", l'élection du "combattant d'émulation" était une nouveauté dans le village. Désormais, l'État exigeait une sélection basée sur le mérite productiviste et l'origine de classe. Les réunions tenues dans les hameaux par les fonctionnaires locaux et les représentants des organisations de masses étaient souvent insuffisantes[101]. Conscient de la rupture occasionnée, le gouvernement annonçait la venue dans les communes de cadres de l'échelon supérieur afin de s'assurer de l'adoption de la réforme. Les paysans conféraient au cadre d'un échelon supérieur une aura de respect et de crainte. Le "cadre d'au-dessus" (cán bộ cấp trên) parvenait plus aisément à imposer une "révolution" de l'ordre établi que le responsable communal, qui n'était souvent autre que le voisin, le cousin ou l'ennemi familial.

---

[100]. Về tổ chức Đại hội chiến sĩ thi đua và cán bộ gương mẫu, in AVN3, Fonds régional (Sơn La), dossier n°15, document n°2/DB/HN, 30.10.1951.
[101]. T.V.H., "Chuẩn bị Đại hội chiến sĩ nông nghiệp toàn quốc", in *ND*, n°36, 13.12.1951.

Sous couvert de "consultation démocratique", la sélection des "travailleurs exemplaires" permettait à l'administration centrale de réaffirmer son contrôle de la population villageoise[102]. Le concours patriotique était une occasion pour le gouvernement de "parfaire l'éducation des cadres, de former de nouveaux serviteurs de l'État et de corriger les égarements idéologiques de certains fonctionnaires de l'administration locale"[103]. Outre cet objectif, le gouvernement profitait aussi de ces périodes de bilan pour d'une part renforcer la levée de son impôt patriotique et d'autre part, intégrer de nouveaux membres au Parti du travail.

L'État avait compris que le villageois n'accepterait pas l'élection de son *alter ego* sans explication, ni intimidation : "Pour éviter une mauvaise compréhension dans le travail d'élection du combattant d'émulation comme cela a eu lieu déjà dans quelques provinces, il faut comprendre clairement la signification de ces élections. Élire un combattant d'émulation agricole, cela consiste à vanter ses mérites et diffuser ses expériences dans la production agricole. Une telle action permettra de renforcer le mouvement d'émulation paysan et ainsi d'atteindre une nouvelle étape dans l'amélioration de la production agricole locale. Pour atteindre ce but, chaque échelon administratif est chargé d'envoyer des cadres à l'échelon inférieur. Ces derniers doivent descendre dans les communes, au cœur de chaque hameau et cela, afin d'expliquer correctement le pourquoi de ces élections et les critères requis pour prétendre à ce titre."[104]

Alors que le comité national d'émulation encourageait la création à l'échelon de la province des groupements de ces "hommes nouveaux", il fallait surtout ne pas y penser à l'échelle de la commune. Le paysan ne devait pas avoir l'impression que ces élections servaient à former des "conseils communaux"

---

[102]. Thiết Thực, "Trong tuần lễ kiểm thảo thi đua sắp tới, sơ kết kinh nghiệm đẩy mạnh thi đua", in *ND*, 26.3.1952.
[103]. Tổ chức Đại hội các chiến sĩ thi đua và cán bộ gương mẫu, in AVN3, *op. cit.*, 30.10.1951.
[104]. *Ibid.*, p. 1.

parallèles. Une fois réalisée la sélection des candidats par les groupes de production et les organisations de masses villageoises, un dossier sur chaque "travailleur exemplaire" était en principe transmis à l'échelon supérieur. En décembre 1951 pourtant, les collectivités à répondre pleinement aux exigences de l'administration centrale étaient encore plutôt rares. À la réception des premiers dossiers, le comité provincial d'émulation entamait la préparation d'une conférence par branche d'activité (paysans, ouvriers, militaires) afin de choisir ses "hommes émérites" qui seront envoyés aux congrès nationaux prévus pour le printemps.

Dans la matinée du 16 janvier 1952, la province de Vĩnh Phú inaugurait la première rencontre des "hommes vertueux" de l'histoire du nouveau régime[105]. Vingt-quatre "combattants d'émulation agricole" avaient été sélectionnés. Après un discours inaugural du président du comité administratif de la province, et en présence d'un représentant du gouvernement, les paysans, du haut de l'estrade, étaient invités à lire le résumé de leurs performances productivistes et politiques. L'administration arrêta son choix sur trois d'entre eux pour représenter la province à la prochaine conférence nationale des combattants d'émulation paysans : Tạ Văn Cừu (commune de Phương Khoan, district de Lập Thạch), Khổng Văn Cúc (Cao Phong, Lập Thạch) et une jeune femme Nguyễn thị Hiên du village de Văn Qúan (Lập Thạch). Avant de les convier à un banquet de clôture, l'administration accordait un titre de "combattant d'émulation de l'échelon provincial" à l'ensemble des participants. Le nombre de candidats retenus variait d'une province à l'autre selon l'ampleur du mouvement dans la circonscription. À Lạng Sơn par exemple, parmi 32 paysans invités par la province, 7 "combattants émérites" furent sélectionnés pour participer à la conférence nationale.

Avant-dernière étape du cycle de production de l'homme nouveau, les conférences nationales par branche d'activité se

---

[105]. "Để chuẩn bị Đại hội chiến sĩ thi đua toàn quốc", in *ND*, 17.1.1952.

déroulèrent dans le cours du mois d'avril 1952. À la réunion des paysans émérites, 42 "combattants d'émulation" furent conviés : huit en provenance des zones de guérilla et 34 des territoires libérés. Parmi eux, on trouvait onze "combattants exemplaires" appartenant aux minorités ethniques (six Thổ, deux Nùng, deux Mường, et un Man) et un nombre relativement faible de femmes et de jeunes. Au cours de la journée, les paysans émérites étudiaient des textes théoriques de leurs dirigeants avant de se réunir le soir autour de pièces de théâtre, de projections de films, de concerts de chant et de musique destinés "à faciliter le travail d'éducation de ces hommes et de ces femmes"[106]. La rencontre permettait aux paysans d'échanger leurs expériences dans le domaine de la production. À la fin de la semaine, les cadres du régime délivraient un prix d'encouragement et un titre de "combattant d'émulation agricole national" à tous les participants : cinq d'entre eux reçurent un titre de 1er ordre, cinq du deuxième ordre, vingt-sept du troisième ordre et cinq furent classés sous l'intitulé "rang d'encouragement"[107]. Une même rencontre réunissait les ouvriers et les militaires émérites du nouveau régime. Au début de l'année 1952, le mouvement ouvrier comptait 1 221 "travailleurs émérites" ; 41 furent invités à la conférence nationale du mois d'avril[108]. Au sein de l'armée, le gouvernement avait choisi 50 combattants dans cinq secteurs d'activité : les cadres de la défense : 16 % ; les guérilleros : 12 % ; les forces communales de l'armée populaire : 22 %, les soldats de l'armée régulière : 44 % et les spécialistes incorporés à la branche de l'armée : 6 %[109].

---

[106]. Directive n°58 LD/P5, in AVN3, BLD, dossier n°415, document n°3.7489, 26.12.1951.
[107]. Báo cáo tổng kết hội nghị chiến sĩ thi đua nông nghiệp toàn quốc lần thứ nhất tháng 4.1952, in AVN3, BLD, document n°182 B1/NDTQ, 4.1952.
[108]. Hoàng Quốc Việt, "Lao động Việt Nam phải làm gì ?", in *ND*, 4.1952, p. 1.
[109]. Võ Nguyên Giáp, "Nhân hội nghị chiến sĩ thi đua toàn quân : quân đội thi đua lập công", in *ND*, n°54, 17.4.1952, p. 1 et p. 4.

Paysans, ouvriers et soldats, tous avaient été soigneusement sélectionnés pour leurs performances productivistes ou militaires et leurs origines sociales ou ethniques. Si l'on observe le cas des 50 combattants d'émulation retenus dans les rangs de l'armée, 42 d'entre eux (82 %) avaient été classés "paysan prolétaire" et "paysan pauvre"[110]. L'égalitarisme d'un système virtuocratique s'établissait dans la négation d'une stratification sociale passée. Depuis 1945, les hommes du Việt Bắc avaient lutté pour offrir aux classes opprimées une place à part dans le nouveau système. Une "société exemplaire", en engendrant l'émergence d'une élite de la vertu, conduisait à la réforme du lien social entre les membres de la communauté. Les "nouveaux diplômés de la RDVN" se recrutaient d'abord sur des critères d'appartenance sociale mis en place dans le cadre des "campagnes de classification" relancées par les conseillers des pays frères en poste dans les provinces du Bắc bộ.

En janvier 1952, la diffusion du mouvement était toutefois ralentie par les affrontements militaires sur le terrain. Alors que les inter-zones militaires IV, V et celle du Việt Bắc étaient parvenues à mettre en œuvre le programme, rien n'avait pu être réalisé dans la troisième inter-zone et presque aucun rapport d'activité ne provenait des provinces du Sud Việt Nam. Nonobstant ces disparités géographiques, la première "conférence nationale des combattants d'émulation et des cadres émérites" pouvait s'ouvrir le 1er mai 1952 dans la province de Tuyên Quang. Deux cent trente combattants d'émulation furent réunis. Dans son discours d'ouverture, Hồ Chí Minh replaçait l'expérience vietnamienne dans un contexte de coopération internationaliste, il expliquait que seules les expériences soviétiques et chinoises avaient permis le succès de la

---

[110]. On notait par ailleurs la présence de sept "paysans moyens", un paysan riche et une paysanne d'origine "petite bourgeoise". *cf.* Thép Mới, "Quân đội ta là một quân đội anh hùng", in *ND*, n°59, 29.4.1952, p. 1.

réorganisation de l'émulation vietnamienne depuis 1950[111]. Autour de la célébration de la "journée internationale du travail", le gouvernement achevait le dessin de sa nouvelle grille de l'excellence patriotique. Il s'agissait désormais de remettre la distinction de "héros nouveau" à sept combattants, dont l'un à titre posthume. Parmi les 50 militaires combattants d'émulation nationale de l'armée, quatre d'entre eux obtinrent le diplôme de "héros des forces armées": La Văn Cầu, Nguyễn Quốc Trị, Nguyễn thị Chiên et le martyr Cù Chính Lan. Parmi les 42 ouvriers émérites invités à la conférence, deux reçurent le titre de "héros du travail ouvrier" : l'ingénieur Trần Đại Nghĩa inventeur du bazooka vietnamien et le spécialiste des questions d'armement Ngô Gia Khảm. Enfin, avec ses 42 "combattants d'émulation nationale", le mouvement paysan fut récompensé par la nomination de la figure du vieil agriculteur catholique du Nghệ An, Hoàng Hanh, à qui l'État accorda l'unique titre de "héros du travail agricole".

Dans les sociétés agraires traditionnelles de l'Asie du Sud-Est, la reconnaissance des qualités héroïques d'un individu avait permis "d'inspirer les loyautés susceptibles de contribuer à la formation de groupes et d'acquérir l'influence politique que ce dernier procure. Ces capacités individuelles exceptionnelles, qui dénotent les fortes qualités d'un chef, confèrent au dirigeant une aura indiquant qu'il dispose de vertus réputées providentielles, et signalant par là son affinité avec les puissances surnaturelles"[112]. En 1952, la conférence de Tuyên Quang marquait l'aboutissement de la réorganisation du "système héroïque" entamé à l'été 1950

---

[111]. Hồ Chí Minh, "Lời phát biểu trong buổi lễ khai mạc Đại hội các chiến sĩ thi đua và cán bộ gương mẫu toàn quốc", in *Ibid.*, *Thi dua ái quốc*, Hà Nội, nxb Sự Thật , 1984, pp. 30-31.
[112]. Nguyễn Thế Anh, "La conception de la monarchie divine dans le Viêt Nam traditionnel", in *BEFEO*, Paris, tome LXXXIV, 1997, p. 147.

au côté des "pays frères"[113]. L'image qui s'impose, à ce niveau, est donc bien celle d'une évolution, voulue ou suggérée, par le nouveau régime, de participer à la remodélisation du lien social entre les membres de la communauté. À la lumière de ces éléments, il devient alors possible de mieux apprécier la position centrale de la figure héroïque, dans sa conception traditionnelle mais aussi, nous venons de le voir, contemporaine, dans le processus d'affirmation identitaire de l'État. Pour comprendre ce qui est en jeu, nous avons voulu présenter consécutivement les deux types d'émulation, celle de 1948 et celle de 1950, élaborées et adoptées au Viêt Nam. Sans doute au lendemain de la conférence de Tuyên Quang, le gouvernement déplorait toujours l'application imparfaite des directives gouvernementales. Et pourtant malgré les faiblesses internes du mouvement, la RDVN montrait surtout au "monde communiste" son respect des décisions de janvier 1950. Aux autorités soviétiques, Hô Chí Minh se plaisait à répéter "Le peuple chinois est très proche de nous, son exemple nous exalte"[114]. La nouvelle figure héroïque répondait à l'exigence de Staline de voir le régime disposer dans les plus brefs délais de nouveaux "hommes exemplaires" afin de lancer la réforme agraire. Or, et c'est là un trait de la vie de l'homme de Tuyên Quang, avec les "nouveaux diplômés de la RDVN", il s'agissait avant tout de recomposer une hiérarchie du mérite patriotique afin d'asseoir le nouveau pouvoir. À défaut d'engendrer une réelle réflexion sur le rôle de la nouvelle figure héroïque nationale, le tournant de l'année 1952 répondait aux exigences de l'époque, parant dans l'urgence le "combattant d'émulation" et le "héros nouveau" des habits de l'"officier méritant" d'autrefois.

---

[113]. Đại hội toàn quốc chiến sĩ thi đua và cán bộ gương mẫu (họp từ 1.5.1952 đến 6.5.1952 tại Việt Bắc), in AVN3, BLD, dossier n°432, 529 pages.
[114]. Lettre du Viêt Nam, in Archives du CC du PCUS, dossier n°951, document n°4531k259, 19.3.1952.

Chapitre IV
Le combattant d'émulation
1950-1964

> "La mission des combattants d'émulation est de toujours essayer, de toujours progresser. Ils doivent être modestes et proches des masses, leur montrer l'exemple. Ils doivent étudier les textes politiques et avoir un esprit d'émulation à la fois patriotique et internationaliste. Ils doivent éviter l'orgueil, la suffisance et l'éloignement des masses. Ils doivent toujours avoir en tête que leurs performances sont des performances collectives, de l'héroïsme collectif et non pas des performances individuelles. Là se trouve l'honneur collectif du peuple et non pas celui particulier de l'individu".
>
> Hồ Chí Minh[1]

Au Viêt Nam, le combattant d'émulation n'a jamais représenté un groupe aux contours sociologiques distincts, il était consubstantiellement le groupe. Dans l'esprit des dirigeants vietnamiens, il offrait une image idéalisée de la communauté. Cheval de Troie dans l'arène du village, il dessinait les contours des nouvelles vertus de la culture nationale. Discipliné, le combattant d'émulation participait à la réaffirmation de la cohésion d'un tissu social mis à mal par l'influence occidentale depuis la fin du XIXe siècle. Avant d'être les ouvriers de l'internationalisme, ces "hommes exemplaires" se voulaient les artisans d'une reconstruction identitaire nationale. Depuis

---

[1]. Hồ Chí Minh, *Báo cáo về sự mở rộng và nâng cao phong trào thi đua sản xuất và tiết kiệm ở nông thôn*, in AVN3, BLD, dossier n°52, document n°12/bld, 3.1956.

l'apparition des premiers combattants d'émulation en janvier 1951, leur nombre ne cessa de se multiplier sur l'ensemble du territoire. Alors qu'on en comptait à peine un millier début 1951, ils étaient environ 3 000 en 1953, 30 000 en 1956, 65 000 en 1961 et enfin plus de 100 000 en 1965, l'année du démarrage de la seconde guerre indochinoise[2]. Le renforcement du contingent de combattants d'émulation accompagnait les grandes étapes de la reconstruction de l'État. Le gonflement des effectifs montrait le choix du pouvoir de reconstituer une élite politique à chacun des échelons de son appareil.

Exigé par les Soviétiques lors de la rencontre de janvier 1950, le lancement à grande échelle de la réforme agraire fut à l'origine de la nouvelle "bureaucratie héroïque". La réforme agraire exigeait une réorganisation de la structure sociale de la commune. L'État s'appuyait sur ses premiers combattants d'émulation pour accélérer la mise en place du nouvel appareil de production et d'encadrement populaire (groupes de production, cellules d'entraide, organisations de masses, appareil du Parti etc.). Parallèlement, la diffusion de la réforme agraire renforçait l'implantation du mouvement d'émulation patriotique dans les campagnes[3]. En 1954-56, l'éradication partielle de l'ancienne élite villageoise réaffirmait un besoin de "cadres émérites", "travailleurs d'avant-garde" et "combattants d'émulation" locaux aux origines sociales non entachées. La classification de la

---

[2]. Báo cáo công tác thi đua năm 1952 của các UBKC các Khu, tỉnh, in AVN3, BLD, dossier n°426, 1952. Danh sách chiến sĩ thi đua các ngành năm 1956 của các địa phương, in AVN3, BLD, dossier n°283, 1956. Về hội nghị anh hùng và chiến sĩ thi đua toàn quốc lần thứ ba, in AVN3, QH, dossier n°367, 1962. Báo cáo tổng kết công tác thi đua 1965, in AVN3, BLD, dossier n°576, 1965.

[3]. Le 4 décembre 1953, l'Assemblée nationale de la RDVN promulgua le décret 197/SL instituant la réforme agraire (luật cải cách ruộng đất). Une première expérience pilote fut mise en place dans la province de Thái Nguyên entre décembre 1953 et mars 1954. À ce jour, la meilleure étude réalisée sur la réforme agraire au Viêt Nam reste celle d'E. Moise, *Land Reform in China and North Vietnam : Consolidating the Revolution at the Village Level*, Chapel Hill, University of North Carolina Press, 1983.

population paysanne réalisée par les groupes de cadres de la réforme agraire créait un vide que seuls les nouveaux "hommes exemplaires" étaient à même de combler. En décembre 1953, Hồ Chí Minh appelait "l'ensemble du peuple, des soldats et des combattants d'émulation à mettre en application avec vigueur les deux principales missions de l'année 1953 : renforcer la résistance et appliquer la réforme agraire"[4]. La seconde phase de production des "hommes nouveaux" remonte aux années 1955-1956. Au lendemain des accords de Genève, plus de 7 300 fonctionnaires nord-vietnamiens s'étaient réfugiés au Sud Việt Nam paralysant 70 des 131 services administratifs tenus anciennement par les Français[5]. Dans les provinces du nord du pays, la reprise des zones occupées par les Français et la réhabilitation de l'appareil administratif généra une forte demande en cadres. Lorsque à la fin des années 1950, le pays s'orienta dans la voie de la collectivisation, l'objectif de la construction du socialisme (xây dựng chủ nghĩa xã hội) rendait de la même façon indispensable la multiplication de "l'homme nouveau" sur le territoire. L'augmentation du nombre de combattants d'émulation, et dans une mesure équivalente l'accroissement des membres du Parti ou celui des effectifs des organisations de masses, représentaient une preuve du succès de la reconstruction politique de l'État national.

Portrait du combattant d'émulation

Dès sa création en 1950, le comité national d'émulation insistait sur l'importance des critères de sélection des candidats à la base (unités de production, organisations de masses, administrations locales etc.). La fonction symbolique du combattant d'émulation n'admettait aucune improvisation. "Les combattants d'émulation sont des gens du peuple, ce ne sont pas nécessairement des

---

[4]. Hồ Chí Minh, "Lời kêu gọi nhân dịp kỷ niệm bảy năm toàn quốc kháng chiến", in *ND*, n°156, 26.31.12.1953, p. 1.
[5]. Võ Nguyên Giáp, *On the Implementation of the Geneva Agreements*, Hà Nội, Foreign Languages Publishing House, 1955, pp. 13-14.

membres du Parti et ils appartiennent à toutes les générations du peuple vietnamien."⁶ Le combattant d'émulation n'était pas pour autant le peuple, mais plutôt son expression idéalisée par les idéologues du régime : "Il faut donner le goût au peuple de ressembler aux combattants d'émulation, ces derniers sont les représentants du mouvement, on doit les respecter et les chérir."⁷ En février 1951, un rapport du comité central du Parti rappelait que "le pouvoir de la révolution vietnamienne est le peuple, lui-même essentiellement composé de la classe ouvrière et de la paysannerie. Les forces directrices de la révolution vietnamienne sont la classe ouvrière, la paysannerie et la petite bourgeoisie. Le guide de la révolution vietnamienne est la classe ouvrière"⁸. Au sommet de l'appareil d'État, nous savons pourtant que le classisme ne s'imposait encore guère dans les années 1950 : parmi les 1 315 postes-clés de l'administration, seulement 139 étaient détenus par des cadres d'origine ouvrière et 351 par des hommes d'origine paysanne. À la base en revanche, la RDVN poursuivait cet objectif.

La construction de l'homme nouveau s'appuyait sur la réorganisation de la société généralisée au cours de la réforme agraire⁹. La position de classe du candidat au titre de "combattant d'émulation" représentait un critère essentiel dans l'étape de son recrutement. L'administration choisissait ses candidats parmi les basses couches de la population classées au rang de *cố nông, bần*

---

⁶. Entretien, thị trấn Thuận Thành (Thuận Thành, Hà Bắc), 5.5.1996.
⁷. Thông tư về việc bồi dưỡng chiến sĩ, in AVN3, BLD, dossier n°443, document n°1951, 6.9.1953. En 1960, les ouvriers représentaient encore moins de 5 % des membres du gouvernement. *cf.* Trường Chinh, *Sur la révolution au Vietnam*, Hanoi, Éditions en langues étrangères, p. 373.
⁸. Cité par Ken Post, *Revolution, Socialism and Nationalism in Vietnam*, Hants, Darmouth Publishing Company, 1989, p. 169.
⁹. La classification de la population avait généré l'émergence de cinq groupes sociaux distincts : les paysans sans terre (cố nông), les paysans pauvres (bần nông), les paysans moyens (trung nông), les paysans riches (phú nông) et la classe des propriétaires (địa chủ). *cf.* Bản phân định thành phần giai cấp ở nông thôn số 239-B/TTg ngày 5.3.1953.

nông ou *trung nông*[10]. Mais le charisme d'un homme relevait aussi, dans la mentalité paysanne, de sa capacité à avoir su gérer avec succès son existence matérielle. La nécessité de sélectionner des villageois susceptibles d'entraîner dans leur sillage le reste de la communauté amenait alors les autorités locales à favoriser la figure du "paysan moyen" plutôt que celles du "paysan sans terre" et du "paysan pauvre". Les cadres responsables des questions d'émulation dans la commune prenaient en compte la "respectabilité" du candidat. Dans les zones où la mobilisation de la population s'avérait hasardeuse, l'administration sélectionnait d'abord des personnalités d'âge intermédiaire (30-45 ans). Ainsi à Nguyên Bình, plus de la moitié des personnes interrogées furent élues au titre de "combattant d'émulation" passé leur trentième anniversaire. Ailleurs, la fourchette des "jeunes" (20-30 ans) représentait la cible privilégiée des comités de sélection communaux ou industriels. À Thuận Thành, cette tranche d'âge regroupait 75 % des personnes interrogées et à Quỳnh Lưu près de 70 %. Si l'on croise ces données avec celles qui sont issues des documents officiels, il ne fait aucun doute que l'âge moyen de recrutement des combattants d'émulation se situait entre 20 et 30 ans. Puisqu'un Vietnamien pouvait adhérer à l'organisation des "Jeunesses patriotiques" (thanh niên cứu quốc) jusqu'à sa trentième année, gageons que "la jeunesse" demeurait un critère de sélection déterminant afin de prétendre au titre de *chiến sĩ thi đua*.

D'origine modeste, le combattant d'émulation devait illustrer les bienfaits de l'éducation populaire (bình dân học vụ) et des classes de formation complémentaires (bổ túc văn hóa, bổ túc

---

[10]. C'est le cas de 95 % des "combattants d'émulation" interrogés dans nos trois districts de recherche (Nguyên Bình, Thuận Thành, Quỳnh Lưu). Parmi eux 45 % avaient été classés *trung nông*, 42 % *bần nông* et 8 % *cố nông*. (les 5 % restants : *phú nông*). Ces données sont corroborées par des listes statistiques tirées des archives nationales vietnamiennes. *cf.* Báo cáo danh sách chiến sĩ thi đua đơn vị lao động xuất sắc năm 1958, in AVN3, BLD, dossier n°299, 1958. Danh sách và số huy hiệu chiến sĩ thi đua và khen thưởng năm 1956 của các cơ quan trung ương, in AVN3, BLD, dossier n°282, 1956. etc.

chính trị). La propagande mettait en avant l'ignorance de ses nouveaux protégés afin de confirmer son rôle de tuteur de la nation. Le combattant d'émulation était l'homme du peuple, l'administration s'appuyait sur les couches de la population excluses du système d'éducation de l'ancien régime. Le combattant d'émulation n'avait suivi qu'une courte période de formation au cours de sa jeunesse. Il devait d'ailleurs souvent à l'armée populaire l'essentiel de son alphabétisation. Au moment où l'administration le sélectionnait, son niveau d'éducation ne dépassait guère le stade de l'école primaire[11].

Le comité national d'émulation conseillait par ailleurs de choisir les nouveaux combattants d'émulation hors des rangs du Parti[12]. Au début des années 1950, la proportion des membres du Parti du travail à recevoir le titre de "combattant d'émulation" était faible. Seules 18% des personnes interrogées dans les districts de Nguyên Bình, Thuận Thành et Quỳnh Lưu étaient membres du Parti avant l'obtention de leur titre de "combattant d'émulation". L'administration exigeait seulement de ses "travailleurs émérites" d'avoir participé valeureusement à la résistance nationale. Le titre de "combattant d'émulation" n'impliquait pas l'entrée automatique de son détenteur dans le Parti même s'il est vrai que l'obtention du titre accélérait indéniablement l'adhésion. Au cours des trois années qui suivirent leur nomination, trois quarts d'entre eux avaient intégré le Parti du travail. Toutefois après une période probatoire, les candidats étaient encore nombreux à ne pas satisfaire les attentes de l'organisation. Le titre de "combattant d'émulation" ne conditionnait pas nécessairement l'admission au Parti du travail,

---

[11]. En 1955, l'enseignement général était divisé en deux sections : le primaire avec 257 518 élèves et le secondaire avec 5 860 élèves. *cf.* Thaveeporn Vasavakul, *Schools and Politics in South and North Vietnam: a Comparative Study of State Apparatus, State Policy, and State Power (1945-1965)*, Thèse, Cornell University, 1994.

[12]. Chiến Hữu, "Thi đua ái quốc", in *SHNB*, Việt Bắc, n°8, 5.1948, pp. 16-17.

mais offrait davantage une "garantie biographique" supplémentaire dans le dossier du candidat.

Au lendemain de sa nomination, l'administration accordait alors à ses "combattants d'émulation" une formation complémentaire (lớp bổ túc) afin d'obtenir un "bon niveau politique, technique et culturel pour réaffirmer leur place au sein de leur communauté". En 1952-53, le comité d'émulation de l'échelon central recommandait à ses antennes locales un programme en quatre points : tous les "combattants d'émulation" devaient suivre des classes de formation politique ; l'administration devait les aider à étudier des documents politiques ; l'administration devait ouvrir des classes de formation complémentaire en culture générale (en fait, il s'agissait davantage de cours d'alphabétisation[13]) ; enfin, les responsables locaux devaient former les "combattants d'émulation" afin qu'ils puissent s'exprimer en public, dans les administrations et les organisations de masses[14].

En juin 1959, le ministère du Travail créait des comités de recrutement chargés de sélectionner dans la population les candidats susceptibles de suivre ces formations complémentaires. La fréquentation de ces classes croissait parallèlement à l'augmentation du nombre "d'ouvriers émérites" dans les structures de production. Le combattant d'émulation avait la possibilité, mais aussi l'obligation, durant l'année qui suivait sa nomination, de suivre des classes de formations politiques et culturelles[15]. En 1962, le ministère de la Culture déplorait encore

---

[13]. Entre 1954 et 1956, 9 500 cadres suivirent en outre ces classes complémentaires. Au tournant des années 1960, sur 3 477 "cadres supérieurs à responsabilités" de la RDVN, 343 n'ont pas fait d'études, 1 373 ont terminé la quatrième classe et 1 761 ont fait des études secondaires ou supérieures.
[14]. Thông tư về việc bồi dưỡng chiến sĩ, *op. cit.*, 6.9.1953.
[15]. Báo cáo tổng kết công tác đào tạo và bổ túc công nhân trong ba năm (1958-60) của các Bộ các ngành và các địa phương, in AVN3, BLD, dossier n°998, 1960.

le "très faible niveau théorique" des candidats[16]. On préconisait d'accélérer les formations complémentaires à la base. En 1956 selon le ministère de l'Éducation, ils étaient plus de 3,4 millions à ne pas encore connaître l'alphabet. Les "cadres culturels" assuraient chaque semaine un cours de culture générale et un cours de formation politique (d'une durée de 2h30 chacun) à l'attention des ouvriers et paysans émérites de la commune. Pour la majorité des combattants d'émulation, ces classes de formation complémentaire étaient un premier contact avec le service éducatif.

Le combattant d'émulation et la commune

Au sein de la communauté villageoise, le combattant d'émulation agricole était le représentant du "nouvel ordre national". En novembre 1950, le comité national d'émulation détermina les critères nécessaires à l'obtention de ce nouveau titre d'État : le candidat devait être capable de réaliser diverses activités dans le même temps (culture et élevage etc.) ; participer à l'amélioration des rendements et de la production ; appliquer les innovations techniques au sein de son village ; faire preuve de nombreuses initiatives ; avoir un sentiment de responsabilité de manière à coordonner les travaux de la communauté afin d'assurer une hausse de la production et la réalisation d'économies[17]. Le combattant d'émulation agricole jouerait désormais un rôle-clé dans l'organisation des activités de production et de mobilisation idéologique au sein de la communauté villageoise. L'arrivée du premier *chiến sĩ thi đua* dans une commune était la conséquence de l'implantation du mouvement d'émulation patriotique par les autorités locales. Au début des années 1950, la diffusion des campagnes d'émulation patriotique ne s'accompagnait pourtant

---

[16]. Chỉ thị về đẩy mạnh học tập trong các đơn vị lưu động, in AVN3, BVH, dossier n°696, document n°377/VH/VP, 1962.

[17]. Nghị định số 6-QT-CN-ND ngày 4.11.1950 đặt danh hiệu chiến sĩ lao động trong nông nghiệp thưởng tặng những nông dân có thành tích đặt biệt về tăng gia sản xuất, in *Công báo*, n°12, 1950, p. 281.

pas toujours de la tenue de "sessions de bilan" préalables à l'élection des "travailleurs d'avant-garde", "cadres émérites" et "combattants d'émulation"[18].

L'administration provinciale s'attachait dans un premier temps à sélectionner une "commune test" ou une zone d'expérimentation dans sa circonscription. Le choix des localités relevait du bureau provincial d'émulation et du bureau provincial de l'association paysanne. Un groupe de cadres d'émulation de la province (cán bộ lưu động tỉnh)[19] était détaché pour partir à "la rencontre du peuple dans les villages sélectionnés"[20]. La délégation provinciale incitait les habitants à participer au mouvement en entrant dans les organisations de masses afin de se présenter aux concours patriotiques. À Diễn Sơn (Nghệ An), la première campagne d'émulation fut à l'origine du nouvel appareil d'encadrement communal en 1948[21] : 50 cellules de l'association paysanne, chaque cellule comprenant de 12 à 15 familles, et 108 groupes de production, un groupe se composait de 5 à 8 familles, furent installés dans les six hameaux de la commune.

À partir de 1950-51, les équipes d'émulation prenaient appui sur ces groupements pour diffuser les principes de l'émulation patriotique et les méthodes d'élection des "travailleurs émérites" en fin de session. Au cours des campagnes de mobilisation des masses (Phát động quần chúng), les cadres expliquaient à la population paysanne les mérites et exigences du nouveau titre de

---

[18]. Báo cáo của các Bộ và UBHC các tỉnh về tình hình khen thưởng năm 1957, in AVN3, BLD, dossier n°543, document n°11939, 23.10.1957.

[19]. De 1951 à 1955, les cadres d'émulation itinérants étaient souvent accompagnés de "spécialistes chinois".

[20]. Báo cáo tổng kết kinh nghiệm bồi dưỡng chiến sĩ tại Liên Sơn, huyện Gia Viễn, tỉnh Ninh Bình, in AVN3, BLD, dossier n°277, document n°5559, 1.8.1955.

[21]. En 1954, la commune de Diễn Sơn se composait de 1 889 habitants (894 hommes et 995 femmes) répartis dans 19 hameaux allant de 25 (xóm Ngọc Minh) à 184 habitants. L'équipe de la réforme agraire répertoria deux familles de propriétaires, 47 paysans riches, 541 paysans moyens, 1 171 paysans pauvres, un ouvrier et un commerçant, *cf.* Số lượng tình hình xã Diễn Sơn, in AVN3, BLD, dossier n°270, 1954, p. 2.

"combattant d'émulation". Ils racontaient les exploits des "combattants émérites" d'autres provinces du pays afin de montrer aux villageois les exemples à dépasser. En 1953, les résultats des premières campagnes s'avéraient encore insuffisants à Diễn Sơn. Dans le hameau de Ngọc Minh, un villageois notait le slogan suivant : "Thi đua lấy vợ đẹp" (l'émulation pour avoir une belle épouse). La population et les cadres de la commune avaient encore du mal à saisir la finalité de ces nouvelles notions. Alors que le gouvernement évoquait la tenue d'élections populaires dans les communes, les villageois se contentaient souvent d'avaliser à l'unanimité une décision prise en amont par le secrétaire local du Parti. Une fois effectuée la sélection du candidat au sein des unités de production et des hameaux du village, le comité populaire de la commune organisait une conférence réunissant l'ensemble des "travailleurs exemplaires" de la circonscription (hội nghị các chiến sĩ thi đua, chòm, xóm). Nguyễn thị Nhờ, paysanne du village de Ngữ Thái (Thuận Thành), raconte que cette première phase de sélection ne fut pas bien comprise dans la commune : "La première fois, les candidats choisis dans les hameaux furent peu nombreux. Les gens ne comprenaient pas pourquoi. Certaines personnes en apprenant qu'elles n'étaient pas sélectionnées s'étaient même mis à pleurer."[22]

À cette occasion, la commune de Diễn Sơn rassembla le 21 janvier 1954 douze paysans émérites, trois enseignants populaires et quatre travailleurs civiques (dân công) et l'ensemble des responsables de ses organisations de masses. Dans la matinée, le président de la commune et le secrétaire du Parti abordèrent la question du "nouvel héroïsme" avant d'expliquer avec précision le mouvement d'émulation patriotique et les perspectives que pouvaient en attendre les futurs "combattant d'émulation". Au cours de l'après-midi, les paysans étaient invités à raconter, "dans une atmosphère familière", leurs performances réalisées dans leurs groupes de production. L'épreuve était difficile pour nombre d'entre eux peu habitués à s'exprimer en public. Le second

---

[22]. Entretien, xã Ngữ Thái, (Thuận Thành, Hà Bắc), 7.6.1996.

objectif de la réunion était de noter les performances de chaque candidat et de rédiger pour chacun une courte biographie afin de transmettre les dossiers au comité d'émulation de la province (*via* le comité administratif du district) à qui revenait la responsabilité d'accorder la distinction attendue. Avec l'aide des représentants de l'administration et du Parti, la rédaction de la biographie était une étape décisive pour le paysan. La séance donnait lieu à de vives discussions entre les membres de la commune. Les villageois sachant écrire apportaient parfois une première version qui était ensuite discutée collectivement avant d'être reformulée par le responsable local des questions d'émulation ou, en son absence, c'est-à-dire dans la plupart des cas, par le secrétaire communal du Parti[23].

En principe, chaque commune arrêtait son choix sur un ou deux candidats. Aux autres membres de l'assemblée, l'administration décernait un diplôme de "travailleur exemplaire" (*cá nhân xuất sắc* ou *lao động xuất sắc*)[24]. Avant de clore la conférence, les cadres organisateurs faisaient promettre aux villageois émérites de diffuser le mouvement dans leurs familles, quartiers, hameaux et groupes de production. Les autorités locales assuraient que "l'espoir de leurs familles, de leurs hameaux, de leurs communes et de leur patrie reposait désormais sur leurs activités quotidiennes". La sélection au niveau du village était achevée. Il s'agissait désormais de patienter trois à quatre semaines avant d'obtenir une réponse des autorités provinciales et la convocation des paysans retenus pour le titre de combattant d'émulation. Le refus d'un dossier par l'échelon provincial était toutefois un cas exceptionnel. Le département des affaires agricoles et de l'association paysanne organisaient conjointement la conférence de remise des titres provinciaux de combattant d'émulation (chiến sĩ thi đua nông nghiệp cấp tỉnh)[25].

---

[23]. Entretien, xã Nghĩa Đạo, (Thuận Thành, Hà Bắc), 11.6.1996.
[24]. Báo cáo tình hình chung về phong trào thi đua ái quốc xã Diễn Thắng, in AVN3, BLD, dossier n°270, 1955.
[25]. Au cours des premières années, les provinces organisèrent des conférences réunissant l'ensemble des branches d'activités (Đại hội

Après avoir réceptionné les biographies rédigées au niveau des communes et avalisées par les cadres des districts, le comité populaire provincial invitait les futurs combattants d'émulation à se rendre au chef-lieu de province pour y recevoir leur titre. La conférence provinciale avait lieu dans le bâtiment le plus spacieux du bourg. Les "travailleurs exemplaires" occupaient les places d'honneur aux premiers rangs de la salle. La réunion débutait par un discours du responsable des questions idéologiques du comité populaire dressant un bilan de la diffusion de l'émulation patriotique au sein de la circonscription. L'orateur encourageait son auditoire à persévérer dans la voie de l'effort afin d'éradiquer les faiblesses du mouvement. Le cadre provincial laissait alors la place aux récits des "hommes exemplaires" de la circonscription. À un rythme cadencé, les candidats se succédaient sur l'estrade pour lire le résumé de leurs performances devant la foule des officiels. Quand les représentants d'une branche d'activité, d'une unité de production ou d'une commune étaient trop nombreux, une personne était désignée pour prendre la parole au nom de ses collègues. Le dernier témoignage énoncé, un cadre provincial reprenait la parole afin de distribuer les diplômes de "combattant d'émulation". Le diplôme était accompagné d'un petit insigne et d'une récompense en nature, une somme d'argent équivalente selon les cas à un tiers ou une moitié d'un salaire mensuel moyen et un petit cadeau (tissu, vêtement, jouet, alcool, lampe de poche, photos de dirigeants politiques, littérature patriotique etc.). Pour clore la cérémonie, le comité populaire de la province organisait un banquet en l'honneur de ses "enfants émérites".

Les nouveaux officiers méritants de la "bureaucratie héroïque" quittaient alors le chef-lieu de la province dans le souvenir d'une fête partagée. La cérémonie terminée, le retour dans le village du paysan ou du cadre décoré présentait, en apparence, certaines

---

chiến sĩ thi đua tỉnh). À partir de 1956-57 toutefois, l'inflation du nombre des nominations conduisit les administrations provinciales à tenir des réunions distinctes par spécialité professionnelle (Ty giáo dục, Ty canh nông etc.).

similarités avec le voyage du lettré récompensé par un succès aux épreuves des concours mandarinaux. En 1948, le gouvernement avait souhaité inscrire ses "nouveaux concours patriotiques" dans un tel parallélisme historique[26]. Au côté du secrétaire du parti, ou d'un autre cadre du village le cas échéant, le "combattant d'émulation" roulait précieusement le brevet délivré par les autorités. Pour la majorité des personnes interrogées dans nos trois districts de recherche, ce retour au village reste une étape importante de leur existence. Le nouveau diplômé était généralement invité par l'administration communale à partager un banquet en compagnie des représentants de la collectivité. Quand les moyens le permettaient, "l'homme exemplaire" était célébré par une débauche de victuailles et d'alcool de riz offerts par la collectivité. En janvier 1954, Trần Văn Chiến se souvient que son retour à Nguyệt Đức (Thuận Thành) fut marqué par une grande réunion organisée en son honneur dans la maison communale du village par le comité populaire (ủy ban nhân dân xã) : "Au cours de la réunion, on m'a demandé de prendre place dans les rangs d'honneur (người danh dự), les cadres ont alors lu le détail de mes performances et toute la population m'a acclamé avec enthousiasme."[27]

Après une petite cérémonie organisée dans les locaux du comité populaire, le nouveau combattant d'émulation recevait les félicitations de son unité de rattachement (hợp tác xã, tổ đổi công, nhóm sản xuất etc.). Un hommage lui était rendu au nom de la collectivité. Venait alors le moment pour le nouveau "héros de proximité" de prendre la parole devant ses proches, ses voisins et sa famille. L'appareil de propagande de la commune augmentait le prestige du combattant d'émulation dans son village natal. La biographie du paysan émérite était diffusée par les organisations de masses. Le comité populaire organisait des causeries dans les hameaux de la localité afin de revenir sur les performances productivistes et l'exemplaire comportement du "combattant" ; sa

---

[26]. *Vận động phong trào thi đua ái quốc*, Ủy ban vận động thi đua ái quốc trung ương, Sở thông tin Nam bộ, 1949, p. 36.
[27]. Entretien, xã Nguyệt Đức (Thuận Thành, Hà Bắc), 7.6.1996.

photo ornait les tableaux muraux des bâtiments administratifs, de la coopérative ou de la maison de la culture ; tous les villageois étaient informés de ses faits et mérites. Le combattant d'émulation n'était plus un être anonyme mais devenait le sujet de nombreuses conversations ; le "bouche à oreille" et les réunions officielles achevaient d'en faire une personnalité à part dans la commune[28].

Le combattant d'émulation devenait-il pour autant un nouvel acteur-clé dans la commune ? Avant de nous attarder sur les cas d'intégration réussie du "héros de proximité" dans l'économie villageoise, la prudence nous impose pourtant de ne pas en généraliser l'influence réelle au cours des années 1950-60. Outre le cas des centres industriels, producteurs en nombre de ces "hommes nouveaux" dont le prestige s'effaçait devant une véritable inflation numérique, les zones les moins développées du pays montrèrent fréquemment une résistance à l'intégration de ces nouvelles fonctions honorifiques intermédiaires. Dans le village Mán đỏ de Vũ Nòng (Nguyên Bình, Cao Bằng), Triệu Thùng Chòi, le seul combattant d'émulation à avoir été élu dans sa localité entre 1951 et 1965, explique le manque de prestige ou de statut particulier de ces nouvelles figures par l'incompréhension et le sentiment d'exclusion ressentis par la population : "La population du village n'était pas très intéressée, elle ne comprenait pas de toute façon la signification réelle de ce titre. Certains villageois vinrent bien me rencontrer pour me poser des questions à ce sujet, mais dans le fond, cela ne changea pas grand-chose pour eux, ils ne comprenaient pas vraiment de quoi il

---

[28]. La valeur du titre de "combattant d'émulation" dépendait toutefois de sa rareté dans la commune. Au début des années 1950, les "combattants d'émulation agricole" étaient encore peu nombreux dans les campagnes. La décoration d'un enfant du village par l'appareil administratif de la province ne passait pas inaperçue. À l'inverse, lorsqu'une commune ou une unité de production recourait massivement à la production de ses "hommes nouveaux" (à Tĩnh Túc, l'entreprise Kim Loan élisait à elle seule pas moins de 50 ouvriers émérites par session), la figure du "combattant d'émulation" ne manquait pas de se banaliser dans l'esprit des villageois.

s'agissait. Selon eux, si on devenait combattant d'émulation, cela signifiait d'abord qu'il fallait s'éloigner de sa maison, de sa famille. Au village, cela faisait peur et pour être franc, personne ne le voulait vraiment."[29] L'inscription symbolique du combattant d'émulation dans l'échelle de valeurs villageoise était en fait davantage matérialisée par son ascension professionnelle et sociale. La quotidienneté de ses rapports avec la bureaucratie et l'intérêt que ces institutions montraient à son égard renforçaient son image et sa légitimité auprès des villageois. Une attention particulière a toujours été accordée à la "hiérarchie des honneurs"[30]. L'arrivée d'une nouvelle fonction honorifique intermédiaire ne manquait pas de modifier l'équilibre social de la communauté villageoise.

Le titre de "combattant d'émulation" n'expliquait pas à lui seul ce bouleversement. Dans les années 1950, le retour au village d'un diplômé était d'abord une récompense collective. L'administration s'arrangea souvent pour sélectionner ses nouveaux "officiers méritants" au sein des lignées puissantes et respectées. Le comité national d'émulation n'avait-il pas recommandé de décerner ce titre à des "personnalités influentes" de l'organisation communale ?[31] Nguyễn Văn Hợp, un paysan de Thuận Thành (Hà Bắc) raconte que l'octroi du titre de "combattant d'émulation" n'avait guère modifié son statut au sein du village car il ne faisait que confirmer l'antériorité de son rang social auprès des siens.

Pouvait-on pourtant parler de la formation d'une nouvelle élite locale au sein du village ? Les résultats de nos enquêtes de terrain dans les districts de Nguyên Bình, Thuận Thành et Quỳnh Lưu montrent que l'administration nationale s'attachait à accorder davantage d'attention à la couche de la population villageoise traditionnellement exclue du pouvoir. L'intérêt porté par le

---

[29]. Entretien, xã Vũ Nòng (Nguyên Bình, Cao Bằng), 22.8.1996.
[30]. Nguyễn Từ Chi, *Góp phần nghiên cứu văn hóa và tộc người*, Hà Nội, nxb Văn hóa thông tin tạp chí văn hóa nghệ thuật, 1996, pp. 235-238.
[31]. Chiến Hữu, "Thi đua : xây dựng hội", in *SHNB*, Việt Bắc, n°9, 6.1948, p. 13.

nouveau régime remettait souvent en cause un habitus social ancestral. Le nouveau combattant d'émulation enorgueilli par un honneur inattendu concentrait sur lui et sur sa famille la curiosité et l'estime de ses proches et de son voisinage. "Un bol de riz devant tout le village vaut mieux qu'un festin chez soi" rappelle un dicton populaire. Tous profitaient du prestige de cette distinction officielle. La culture populaire accordait beaucoup de valeur à la notion de récompense. Une lignée pouvait être fière d'avoir l'un des siens récompensé pour ses mérites, pour l'excellence d'un "travail bien fait" ; elle pouvait être fière d'avoir été choisie aux dépens de ses voisins ; fière de se voir accorder l'attention des pouvoirs publics, preuve de la légitimité de son effort. Les visites des cadres communaux, les cadeaux accordés chaque année ou encore la participation du nouvel "officier méritant" aux réunions et aux manifestations locales rehaussaient son image auprès des siens. La visite de voisins en quête d'informations ou seulement respectueux de l'honneur fait au villageois, matérialisait la nouvelle position symbolique gagnée par le combattant d'émulation au sein de la communauté villageoise. Une responsabilité morale et pédagogique échouait à ces hommes élus. Les habitants recouraient désormais à leurs conseils dans l'espoir d'éloigner les misères du quotidien. Le nouvel "officier méritant" était fréquemment appelé auprès des groupes de production afin de renforcer l'esprit de solidarité collective des villageois. Aux plus doués de ces nouveaux diplômés revenait en outre la mission de diffuser "l'esprit d'émulation".

Cette responsabilité politique propulsait ces petites gens au centre du nouvel espace symbolique de la commune[32]. À Linh Xá (Thuận Thành, Hà Bắc), le prestige conféré au jeune combattant d'émulation Nguyễn Như Nguyện l'obligeait même à occuper un rôle central lors des cérémonies rituelles organisées dans sa

---

[32]. En 1952, seulement 40 % des combattants d'émulation participaient pourtant à ce type d'activité, déplorait un document officiel de l'interzone militaire III. *cf.* Báo cáo công tác thi đua năm 1952 của các UBKCHC các khu, tỉnh, in AVN3, BLD, dossier n°426, 1953.

commune : "Depuis que j'étais combattant d'émulation, on m'appelait pour prendre la parole lors des funérailles et des mariages organisés dans le village et cela malgré mon très jeune âge."[33] La fierté morale et patriotique, le prestige et l'amélioration de la position du nouvel "officier méritant" séduisaient la communauté villageoise envieuse et soucieuse de respectabilité. Avec sa référence et sa présentation, un voisin, un ami ou un parent pouvait souvent prétendre à son tour à se voir accorder cet honneur. L'appareil de mobilisation des masses savait manier avec habileté les mécanismes psycho-culturels des villageois. En générant un désordre organisationnel au sein de la commune, il avait su créer un besoin de réciprocité sociale qui facilitait son emprise sur les esprits.

Depuis le lancement de la première campagne d'émulation patriotique en 1948, les autorités s'attachaient à démontrer l'intérêt personnel que chacun pouvait avoir à participer au mouvement. En 1961, la revue théorique du Parti du travail *Học Tập* revenait sur "la nécessité de l'intéressement matériel des individus" dans l'effort de mobilisation populaire[34]. En rétribuant un "officier méritant" pour ses bons et loyaux services, l'État n'accordait pas ses faveurs à un être isolé mais au représentant d'une famille, d'une lignée ou d'une génération. L'encouragement matériel, ou la pratique du "don patriotique", offrait au représentant du pouvoir politique un moyen de rééquilibrer une relation contractuelle avec les membres de la communauté. Une personne récompensée avait une obligation de contre-don. Il n'était pas nécessaire de devoir rendre plus qu'il n'avait été reçu. Sentences parallèles (câu đối), brevets mais aussi diplômes et ordre de mérite intervenaient dans la balance des échanges sociaux. Le don était un rite. Un rite auxquels rois et empereurs accordaient depuis des siècles une attention toute particulière. La distribution de mets, de biens ou de titres

---

[33]. Entretien, xã Linh Xá (Thuận Thành, Hà Bắc), 8.6.1996.
[34]. Quyết Tiến, "Cần quan tâm đến lợi ích vật chất của xã viên, kết hợp đúng đắn lợi ích cá nhân với lợi ích tập thể, đẩy mạnh hơn nữa phong trào thi đua đại phong", in *Học Tập*, Hà Nội, n°8, 1961, p. 40.

octroyait au "représentant du ciel" la fidélité de ses sujets. La guerre achevée, les rois Nguyễn offraient à leurs officiers des vêtements de soie ou de coton. Plus le pouvoir donnait, plus il affirmait son autorité. Le nouveau pouvoir s'intégrait dans la longue durée de ce rapport à autrui. Un don de l'échelon central engageait son contracteur et cela plus encore lorsque ce dernier était de basse origine. Ce principe assurait la cohésion du groupe. Le don de l'État se monnayait par la fidélité sans faille du contractant. Le paysan offrait sa personne dans une communion patriotique. Au Việt Nam, l'intéressement individuel n'était pas synonyme d'érosion idéologique mais définissait à lui seul la supériorité du politique. À l'occasion des fêtes du calendrier patriotique, les autorités administratives de chaque échelon, les dirigeants du Parti et les organisations de masses réactualisaient ce pacte social en distribuant à ses "officiers méritants" de multiples petits présents. On insistait sur l'importance de la pratique. En l'absence de sources sérieuses, il apparaît pourtant difficile de traiter globalement la question de l'intéressement matériel des "hommes exemplaires"[35]. Nous savons seulement que l'État conseillait aux représentants de son appareil bureaucratique d'accorder une attention particulière à la rétribution des "travailleurs progressistes"[36], faisant du "don patriotique" une pratique répandue dans le pays. Les comités populaires confiaient à un groupe de cadres la distribution de présents à chaque "famille progressiste" de la circonscription à l'occasion des fêtes du calendrier patriotique. À l'occasion du Tết, du 1er mai et de la fête nationale, les administrations locales distribuaient de modestes sommes d'argent réunies au cours de collectes effectuées pendant l'année à l'attention des familles de

---

[35]. Selon un historien du Nghệ An, ces documents "ont été le plus souvent détruits au cours des premières années de rénovation par crainte d'une mauvaise utilisation" (!?), in Entretien, Vinh (Nghệ An), 31.3.1995.

[36]. Báo cáo về công tác bồi dưỡng chiến sĩ thi đua năm 1953 của các Khu lao động III, IV, Việt Bắc và một số địa phương, in AVN3, BLD, n°443, document n°1951 UT/QT, 6.9.1953.

soldats, d'anciens combattants et de "travailleurs progressistes". La généralisation de ces campagnes de distributions ne manquait pas d'être "un malheur pour les familles qui n'obtenaient rien, elles en ressentaient l'expression d'une profonde inégalité. Le matériel excitait les populations, c'était parfois, faudrait-il enfin avouer, une cause de l'engagement des masses qui se cachait derrière les beaux mots"[37]. La succession de ces traitements de faveur créait un déséquilibre dans la commune. Les foyers concernés par ces redistributions frappaient de déshonneur les familles qui n'en profitaient pas. Un certificat de bonne conduite donnait en outre accès à une assistance sociale, en principe temporaire, que l'administration n'accordait le plus souvent qu'aux seules familles méritantes. Dans des proportions diverses selon les provinces, l'administration proposait encore aux combattants d'émulation malades des séjours en maison de repos[38]. Ailleurs, les autorités locales accordaient à certains "travailleurs progressistes" des voyages afin de les remercier de leurs efforts pour la communauté. En 1962, au lendemain de sa nomination, Đàm thị Thủy, une ouvrière de la mine d'étain de Tĩnh Túc, fut invitée à se rendre à Hà Nội en compagnie de cadres de l'entreprise Kim Loan pour visiter le parc d'exposition Văn Hô. Enfin, le titre de "combattant d'émulation" permettait aussi d'obtenir certaines dispenses. En 1958, un document officiel précisait que "les chefs de famille qui avaient reçu une décoration ou un titre d'honneur ou une médaille de la résistance" pouvaient se voir accorder une dispense, nominative, de participation aux journées de "travail civique" (dân công)[39]. À ce niveau, un titre de "combattant d'émulation" réservait à son titulaire un réel

---

[37]. Entretien, Hà Nội, 5.5.1997.
[38]. Une directive du comité national d'émulation du 13.9.1958 précisait que seuls les combattants d'émulation invités aux conférences nationales d'émulation pouvaient prétendre en principe à ces séjours en maison de repos. *cf.* Thông tư về tổ chức cho anh hùng lao động và chiến sĩ thi đua đi nghỉ dưỡng sức năm 1958, in AVN3, BLD, dossier n°553, document n°25-TDLD, 13.9.1958.
[39]. Tập liệu phổ biến học tập điều lệ dân công của khu, tỉnh năm 1958, in AVN3, dossier n°414, document n°343/BLD, 19.3.1958.

traitement de faveur. Il se rapprochait indéniablement des organes décisionnels de l'administration locale et certains, il est vrai, ne se privèrent pas de profiter de cette collusion. Le point commun de l'ensemble de ces aides matérielles permet en fin de compte de dissimuler le problème de la "salarisation" du nouvel héroïsme. La morale révolutionnaire ne pouvait justifier une monétarisation de "l'exemplarité patriotique". La RDVN contourna l'ambiguïté de ce principe en généralisant la tradition du don/contre-don. L'intéressement matériel du "combattant d'émulation" n'était qu'un "hommage légitime" de la collectivité à ses meilleurs sujets. En aucun cas, il ne devait apparaître comme l'outil d'une avidité "petite bourgeoise et capitaliste".

Pourtant, le titre de "combattant d'émulation", en permettant l'ascension sociale de son titulaire, ne manquait pas d'impliquer de fait une amélioration financière de son traitement : "Dans les années 1950-1960, être nommé combattant d'émulation, c'était déjà une grande récompense pour les paysans. Outre le prestige personnel (uy tín cá nhân) qu'ils ne manquaient pas d'en tirer, cela équivalait aussi à un réel avancement financier, un échelon supplémentaire pour leur solde, et surtout un avancement dans le tableau hiérarchique professionnel et parfois des facilités pour acheter des biens d'importation dans des magasins d'État."[40] Au-delà de la question de l'avancement financier lié aux distinctions honorifiques créées par le régime, ces remarques nous conduisent à poser le problème de l'ascension sociale et de la constitution d'une nouvelle élite locale ; nous y reviendrons plus en détail.

Dérives du combattant d'émulation

"Normalement le peuple respecte beaucoup les combattants d'émulation, mais parfois certains d'entre eux, après avoir réalisé de grandes performances, se laissent beaucoup aller ou bien ne se

---

[40]. Entretien, Hà Nội, 5.5.1997.

comportent pas bien avec le peuple."[41] Dans un document de 1955, le comité populaire de la province de Ninh Bình mettait à l'index le comportement de deux paysans de la commune de Liên Sơn : Trần Hữu Buồm et Bảo respectivement élus au titre de "combattant d'émulation" en 1952 et 1953. Deux années après cette nomination, les autorités locales reprochaient aux deux hommes leur inactivité et l'orgueil de leur comportement auprès des villageois : "Dans le hameau de Bòng Sơn, on dit que le combattant d'émulation Buồm est d'un caractère difficile, il est ainsi très contesté par les siens. Quand il est revenu de son séjour de formation au *khu*, il était très fier. Il n'a pas assuré la transmission de son expérience. Buồm n'a pas animé plus de deux ou trois fois des réunions dans la cellule de l'association des paysans. Les cadres et le peuple du hameau proposent de le pénaliser pour ne pas s'être corrigé." À son retour dans le village, le combattant d'émulation devait rester "modeste" insistait le gouvernement. L'administration avait porté son choix sur des "paysans émérites" pour leur position auprès des villageois. Une remise en question de ce principe vouait les contrevenants aux foudres des autorités locales.

Le ministère de l'Intérieur exigeait des comités populaires provinciaux un bilan annuel chiffré des manquements à la discipline collective des "héros nouveaux", "combattants d'émulation" et "travailleurs émérites". Transmis au ministère de l'Intérieur en mai 1962, le rapport du comité populaire du Nghệ An montre que 148 des 3 376 "combattants d'émulation" et "travailleurs d'avant-garde" de la province (4,5 %) furent sanctionnés pour "indiscipline collective" dans le courant de l'année 1961. Le rapport mettait l'accent sur quatre types de fautes : une mauvaise application de la politique de l'échelon central; un manque de discipline vis-à-vis de la hiérarchie ; les

---

[41]. Báo cáo tổng kết kinh nghiệm bồi dưỡng chiến sĩ tại xã Liên Sơn, huyện Gia Viễn, tỉnh Ninh Bình, in AVN3, BLD, dossier n°277, document n°148 TD/LD, 27.7.1955.

vols ; un éloignement par rapport aux masses[42]. Les sanctions délivrées à l'encontre de ces travailleurs exemplaires indisciplinés se révélèrent pourtant particulièrement clémentes. Ainsi seuls sept des 148 "combattants d'émulation" et "travailleurs d'avant-garde" de la province furent convoqués devant les tribunaux populaires. Parmi eux, trois seulement ont été condamnés fermement[43]. L'avertissement (cảnh cáo) restait la méthode la plus employée et concernait 57,3 % des blâmes chez les membres du Parti et plus de 66 % pour les fonctionnaires de l'appareil administratif. À l'inverse, l'exclusion (khai trừ) ou la révocation (cách chức ou buộc thôi việc) touchait seulement 26 % des insubordonnés dans le Parti et 23 % dans l'administration, cette dernière préférant souvent rétrograder le fonctionnaire incriminé d'un échelon sur le barème administratif afin de réduire ses indemnités[44].

La sanction condamnait une faible proportion des "hommes nouveaux", elle restait une action de dernier recours. En revanche, les rapports des administrations locales critiquaient fréquemment les faiblesses inhérentes du système et dénonçaient le manque de sérieux du choix des candidats distingués au sein de la commune. On reprochait aux combattants d'émulation de ne pas participer suffisamment aux réunions avant de regretter leur manque d'empressement à diffuser leurs expériences auprès de la population locale. Quand un "travailleur exemplaire" s'y astreignait, les cadres lui reprochaient alors "son manque de

---

[42]. Báo cáo thống kê tình hình cán bộ được khen thưởng và kỷ luật năm 1961 của các tỉnh, in AVN3, BNV, dossier n°1726, UBND Vinh, 4.5.1962.

[43]. Il s'agit de deux "ouvriers émérites" accusés de vol sur leur lieu de travail et d'un troisième sanctionné pour "éloignement des masses". S'ajoute à ce chiffre le cas d'un cadre de second rang condamné avec sursis pour insubordination à supérieur et enfin de trois autres cas non encore traités à l'heure du bilan mais faisant l'objet d'une poursuite judiciaire. cf. Ibid., 4.5.1961.

[44]. Dans la province, un cadre dirigeant a ainsi été rétrogradé en 1961 pour vol. La mesure a en outre touché sept ouvriers pour le même motif et trois autres pour "éloignement des masses". cf. Ibid., 4.5.1962.

clarté, ses incohérences et sa timidité qui faisaient beaucoup rire le peuple et qui rendaient ses discours de fait difficilement valides et plausibles pour les habitants du village"[45]. À l'origine de ces déficiences chroniques, les rapporteurs accusaient invariablement le manque d'éducation et le faible niveau politique des nouveaux "officiers méritants"[46]. Alors que nombre d'entre eux ne remplissaient pas tout à fait leurs responsabilités vis-à-vis de la communauté, une partie en revanche semblait s'y astreindre avec excès. À Nghĩ Lộc, le rapporteur du comité populaire du district reprochait ainsi à certains travailleurs exemplaires de se rendre trop souvent à des réunions publiques et cela au détriment de leur activité professionnelle[47]. Quand on sait que ces participations étaient sujettes à un barème de rémunération précis (frais de participation et de déplacement), le rapporteur condamnait par ce biais le risque d'une professionnalisation de "l'héroïsme de proximité" dans les campagnes[48].

Outre les questions relatives à l'indiscipline des "hommes nouveaux" dans la communauté villageoise, mentionnons brièvement une autre source de dysfonctionnement. Un proverbe vietnamien rappelle que "lorsque quelqu'un obtient le titre de mandarin, c'est toute sa lignée qui en profite" (một người làm quan, cả họ được nhờ). Dans un article consacré aux transformations idéologiques suscitées par la réforme agraire au Nord Viêt Nam[49], Christine White a montré la résistance du système de primauté lignagère dans la culture vietnamienne.

---

[45]. Bản tổng kết kinh nghiệm bồi dưỡng chiến sĩ nông nghiệp của xã Nghĩ Thụ, huyện Nghĩ Lộc, in AVN3, BLD, dossier n°277, document n°4822, 9.8.1955.
[46]. Bồi dưỡng chiến sĩ Nguyễn Thanh Tiếp, in AVN3, BLD, dossier n°277, document n°1996, 16.5.1955.
[47]. Bản tổng kết kinh nghiệm..., in *op. cit.*, 9.8.1955.
[48]. Đề án của Ban thi đua trung ương về công tác tổng kết thi đua và lựa chọn anh hùng chiến sĩ thi đua năm 1956-57, in AVN3, BLD, dossier n°532, 1956.
[49]. C. White, "Mass mobilisation and ideological transformation in the Vietnamese land reform campaign", in *Journal of Contemporary Asia*, London-Stockholm, vol.13, n°1, 1983, pp. 74-90.

"Dans les villages, il y a toujours deux, trois familles influentes, elles sont souvent dans le Parti, ainsi souvent tout se discute en famille. Il y a eu peu de changement en fait. Chaque lignée a ses partisans, le choix des hommes au pouvoir se faisait alors selon cette logique traditionnelle. L'élu choisit des hommes de sa lignée. Le Parti a bien parfois essayé de lutter contre cela en envoyant des hommes de l'extérieur, mais cela s'est alors souvent mal passé. C'est cela qui se déroulait aussi dans les comités d'émulation locaux. Tout se décidait au nombre de votes et le plus ancien communiste du village décidait et choisissait alors les membres de sa cellule au sein des gens de sa lignée."[50] Il ne fait aucun doute que les solidarités lignagères jouèrent un rôle-clé dans le choix des "hommes nouveaux" au sein de la commune. L'octroi de ce titre, nous l'avons vu, n'était pas seulement symbolique, mais comportait aussi de nombreux avantages matériels. Le Parti avait tenté de lutter contre ces pesanteurs culturelles sans pour autant obtenir le succès escompté. Les équipes de la réforme agraire s'efforcèrent de combattre cette prégnance des *họ* au sein dans la commune. À leur départ, les comportements ancestraux reprenaient souvent l'avantage. Dans les districts de Thuận Thành et de Quỳnh Lưu, une majorité des personnes interviewées appartenait au lignage (họ) le plus puissant de leur village. Dans ces communes, le combattant d'émulation disposait fréquemment de membres de son *họ* aux postes-clés de l'administration communale (*chủ tịch xã, bí thư xã, xã đội phó,* et *chủ nhiệm hợp tác xã*)[51]. Nous évoquions plus haut le rôle décisif de l'intermédiaire, "celui qui présente" (người giới thiệu), dans la nomination au titre de "combattant d'émulation". À ce niveau, les collusions fondées sur les solidarités lignagères

---

[50]. Entretien, Hà Nội, 28.11.1995.
[51]. À titre d'exemple, Vũ Văn Liêm, un combattant d'émulation dans l'enseignement populaire, provenait du principal *họ* (Vũ) du village de Quỳnh Xuân (plus de 50% de sa population). Au moment de sa nomination (1956-57-58), il appartenait à la même lignée que le président et le secrétaire du Parti de la commune. *cf.* Entretien, xã Quỳnh Xuân (Quỳnh Lưu, Nghệ An), 9.9.1996.

étaient fréquentes dans la communauté villageoise. La description du quotidien d'une commune du Nord Viêt Nam proposée par l'écrivain Nguyễn Khắc Trường en confirme l'hypothèse : "Et si je n'étais pas membre du Parti, comment aurais-je pu garder ma fonction de président de la coopérative six ou sept années de suite ? Et grâce à qui les jeunes de notre lignée ont-ils été admis au Parti ? Si je n'avais pas été là, ils attendraient encore !"[52]

Dans les années 1950, le *làng* traditionnel n'avait pas encore entamé sa métamorphose. La prégnance des solidarités lignagères, bien qu'ébranlée par la réforme agraire, s'adapta sans difficulté au nouveau contexte socio-politique. La classe parvenait difficilement à concurrencer le *họ* dans les campagnes. La pérennité de l'organisation lignagère participait à l'originalité du statut de "l'homme nouveau". Une recomposition du lien social, centrée autour des valeurs de loyauté et de mérite politique des "hommes exemplaires" au sein de la communauté, s'imposait pourtant. À l'entrecroisement de ces univers, la figure du combattant d'émulation devenait un critère de la refonte de la stratification sociale, située quelque part entre le poids d'une tradition ancestrale et le souffle d'un idéal de réforme du quotidien. Quelle fut la place occupée en fin de compte par le combattant d'émulation au sein du village dans les années 1950-60 ? Participait-il vraiment à l'affirmation d'une nouvelle élite locale ? N'assistait-on pas plutôt à l'émergence d'une sourde résistance de la hiérarchie villageoise traditionnelle face à l'arrivée de ces "notables réformistes" trop ostensiblement liés à l'État central ?

Une nouvelle élite locale ?

La question du renouvellement de l'élite villageoise au Nord Viêt Nam est complexe. D'une part, il s'agit d'observer quantitativement l'apparition de ces "hommes exemplaires", de cette élite patriotique, au sein de la commune. D'autre part,

---

[52]. Nguyễn Khắc Trường, *Mảnh đất lắm người nhiều ma*, Hà Nội, nxb Hội Nhà Văn, 1991, p. 28.

l'analyse doit être qualitative afin de prendre en compte le devenir et l'intégration professionnelle du combattant d'émulation dans le village. Quelles positions occupèrent les nouveaux "officiers méritants" dans l'organigramme villageois dans les années 1950-60 ? À quel niveau s'imposèrent-ils massivement ? Représentèrent-ils vraiment un risque de contre-pouvoir à la pugnacité traditionnelle de l'appareil communal ?

La présence de "l'homme exemplaire", nous le disions, connut de réelles disparités sur le territoire : "Construire le socialisme est un devoir révolutionnaire éternel, mais cela reste une tâche très difficile" notait le comité populaire de la province de Lào Cai en avril 1960[53]. Le 18 avril 1960, à l'occasion de la conférence annuelle répertoriant les activités d'émulation réalisées dans la province de Lào Cai, les cadres provinciaux critiquèrent le faible nombre de combattants d'émulation élus dans l'ensemble de la circonscription au cours de l'année 1959. À titre d'illustration, observons la répartition numérique des "travailleurs exemplaires" élus sur le territoire de cette province reculée dans le courant de l'année 1959. Alors que les unités de production et les communes délivrèrent à leurs échelons 1 441 diplômes de "travailleur d'avant-garde", le comité provincial d'émulation de son côté n'accordait le titre de "combattant d'émulation" qu'à 154 d'entre eux, un chiffre équivalent à moins de 8 % du total des ouvriers et paysans émérites de la province[54]. Si l'on compare maintenant le nombre des "combattant d'émulation" à celui de l'ensemble de la population de la province (130 000 habitants en 1960), il apparaît que la distinction patriotique du nouveau régime ne concernait qu'une minorité, une élite politique ?, de la population rurale. À

---

[53]. Báo cáo thành tích phong trào thi đua yêu nước 1959 và nhiệm vụ thi đua yêu nước năm 1960 tỉnh Lào Cai, in AVN3, BLD, dossier n°583, document n°3866, 29.4.1960.

[54]. Et cela malgré la présence de nombreuses entreprises sous tutelle ministérielle situées dans la province (mine d'apatite, centrale électrique), *cf.* Thống kê số lượng công nhân các ngành năm 1959 của Sở Lao động, in AVN3, BLD, dossier n°449, 1959.

l'échelle de la commune, la proportion de candidats retenus pour leur exemplarité est presque équivalente.

Commune	Habitants majeurs	Combattants d'émulation
Vinh Kim	395	1 élu
Vinh Tu	693	4 élus
Vinh Lam	538	1 élu
Vinh Khê	88	3 élus
Vinh Hoà	636	2 élus
Vinh Giang	905	4 élus
Vinh Long	819	3 élus
Vinh Thuong	117	2 élus
Vinh Thach	595	6 élus
Vinh Hiên	1090	2 élus
Vinh Quang	547	3 élus
Vinh Trung	545	4 élus
Vinh Son	784	1 élu
Vinh Ha	100	1 élu
Vinh Châp	576	4 élus
Vinh Thuy	586	3 élus
Vinh Truong	117	3 élus
Vinh Nam	791	2 élus

Tableau : <u>Nombre de "combattants d'émulation" élus / nombre d'habitants éligibles (province de Vinh Lĩnh)</u>[55]

La répartition du nombre des combattants d'émulation élus par village dans la province de Vinh Lĩnh montre la rareté quantitative de "l'homme exemplaire" au sein de la commune.

---

[55]. Tableau tiré de : Danh sách thánh tích đơn vị và cá nhân được BLĐ đề nghị khen thưởng huân chương lao động năm 1957, in AVN3, BLD, dossier n°291, document n°57/VL, 1958.

Entre 1951 et 1965, les "diplômes patriotiques" auréolaient une minorité de la population. Les "travailleurs exemplaires" gonflaient les rangs de la nouvelle élite productiviste et patriotique. "Combattants d'émulation" et "travailleurs d'avant-garde" participaient à la création de l'idéal communautaire de l'ère nouvelle. Le peuple rejoindrait la voie vers le socialisme en poursuivant la quête de ces "hommes exemplaires". Au-delà de la rhétorique révolutionnaire, qu'en était-il réellement au cœur du quotidien villageois ? Quel rôle octroyait-on finalement aux combattants d'émulation dans le village ?

Dans les années 1950, l'organigramme de la commune vietnamienne se subdivisait en cinq sphères d'activités principales : un appareil administratif à l'échelon de la commune et du hameau ; un appareil idéologique centré autour du Parti ; une sphère économique comprenant coopératives et groupes de productions ; les organisations de masses ; un appareil social autour des installations médicales et éducatives[56]. Choisis parmi les plus humbles, les combattants d'émulation ne parvinrent pas à s'emparer des postes-clés de l'appareil villageois dans les années 1950-60. Les assemblées populaires communales réservaient pourtant une place aux porteurs du titre de "combattant d'émulation", mais l'entrée des travailleurs exemplaires dans ces instances de consultation locale restait assez marginale dans les années 1960. En 1962, ils représentaient à peine 20 % des membres élus au sein des assemblées populaires de la province du Nghệ An[57]. De même, ces nouveaux "officiers méritants" atteignirent rarement le sommet de la hiérarchie communale (marquée par la possession du poste de secrétaire du Parti, de président de la commune et/ou de responsable de la coopérative). Sur l'ensemble des combattants d'émulation interviewés dans les districts de Nguyên Bình, Thuận Thành et Quỳnh Lưu, seuls 2 %

---

[56]. Sur l'organisation de la commune nord-vietnamienne dans les années 1950, voir l'excellente étude de Diệp Đinh Hoa, *Làng Nguyễn. Tìm hiểu làng Việt II*, Hà Nội, nxb Khoa học xã hội, 1994, pp. 267-309.
[57]. Thống kê kết quả bầu cử Hội đồng nhân dân tỉnh Nghệ An Khoa IV năm 1962, in AVN3, BNV, dossier n°1778, document n°23/NA, 1962.

occupèrent un poste de président de la commune, 8 % celui de secrétaire communal du Parti et 11 % d'entre eux la responsabilité de coopératives au cours de l'année suivant la réception de leur titre.

Mais un titre de combattant d'émulation, cela permettait pourtant bel et bien de grimper dans la hiérarchie professionnelle de la commune. En effet, le *chiến sĩ thi đua* n'occupait pas seulement une fonction honorifique intermédiaire au sens traditionnel du terme. L'administration leur réservait prioritairement des postes techniques : chef de groupe de production, responsable de la sécurité, chef du département des affaires économiques, responsable des affaires culturelles, du département d'alphabétisation, cadre de direction du hameau, comptable de la coopérative etc. En revanche, lorsque la commune était située dans des contrées reculées et faiblement idéologisées, le combattant d'émulation pouvait obtenir plus rapidement un poste-clé dans l'appareil villageois. À Vũ Nòng (Nguyên Bình, Cao Bằng), le cadre Dao đỏ Triệu Thùng Chòi occupa sans peine les postes de président de la commune, de responsable des questions de sécurité et chef de la petite structure coopérative d'achat et de vente. L'absence d'élite locale traditionnelle faisait du combattant d'émulation l'acteur central de la modernisation de l'administration villageoise.

Combattants d'émulation et ethnies minoritaires

En 1957, 11 % de la population nord-vietnamienne appartenait à l'une des 54 ethnies recensées sur le territoire national. L'intégration des peuples minoritaires a toujours représenté un enjeu politique d'envergure pour les communistes vietnamiens : "La politique de notre Parti et de notre gouvernement envers les zones de montagne se concentre sur deux points centraux : une solidarité entre les peuples et une amélioration du niveau de vie de nos compatriotes."⁵⁸ L'allégorie du creuset ethnique de la société vietnamienne est un mythe fondateur de l'historiographie d'État communiste. Les récits des cadres responsables de l'idéologisation des zones montagneuses abondent en descriptions sur l'accueil enthousiaste des peuples minoritaires à leur égard⁵⁹. Le Việt Minh a très tôt conscience du rôle stratégique de la région du Việt Bắc pour la victoire de son mouvement⁶⁰. Depuis le retour de Hồ Chí Minh dans la province de Cao Bằng en février 1941, le Mèo est l'hôte incontournable du succès de la résistance Việt Minh.

Et pourtant, considérer la participation sans réserve des peuples minoritaires à la lutte de la RDVN est naturellement une erreur historique. Les forces coloniales françaises et les communistes vietnamiens se sont à maintes reprises disputé le soutien des chefs d'ethnies afin de renforcer leur présence sur le territoire⁶¹. En 1947, un document Việt Minh montre les difficultés éprouvées par son administration pour mobiliser les peuples minoritaires : "En ce qui concerne les peuples minoritaires, d'un côté il convient d'acheter, au moyen de gratifications, les chefs et les mandarins. Il faut tenir en main les dirigeants. D'un autre côté, il est nécessaire d'être énergique face

---

⁵⁸. Discours de Hồ Chí Minh à la conférence des cadres des zones montagneuses (1.9.1962), in Ban dân tộc Nghệ Tĩnh, *40 năm một chặng đường*, Vinh, nxb Nghệ Tĩnh, 1985, p. 1.

⁵⁹. Deux excellentes descriptions du travail des cadres de la RDVN auprès des peuples minoritaires au cours la première guerre indochinoise se trouvent dans les œuvres de Nguyễn Ngọc et Nguyễn Tuấn. *cf.* Nguyễn Ngọc, *Noup le héros des montagnes*, Hanoi, Éditions en Langues Étrangères, Hanoi, 1959. (traduction G. Boudarel) et Nguyễn Tuấn, *Ký*, Hà Nội, nxb Văn học, 1976.

⁶⁰. "Une solidarité entre tous les peuples se base sur des principes d'égalité et d'entraide afin de renforcer la résistance et de progresser mutuellement vers le progrès" précise la "politique ethnique" (chính sách dân tộc) promulguée par la RDVN le 22.6.1953. *cf.* Chính sách dân tộc sô 281-Ttg ngày 22.6.1953, in *Công báo*, n°6-7, 1953, pp. 87-90.

⁶¹. Voir le récit de Hélie de Saint Marc sur son séjour parmi les Thổ de la province de Cao Bằng. *Ibid., Mémoires. Les Champs de braises*, Paris, Perrin, 1995.

aux réactionnaires. L'expérience de Lạng Sơn nous a montré que plus nous faisions de concessions aux Nùng, plus ces derniers se montraient exigeants. Un grand nombre d'entre eux ont suivi les bandits. Lorsque nous avons eu une ferme répression, dans quelques endroits, ils se sont tenus tranquilles, et de plus, beaucoup d'entre eux sont même venus se rendre à nous."[62] Dans l'esprit des peuples minoritaires les notions de famille, de race ou de clan étaient plus compréhensibles que l'abstraction du concept de nation. Leur mobilisation préoccupait pourtant grandement le Việt Minh, convaincu que le recrutement et la formation de "cadres minoritaires" étaient une étape indispensable pour assurer la victoire du mouvement[63]. Pour autant, déclarations politiques et statistiques nationales se faisaient sans cesse l'écho de l'enthousiaste participation de ces peuples minoritaires au mouvement d'émulation[64].

Ainsi, l'historien est-il en droit de savoir si les ouvriers et paysans des ethnies minoritaires se sont réellement intégrés au mouvement d'émulation. De 1955 à 1965, l'entreprise Kim Loan a rarement sélectionné des combattants d'émulation originaires des ethnies minoritaires du district. Nguyên Bình et Quỳnh Lưu ne représentent certes pas l'ensemble du Nord Việt Nam, mais la réalité de ces districts a toutefois le mérite de nuancer une vision souvent simplificatrice affirmant le rôle d'avant-garde de ces peuples dans la construction nationale[65].

À l'arrivée des premières familles d'ingénieurs soviétiques à Tĩnh Túc à l'automne 1956, le site était presqu'exclusivement peuplé de paysans d'ethnies minoritaires (200 foyers de Dao đỏ,

---

[62]. Tract Việt Minh, in CAOM, CP, dossier n°15 suppl, document n°2264 /C, 28.3.47.
[63]. Trần Huy Liệu, *Cách mạng tháng tám*, vol. I, Khu Thiên Thuat, nxb Sự Thật, 1977, p. 73.
[64]. Báo cáo danh sách chiến sĩ thi đua, đơn vị lao động xuất sắc năm 1958 của Khu tự trị Thái Mèo, Việt Bắc, in AVN3, BLD, dossier n°299, 1958.
[65]. L'un des ouvrages-clés de cette historiographie est le bilan dirigé par Bế Viết Đẳng, *50 năm các dân tộc thiểu số Việt Nam (1945-1995)*, Hà Nội, nxb Khoa học xã hội, 1995.

Dao Trắng et H'mông). À l'époque où les Français exploitaient la mine d'étain, peu d'entre eux participaient aux activités d'extraction. On invoquait souvent comme raison une présumée incompétence de ces peuples paysans, mais aussi leurs difficultés à communiquer avec les ingénieurs français et leurs assistants vietnamiens. Quand la RDVN prit la décision de réhabiliter le site de Tĩnh Túc, le comité administratif de la province de Cao Bằng envisagea une nouvelle répartition des populations dans la vallée. Située à une dizaine de kilomètres au nord de Tĩnh Túc, la commune de Vũ Nông hébergeait les familles Dao đỏ. Officiellement, le plan de réhabilitation du site devait répondre à un problème de surpopulation. L'administration encouragea alors les retours des Dao đỏ sur la commune de Vũ Nông. Afin de pousser ces familles à quitter la vallée, les impôt et les taxes agricoles furent augmentées. En renvoyant à Vũ Nông la moitié des foyers Dao đỏ, l'administration ouvrait la mine de Tĩnh Túc à une nouvelle émigration économique. À la fin des années 1950, il ne restait guère que sept familles de peuples minoritaires dans la mine, dont trois de l'ethnie H'mông. En guise de compensation, la commune de Vũ Nông fut la première du district à être raccordée au réseau électrique de Tĩnh Túc. À partir de 1956-1957, la migration économique était lancée. En 1960, la région fut officiellement classée par le gouvernement "Nouvelle zone économique" et le site d'extraction se mit à drainer des ouvriers et des cadres de l'ensemble du territoire (en 1965, 80 % des 7 000 habitants provenaient toutefois de la seule province de Cao Bằng)[66].

Que cachait en fait une telle politique de répartition ethnique ? S'agissait-il uniquement d'une mesure visant au développement d'une zone défavorisée ? Ne devait-on pas plutôt y voir une incitation à des migrations politiques et ethniques afin de parfaire l'"idéologisation" d'une zone de développement prioritaire ? À la lisière de ces interrogations, il convient d'abord d'opérer une distinction entre les différents représentants des ethnies

---

[66]. Histoire de la compagnie Kim Loan (données statistiques), document ronéotypé, 19.8.1996.

minoritaires élus au titre de "combattants d'émulation". 85 % des combattants d'émulation provenaient des ethnies Kinh et Tày. Les Tày ont toujours représenté le groupe ethnique le plus "vietnamisé" dans le pays. Leurs mœurs, coutumes, langue et lieux d'habitation étaient souvent comparables à ceux du peuple Việt (Kinh)[67]. À l'inverse, on trouve au bas de l'échelle les montagnards Dao đỏ (ou Mán đỏ) aux rites, langue et mode de vie les plus éloignés. Les peuples minoritaires du Viêt Nam ne peuvent pas être appréhendés globalement. L'historien doit prendre en compte dans la longue durée l'historique des rapports entretenus entre chacune des ethnies minoritaires et le peuple *Kinh*. Si l'on croise les zones de peuplement Kinh et Tày, principalement de la plaine du bourg de Nguyên Bình à la mine de Tĩnh Túc, avec les territoires où vivent les ethnies montagnardes (Dao đỏ, Dao Tiền, H'mông, Ngái, et Xơ Đăng), on se rapproche du relevé des espaces de diffusion du mouvement d'émulation entre 1951 et 1965. Il s'agit dès lors non plus de s'interroger sur les conséquences des regroupements de populations de 1956-57 mais plutôt sur les limites de la politique nationale de mobilisation des peuples minoritaires.

Alors que les statistiques officielles démontrent l'effort réalisé dans la province en 1956-1965[68], les résultats de nos enquêtes prêtent pourtant à moins d'optimisme. En 1965, sur les 18 communes du district de Nguyên Bình, seules cinq (Lang Môn, Bắc Hợp, Minh Thanh, Nguyên Bình, Tĩnh Túc) étaient reliées

---

[67]. Chu Văn Tấn, *Reminiscences on the Army for National Salvation*, Memoir of general Chu Văn Tấn, Data paper n°97, Ithaca & New York, Cornell University, 1974, p. 30.
[68]. Kế hoạch báo cáo của Bộ văn hóa về công tác văn hóa ở các khu tự trị và các vùng dân tộc thiểu số, in AVN3, BVH, dossier n°885, 1956. Chế độ đối với giáo viên hoạt động ở miền núi, in AVN3, BLD, dossier n°836, 1959. Kế hoạch của các Ty Văn hóa năm 1961 (tỉnh Cao Bằng), in AVN3, BVH, dossier n°257, 1961. Báo cáo tổng kết công tác văn hóa năm 1961 của các Sở Ty văn hóa khu Việt Bắc, in AVN3, BVH, dossier n°104, 1962. Kế hoạch ba năm (1965-67) của Ty Văn hóa Cao Bằng và báo cáo thực hiện kế hoạch năm năm Ty văn hóa Cao Bằng (1961-1965), in AVN3, BVH, dossier n°308, 1965.

par une voie de communication carrossable. Les canaux de l'idéologisation tardèrent à s'implanter. Le "mobilier idéologique", maisons de la culture (*nhà văn hóa*, en 1980), hauts parleurs (*loa*, en 1965), librairies populaires (*hiệu sách nhân dân*, en 1971) et électricité (1965), fit son apparition dans le chef-lieu de district avec du retard sur les planifications annoncées. L'État avait bien fait traduire quelques livres en langues Tày/Nùng, mais dans les années 1960 aucun ne l'était encore en langue Dao. La connaissance du *quốc ngữ* était rare chez les paysans minoritaires. À la fin des années 1960, sur les 1 500 habitants de la commune de Vũ Nông, 20 seulement en avaient la maîtrise ; une proportion supérieure toutefois à celle trouvée dans les communes de Yên Lạc, La Thành, Mai Long, Phan Thanh et Thành Công, distantes de plusieurs heures de marche du chef-lieu de district. Avant le milieu des années 1970, 90 % des communes en zone de montagne à Nguyên Bình ne furent le terrain d'aucune activité de propagande. Exclusion ou auto-exclusion, les minorités ethniques du district de Nguyên Bình, à l'exception, rappelons-le, d'une partie des Tày et des Nùng souvent localisés dans la plaine, participèrent faiblement aux campagnes d'émulation nationale entre 1951 et 1965.

À Quỳnh Lưu, les peuples minoritaires sont regroupés dans la partie occidentale et montagneuse du district. En 1948, ces foyers (150 *hộ* de l'ethnie Thái) ne représentaient que 2 % de la population totale du district (estimée à 80 000 personnes) localisés dans les villages de Quỳnh Thắng, Quỳnh Châu et Quỳnh Tam[69]. Ces trois communes sont situées à deux heures à cheval (11 kilomètres) du centre du district. Originaires des provinces de Hòa Bình et de Thanh Hóa, ces familles sont

---

[69]. Les Thái des régions montagneuses du Nghệ An se composent de trois grands groupes : les Táy Mương (ou Táy Chiềng, Hàng Tổng) ; les Táy Thanh (ou Man Thanh) ; et les Táy Mười. Les Táy Mương représentent le groupe le plus nombreux et le plus anciennement implanté dans la province. *cf. 40 năm chặng đường*, Vinh, nxb Nghệ Tĩnh, 1985, pp. 157-158.

arrivées au début du XIXe siècle[70]. L'ethnie Thái était la plus nombreuse dans le Nghệ An (70 % du total de la population de minoritaires). Dans les années 1950, elle restait en retrait des activités politiques développées dans les zones côtières et la plaine centrale. "Les minoritaires de Quỳnh Thắng n'ont pas participé au mouvement révolutionnaire" rappelle le secrétaire du Parti du village. Alors que la directive de la "loi ethnique" de 1953 préconisait de "choisir des minoritaires qui avaient des bons résultats dans le travail puis de les éduquer, de les former afin qu'ils deviennent les cadres piliers de leur circonscription"[71], ses effets sur le terrain apparaissent plus modestes.

À Quỳnh Lưu, les autorités du district n'encouragèrent pas le développement du mouvement d'émulation national dans les trois communes jusqu'au début des années 1960. Les familles Thái cultivaient traditionnellement leur propre terre. On ne trouvait pas de propriétaire terrien. L'administration du district jugea inutile d'envoyer une équipe de la réforme agraire sauf à Quỳnh Thắng où un groupe de cadres se rendit en 1954 avant de renoncer à toute activité de réorganisation sociale. La mobilisation des populations minoritaires était faible. Diffusé dans le district depuis 1948, le slogan gouvernemental "Đoàn kết dân tộc, đoàn kết lương giáo" (solidarité ethnique et solidarité religieuse) ne fit guère évoluer la réalité de ce retrait[72]. La première campagne d'émulation tenue à Quỳnh Thắng, Quỳnh Châu et Quỳnh Tam date de l'établissement d'une coopérative agricole en 1959 et se concrétisa par l'élection des premiers "travailleurs exemplaires" (lao động xuất sắc) de la circonscription. Pourtant comme à Nguyên Bình, l'arrivée de ce mouvement ne s'appuya pas sur les "peuples minoritaires" originaires de ces trois communes. Le gouvernement avait lancé un programme de relocalisation des réfugiés du Sud Viêt Nam. En 1959-60, plus de 6 000 *Kinh*

---

[70]. *Quỳnh Lưu : huyện địa đầu xứ Nghệ*, Ban chấp hành huyện Đảng bộ và UBND huyện Quỳnh Lưu, Vinh, 1990, p. 12.
[71]. Tài liệu học tập cho chiến sĩ và dân công năm 1954, in AVN3, BLD, dossier n°315, document n°3/DT, 1954.
[72]. *Quỳnh Lưu : huyện địa đầu xứ Nghệ*, op. cit., p. 99.

originaires du sud du pays s'établirent dans les communes montagneuses du district de Quỳnh Lưu. Le flux se renforça encore en 1963-1964. Majoritaires avant 1960, les peuples Thái furent progressivement marginalisés dans leurs bases d'implantation traditionnelle ; beaucoup se sont retirés dans des zones plus reculées[73]. L'arrivée des *Kinh* s'accompagnait d'un redémarrage des activités de mobilisation politique. En 1963-64, des coopératives étaient créées dans neuf des hameaux de la commune de Quỳnh Thắng, "mais le mouvement était cependant d'une extrême faiblesse dans les quartiers à majorité Thái"[74]. Chu Văn Cầu, un cadre *Kinh* envoyé par l'administration du district pour mobiliser ces populations reculées, mit en place la première coopérative de la commune. En 1963, le comité de la province dépêcha un nouveau secrétaire du Parti pour la commune. La politique d'émulation s'implantait par le biais de l'immigration. Jusqu'au milieu des années 1960, à Quỳnh Lưu comme à Nguyên Bình, "l'homme nouveau" portait rarement les traits du minoritaire ethnique.

Combattants d'émulation et catholiques

Au cours de la première guerre indochinoise, les catholiques furent, plus que toute autre minorité, un enjeu entre les deux camps, enjeu non seulement militaire mais surtout idéologique et identitaire. Le Việt Minh attachait beaucoup d'importance à sa propagande envers les catholiques. Il tâchait de reconquérir leur confiance afin de s'assurer leur soutien : "Le travail de conquête des catholiques dans le *liên khu* exige actuellement de nous un

---

[73]. Entretien, xã Quỳnh Châu (Quỳnh Lưu, Nghệ An), 10.9.1996.

[74]. *Ibid.*, 10.9.1996. Le "département provincial des questions ethniques de la province" assurait pourtant que 95 % des familles Thái du Nghệ An étaient entrées dans les coopératives entre 1958 et 1965. *cf. 40 năm chặng đường, op.cit.*, p. 169. Une autre source montre pourtant que la participation des foyers minoritaires dans les communes de montagne du district de Quỳnh Lưu n'atteignait guère plus que 65 % du total en 1965, in *Quỳnh Lưu : huyện địa đầu xứ Nghệ, op. cit.*, p. 113.

esprit patient positif, minutieux et attentif."[75] Au début des années 1950, la politique du Việt Minh connut un certain succès, en particulier dans la région du Nghệ Tĩnh et de Thanh Hóa où la désorganisation des communautés chrétiennes était réelle : "Ruinées matériellement, les chrétientés sont de plus en plus désorganisées par la disparition de leurs membres, par l'isolement créé autour d'elles, et par l'éloignement de leurs prêtres. Parfois, les jeunes gens sont envoyés ravitailler l'armée à travers la forêt et très peu reviennent de ces corvées. Ou encore, à l'annonce d'un bombardement ou d'une opération militaire, on ordonne l'évacuation d'une partie de la population. Privés des relations que la Fédération Catholique, aujourd'hui dissoute, maintenait entre eux, les chrétiens sont livrés sans défense à la propagande."[76] Le choix des autorités lors de la conférence de Tuyên Quang (mai 1952) de nommer parmi les sept premiers héros nouveaux du pays le paysan catholique Hoàng Hanh, originaire du Nghệ An, participait à une stratégie globale de renforcement de l'unité nationale. Lors des accords de Genève (1954), la clause 14/d prévoyait l'échange des populations entre le Nord et le Sud pendant une période de 300 jours. Le commissariat pour les réfugiés de Saigon chiffra à 794 876, le nombre de catholiques à avoir quitté le nord du pays entre le 21 juillet 1954 et le 21 mai 1955. Un chiffre équivalent à près des 2/3 des catholiques présents dans le pays[77]. Ceux qui restèrent, rappelle l'historienne Trần thị Liên, le firent souvent moins par

---

[75]. Cité par Trần thị Liên, *Les Catholiques vietnamiens pendant la guerre d'indépendance (1945-1954). Entre la reconquête coloniale et la résistance communiste*, Thèse I.E.P., Paris, 1996, p. 576.

[76]. Questions religieuses, in Archives du MAE, Paris, Indochine 1944-55, Dossier n°187, document n°717/AS, 23.12.1953. Cité par Trần thị Liên, *Ibid.*, p. 577.

[77]. Selon Trần Tam Tinh, les catholiques en 1954 représentaient 10% de la population de la RDVN (1 390 000 sur 13 millions), un chiffre tombant en 1956 à 6,5 % (550 000). *cf,* Trần Tam Tinh, *Dieu et César, Les Catholiques dans l'histoire du Vietnam*, Paris, Sudestasie, 1978, p. 45 et p. 102.

choix politique délibéré que par attachement à leur terre natale, et par manque de moyens pour pouvoir partir.

En 1947-48, les catholiques représentaient plus de 10 % de la population du district de Quỳnh Lưu (6 500 personnes)[78]. Malgré les appels à la réconciliation et les promesses de bonne volonté du gouvernement (résolution du 26 mars 1955 ; loi fondamentale sur la liberté religieuse du 14 juin 1955[79]), les départs pour le Sud furent nombreux dans le district de Quỳnh Lưu. Les rédacteurs de la monographie du village de Quỳnh Thọ évoquent le chiffre de 1 728 catholiques (plus de 60 % de la population de la commune !) à avoir quitté leur village natal au cours de la période[80]. Les sources officielles insistaient pourtant davantage sur la solidarité des catholiques vis-à-vis du mouvement Việt Minh : "Dès les premiers jours de la guerre, les compatriotes catholiques ont supporté avec enthousiasme les orientations du gouvernement. De nombreux prêtres et catholiques progressistes entrèrent dans les diverses organisations de masses du district et encourageaient les membres de leur communauté à supporter l'administration dans un état d'esprit du respect de l'église patriotique."[81] Les mérites de catholiques membres du Parti furent mis en exergue : les figures exemplaires Nguyễn Thinh et Ngô Thành symbolisaient la solidarité qui continuait d'animer le cœur des catholiques du district de Quỳnh Lưu dans sa lutte contre l'envahisseur étranger.

Au lendemain de la victoire de Điện Biên Phủ, les départs massifs des catholiques vers le Sud marquaient pourtant du sceau de l'échec le discours unioniste prôné par les autorités locales depuis la reprise des hostilités en 1946. En 1956, la tension perdurait entre la communauté catholique et l'administration du district : "Ici la seule religion depuis la révolution d'août, c'est le Parti. Il n'y a pas de catholique, pas de bouddhiste" s'insurgeait

---

[78]. *Quỳnh Lưu : huyện địa đầu xứ Nghệ*, op. cit., p. 99.
[79]. *Hồ Chí Minh biên niên tiểu sử*, t.VI, nxb Chính trị Quốc gia, 1995, p. 108.
[80]. *Quỳnh Thọ*, Đảng uỷ, UBND xã Quỳnh Thọ, 1990, p. 53.
[81]. *Quỳnh Lưu : huyện địa đầu xứ Nghệ*, op. cit., p. 99.

l'ancien secrétaire du Parti de la commune de Quỳnh Đôi[82]. "À cause de notre politique, la clique des réactionnaires en a profité pour pervertir les masses arriérées de catholiques, notre résistance a été très sérieuse. L'incident le plus grave concerne la commune de Quỳnh Yên, les villages catholiques de Hà Lang, Cẩm Trương se sont rebellés, créant un type de jacquerie catholique."[83] En septembre 1956, les deux communautés s'affrontèrent violemment pendant une semaine. Dans le district de Quỳnh Lưu, l'essentiel de la communauté catholique vivait dans les communes de Quỳnh Thanh, Quỳnh Yên, Quỳnh Lâm et Quỳnh Lộc. Au centre de ce réseau de villages catholiques se trouvait la commune de Quỳnh Đôi connue pour l'intransigeance politique de ses cadres et l'ancienneté de ses liens avec le pouvoir central. Le départ des milliers de paysans catholiques renforça les tensions intra-communautaires. Les catholiques étaient accusés de trahison. En août 1956, quelques semaines après la clôture officielle de la période d'échange des populations entre le Nord et le Sud, les demandes d'autorisation au départ continuaient d'affluer au comité populaire de Quỳnh Lưu. Les autorités du district s'y opposèrent systématiquement générant les premiers affrontements entre les deux camps. À Quỳnh Thanh, 40 % de la population de la commune avaient déjà rejoint le Sud. En principe, les déplacements des catholiques étaient sujets à l'obtention d'une autorisation administrative afin d'éviter disait-on tout acte de trahison. Mais la solidarité des rapports quotidiens entre les villages catholiques renforçait les communications entre les communes catholiques du district. La situation se détériora en quelques semaines. Protestant contre ce détournement de la loi, les milices villageoises de Quỳnh Đôi et de Quỳnh Yên occupèrent le corridor reliant Quỳnh Thanh aux autres villages catholiques afin de stopper l'illégalité de ces déplacements. Début septembre, les premiers coups de feu furent échangés. Préoccupé par la soudaine dégradation de la situation, le gouvernement dépêcha un régiment de l'armée populaire afin de séparer les

---

[82]. Entretien, xã Quỳnh Đôi (Quỳnh Lưu, Nghệ An), 7.9.1996.
[83]. *Quỳnh Lưu : huyện địa đầu xứ Nghệ, op. cit.*, p. 111.

forces en présence. Avant de contrôler finalement le foyer de rébellion au début du mois d'octobre, le détachement de l'armée populaire eut de nombreuses pertes à son actif. Le gouvernement prit très au sérieux ces violences intra-communautaires. Son administration décida une nouvelle répartition des catholiques en accélérant le remembrement du cadastre de la circonscription entamé en 1954. En 1958, la commune Quỳnh Thanh était désormais la seule à conserver une population intégralement catholique. Ailleurs, les autorités avaient rattaché les hameaux catholiques (*Làng giáo* ou *xóm giáo*) aux communes *lương* (non-catholiques) environnantes.

À la suite des événements de septembre 1956, quelle pouvait être la réaction de la communauté catholique de Quỳnh Lưu face à la politique d'émulation patriotique ? Dès le lendemain de la conférence de Tuyên Quang (1952), les cadres communaux commencèrent à diffuser sans grand succès la biographie du héros Hoàng Hanh (Nam Đàn, Nghệ An) afin d'inciter les catholiques à rejoindre le mouvement patriotique national. À Quỳnh Thanh, le comité populaire n'organisa pas de campagne d'émulation entre 1956 et 1965. La commune possédait bien un appareil de mobilisation idéologique et des organisations de masses, mais aucun habitant n'y participait réellement. Quỳnh Thanh attendit 1954 avant de se doter d'une cellule du Parti que dirigea le cadre catholique Nguyễn Trương Chính ; en 1965, le nombre de ses adhérents ne dépassait toujours pas quatre personnes. L'autorité centrale tenta d'isoler la commune rebelle plutôt que de l'intégrer à sa politique de "mobilisation de masses". À la différence de Quỳnh Trắng, le gouvernement ne chercha pas à l'intégrer dans ses zones prioritaires d'immigration. L'idée fut même abandonnée d'y installer un "mobilier culturel" (maison de la culture, librairie, club de loisir etc.) ; les groupes culturels ambulants de la province n'inscrivaient plus la commune dans leurs tournées annuelles. Le ministère de l'Éducation s'arrangea toutefois pour envoyer un nouvel instituteur pour l'école primaire de la commune, mais les habitants de Quỳnh Thanh ne cachèrent pas leur défiance en y envoyant rarement leurs enfants :

"Apprendre pour finalement s'occuper des buffles, à quoi bon...."[84]

Composée d'un tiers de catholiques à la fin des années 1950, la commune de Quỳnh Lộc organisait en revanche des campagnes d'émulation dans sa circonscription depuis 1951. Le comité populaire avait choisi toutefois de ne pas intégrer les catholiques dans le mouvement. Jusqu'en 1965, aucun d'entre eux ne fut élu au titre de "combattant d'émulation" ou même de "travailleur exemplaire". Quỳnh Lộc accueillait la première coopérative catholique du district de Quỳnh Lưu, mais les peurs étaient tenaces dans la commune. On craignait toujours que "ces hommes qui se mettent de l'eau sur la tête"[85] ne soient des espions de l'étranger. Depuis 1953, l'administration communale de la commune de Sơn Hải, 50 foyers catholiques réunis dans un hameau de la commune, avait essayé sans grand succès de lancer un mouvement Hoàng Hanh afin d'intégrer la minorité catholique à l'effort collectif : "Les catholiques de Sơn Hải n'ont pas participé aux organisations de masses, on n'encourageait pas leur présence pendant la guerre, ils n'avaient même pas le droit d'être des soldats parce qu'on avait peur qu'ils soient des traîtres."[86] Jusqu'en 1965, quelques catholiques avaient pourtant bien adhéré à la coopérative d'achat ou aux groupements de pêcheurs de la commune, mais l'administration locale, par manque de confiance, préférait ne pas les distinguer par un titre d'exemplarité. Un hameau à majorité catholique pouvait en principe être représenté par l'un des siens ; de 1945 à 1965 le paysan Quang Phúc dirigea l'administration du hameau de Sông Ngọc (commune de Quỳnh Ngọc), mais les cas étaient rares, surtout après le passage des équipes de la réforme agraire[87]. Parmi les 18 communes de la plaine de Quỳnh Lưu, la commune de Quỳnh Giang, dont le quart

---

[84]. Entretien, xã Quỳnh Thanh (Quỳnh Lưu, Nghệ An), 10.9.1996.
[85]. Entretien, xã Quỳnh Thuận (Quỳnh Lưu, Nghệ An), 8.9.1996.
[86]. Entretien, xã Sơn Hải, (Quỳnh Lưu, Nghệ An), 9.9.1996.
[87]. Trần Chất Hiên, un catholique de la commune de Minh Châu occupa le poste de vice-président de la commune jusqu'à ce que l'équipe de la réforme agraire prenne la décision de le destituer en 1955.

de la population était de confession catholique (1 300 personnes) en 1960, fut la seule à élire un paysan catholique au titre de "combattant d'émulation"[88]. Ailleurs, les statistiques officielles, et la mémoire collective, confirment la réalité d'un fort ostracisme religieux jusqu'au milieu des années 1970. Entre 1951 et 1965, si "l'homme nouveau" avait peu de chance d'être issu des minorités ethniques, il n'en avait guère plus d'être de confession catholique. Sa religion était d'abord celle du gouvernement et du Parti du travail.

Le titre de "combattant d'émulation" offrait de la sorte à son titulaire moins un moyen de concurrencer une élite locale souvent bien inscrite dans le paysage local qu'un accès à de nouvelles fonctions intermédiaires créées par la République démocratique du Viêt Nam. Le diplôme patriotique délivré par l'État permettait, il est vrai, une ascension sociale pour ses titulaires. Jamais pourtant il ne provoqua de réelle remise en cause des hiérarchies traditionnelles au sein du village. "A dire vrai, les dirigeants de la province n'avaient en fait pas tellement envie de voir s'émanciper les combattants d'émulation de leur position antérieure dans la circonscription."[89] La structure réelle du pouvoir, celle composant avec le réel social, ne craignait-elle pas en fin de compte de voir émerger un contre-pouvoir potentiel à son influence au sein de la population ? Au Viêt Nam, pour les petites gens, le combattant d'émulation représentait d'abord la croyance en une réforme de l'ordre ancien et cela, quelle qu'ait été la modestie de la place qu'il parvint à s'arroger au sein de la société ; né de l'illusion d'une rhétorique patriotique, il n'était guère parvenu à s'émanciper des sourdes exigences de sa condition.

---

[88]. Ông Kinh, décédé aujourd'hui, aurait été élu "combattant d'émulation" agricole en 1962 (date non confirmée).
[89]. Entretien, xã Linh Xá, (Thuận Thành, Hà Bắc), 8.6.1996.

Chapitre V
Le héros nouveau
1952-1964

"L'histoire sans la biographie serait quelque chose comme un repos sans relaxation, une nourriture sans goût, et à peu près comme une histoire d'amour sans amour".

Victor Albjerg[1]

Le territoire du "héros nouveau" au Nord Viêt Nam baigne ses rives entre mythe et réalité. La figure de Tuyên Quang a bel et bien existé, teintée de l'omnipotence d'une rhétorique politique autoritaire et internationaliste. Dans la RDVN des années 1950, la question du "héros nouveau" est celle de la lente et progressive disparition de la mémoire individuelle au profit de l'appareil de propagande gouvernemental. À la différence du combattant d'émulation, le nouveau héros vietnamien se distinguait par une plus grande proximité avec le pouvoir central. De cette cohabitation, il est vrai parfois fictive, naissait une distinction qui faisait de la figure héroïque l'incarnation d'une valeur ; un absolu de chair et de sang rendu à la société avec la mission de transmettre un idéal. Le "héros nouveau" était un passeur, l'alchimiste d'une nouvelle conversion entre le pouvoir et son peuple ; à lui de permettre la transcription ; à lui de donner vie à un pouvoir temporel immatériel marqué du poids de la tradition vietnamienne. Depuis 1952, la République démocratique du Viêt Nam sacrifiait à l'emploi d'une clé internationaliste. Le héros

---

[1]. V. Albjerg, "History through Biographical Lenses", in *Social Studies*, n°38, 10.1947, p. 243.

s'était toujours drapé des habits de l'instant : paysan catholique en 1952, guerrier valeureux en 1955-1956, ouvrier émérite en 1958-1962. La figure héroïque remplissait une double mission : sur la scène internationale, elle positionnait le gouvernement sur l'échelle d'une amitié monnayée avec les pays frères ; sur le plan intérieur, elle renforçait l'identification d'un peuple à ses gouvernants dans un pays où la guerre ne voulait plus en finir. Au lendemain de la reprise des hostilités avec le Sud, son inflation en cornera pourtant l'existence, adages et proverbes populaires en moquant la surexposition. Le "héros nouveau" s'installa à la lisière du mythe et de la réalité, fusion fragile mais bien réelle de l'essence d'une nation enfantée des convulsions de ses mythiques rois Hùng.

La biographie officielle

La biographie officielle est une ancienne tradition de l'historiographie d'État au Viêt Nam[2]. Le récit de vie répondait à la nécessité pour une nation de donner du sens à l'existence de ses "vies minuscules". La biographie du héros opère en amont de l'existence individuelle et offre une cohérence aux infimes gesticulations quotidiennes de l'existence. Le récit de vie diluait la trame des destins individuels dans l'essence de la nation : "L'objet de la description n'est pas, comme il est d'usage dans les biographies historiques, une personnalité historique qui aurait vécu et travaillé à une époque particulière, dans un lieu particulier. Au centre du tableau, on trouve beaucoup plus, une forme abstraite, expression d'une conception de l'idéal. Toutes les facettes de la personnalité qui ne correspondent pas à cet idéal de l'héroïsme seront mises de côté au point de ne plus trouver de réelle représentation de l'individuel et de la valeur personnelle. Apparaît alors le présumé ou perceptible caractère téléologique du héros. Par ce procédé, les biographies de héros deviennent un

---

[2]. P. Langlet, *L'Ancienne historiographie d'État au Vietnam*, Paris, PEFEO, 1990.

médium du processus d'héroïsation dans leur action de fusionner l'être d'une personnalité historique en celui d'un héros."[3]

Communisme et décolonisation dans le Tiers-Monde furent à l'origine d'une profonde mobilisation identitaire d'États contraints à la mutation. En Asie du Sud-Est, ce mouvement généra un vaste mouvement de relecture des patrimoines nationaux. Le dessin de la frontière territoriale ne suffisait pas à définir les contours de nations à l'espace remanié. Le destin du héros s'offrait en vainqueur à des États en quête d'identité nationale. Selon l'intellectuel indonésien Masykuri, la biographie du héros constituait un préalable essentiel à la construction nationale : "L'objectif majeur de la construction de ces biographies de héros se retrouve dans la nécessité d'unifier et d'unir la nation, de réveiller l'orgueil national, de conférer une valeur culturelle à l'idée de nation et de garantir l'essence et l'enthousiasme de l'héroïsme dans la vie de la nation et de l'État. En outre, ces biographies ont un autre but, celui de montrer les vies quotidiennes de ces héros nationaux afin de présenter un modèle pour la jeunesse et la société de manière générale. Les biographies représentent un moyen d'entretenir le souvenir de ces héros nationaux, ceux-là qui remplirent le devoir pour la mère-patrie et la nation. Enfin, ces biographies dans un même temps deviennent aussi un médium pour renforcer la conscience nationale et l'intérêt pour l'histoire de la nation et de la mère-patrie."[4]

Au cours des siècles, les dynasties vietnamiennes ont entretenu le flambeau de l'identité biographique en générant de nouvelles généalogies patriotiques. Le régime communiste vietnamien n'a pas remis en cause l'intangibilité de ce principe. Le héros représentait l'essence de l'identité culturelle nationale. La nouvelle génération devait se nourrir du caractère exemplaire des

---

[3]. K. H. Schreiner, *Politischer Heldenkult in Indonesien. Tradition und modern Praxis*, Berlin, Dietrich Reimer Verlag, 1995, pp. 248-249.
[4]. Masykuri, *Pierre Tendean*, Depdikbud, Ditjarahnitra, Jakarta, 1983. Cité par K. H. Schreiner, *Ibid.*, p. 243.

glorieux modèles du passé. À partir de 1954-55, la RDVN doubla la diffusion de ses nouvelles biographies héroïques d'une relecture de ses grandes figures historiques. Le récit de vie du "héros nouveau" s'intégrait à une refonte générale de l'historiographie nationale de type fonctionnaliste. Alors qu'en Indonésie un regard porté sur le destin d'un simple individu plutôt que sur un groupe, une dynastie ou un peuple, était étranger à la tradition javanaise, le monde sino-confucéen a depuis toujours accordé une attention particulière au "caractère exceptionnel d'un destin héroïque". Le récit de vie a toujours été une présentation officielle d'un destin particulier par le pouvoir au Viêt Nam. Jamais une biographie n'intégrait les échanges intimes d'un sujet avec son époque. Depuis le XVe siècle, la hiérarchisation du héros permettait au pouvoir politique de décerner des titres posthumes à ses "officiers méritants" et d'organiser des cultes patriotiques. La biographie des "officiers méritants" rassurait une bureaucratie mandarinale en quête de contrat social. Ces récits remplissaient une fonction administrative et séculière. Édité en 1329, le *Việt điện u linh tập* (Les pouvoirs spirituels du royaume Viêt), tout comme cinq siècles plus tard, les quatre volumes des *Anh hùng lực lượng vũ trang nhân dân* (Les héros des forces armées populaires), offraient à leur époque les enluminures de vies héroïques dédiées à la sauvegarde de la patrie[5].

La rédaction d'une biographie héroïque a toujours relevé du pouvoir politique. Dans le Viêt Nam communiste, les récits de vie étaient élaborés sous la direction d'un comité de rédaction spécialisé rattaché au département de propagande du Parti dans le respect d'un principe-clé du système Hồ Chí Minh : "Ce qui est utile au peuple, au pays, il est naturel de l'exprimer. Ce qui n'est

---

[5]. *Việt điện u linh tập*, 1329. *Anh hùng lực lượng vũ trang nhân dân*, Hà Nội, nxb Quân đội nhân dân, (tome I : 1978 ; tome II : 1980 ; tome III : 1981 ; tome IV : 1982 ; tome V : 1983).

pas utile au peuple, au pays, il est tout aussi naturel de le taire."⁶
En 1952, la rédaction de ces notices biographiques a été confiée à un groupe d'écrivains progressistes sous la direction de Nguyễn Tuấn : "Quand on se réunissait pour réfléchir sur l'aspect d'une biographie de héros, il s'agissait d'abord d'éliminer les détails non corrects de son existence. Les biographies officielles créaient des modèles idéalisés, façonnés sur le papier. Mais dans un même temps, il fallait à tout prix éviter trop de mensonges. En fait, c'était parfois une tâche difficile, car les intellectuels avaient souvent bien peu de contacts avec ces héros."⁷ Cù Chính Thảo, le frère cadet de Cù Chính Lan (1952), héros de la bataille de Hòa Bình, confirme que jamais le gouvernement n'avait envoyé de cadre dans sa famille pour enquêter sur la jeunesse et la vie de son héros de frère. L'exactitude historique ne représentait pas un élément essentiel dans un récit de vie héroïque. L'élaboration d'un archétype de nature idéologique rendait secondaire la confrontation au témoignage.

Prenons l'exemple du double récit de vie du héros Nguyễn Văn Trỗi. En 1965, le gouvernement nord-vietnamien offrait au peuple la vie exemplaire d'un modeste jeune homme du centre du pays (Quảng Nam-Đà Nẵng) parti à Saigon pour y gagner sa vie dans la "misère du régime sudiste". Confronté à l'injustice du système, Trỗi se serait tourné vers la résistance progressiste. Son engagement était le fruit du bon sens individuel, son dévouement, un modèle pour les populations sudistes peu réceptives aux injonctions des nordistes. L'idéal de Nguyễn Văn Trỗi se greffait sur le quotidien banal d'un jeune homme "comme tout le monde". À l'amour pour sa jeune et belle compagne (Phan thị Quyên), il avait préféré la lutte pour l'indépendance de son pays. En 1965, on avait souhaité insister sur la spontanéité et l'esprit d'initiative du peuple sudiste dans sa participation au mouvement de

---

⁶. "Cái gì có lới cho dân, cho nước thì nhất định phải nói. Cái gì không lới có cho dân, cho nước thì nhất định không nói", in Entretien, Hà Nội, 16.4.1997.

⁷. Entretien, Hà Nội, 22.3.1996.

libération nationale. Il s'agissait d'atténuer l'influence réelle du Nord Viêt Nam dans la maîtrise des opérations afin de ne pas heurter un particularisme sudiste ancré dans la mentalité collective. En 1975, la réunification du pays réalisée, l'appareil de propagande du régime jugea utile de reformuler le mythe du héros de Đà Nẵng. En fait Nguyễn Văn Trỗi, pouvait-on lire dans le quotidien de l'armée *Quân đội nhân dân*, ne s'était pas rendu de sa propre initiative dans la capitale sud vietnamienne[8]. Avant son départ pour Saigon, il était déjà un membre actif des Jeunesses communistes au centre Viêt Nam. Son organisation l'avait envoyé à Saigon pour renforcer le mouvement de résistance dans la capitale sudiste. Le 17 février 1964, trois mois avant son action de force contre le secrétaire d'État américain Mac Namara (9 mai 1964), il avait adhéré à un commando secret de l'armée populaire détaché à Saigon. À la reprise des hostilités avec le Sud Viêt Nam, le département de propagande du Parti décidait de promouvoir un contingent de héros d'origine sudiste : Nguyễn Văn Tư (Bến Tre, 1966), Tạ thị Kiều (Bến Tre, 1966), Nguyễn Văn Bé (Thủ Dầu Một, 1967), Nguyễn Việt Hồng (Rạch Giá, 1970) etc. En 1965, le gouvernement avait commandé à l'écrivain nordiste Trần Đình Vân (aidé par la veuve de Trỗi, Phan thị Quyên, originaire de la province de Hà Đông au Nord Viêt Nam), un récit faisant de Nguyễn Văn Trỗi le premier "héros nouveau" sudiste à rayonnement national de la seconde guerre indochinoise. En 1975 en revanche, le Parti a tenu à démontrer la prédominance des initiatives nordistes dans la réunification du pays. En reformulant la biographie de Nguyễn Văn Trỗi, l'État montrait que le héros n'avait été qu'un "agent du Nord", son action de résistance ne pouvait symboliser une quelconque "spécificité cochinchinoise". Le charisme de Trỗi et sa popularité

---

[8]. Nguyễn Thanh, "Chiến sĩ biệt động Sài Gòn", in *Quân đội nhân dân*, Hà Nội, 3.5.1975. Ces modifications furent reprises dans la dernière édition du répertoire des héros de l'armée populaire. cf. *Anh hùng lực lượng vũ trang nhân dân*, Hà Nội, nxb Quân đội nhân dân, 1996, p. 7.

sur la scène internationale transformait le jeune héros en figure-clé de la légitimité du régime de Hà Nội.

La biographie héroïque posait la question du rapport à la mémoire, tout à la fois individuelle et collective. Un récit de vie *post mortem* ancrait le destin d'une personnalité anonyme, que rien n'avait prédisposée de son vivant à acquérir un tel rang dans la société, dans les convulsions d'une histoire nationale. La biographie officielle mettait l'accent sur le détail d'un quotidien qui, généralement, avait échappé à la mémoire de ses contemporains. Avec le temps, le souvenir des proches se reformait autour d'une chronologie des événements issue de ces biographies ronéotypées. Le récit de vie officiel se positionnait en concurrent direct de la mémoire individuelle, il participait à sa reconstruction de l'intérieur.

La reconstruction biographique concernait en outre le cas des "héros nouveaux" nommés de leur vivant. L'État, en choisissant la délocalisation géographique du héros au lendemain de sa nomination, comptait rompre ses liens avec son existence anonyme antérieure. Par le biais des promotions professionnelles, l'administration éloignait le nouvel "officier méritant" de sa région natale. Avec régularité cependant, elle orchestrait les brefs retours du "héros nouveau" dans son village, opération de prestige qui n'offrait au héros guère le temps de se retrouver auprès des siens. L'appareil de propagande visait à limiter l'influence de la mémoire individuelle sur la construction d'un mythe en devenir. Le succès de l'enracinement du mythe du "héros nouveau" dans la mentalité paysanne se construisait autour d'un nécessaire effet de distance.

La biographie héroïque permettait d'abord au pays de reprendre en main l'hétérogénéité de son patrimoine local. À travers les minutes de ces récits, il s'agissait de redécouvrir les mérites d'une histoire locale. Tout comme les figures héroïques d'hier participèrent à la défense de la nation, le héros de Tuyên Quang stabilisait une identité villageoise heurtée par l'intrusion du pouvoir central derrière sa "haie de bambous". La RDVN offrait à la commune le sentiment de se retrouver au cœur de la construction nationale. En 1958, l'État a créé à tous les échelons de l'appareil administratif des comités d'étude de l'histoire du Parti chargés d'élaborer une nouvelle historiographie du local[9]. Les monographies provinciales et les biographies héroïques participaient à une ré-homogénéisation du patrimoine national. Par le biais de la "vie exemplaire" de son "enfant glorieux", l'histoire particulière du village rejoignait le "grand héroïsme" de la communauté nationale.

Représentations du "héros nouveau"

Le problème du héros nouveau est un problème paysan au Viêt Nam. Issu prioritairement des classes laborieuses, le héros, pour le gouvernement, était un formidable outil de communication vis-à-vis de sa population rurale (93 % des 22 millions de Vietnamiens au Nord Viêt Nam en 1955). Sa perception évoluait selon les couches de la population ; plus sa proximité avec les milieux du pouvoir était établie, moins l'imaginaire du "héros nouveau" fonctionnait ; à l'inverse, plus son niveau culturel était faible, plus elle faisait sienne l'image merveilleuse de la nouvelle figure héroïque nationale.

Les cadres, intellectuels et hommes de l'appareil conservaient une image lucide et sans fioriture de la genèse de l'homme de Tuyên Quang. On admettait que le choix final dans l'élection d'une personnalité relevait exclusivement de l'État et de son administration ; le critère s'imposait souvent devant l'objectif statistique exigé (sexe, ethnie, origine sociale)[10]. Mais pourtant, répétait-on, si l'homme de Tuyên Quang avait réussi à gravir les échelons du succès, c'était aussi grâce au caractère exceptionnel de ses mérites productivistes et/ou de ses performances

---

[9]. Lê Mạnh Trinh, "Nghiên cứu lịch sử Đảng", in *Học Tập,* Hà Nội, n°10, 1966, pp. 48-57.
[10]. "Il s'agissait d'abord d'une question de moyenne et de statistique. Si une branche, une province possédait déjà beaucoup de héros, l'État décidait alors de favoriser une autre branche ou des provinces oubliées", in Entretien, xã Quỳnh Bảng (Quỳnh Lưu, Nghệ An), 11.9.1996.

guerrières. Pour les hommes de l'appareil, la figure du "héros nouveau" alliait le caractère exceptionnel de ses mérites professionnels à un sens plus personnel de l'avancement administratif ; une double contrainte qui représentait souvent un fossé infranchissable dans la mentalité populaire : "Devenir héros, c'est impossible ! De nombreux cadres de la province sont venus nous parler des héros de la construction de la nation. J'avais toujours l'ambition un jour de parvenir à ce titre, mais j'étais en même temps très découragé par l'ampleur de la tâche. On m'a alors poussé à imiter l'exemple de ces hommes, nous les gens du peuple, nous rêvions souvent de devenir héros, mais nous sommes des gens simples. La Văn Cầu par exemple était membre du Parti et très proche du pouvoir. Nous, par contre, nous sommes de simples paysans, c'était trop difficile."[11] L'énoncé répété des résultats chiffrés de l'exploit de l'ouvrier/paysan émérite délimitait l'immensité de la tâche pour le plus grand nombre.

L'État suggérait une tendance, un modèle à suivre plutôt qu'une réalité à dépasser. Il attendait davantage du citoyen un dévouement total à la collectivité : devenir héros annonçait une réorganisation de son quotidien. En participant activement au mouvement d'émulation patriotique, les habitants du village de Vũ Nòng (Nguyên Bình, Cao Bằng) savaient qu'ils devraient s'éloigner de leur foyer ; devenir héros revenait à sacrifier femme, famille et ancêtres sur l'autel du nouveau régime. La fréquence des réunions et les exigences productivistes des campagnes d'émulation matérialisaient ce "don de soi" exigé par les autorités. L'inaccessibilité du "héros nouveau" était alors énoncée avec fatalité, on connaissait l'importance de l'origine sociale dans l'obtention du titre[12]. Depuis des siècles, la tradition vietnamienne accordait à l'autorité séculière la mission de

---

[11]. Entretien, xã Trạm Lộ, (Thuận Thành, Hà Bắc), 28.5.1996.

[12]. "Parmi les trois critères essentiels dans le choix des héros, la position de classe restait le plus important. C'est cela qui permettait la dénomination de héros nouveau". *cf.* Hướng dẫn về việc tuyển lựa anh hùng thi đua ái quốc, in AVN3, BLD, dossier n°510, document n°56, 12.1956, p. 2.

"choisir et d'avaliser les figures héroïques de la dynastie au pouvoir". Le héros de Tuyên Quang était assimilé aux "officiers méritants" d'autrefois, il s'agissait plus d'un haut fonctionnaire en fin de carrière que d'une personnalité mythique.

Ailleurs pourtant, la majorité de la population étrangère à la réalité du pouvoir continuait de draper la figure du "héros nouveau" de l'étoffe du merveilleux. Un sentiment d'exclusion s'est imperceptiblement imposé dans les masses rurales. Croiser un héros au hasard d'une réunion organisée par les autorités provinciales relevait de l'impensable pour des hommes et des femmes aux simples vies cadencées par les travaux des champs : "Un héros, c'est une immense personnalité. Quand je suis allé étudier au comité populaire de la province, j'ai bien écouté le héros Nguyễn Trung Thiếp, mais je n'ai pas osé lui parler. Après son discours, tout le monde l'applaudissait, c'était très impressionnant. Je le respectais beaucoup et à aucun moment, je n'ai pu m'imaginer devenir un héros comme lui."[13] Dans les campagnes, le caractère sacré du "héros nouveau" était renforcé par sa maîtrise de l'expression orale, ou par sa bonne connaissance du *quốc ngữ* pour les représentants des peuples minoritaires, et son ostensible familiarité avec les cadres dirigeants.

Mais, de toute façon le "héros nouveau" ne s'aventurait guère dans les campagnes. Le paysan se contentait de l'imaginer, d'y voir une figure du lointain, assimilée aux milieux du pouvoir et "hors de la normalité". Les cadres de la commune évoquaient ses mérites à l'occasion des anniversaires du calendrier patriotique[14].

---

[13]. Entretien, xã Quỳnh Bá (Quỳnh Lưu, Nghệ An), 12.9.1996.

[14]. L'exemple du village de Vũ Nòng (Nguyên Bình, Cao Bằng) montre toutefois que de nombreuses communes dans le pays ignorèrent longtemps la figure du héros nouveau : "On a commencé à parler des nouvelles figures dans le village à partir de la fin des années 1970. On évoquait surtout le cas des héros minoritaires et assez peu des *Kinh*. Avant cette date, on ne savait pas clairement de quoi il s'agissait. Dans la tradition *Dao*, il n'y a pas de héros, on ne prie pas, il n'y a pas de

La propagande renforçait le caractère exceptionnel de la figure héroïque tout en jouant avec ambiguïté sur sa normalité. Les cadres locaux expliquaient aux villageois que le héros nouveau était une figure comme tout le monde transformée par des performances productivistes et un dévouement irréprochable. La figure du héros n'existait qu'à travers le discours des cadres locaux ou les écrits de propagande de l'administration. Rares étaient les villageois à pouvoir se targuer d'avoir conversé avec un héros, d'en avoir rencontré ou même aperçu au cours de leur existence. Le héros nouveau n'était pour autant pas une chimère, on en parlait mais son immatérialité éloignait toute idée de reproduction.

Dans l'imaginaire populaire, la figure héroïque réelle coexistait au côté d'une autre rêvée et idéalisée. Moins on croisait le héros, plus il évoquait un absolu à dimension éthique. Alors que ses critères de définition étaient connus de tous, le "petit peuple" accordait à son existence l'auréole du mystère. En fait, l'absence ou la discrétion du "héros nouveau" devenait paradoxalement une arme grandement efficace pour le pouvoir politique. En contrôlant ses rares apparitions, le régime faisait de lui le symbole d'un nouvel idéal. Alors que le héros semblait nulle part, son "esprit héroïque" résonnait à chaque recoin des ruelles villageoises. Au-delà de sa réalité, la nouvelle figure héroïque pénétrait avec succès dans le labyrinthe de l'imaginaire populaire.

La vie officielle du "héros nouveau"

Le département de propagande du Parti inscrivait la première légitimité de la nouvelle figure héroïque nationale dans les minutes de son enfance et de sa prime jeunesse. Invariablement douloureuse et injuste, la genèse du héros lui refusait un droit à l'innocence. Une biographie officielle s'ouvrait par la litanie des

---

relation au ciel, cela n'appartient pas à la tradition de l'ethnie", in Entretien, xã Vũ Nòng (Nguyên Bình, Cao Bằng), 22.8.1996.

souffrances de la future figure héroïque. Le héros catholique Hòanh Hanh (1952) commençait son récit par l'évocation des souvenirs de son enfance meurtrie par "l'oppression coloniale" : "Ma vie d'autrefois n'avait rien de différent de celle d'un insecte, d'une fourmi. Ouvrir les yeux et voir le malheur et la pauvreté. À 12 ans, j'allais travailler comme serviteur. Un corps d'enfant, mais déjà beaucoup de travail. J'avais assez à manger, mais j'étais fatigué à chaque fois de me faire battre et insulter dans mon travail. Ils me frappaient dès que l'idée leur en venait. Quand je me confiais, je me laissais pleurer. L'année de mes 17 ans, mon père est mort"[15] (Hoàng Hanh, 1952).

La description de ces injustices offrait au pouvoir un moyen de faire le procès de la colonisation. Le premier mérite d'un héros était d'avoir survécu à la violence d'un "système oppressif illégitime". Toutes les personnalités décorées du titre de "héros national" entre 1952 et 1962 grandirent "sous le joug de l'oppresseur colonial". À travers le récit d'une désagrégation de la cellule familiale imputée à l'influence de l'Occident, l'enfant héroïque sortait auréolé d'une gloire qui l'accompagnera tout au long de sa carrière. Il avait remporté une première victoire sur la normalité ayant supporté l'insupportable avec courage et dignité. Son statut d'orphelin d'un parent, ou souvent des deux à la fois, renforçait son aura d'être indomptable[16]. Au regard de la situation familiale des premiers héros élus à la conférence de Tuyên Quang en mai 1952, il semble bien que cela fut une chance d'être orphelin pour prétendre à ce titre national : Nguyễn thị Chiên était orpheline de père et de mère, Ngô Gia Khảm de son père et beau-père ; Hoàng Hanh perdit jeune son père tout comme Trần Đại Nghĩa et La Văn Cầu, et Cù Chính Lan sa mère dès sa prime jeunesse ; seul en fait Nguyễn Quốc Trị aurait échappé à cette hécatombe. La biographie officielle créait un parallèle entre la

---

[15]. *Truyện bảy Anh hùng*, Hà Nội, nxb Văn Nghệ, 1954, p. 113 (chapitre sur Hoàng Hanh).
[16]. *Bản tuyên dương*, *Anh hùng lao động* (Đại hội liên hoan anh hùng chiến sĩ thi đua công nông bình toàn quốc lần thứ hai), in AVN3, Dossier sans numéro, Hà Nội, 1958.

destruction de la cellule familiale traditionnelle et la prise en otage de la société par les forces françaises. La rupture de ce lien de protection filiale jetait l'adolescent dans le gouffre de l'injustice et de l'exploitation.

La culture vietnamienne conférait à l'État légitime une responsabilité filiale envers les membres de la communauté nationale touchés par le malheur. Manquer à ce principe conférait à la population un droit à la révolte contre un pouvoir irresponsable. L'appareil de propagande revenait avec insistance sur les souffrances générées par l'administration coloniale afin de fragiliser le lien existant entre la population et le pouvoir collaborateur. À la fin des années 1940, le mépris de l'État illégitime rejaillissait sur "le féodalisme de la classe des propriétaires et exploiteurs du peuple". Sous la contrainte, le futur héros avait vendu sa "force de travail" dans l'espoir de survivre à la disparition de sa famille. Une exploitation de caractère classiste l'avait détourné des voies de la connaissance, de l'éducation, violant à nouveau une responsabilité traditionnelle de l'État. Dans ses Mémoires publiés en 1965, le héros du travail Ngô Gia Khâm (1952) contait en détail la cruauté de son séjour comme domestique dans une famille de Hải Phòng[17]. L'abandon du foyer familial se traduisait toujours par une détérioration des conditions de vie de l'enfant. La jeunesse du héros dans les biographies officielles était empreinte de la permanence de ce lien filial. Le décès d'un parent était toujours une source de souffrance que l'enfant/adolescent héroïque parvenait toutefois à surmonter avec grandeur.

La piété du héros vis-à-vis de ses géniteurs ou de ses ancêtres occupait une place importante dans le processus de reproduction de l'idéal héroïque par la population. Les tribulations du jeune Morosov qui s'était ligué contre les membres de sa propre famille par fidélité au Parti communiste soviétique, jamais ne s'imposèrent réellement dans la conscience populaire

---

[17]. *Một Đảng viên*, Hồi ký cách mạng của Anh hùng Ngô Gia Khâm, Hà Nội, nxb Kim Đồng, 1965, pp. 8-11.

vietnamienne. *A contrario*, un bon héros était d'abord un bon confucéen par son attachement à la famille et au Parti. Dans la biographie de Bàn Văn Mình (1955), rédigée par l'écrivain Hải Như, la description de la relation du héros avec sa mère occupe davantage de place que celle le reliant à l'administration centrale[18]. Les jeunes lecteurs de l'ethnie Mán comprenaient que leur héros Bàn Văn Mình puisait d'abord son énergie et son esprit d'initiative dans son profond respect des principes de la piété filiale. La jeunesse du héros se partageait entre un amour traditionnel de ses mânes et une haine viscérale du pouvoir colonial. Les profanateurs étrangers étaient accusés d'avoir altéré une "relation pluri-millénaire" entre les membres de la communauté. La grandeur de l'adolescent héroïque s'exprimait dans sa détermination à préserver une morale populaire dans un monde en prise à la dénégation et à la décadence du lien social. Ébranlé par les bouleversements de la société, le jeune héros montrait l'exemple à ses contemporains ; ses choix et ses engagements avaient une valeur purement axiologique.

Le passage à l'âge adulte du futur héros était marqué par une double initiation. Les années de jeunesse lui avaient appris à se situer dans le désordre de la société. Les souffrances de l'enfance lui laissaient les marques de l'injustice. Sous le coup de la colère, l'adolescent s'était rapproché "par sagesse" du mouvement progressiste (organisation de masses, groupements militaires, cellules d'autodéfense etc.) : "J'ai commencé à participer au mouvement et je me suis mis peu à peu à comprendre. Un jour, un certain Nhân s'est approché de moi. Il m'a dit, si les impérialistes français restent encore un jour sur notre sol, alors notre peuple n'aura plus assez de riz pour se nourrir, plus assez de tissu pour se vêtir. Il m'a alors parlé de l'Union soviétique. Là-bas, il y avait une constitution Staline qui protégeait les droits de tous les travailleurs ; il n'y avait pas de mauvais Lecuyer ou

---

[18]. Dix tableaux sur les soixante et un de sa biographie sont intégralement consacrés à la mère du héros. *cf.* Hải Như, Nguyễn Văn Thiện, *Người Anh hùng Vàng Pè*, Hà Nội, nxb Phổ Thông, 1965.

d'Américains. Les travailleurs et l'ensemble du peuple travaillaient heureux, dans l'enthousiasme, pour que chacun soit bien nourri et bien vêtu. Je l'écoutais parler de l'URSS, le cœur plein de joie" (Ngô Gia Khảm, 1952)[19]. Le futur héros faisait la connaissance des hommes qui allaient lui permettre de matérialiser et de canaliser les excès de sa fureur accumulée depuis son enfance. Son entrée dans les structures d'encadrement du Việt Minh marquait le début de son apprentissage intellectuel. L'organisation se substituait à l'absence de la famille. L'accueil était collectif, l'initiation celle du groupe inspiré par les paroles et les textes de l'échelon central. Au cours de cette première initiation, les cadres discutaient avec les jeunes éléments prometteurs ; ils leur apprenaient à lire et à écrire. Cette première initiation était une éducation morale, elle inaugurait l'entrée prochaine du futur héros dans l'univers d'excellence que représentait le Parti.

La cérémonie de l'introduction au Parti marquait l'instant de la seconde initiation du futur héros. Devenir membre du Parti était un honneur ultime, c'était la seule consécration à compter réellement dans l'existence du futur héros. Les biographes entouraient la sacralité de l'événement dans les pleurs et les tourments de nuits sans sommeil. Afin de mériter le titre de "héros national", le baptême politique de l'entrée dans le Parti était une étape obligatoire. L'individu distingué atteignait enfin le statut envié "d'officier méritant" de la nouvelle société : "En 1939, j'ai eu l'honneur de devenir un membre du Parti communiste indochinois. Je me souviens encore qu'au cours de la cérémonie, le camarade Lương Khánh Thiện, l'un des cadres du Parti de l'époque, avait déclaré : à partir de maintenant camarade, tu es un membre du Parti. Un camarade doit s'astreindre à suivre la voie du Parti. Jusqu'à la dernière minute de ton existence, tu devras encore lutter. Un camarade doit être fidèle toute sa vie au

---

[19]. Nhân était l'un des pseudonymes de Trường Chinh au cours de la première résistance. *cf. Anh hùng lao động Ngô Gia Khảm, op. cit.*, pp. 10-11.

Parti, croire en la victoire de la révolution. J'avais l'impression de quitter l'obscurité pour rejoindre les rayons du soleil. Mes larmes coulèrent sur mon visage. Je commençais une nouvelle vie. Cette nuit-là, je n'ai pas pu fermer l'œil. Ma femme de même ne pouvait pas s'endormir" (Ngô Gia Khảm, 1952)[20].

Devenir un membre du Parti, c'était obtenir une clé de lecture pour comprendre les incohérences et déficiences de son époque. Le groupe reconnaissait l'heureux élu à l'excellence de son comportement moral. Au cours de la cérémonie d'intronisation, il accédait au stade ultime de la connaissance. Le futur héros était reconnaissant. L'État montrait la sollicitude de son administration envers les "destins brisés" de l'Ancien régime. L'initiation d'une jeunesse vertueuse marquait son entrée dans une nouvelle famille. Le récit de vie officiel insistait sur le contraste entre les souffrances de la jeunesse du futur héros et le climat de justice et d'équité de son nouveau cadre de vie. Nguyễn thị Chiên (1952) à Thái Bình ou Mạc thị Bưởi (1955) à Hải Hưng découvraient ainsi une nouvelle manière d'envisager leur existence au sein de la communauté[21]. La sollicitude du pouvoir flattait l'esprit de l'homme de condition modeste et offrait la preuve d'un renversement de l'ordre à l'avantage de ce dernier.

La commune devenait le théâtre de cette réorganisation, "l'homme vertueux" son acteur principal. La future figure héroïque avait gagné une reconnaissance sociale. Elle participait à l'organisation du mouvement et son existence devenait un exemple pour ses contemporains. Le nouvel appareil d'État rendait accessible l'idée de promotion professionnelle aux "simples gens". La biographie officielle du héros apportait la preuve qu'une participation active au côté du Parti s'accompagnait nécessairement de nombreux avantages. Afin de positionner "l'officier méritant" dans la hiérarchie des honneurs,

---

[20]. *Ibid,* pp. 11-12.
[21]. Trần Cẩn, *Mạc thị Bưởi,* -truyện thơ-, Hà Nội, nxb Phổ thông, 1957. Vũ Cao, Mai Văn Hiến, *Nguyễn thị Chiên,* Việt Bắc, Quân đội nhân dân, 1952.

le comité de rédaction des biographies de héros décrivait dans le détail les expressions de cette sollicitude gouvernementale : "Núp était chéri par les villageois et ses compatriotes. On lui a décerné le titre d'étendard du mouvement d'émulation pour la lutte de libération du pays des compatriotes de Tây Nguyên. Núp a reçu une médaille de l'ordre militaire du premier rang. Il a reçu de plus des mains du président Hồ un vêtement et un insigne" (Núp, 1955)[22].

La performance, construite ou réelle, positionnait le héros hors d'une échelle de la normalité. Biographies officielles, récits de vie ou Mémoires de héros consacraient une place centrale à la valeur de ces hauts faits. Le "héros nouveau" se définissait à l'ampleur chiffrée de ses exploits. Soldats sous le feux de l'ennemi, ouvriers aux prises avec les contingences d'une production, cadres-enseignants, paysans, chauffeurs-routiers ou ingénieurs, tous se conformaient à l'exigence d'une norme productiviste ascendante afin de pousser vers le haut un pays en phase de reconstruction. Plus la performance productiviste ou militaire était élevée, plus elle confirmait la mission des modèles du nouveau régime. L'homme vertueux devenait figure héroïque à l'ampleur de ce passif. La biographie héroïque apportait la preuve de cette mutation. La figure du "héros nouveau" pouvait ainsi prétendre à un destin national. Ses performances lui permettaient d'entamer un dialogue avec les plus hauts dirigeants de l'État.

La hiérarchie est un fondement de la culture sino-confucéenne. La prise du pouvoir de la RDVN n'a guère modifié un rapport traditionnel entre gouvernant/gouverné. Au-delà d'une idéologie basée sur l'illusion d'un gouvernement pour le peuple et par le peuple, l'ancienne distinction subsistait dans les mentalités populaires et était paradoxalement renforcée par l'ostensible modestie affichée par les dirigeants du régime communiste. Hồ Chí Minh conservait un rôle d'intercesseur. Dans la mentalité

---

[22]. Bản tuyên dương, *Anh hùng lao động tại Đại hội liên hoan anh hùng chiến sĩ thi đua công nông bình toàn quốc lần thứ hai*, 1958, pp. 1-2.

paysanne, partir à la rencontre de l'Oncle Hô était un acte sacré, le privilège d'êtres hors de la normalité. Le "héros nouveau" appartenait à cette élite à qui l'inenvisageable devenait réalité. La propagande patriotique s'est évertuée à conter le détail de la rencontre entre le chef de l'État et ses serviteurs exemplaires afin de positionner le "héros nouveau" à sa place dans la hiérarchie des honneurs. Le héros retrouvait sa place d'enfant devant la figure du père de la patrie. Les larmes du héros témoignaient de la sincérité de son engagement. Son humilité renforçait la sacralité des dirigeants de l'État. La personnalisation du nouveau régime en la figure de Hô Chí Minh pérennisait l'ensemble de l'appareil. Les larmes de la jeune combattante sudiste Tạ thị Kiều (1966) réaffirmaient l'ascendance du régime, unique représentant "d'un peuple héroïque à l'histoire héroïque"[23].

La rencontre du "héros" avec Hô Chí Minh visait à la confirmation de l'ordre inhérent de la nouvelle société. La figure du "héros nouveau" facilitait l'émergence d'un lien de transmission directe entre l'autorité politique et son peuple. Elle rapprochait les "simples gens" de la figure traditionnellement distante du père de la patrie. Le héros était multiple, tout à la fois ouvrier, paysan, catholique ou minoritaire, homme, femme ou enfant. L'État offrait à chacune des couches de la population la figure héroïque lui convenant. La production de ces "grands hommes" autorisait le régime à asseoir la réalité de son pouvoir dans une relation hiérarchique avec le "héros des héros", le dirigeant du gouvernement. Moins fréquente que les sempiternelles descriptions des performances de la figure héroïque, le récit de la rencontre avec Hô Chí Minh offrait une autre image du "héros nouveau". Afin de le réintégrer dans une hiérarchie du pouvoir, le régime fragilisait le mythe créé autour de ses "officiers méritants". À aucun moment la figure du "héros

---

[23]. "Cet après-midi-là, j'ai rencontré l'oncle Hô, j'étais extrêmement heureuse, je regardais l'oncle et ne pouvait m'empêcher de pleurer à chaudes larmes", in Tạ thị Kiều, Nguyệt Tú, *Lớn lên với Thôn xóm*, Hà Nội, nxb Phụ Nữ, 1966, p. 42.

nouveau" ne se posait en concurrent direct du pouvoir de l'État. La description de ces rencontres entre les deux représentations de l'autorité sino-confucéenne, pouvoir politique (les dirigeants politiques) / pouvoir traditionnel (génie et héros), visait à effacer tout risque de collusion dans l'esprit de la population vietnamienne. Leurs zones de compétence respectives avaient été précisément délimitées. Le héros, même vénéré localement, ne devait son existence qu'à la volonté du pouvoir politique. Il lui était profondément inféodé. Une biographie officielle trouvait son aboutissement dans le détail de cette rencontre.

Une fois décoré du titre national et replacé dans une hiérarchie conforme à son rang, le héros s'effaçait de la scène publique. L'État choisissait alors de nouvelles figures pour alimenter l'image d'un peuple en mouvement. Dernière étape du récit de vie du "héros nouveau", la rencontre avec l'Oncle signait la mort ou la dissolution de la nouvelle figure héroïque dans l'illusion d'un idéal. Au lendemain de la rencontre avec l'Oncle, officiellement, le héros était renvoyé dans sa province natale afin de participer à la diffusion du mouvement auréolé de son nouveau titre. Un retour heureux auprès des siens achevait sa carrière publique. La sollicitude de l'échelon central à son égard s'accompagnait d'une limitation de son champ d'action. Désormais, on attendait du héros modestie et dévouement dans le quotidien de sa nouvelle existence. La biographie officielle du héros nouveau ne dépassait pas l'horizon de ce retour au pays. Lorsque la figure héroïque s'éloignait de l'idéal dessiné par les idéologues du Parti, ses égarements ne pouvaient plus contredire le tracé exemplaire de son existence officielle. L'État se tournait déjà vers d'autres "histoires merveilleuses". L'oubli guettait le "héros nouveau". Son retour, rêvé ou réel, sonnait la dernière étape de sa "vie illustre".

Le silence n'était toutefois pas l'unique façon de clore le récit de l'existence officielle du "héros nouveau". Rappelons que parmi les 148 héros élus de 1952 à 1964, 13 % l'ont été à titre posthume. Les morts possédaient un avantage sur les personnalités nommées de leur vivant : pour l'État, ils exprimaient l'illustration achevée, et non dégradable, d'un idéal révolutionnaire. À la différence de la Chine populaire, la mort du héros au Viêt Nam concernait exclusivement le cas des soldats tombés au champ d'honneur. Jusqu'en 1964, on ne célébra pas de figures héroïques, ouvrières ou paysannes, décédées dans un accident de travail, comme le firent les services de propagande de la Chine maoïste avec l'histoire du jeune "héros du travail" Lei Feng[24]. Dans le récit officiel, le décès permettait à la figure héroïque d'exprimer dans un ultime sursaut sa profession de foi envers le régime. Le sacrifice et la lisibilité de l'héroïsme du martyr gagnait un sens ultime à l'énoncé de ses dernières paroles. "La vie exemplaire d'un homme exemplaire" s'achevait théâtralement. La fonctionnalité du destin héroïque avait dépendu de sa capacité à mobiliser l'hétérogénéité de la communauté nationale. L'idéal patriotique du nouvel "officier méritant" se plaçait au centre de la morale politique du régime.

À la veille de la reprise des hostilités avec le Sud, le "héros nouveau" avait rempli sa mission, la RDVN pouvait reprendre les armes. On s'en doute pourtant, cette succession de tableaux ne correspondait pas pleinement à la réalité de la figure héroïque. Au-delà de l'allégorie des formulations officielles, quel fut le visage réel du "héros nouveau" dans le Viêt Nam des années 1950-60 ? Quel rôle avait-il finalement occupé dans la construction de l'État national ? Autant de questions qui nous amènent à quitter l'image et le mythe du "héros nouveau" pour appréhender les zones d'ombre de sa réalité.

La production du "héros nouveau"

En 1952, la République démocratique du Viêt Nam instituait les titres de "héros des forces armées populaires" (anh hùng lực lượng vũ trang nhân dân) et de "héros du travail" (anh hùng lao

---

[24]. F. Naour, "La vis et les chaussettes ou la vie minuscule de Saint Lei Feng", in *Perspectives Chinoises*, Hong Kong, n°20, 10-12.1993, pp. 62-69.

động). De la première conférence nationale pour les combattants d'émulation et les cadres exemplaires organisée à Tuyên Quang du 1er au 6 mai 1952 au troisième rassemblement national de Hà Nội en avril 1962, le gouvernement a décerné le titre de "héros nouveau" (anh hùng mới) à 147 de ses "officiers méritants"[25].

Organisée autour de la fête du travail en zone libérée, la conférence de Tuyên Quang marquait en 1952 la clôture de la campagne d'émulation patriotique élaborée sous l'impulsion des conseillers chinois depuis l'été 1950. L'État réunissait l'élite de ses combattants d'émulation élus dans les provinces du pays depuis la mise en place du mouvement en 1950-51. La conférence nationale accueillit du 1er au 5 mai 154 combattants d'émulation ; parmi eux 41 paysans émérites, 41 ouvriers, 52 soldats, 5 enseignants, 7 travailleurs civiques, 6 cadres exemplaires et 2 élèves exemplaires. Sept titres de "héros nouveau" furent décernés à la clôture de la conférence. L'administration choisit d'une part quatre héros guerriers : Cù Chính Lan, un jeune militaire de 23 ans du Nghệ An mort début 1952 dans la bataille de Hoà Bình ; La Văn Cầu, un Tày de la province de Cao Bằng qui s'était illustré lors de la prise de Đông Khê en septembre 1950 ; Nguyễn Quốc Trị, un combattant exemplaire dans l'opération Quang Trung (28.5-20.6 1951) et Nguyễn thị Chiên, une femme responsable d'un groupe de guérilla (đội nữ du kích) de la province de Thái Bình, avant de distinguer d'autre part trois "héros du travail" : l'ouvrier Ngô Gia Khảm, le paysan catholique

---

[25]. Les actes des trois conférences nationales (1952, 1958, 1962) sont disponibles au centre n°3 des archives nationales de la RS du Viêt Nam. cf. Đại hội toàn quốc chiến sĩ thi đua và cán bộ gương mẫu (1-5.5.1952), in AVN3, Fonds BLD, dossier n°432, 5.1952. (529 pages) ; Đại hội liên hoan anh hùng chiến sĩ thi đua công, nông, binh toàn quốc lần thứ hai tại Hà Nội (7-8.7.1958), in AVN3, Fonds BLD, dossier n°574, 7.1958 ; Phiên họp thứ 42 của BTVQH khoa III ngày 2.5.1962 về xét duyệt đề nghị của hội đồng chính phủ tặng thưởng danh hiệu anh hùng lao động, in AVN3, Fonds QH, dossier n°367, 1962.

Hoàng Hanh et l'ingénieur originaire du Sud spécialiste des questions d'armement Trần Đại Nghĩa[26].

L'administration prit garde de choisir des représentants de l'ensemble des couches de sa population et notamment des catholiques et des minorités ethniques, deux groupements sujets aux divisions de ces années de guerre. Lors de la séance d'inauguration, un hommage particulier fut réservé à Cù Chính Lan, seule personnalité élevée à titre posthume. Pendant les cinq journées de la rencontre, "hommes et femmes exemplaires" et personnalités officielles se racontèrent leurs exploits. À l'occasion de la cérémonie de clôture (5 mai), les 154 combattants furent réunis une dernière fois afin de procéder à la remise des diplômes de "combattant d'émulation national", des médailles de la résistance "réservées à ceux qui avaient le mieux défendu le pays" et enfin des titres de "héros nouveau".

Au cours de la seconde phase de nominations, les 31 août 1955 et 7 mai 1956, l'Assemblée nationale s'est contentée d'avaliser la décision du gouvernement qui récompensait 69 soldats (26 en 1955 et 43 en 1956), symboles de la victoire vietnamienne sur les forces françaises ; 19 d'entre eux furent élevés à ce grade suprême en tant que martyrs de la cause nationale. Mouvement interne à la hiérarchie de l'armée populaire, les sélections de 1955-1956 étaient basées sur les classements réalisés dans chaque unité par les cadres d'évaluation des mérites (cán bộ quân lực). Une fois la liste arrêtée par l'échelon central, les commissaires politiques conviaient les soldats sélectionnés à Hà Nội afin de les récompenser pour leurs mérites guerriers. Chu Văn Mùi (1955) n'avait pas été récompensé dans le cadre du mouvement d'émulation, mais il appartenait à un corps de métier que la RDVN désirait honorer à la sortie de la guerre. À l'inverse, l'artilleur Phùng Văn Khâu (1955) était une personnalité déjà reconnue lorsque le gouvernement le nomma "héros des forces armées" en 1955. En

---

[26]. *Truyện bảy anh hùng . Truyện anh hùng chiến sĩ thi đua*, Hà Nội, nxb Việt Nam, 1954 (réédition des sept petits fascicules parus en 1952).

1952, chaque personnalité avait été choisie pour son appartenance à une couche ou à une classe de la population ; en 1955-56 en revanche, l'État rendait hommage au courage et au dévouement de son armée au lendemain de sa victoire à Điện Biên Phủ. La RDVN inscrivait les 69 nominations dans le cadre d'une politique générale de félicitation de l'administration à ses "officiers méritants"[27].

Avec le retour de la paix, la RDVN a réorienté l'action de son émulation autour de trois buts distincts : réussir la phase finale de la réforme agraire ; lancer l'économie sur la voie du socialisme et développer le mouvement de culture de masse. Le 7 juillet 1958, Hồ Chí Minh, inscrivait la seconde rencontre nationale dans un esprit ouvertement internationaliste. La conférence du 7-8 juillet 1958 a réuni à Hà Nội 456 personnalités exemplaires sélectionnées dans le cadre du mouvement national d'émulation patriotique. À leur côté, l'administration convia 40 figures héroïques élues lors des conférences précédentes (Ngô Gia Khảm, Trần Đại Nghĩa, Hoàng Hanh, La Văn Cầu, Núp etc.) ainsi que quelques "héros nouveaux" en provenance des pays frères, 50 représentants officiels du gouvernement et du Parti et 50 envoyés de l'appareil administratif (zone, province et ville). La population ouvrière et les "regroupés" du Sud Viêt Nam étaient désormais les deux couches de la population au centre des préoccupations du pouvoir. Alors qu'à la conférence de Tuyên Quang, les facteurs ethniques et confessionnels avaient déterminé le choix des sept premiers héros nationaux, la conjoncture en 1958 favorisait les thèmes de la reconstruction et de la réunification nationale : 76 % des figures élues étaient des ouvriers et trois seulement des 26 héros appartenaient à une minorité ethnique (un Thái et deux Mường). En 1958, le gouvernement avait d'autres priorités. Il s'agissait d'abord de montrer la participation active des réfugiés du Sud Viêt Nam à la reconstruction du pays. Nombreux à

---

[27]. Tập tóm tắt lý lịch, thành tích cá nhân và đề nghị khen thưởng anh hùng, chiến sĩ thi đua của các ngành năm 1956, in Archives du Syndicat national, Hà Nội, Fonds Ban thi đua sản xuất, dossier n°197, 1956.

participer à la conférence, six d'entre eux furent nommés "héros du travail" par l'administration. Restait à ancrer la conférence dans le mouvement internationaliste. Le gouvernement reconnaissait officiellement sa dette envers la République populaire de Chine en décorant l'ouvrier Hồ Xây Dậu, un mineur du site de Cẩm Phả d'origine chinoise (Hoa kiều de Canton).

Enfin, en 1962, la RDVN ouvrait à Hà Nội sa dernière session nationale d'élection de "héros nouveau" avant la reprise des hostilités avec le Sud. Organisée au lendemain de la fête du travail (4-6 mai) sous la présidence du vice-Premier ministre Lê Thanh Nghị, la conférence clôturait trois saisons d'émulation socialiste (1959-1960-1961)[28]. Le gouvernement l'inscrivait dans le cadre de sa nouvelle politique de relance économique : lancement à grande échelle du programme de coopératives (agricoles, industrielles et commerciales) ; mise en place d'un plan quinquennal (1960-64) sur le modèle de celui des pays socialistes, élaboration d'une politique culturelle vigoureuse à l'attention des zones reculées et ouverture de zones d'émigration économique dans les provinces reculées du pays[29]. Structurellement, la conférence de 1962 témoignait d'une réorganisation de la politique d'émulation socialiste. Alors que la sélection des candidats au titre de "héros nouveau" relevait auparavant du comité national d'émulation et du ministère du Travail, le recrutement des candidats dépendait désormais directement des branches d'activités sous la direction de leur ministère de tutelle. Le troisième rassemblement national regroupait 45 futurs "héros du travail" et 985 "combattants d'émulation", acteurs de la réorientation de l'économie

---

[28]. Tờ trính về việc đề nghị tặng danh hiệu anh hùng và khen thưởng các đơn vị tiên tiến, các anh hùng, chiến sĩ thi đua đi dự Đại hội liên hoàn công nông binh lần thứ ba, in AVN3, Fonds QH, dossier n°367, document n°1034-HC, 1.5.1962.

[29]. Andrew Hardy, *A History of Migration to Upland Areas in 20th Century Vietnam*, Thèse de doctorat d'histoire, Canberra, Australian National University, 1998.

nationale[30]. La moitié des titres décernés distinguait des personnalités issues du mouvement des coopératives (11 titres) et des ouvriers émérites du secteur de l'industrie lourde et légère (10 titres). En outre, le gouvernement continuait de favoriser l'intégration de son immigration du sud en récompensant 9 personnes originaires de la République du Sud Viêt Nam. L'État faisait preuve par ailleurs de sa bonne volonté dans le traitement de la question des minorités chinoises du nord-est du pays (Hoa kiều de Hải Ninh notamment) qui l'opposait à la Chine[31] en récompensant trois *Hoa kiều* afin de symboliser l'esprit internationaliste qui continuait de l'animer : Châu Hoà Mủn, un pêcheur de la région frontalière de Hải Ninh, Vòong Nải Hoài, un chauffeur routier de la mine de Cẩm Phả et Mai Tinh Kang, un ouvrier d'une usine d'outillage électrique de Hà Nội. Enfin, le gouvernement choisissait à nouveau un nombre limité de personnalités originaires d'ethnies minoritaires (Bàn Văn Minh, un Mán de la zone autonome Thái Mèo en restait le porte-parole idéal) au profit de Kinh qui travaillaient dans les "nouvelles zones économiques" implantées dans les régions de peuplement minoritaire.

---

[30]. Industrie lourde : 6 héros. Industrie légère : 4 héros. Éducation : 1 héros. Santé : 3 héros. Culture : 1 héros. Coopératives agricoles : 10 héros. Commerce : 2 héros. Approvisionnement populaire : 1 héros. Postes et télécommunications : 1 héros. Artisanat : 1 héros. Exploitation forestière : 1 héros. Hydraulique : 1 héros. Construction défense : 2 héros. Architecture : 2 héros. Communication routière : 4 héros. Énergie électrique : 1 héros. Géologie : 1 héros. Exploitations agricoles : 3 héros. *cf. Nhân Dân,* Hà Nội, 4-6.5.1962.
[31]. "Les fidèles du nouveau régime comme ceux du Kuomintang d'antan ont la même tendance à considérer le territoire de Hải Ninh, qu'ils étendent volontiers jusqu'aux riches charbonnages de Hồng Gay et même Hải Phòng, comme une terre chinoise". Dans les années 1950, la politique chinoise dans cette région frontalière était un cas de sérieux contentieux entre la RPC et la RDVN. On attend encore une étude approfondie sur la question. *cf.* CAOM, Fonds HCI, dossier n°245/718, document n°11162, 27.12.1951.

À la veille de l'incident du golfe du Tonkin en août 1964, la RDVN poursuivait la production de ses "grands hommes vertueux". Au cours des cinq sessions d'élection de l'homme nouveau, l'État avait doté l'ensemble de ses provinces, à l'exception notable de la province de Ninh Bình, d'un contingent de "héros nouveaux". La répartition homogène sur le territoire de ces "officiers méritants" souligne le volontarisme de la "politique héroïque". La géographie du "héros nouveau" participait à la définition d'un nouvel acteur politique dont la production dépendait intimement de la reconstruction de l'espace national.

Géographie du "héros nouveau"

Alors que le caractère populaire du "combattant d'émulation" offrait aux petites gens l'espoir de reproduction d'un modèle, le statut de la figure héroïque rendait en revanche souvent illusoire sa réappropriation populaire. L'omniprésence du "combattant d'émulation" ne parvenait pas à instaurer un dialogue entre le proche (local) et le lointain (national). *A contrario*, le "héros nouveau" revendiquait cet ancrage local afin de lui rattacher une rhétorique gouvernementale. Le "héros nouveau" était le miroir d'un territoire pluriel aux ethnies multiples. Alors qu'il était nécessaire de définir les contours sociologiques du "combattant d'émulation", la figure du "héros nouveau" ne mérite pas une pareille approche. Afin de décerner le titre de "héros des forces armées" ou de "héros du travail", l'autorité politique avait préalablement pesé et discuté l'exemplarité de chaque candidat. Le "héros nouveau" était d'abord un membre émérite du Parti du travail. Son âge importait peu. Il était choisi parmi les classes sociales modestes et devait l'essentiel de sa formation intellectuelle aux grands corps du nouveau régime (armée, éducation populaire, formations complémentaires, écoles du Parti etc.). Sévèrement sélectionné, le héros de Tuyên Quang disposait d'une biographie irréprochable.

La nouvelle figure héroïque était l'enjeu d'une homogénéisation de l'imaginaire national pour le régime. Cheval de Troie dans un pays où le localisme était un moyen de perception du politique, le "héros nouveau" a lutté pour la réunification d'un héritage historique fractionné. Alors que le héros historique était parvenu à asseoir sa légitimité sur l'ensemble du territoire par le biais du ministère des Rites depuis le XVIe siècle, le "héros nouveau" restait profondément ancré à son terroir dans les années 1950-1960. Il s'agissait de penser la diffusion du "héros nouveau" à la hauteur de chacune des provinces comme autant de relais symboliques de visibilité du pouvoir central. L'idéal internationaliste était encore inadapté aux conditions socio-culturelles de la nation. Le comité de propagande du Parti Lao động tâchait de disposer d'un contingent de "héros nouveaux" suffisamment nombreux pour couvrir les 24 provinces de son territoire. Entre 1952 et 1964, l'unique exception à ce principe restait l'enclave catholique de Ninh Bình qui jamais ne vit l'un des siens distingué du titre de "héros nouveau". Ailleurs, l'État respectait le principe de l'identification localiste. Le "héros nouveau" était l'homme de la matérialisation de la nation à l'échelle de la province.

Si l'on regroupe d'une part les 24 provinces du pays en trois sous-ensembles régionaux (région montagneuse, delta du fleuve Rouge et région côtière, sud de la RDVN[32]), et que l'on tient compte d'autre part des personnalités du Sud Viêt Nam et de celles originaires de Chine continentale, la production de héros était d'abord affaire de démographie. En effet, plus une région était peuplée, plus elle avait de chance de se voir attribuer un nombre important de titres de "héros nouveau". Les provinces du delta du fleuve Rouge ont à elles seules accueilli un tiers des "héros nouveaux" élus entre 1952 et 1964. Mais la production de "grands hommes" n'était pas pour autant une question urbaine : Hà Nội n'a recueilli que dix titres de héros entre 1955 et 1962 et

---

[32]. <u>Régions montagneuses</u> : Khu tự trị Việt Bắc, Khu tự trị Thái Mèo ; <u>delta du fleuve Rouge et région côtière</u> : Hà Nội, Hà Bắc, Hải Hưng, Vĩnh Phú, Nam Hà, Thái Nguyên, Yên Bái, Hòa Bình, Hải Phòng, Hà Tây, Quảng Ninh, Nam Định, Thái Bình ; <u>zone Sud de la RDVN</u> : Thanh Hóa, Nghệ An, Hà Tĩnh, Quảng Bình, Khu vực Vĩnh linh.

Hải Phóng seulement un seul en 1958[33]. L'héroïsme nouveau était un privilège des campagnes. Les provinces rurales à forte densité démographique ont occupé une position-clé dans l'organisation de la "bureaucratie héroïque". Une fois de plus, la province du Nghệ Tĩnh (Nghệ An-Hà Tĩnh) se situait à l'avant-garde du mouvement national. Avec ses 20 figures, elle détenait la plus haute concentration de "héros nouveaux" du territoire national (13,5 %)[34]. Le Nghệ Tĩnh, zone rurale, petit centre urbain industrialisé (Vinh) à forte densité démographique et peuplement majoritairement Kinh, représentait le type idéal de l'entité géo-démographique visée par l'État dans la mise en place de sa "politique héroïque". Sur ce modèle, les provinces de Vĩnh Phú (7 %), du Hà Bắc (5,5 %), Nam Định (4,8%), et de Quảnh Ninh (4,8 %) étaient à l'avant-garde du mouvement national.

Alors que le passage du "héros des forces armées" au "héros du travail" devait logiquement privilégier les provinces disposant d'un tissu industriel dense, la réalité était tout à fait différente[35]. Faut-il pour autant en conclure que la production du "héros nouveau" était le fruit d'une recomposition socio-économique de la population ? Une telle approche nuancerait fortement, il est

---

[33]. Héros de Hà Nội : Nguyễn Phú Vị (1955), Nguyễn Văn Thành (1956), Nguyễn Phúc Đồng (1958), Lê Minh Đức (1958) - originaire du Sud -, Phan Tính (1958) - originaire du Sud -, Phạm Ngọc Thạch (1958) - originaire du Sud -, Đỗ Văn Tiết (1962), Mai Tinh Kang (1962) - originaire de Chine -, Nguyễn Văn Lợi (1962) - originaire du Sud - et Nguyễn thị Hiếu (1962).

[34]. Héros du Nghệ Tĩnh : Cù Chính Lan (1952), Nguyễn Quốc Trị (1952), Hoàng Hanh (1952), Phan Đình Giót (1955), Đặng Quang Cầm (1955), Phan Tư (1955), Trần Can (1956), Phạm Minh Đức (1956), Đăng Đình Hồ (1956), Nguyễn Thái Như (1956), Nguyễn Đỗ Lương (1956), Nguyễn Xuân Lực (1956), Nguyễn Trung Thiếp (1958), Nguyễn Toàn (1958), Hoàng Mỹ (1958), Trương Sỹ (1958), Phan Văn Cường (1962), Trần Văn Giao (1962), Nguyễn Văn Lang (1962), Cao Lục (1962).

[35]. En 1956-57, la RDVN disposait de 260 000 ouvriers (2 % de sa population totale) sur son territoire. cf. Danh sách các công ty trong các tỉnh năm 1959, in AVN3, Fonds BLD, dossier n°449, document sans numéro, 1959.

vrai, notre hypothèse de l'intentionalisme de l'émergence du "héros nouveau" dans le pays. À titre d'exemple, la province de Thái Bình, riche de plus de 70 000 ouvriers, n'eut droit à aucun "héros du travail" entre 1952 et 1964. Le gouvernement jugea sans doute que la province était déjà suffisamment représentée par ses deux "héros des forces armées" sans que l'octroi d'un titre supplémentaire lui apporte un quelconque bénéfice (en terme de mobilisation populaire)[36]. De même, la région de Hải Phòng, poumon industriel du nord Việt Nam avec plus de 20 000 ouvriers en 1959, n'accueillit qu'un seul ouvrier élu au grade de "héros du travail" en 1958. *A contrario*, le Nghệ Tĩnh, avec vingt fois moins d'ouvriers que la province de Thái Bình, a concentré plus de 13 % du corps national de "héros nouveau". L'inégalité de la répartition territoriale du "héros nouveau" générait l'apparition d'une nouvelle géographie identitaire dont les provinces de Cao Bằng au nord (4,8 % du contingent de héros dans le pays), de Vĩnh Phú dans le delta du fleuve Rouge (7 %) et du Nghệ Tĩnh au sud (13 %) délimitaient l'espace. La RDVN choisissait ainsi délibérément de répartir ses "héros nouveaux" dans les zones les moins idéologisées de son territoire, et cela, quel que fût le résultat dans ces régions de sa campagne d'émulation. Alors que la présence du "combattant d'émulation" était une conséquence directe du succès de l'émulation, le "héros nouveau" affichait en revanche une certaine indépendance vis-à-vis du mouvement. Le hasard n'a pas guidé l'action des cadres responsables des questions d'émulation, la présence du "héros nouveau" sur le territoire était bien une affaire de construction. L'État exigeait de son nouvel "officier méritant" une concrétisation à la hauteur du local de l'unification nationale et de l'homogénéisation ethnique.

---

[36]. Nguyễn thị Chiên née en 1930 dans la commune de Tán Thuật (district de Kiến Xương) en 1952 et Vũ Mạnh (ou Đỗ Văn Đoàn) en 1924, dans le village de Hữu Bằng (district de Thái Thụy) ; la première fut élue en 1952 et le second en 1956. *cf. Anh hùng lực lượng vũ trang nhân dân*, Hà Nội, nxb Quân đội nhân dân, 1978, pp. 13-15 et pp. 164-166.

Le métier de "héros nouveau"

Le "héros nouveau" d'inspiration soviéto-chinoise posait un défi à la société vietnamienne. Comment conférer un prestige national à une figure héroïque toujours en activité (rappelons que 87% des héros furent élus de leur vivant de 1952 à 1964) ? Que faire de ces "officiers méritants" une fois utilisé le flamboyant récit de leurs hauts faits ? "Un héros, c'est une personnalité qui ne vieillit pas" aime-t-on répéter dans les campagnes. Au fil des ans pourtant, la figure de Tuyên Quang se courbait inlassablement. Dans la réalité, le titre du héros annonçait le moment pour son titulaire de s'éloigner de ses proches. Le gouvernement souhaitait garder le contrôle de la mémoire de ces figures héroïques en favorisant leur disparition afin de renforcer leur mythe dans les campagnes. Le "héros nouveau" avait quitté son village pour se perdre dans l'univers de la ville lointaine de toute configuration lignagère. Il entamait une seconde existence : la vie d'un cadre du régime aux responsabilités honorifiques. Au lendemain de leur nomination, quelle place le pouvoir accordait-il réellement à ses "héros nouveaux" au sein de son appareil ?

Le titre de "héros nouveau" offrait à son titulaire, il est vrai, les moyens d'une ascension sociale. Le gouvernement destinait les meilleurs de ses héros à des missions de propagande dans leur secteur d'activité. Couronné par le titre de "héros des forces armées" en 1952, le minoritaire La Văn Cầu était une aubaine pour le département de propagande du Parti du travail. Issu de l'ethnie Tày, dans les premières années il s'exprimait encore avec difficulté en *quốc ngữ*, le jeune militaire fut envoyé dans l'ensemble des unités de l'armée populaire stationnées clandestinement dans les communes du Việt Bắc afin d'exposer son expérience en langue Tày.

Avec le retour de la paix, les titulaires du titre de "héros du travail" conservaient la même affectation et plusieurs fois par an, animaient des causeries et conférences dans des lieux de production (usine, coopératives agricoles etc.) et dans des réunions au sein de l'appareil administratif[37]. L'année de leur nomination, le gouvernement se réservait le droit de mettre fin à leurs activités de propagande si les résultats escomptés n'étaient pas atteints. La faiblesse du niveau culturel des "héros nouveaux" ne permettait pas souvent la prolongation de telles activités au-delà de l'année probatoire. Lorsque le bilan était jugé satisfaisant, l'administration orientait le "héros nouveau" vers un poste de responsable des questions de propagande. Ainsi Phùng Văn Khâu (1955), après avoir reçu son titre et suivi une formation complémentaire, quitta en 1961 son poste d'artilleur pour occuper celui de commissaire politique adjoint de son régiment d'artillerie. De même, le ministère de la Défense affecta le "héros des forces armées" Chu Văn Mùi (1955) à la direction des affaires idéologiques de son régiment avant de le nommer quelques années plus tard au poste de secrétaire de cellule du Parti.

Rares ont été les "héros nouveaux" à se démarquer de ce modèle de promotion professionnelle. Leur ascension sociale était pourtant réelle, elle propulsait une personnalité d'origine modeste sur les devants de la scène publique. Mais le gouvernement ne souhaitait souvent pas poursuivre. Promouvoir le "héros nouveau" à un poste trop élevé comportait un risque inhérent au profil des personnalités sélectionnées. L'État redoutait dans le même temps l'affaiblissement de la position de son "héros nouveau" dans sa prétendue incapacité à occuper des postes de responsabilité à l'échelle de la nation. Pour l'État, la question héroïque restait, il est vrai, d'abord une affaire paysanne. Il n'était pas question de faire des "héros nouveaux" un corps trop élitiste au sein de la société mais plutôt de réaffirmer son identification populaire. Le "héros des forces armées" ou le "héros du travail" symbolisait un renouvellement de la hiérarchie des honneurs. Une confusion de genre entre le héros nouveau et le dirigeant politique aurait été dommageable dans l'esprit des masses populaires. Le

---

[37]. Chỉ thị về việc tăng cường công tác văn hóa trong quần chúng, in AVN3, Fonds BVH, dossier n°960, document sans numéro, 5.10.1961.

nouvel "officier méritant" offrait au peuple l'espoir d'une ascension sociale liée au mérite. Si le "combattant d'émulation" matérialisait la proximité d'un idéal pour le paysan, le "héros nouveau" s'inscrivait à la croisée du proche et du merveilleux. Le pouvoir s'ingénia à positionner la figure héroïque sur cette échelle de perception du politique. Le "héros nouveau" n'était pas un simple supérieur hiérarchique du "combattant d'émulation". La propagande renforçait l'autorité politique de son "héros nouveau". Les portraits de Hồ Chí Minh entouré de chaque nouvelle promotion de "héros nouveaux" ne suffisaient pas, il s'agissait d'offrir l'illusion d'une réalité politique au "Héros", fût-ce par le biais d'un subterfuge.

À la fin des années 1950, l'État envisageait de la sorte l'intégration de figures héroïques triées sur le volet à des postes de responsabilités de son appareil administratif. Depuis 1954, quelques "hommes nouveaux" participaient à la gestion des affaires politiques locales par le biais des Assemblées populaires communales[38]. En 1959, leur intégration dans l'appareil décisionnel local fut accentuée à l'occasion des élections des assemblées et des comités populaires de commune, district et province du pays. Les élections de 1959 pourvurent au renouvellement des sièges de l'Assemblée nationale. Les comités populaires provinciaux reçurent la consigne d'intégrer les "héros nouveaux" originaires de la circonscription à leurs listes électorales[39]. En fait, seules 7 des 32 provinces du Nord Việt Nam proposèrent effectivement, et donc de fait élirent, des figures héroïques pour les représenter au sein de la seconde législature de l'Assemblée nationale[40]. La province de Cao Bằng

---

[38]. Thống kê kết quả bầu cử Hội đồng nhân dân và ủy ban nhân dân các tỉnh Thanh Hóa, Nghệ An, Hà Tĩnh năm 1962, in AVN3, Fonds BNV, dossier n°1778, 1962.
[39]. Résultats des élections publiés dans le Journal Officiel. cf. Công Báo, Hà Nội, n°23, 8.6.1960, pp. 389-395.
[40]. Il s'agissait de 6 des 27 provinces du pays (Cao Bằng, Phú Thọ, Hải Dương, Thái Bình, Hà Đông et Thanh Hóa) puis de la ville de Hà Nội. Les autres circonscriptions administratives, zone autonome (Khu tự trị

plaça en tête de liste le militaire La Văn Cầu (1952) et le Hà Đông choisit d'être représenté par le "héros du travail" Cao Viết Bảo (1958). Ailleurs, les comités populaires locaux mélangèrent "héros nouveaux" et personnalités politiques. La liste proposée dans la première circonscription électorale de la ville de Hà Nội comprenait dix représentants (la capitale était alors divisée en trois unités électorales) : Hồ Chí Minh, Nguyễn Quảng Du et Phạm Hùng (vice-Premier ministre) se réservaient les trois premières places, puis, à la quatrième position, on trouvait le "héros du travail" invalide Ngô Gia Khảm (1952) et le combattant d'émulation national et futur "héros du travail" (1962), Đỗ Văn Tiết. À Hà Nội, le corps des "héros" représentait 10 % des délégués de la ville désignés pour siéger à l'Assemblée nationale[41]. Ailleurs, la part réservée aux "figures émérites" était parfois plus élevée : à Phú Thọ : 18 % (deux des onze délégués) ; à Cao Bằng : 16,5 % (un sur six); à Hải Dương : 11 % (deux sur dix-huit) ; à Hà Đông : 11 % (un sur neuf) ou plus faible, comme à Thanh Hóa (7,5 % ; ou un sur treize) ou à Thái Bình (4,5 %, ou un sur vingt-trois). Le 8 mai 1960, la seconde législature de l'Assemblée nationale de la RDVN accueillait un total de 11 "héros nouveaux" : guère plus de 3 % des 362 députés de la nouvelle chambre[42].

Thái Mèo), ville (Hải Phòng) et zone administrative (Khu Hồng Quảng, Khu vực Vĩnh Linh) n'en élirent aucun en 1960.

[41]. 30 représentants furent élus au cours de ces élections, parmi eux trois héros officiels, les ouvriers Ngô Gia Khảm (1952) ; Lê Minh Đức (1958) et Đỗ Văn Tiết (1962). cf. Công báo, Hà Nội, n°23, 8.6.1960, p. 389.

[42]. La répartition officielle était énoncée ainsi : 56 délégués d'ethnies minoritaires ; 49 femmes ; 40 jeunes (21-30 ans) ; 50 ouvriers ; 46 paysans ; 20 soldats ; 65 intellectuels, artistes, scientifiques ; 2 petits bourgeois ; 3 prêtres catholiques ; 2 Hoa kiều et 34 cadres du Sud Việt Nam réfugiés au Nord. En 1960, 11 "héros nouveaux" furent donc élus au titre de député de l'Assemblée nationale : Ngô Gia Khảm (1952), Trần Đại Nghĩa (1952), Lê Minh Đức (1958), Phạm Ngọc Thạch (1958), Tôn Thất Tùng (1962), Nguyễn Công Thiệp (1958), Cao Viết Bảo (1958), Đinh Văn Xếp (1958), Đỗ Văn Tiết (1962), Đặng Đức Song (1956) et La Văn Cầu (1952) cf. Công báo, ibid., 1960.

Notons toutefois que seuls La Văn Cầu (1952) et Đặng Đức Song (1956) avaient été élus parmi les "héros des forces armées", les autres "députés héroïques" de l'Assemblée provenaient exclusivement du contingent des "héros du travail". La fonction de député, il est vrai, ne positionnait pas pour autant le "héros nouveau" au centre de la scène politique : "Depuis leur nomination à l'Assemblée nationale, il faut bien avouer que les députés-héros n'ont jamais vraiment joué de rôle politique particulier en occupant cette fonction."[43] Élu sur les bancs de l'Assemblée en tant que représentant des peuples minoritaires, La Văn Cầu (1952) n'eut jamais beaucoup d'illusion : "En tant que député à l'Assemblée nationale, j'étais là en principe comme délégué de l'armée et représentant des peuples minoritaires. Il était important pour le pays d'avoir des gens qui parlent les langues des minoritaires pour diffuser l'esprit de ces ethnies dans la société vietnamienne. Mais, en fait l'appareil ne me consultait pas très souvent."[44]

À dire vrai, trois figures se démarquèrent pourtant de ce modèle : Trần Đại Nghĩa (1952), Phạm Ngọc Thach (1958) et Tôn Thất Tùng (1962). Respectivement président du comité d'État pour la science et la technologie (1964-1971), ministre de la Santé (1958-1968), et vice-ministre de la Santé (1947-1962), ces trois "héros du travail", un ingénieur formé en France et deux médecins, ne correspondaient guère au portrait du "héros" précédemment esquissé. Issus de milieux socialement favorisés, Tôn Thất Tùng appartenait même à la famille royale, Nghĩa, Thạch et Tùng avaient suivi de brillantes études sous l'ancien régime. Hommes de compétences et patriotes, ils occupaient déjà d'importantes fonctions dans l'appareil au moment de leur nomination au titre de "héros du travail". Trần Đại Nghĩa (1912-1997) était le père du bazooka vietnamien et comptait parmi les

---

[43]. Entretien, Hà Nội, 3.2.1997.
[44]. Entretien avec La Văn Cầu, Hà Nội, 3.2.1996.

1. Hồ Chí Minh en conversation avec des « héros nouveaux » (1952)

2. Les « héros nouveaux » de la conférence de Tuyên Quang (1952)

3. Hồ Chí Minh en compagnie de « héros nouveaux » (1966)

4. Trần Đại Nghĩa

5. Autel dédié à Hồ Chí Minh (Pác Bó, Cao Bằng)

6. Autel dédié à Lý Tự Trọng (Thạch Minh, Hà Tĩnh) *détail*

7. Autel dédié à Trần Phú (Tùng Ảnh, Hà Tĩnh)

8. Autel dédié à Mạc thị Bưởi (Nam Tân, Hải Dương)

9. Annonce de la tombe du martyr Kim Đồng (Pác Bó, Cao Bằng)

10. Tombe du martyr Kim Đồng (Pác Bó, Cao Bằng)

11. Portail du cimetière des martyrs de la commune de Nam Tân (Hải Dương)

12. Tombe du héros Cao Lục (Vinh, Nghệ An)

13. Monument dédié à Phan Đình Giót (Cẩm Xuyên, Hà Tĩnh)

14. Monument dédié à Cù Chính Lan (Bình Thành, Hoà Bình)

15. Buste de Nguyễn Văn Trỗi (Hà Nội)

16. Statue de Mạc thị Bưởi (Hải Dương)

ingénieurs en armement les plus doués de sa génération[45]. Phạm Ngọc Thạch (1909-1968) était un médecin réputé, spécialiste de la tuberculose ; en 1958, il dirigeait l'Institut médical central de Hà Nôi[46]. Quant à Tôn Thất Tùng (1912-1982), grand chirurgien, il était en 1962 à la tête du célèbre hopital Việt Đức de Hà Nội[47]. Toutefois, ni les uns ni les autres n'occupèrent réellement de poste-clé ; leur rôle politique fut en fait plutôt limité. Le gouvernement rendait davantage hommage à leurs mérites professionnels en leur confiant des "postes techniques" en accord avec leurs compétences. Hormis le cas de ces trois hommes, l'État accordait surtout des postes honorifiques à ses "héros nouveaux".

L'évolution professionnelle du "héros nouveau" conduit enfin à aborder la question de la sanction réservée aux contrevenants de la discipline collective du Parti. Les documents officiels statuaient qu'il était important pour le mouvement d'éviter tout cas de "dégénerescence du héros nouveau". Aucun texte à valeur législative concernant les mesures disciplinaires n'a toutefois été publié par le gouvernement. L'emploi du terme de "héros dégénéré" (Anh hùng phản bội) est pourtant d'utilisation assez commune dès les années 1960. Le traitement des cas de manquements à la discipline du Parti se réglait à l'abri des regards indiscrets. Lorsque la sanction concernait le porteur d'un titre de moindre importance (chiến sĩ thi đua, lao động xuất sắc, cán bộ gương mẫu), la cellule locale du Parti proposait à l'échelon central de retirer le titre à la personne concernée. La destitution d'un "héros nouveau" pour faute grave (corruption, divergence idéologique, manquement à la discipline etc.) ne représentait souvent guère plus de difficulté pour le gouvernement : "Généralement, quand on se confrontait à ce type de problème, l'Institut de décorations décidait avec le Parti de

---

[45]. *Anh hùng lao động Trần Đại Nghĩa,* ban tuyên truyền và văn nghệ, 1952.
[46]. Mai Văn Tạo, *Anh Tư Thạch,* Hà Nội, nxb Y học, 1981.
[47]. Tôn Thất Tùng, *Đường vào Khoa học,* Hà Hội, nxb Y học và thể thao, 1974.

retirer le titre au héros dégénéré. Mais un titre de héros pour parler franchement, ce n'était pas grand chose. Il suffisait de faire disparaître sa biographie des nouvelles éditions et taire à tout prix son nom dans toutes les manifestations et discussions publiques."[48] Au début des années 1970, le "héros du travail" Đỗ Tiến Hảo (1962) fut ainsi frappé par l'opprobre gouvernemental. Accusé de malversation et de corruption dans sa gestion de la coopérative de Yên Duyên située aux abords de Hà Nội, Hảo aurait été traîné devant la justice, exclu du Parti, destitué de son titre de "héros du travail" et privé de l'ensemble de ses "privilèges". À la veille de la reprise des hostilités avec le Sud, les cas de " héros dégénérés" furent toutefois vraisemblablement peu fréquents au nord Viêt Nam. L'État avait sans doute plus à faire avec ses "combattants d'émulation", et autres "travailleurs exemplaires" qui étaient moins sévèrement sélectionnés[49].

Le statut du "héros nouveau"

L'ascension sociale du "héros nouveau" maintenait ces hommes et ces femmes enserrés dans les limites de fonctions déterminées par l'appareil d'État. Analyser le statut du "héros nouveau" implique enfin de faire une distinction entre le prestige lié à sa nouvelle fonction professionnelle et celui *stricto sensu* relevant de la possession du titre de "héros nouveau". Hormis la question de l'évolution professionnelle, comment le gouvernement accorda-t-il sa sollicitude à ses nouveaux "officiers méritants" ? Pouvait-on sérieusement parler de privilèges du "héros nouveau" dans la RDVN des années 1950-60 ?

Les textes officiels répétaient inlassablement que le premier devoir du "héros nouveau" après sa nomination était de rester "simple, modeste et plus proche des masses que jamais". Afin de matérialiser cet honneur national, l'autorité politique élabora à

---

[48]. Entretien, Hà Nội, 22.2.1997.
[49]. Báo cáo tổng kết kinh nghiệm bồi dưỡng chiến sĩ tại xã Liên Sơn, huyện Gia Viễn, Ninh Bình, in AVN3, Fonds BLD, dossier n°277, document n°148 TD/LD, 27.7.1955.

l'attention de ses nouveaux "officiers méritants" une "politique d'encouragement" en deux volets : accorder un soutien matériel et des récompenses ; renforcer son "esprit" par le biais de nouvelles classes de formation.

À l'issue de la première guerre indochinoise, le régime nord-vietnamien souhaitait augmenter numériquement son contingent de "héros nouveaux" sans "pour autant en baisser la valeur". Le ministère du Travail s'était inquiété de la perte de prestige de la nouvelle figure héroïque au sein de son administration. En 1954-1955, le gouvernement relança sa "politique d'encouragement" afin d'affirmer l'éminence de la position du "héros nouveau" et du "combattant d'émulation" dans la société. La question de l'intéressement matériel de son "héros nouveau" n'a en effet pas été négligée. Lors de la conférence de Tuyên Quang (mai 1952), l'État avait accordé d'une part des présents en nature à ses "héros nouveaux". Le catholique Hoàng Hanh avait reçu en guise de remerciement pour son action un buffle, un jeu de serviettes et des photos des dirigeants de la RDVN ; l'administration a offert à Nguyễn Quốc Trị un insigne à l'effigie de Mao Zedong, un stylo plume de marque Parker, un jeu de serviettes et de mouchoirs ; à La Văn Cầu, un insigne à l'effigie de Staline, une veste canadienne et un jeu de serviettes et de mouchoirs etc. À la modestie de ces cadeaux, l'État ajoutait d'autre part une somme d'argent, rarement supérieure à trois mois de solde, et des denrées (sucre, thé, chocolat, pommes de terre, alcool, cigarettes etc.). La pratique, courante dans la tradition vietnamienne, se répétait lors des nombreuses réunions organisées en l'honneur du "héros nouveau" à son retour dans sa province natale.

Mais dans un second temps, l'octroi de ce titre d'excellence a aussi permis à son titulaire de gagner plusieurs échelons dans le barème administratif des traitements. Au lendemain de sa nomination au titre de "héros du travail", le salaire de l'héroïne Nguyễn thị Mi a augmenté de 225 % (passant de 27 à 61 dông mensuellement). Bien que l'État prît garde de ne pas "monétariser l'héroïsme", indirectement, la progression de l'homme exemplaire dans l'échelle administrative se concrétisait par une amélioration non négligeable de ses émoluments. Outre l'amélioration de la solde mensuelle, les autorités accordaient au "héros nouveau" un domicile dans son nouveau lieu d'activité[50]. Les documents officiels montraient l'importance de ces avantages matériels susceptibles de grandir la position du nouvel "officier méritant"[51]. L'octroi d'un titre de "héros nouveau" se doublait d'avantages économiques bien réels eu égard aux pénuries et aux difficultés de vie de l'époque.

La sollicitude du pouvoir se matérialisait encore par l'organisation d'un "voyage à l'Ouest". À partir de 1952, le gouvernement a systématiquement intégré ses "hommes nouveaux" aux délégations envoyées dans les pays frères[52]. Incontestablement, le "voyage du héros" augmentait grandement le prestige de la figure héroïque au sein de la société. Un rôle d'ambassadeur ou de porte-parole de la cause nationale était plutôt inattendu pour ces paysans et ouvriers. Le "voyage du héros" permettait par ailleurs de rencontrer à nouveau Hồ Chí Minh. Dans un des rares témoignages officiels publiés, l'héroïne Nguyễn thị Khương (1958) résume ce nouveau prestige : "Suite à la conférence, j'ai été invitée par le Parti et l'Oncle pour aller visiter la Chine. Après un séjour de trois mois dans le pays frère, nous sommes rentrés à Hà Nội et avons à nouveau rencontré l'Oncle. Il demanda : Alors vous avez apprécié la visite ? Qu'avez-vous aimé là-bas ? Le camarade Hông Tiên, le chef de la délégation, s'est levé pour faire son compte-rendu, mais l'oncle lui demanda de rester assis. Nous nous connaissons tous les deux, je voudrais plutôt connaître l'opinion de vous autres. En me regardant, l'oncle demanda : Alors c'était comment madame Khương ? Est-ce que cela va être possible de faire la même chose au pays ? Le parti, le gouvernement et vous-même m'avez offert

---

[50]. Entretien, Hà Nội, 17.2.1997.

[51]. Thông tri về việc quản lý anh hùng, chiến sĩ thi đua, in AVN3, Fonds BLD, dossier n°561, document n°1383, 28.8.1958.

[52]. Triệu tập hội nghị bồi dưỡng chiến sĩ thi đua toàn quốc và anh hùng, in AVN3, Fonds BLD, dossier n°504, document n°2233/LDTD, 26.9.1955.

la possibilité d'aller rendre visite à un pays frère, mon cœur est plein d'enthousiasme. Je pense que notre Viêt Nam pourra faire aussi bien que la Chine."[53] Dans les années 1950, le séjour à l'étranger restait un privilège des puissants. L'imaginaire accordait aux titulaires de ces déplacements un immanquable surcroît de prestige.

Enfin, passés les honneurs de la nomination du "héros", quel traitement réservait-on à long terme aux plus gradés de ces "hommes exemplaires"? Pouvait-on parler d'une sollicitude viagère de l'État à l'encontre de ses nouveaux "officiers méritants"? La vertu d'un "officier méritant" méritait en retour une assistance du pouvoir. Lorsque ce dernier décida en 1954-55 de renforcer son contingent de "héros nouveaux", la santé de la figure héroïque était au centre de ses préoccupations. L'État prenait en charge l'hospitalisation, les soins, la délivrance de médicaments pour le "héros nouveau" et les membres de sa famille. En 1952, le "héros du travail" Ngô Gia Khảm, blessé dans un accident du travail, s'est fait soigner par les "meilleurs chirurgiens soviétiques" à Moscou en guise de remerciement pour son engagement patriotique.

La RDVN réaffirmait à ses fidèles sa présence à leurs côtés dans les moments tragiques de l'existence. Mais cela était encore insuffisant. En 1958, le gouvernement créait des maisons de repos de luxe (nhà nghỉ dưỡng) mises à la disposition des héros malades ou affaiblis. Seules les personnalités titulaires d'un titre national (*chiến sĩ thi đua toàn quốc* et *anh hùng*) avaient le droit de séjourner dans ces centres. L'État recommandait à chacun de ses départements de fournir une liste de ses candidats sans que cette dernière dépasse 30 % de ses effectifs émérites. La durée moyenne du séjour était en principe limitée à deux semaines, l'administration veillait aux excès. Les frais de séjour du candidat (estimés à 2500 / 3000 dông par jour) étaient à la charge de

---

[53]. Nguyễn thị Khương, Hải Thoại, "Niềm vinh dự lớn nhất" in *Avoóc Hồ*, Hồi ký cách mạng, Hà Nội, nxb Kim Đồng, nxb Văn hóa dân tộc, pp. 179-180.

l'organisation de tutelle (entreprise, coopérative, administration). Au programme, repos, confort et activités de détente de manière à "renforcer l'esprit de ces hommes exemplaires". À leur sortie du centre, le gouvernement demandait aux patients d'animer une causerie sur leur lieu de travail afin "de raconter la nature de leur séjour dans ces camps de repos et de montrer la sollicitude de l'État".

À l'automne 1958, le territoire nord-vietnamien disposait de huit centres d'accueil[54]. Le centre de soin de Hà Nội, situé dans le hameau de Nghi Tàm (khu 6 de Yên Phụ), était le plus spacieux. On y trouvait plusieurs bâtiments "calmes, propres afin d'assurer le plus de bien-être possible avec une excellente qualité du service et des repas" à ses patients. Lors de l'ouverture, en octobre 1958, le directeur de l'établissement était pourtant surpris de n'accueillir que 52 personnes, dont seulement deux "héros du travail" : Lê Văn Hiển (1958) - 68 ans - et Hồ Xây Đậu (1958) - 38 ans -. Il se félicitait en revanche de la durée moyenne des séjours : 42 des patients (plus de 80 %) restèrent au moins douze jours et demi sur les quinze journées accordées par l'État. Au cours du séjour, le personnel du centre de soins proposait à ses malades des cycles de conférences animées par des cadres de l'administration centrale et des excursions touristiques, le tout "dans un climat de détente nécessaire à une bonne reconstitution physique de chacun". Dans les maisons de repos dispersées sur le reste du territoire, le taux de remplissage frôlait presque toujours la barre des 100 %. Aucune statistique officielle consultée ne permet toutefois de connaître avec exactitude le nombre de "héros nouveaux" à avoir participé à ce programme entre 1958 et 1964. À combien de reprises une même personne était-elle autorisée à

---

[54]. Les deux plus importants furent celui de Hà Nội (109 places) et de Sầm Sơn dans le Thanh Hóa (80 personnes). Suivaient six autres lieux de taille plus modeste situés dans les provinces suivantes : Phú Thọ (20 personnes), Hải Phòng (30), Hồng Gai (15), Nam Định (25), Quảng Bình (10) et la zone autonome Thái Mèo (5). *cf.* Một số điểm bổ sung thông tư số 25/TD-LD Về việc anh hùng, chiến sĩ thi đua nghỉ dưỡng súc, in AVN3, *Ibid.*, document sans numéro, 30.9.1958.

profiter de ces séjours ? Quelle était l'exacte répartition entre les "héros" et les "combattants d'émulation nationaux"?

La piété de l'État envers ses "héros nouveaux" se concrétisait, on le voit, dans le besoin d'affirmer une prise en charge ostensible de son quotidien. La mentalité populaire voyait dans ce titre un corps d'élite de la nation. Le "héros nouveau" situait un idéal et méritait de ce fait un traitement de faveur de la part de l'autorité politique. Mais parallèlement, le héros se présentait aussi davantage comme le faire-valoir d'un nouveau positionnement de la société au cœur de la communauté des pays socialistes. L'accélération du rythme de production du "héros nouveau" ne faisait qu'accroître la difficulté rencontrée par l'État d'en gérer le devenir. En 1964, le jeune Nguyễn Văn Trỗi tombait pour la défense du pays. Le gouvernement lui décerna *post mortem* le titre de "héros des forces armées". L'évocation de son nom allait enfin permettre de relier profondément deux traditions de l'héroïsme ; l'homme nouveau d'importation rejoignait à proximité du pouvoir la figure historique traditionnelle, annonçant irrémédiablement une mutation prochaine de l'*homo vietnamicus*.

Chapitre VI
La vie des morts

"Dans les multiples actes de la vie, il faut attribuer le succès aux hommes eux-mêmes pour pouvoir parler de talent et d'intelligence, car si l'on attribue toujours tout aux esprits et aux génies, les capacités de l'homme ne deviennent-elles pas alors misérables ? Nous pensons que seuls sont dignes d'être vénérés les temples des sujets loyaux, des serviteurs fidèles du pays et ceux des héros".

Phan Kê Bính[1]

"Et depuis longtemps, personne n'a jamais plus rencontré de fantômes dans les alentours du mont Bouddha, aujourd'hui notre temps est le temps des héros et les fantômes, même invisibles, n'y ont plus leur place".

Nguyễn Khắc Trường[2]

La vie des morts est l'histoire d'une continuité dans le temps. "La permanence n'est pas ce qui nie la transformation, mais ce qui l'informe (...) la continuité n'est pas assurée par l'immortalité des objets inanimés mais se réalise dans la fluidité des générations successives"[3] écrit le sinologue Simon Leys. Le mort ou l'ancêtre

---

[1]. Phan Kê Bính, *Việt Nam phong tục* (Mœurs et coutumes du Vietnam, 1915), Présentation et traduction annotée par Nicole Louis-Hénard, Paris, PEFEO, 1975, pp. 84-85.
[2]. Nguyễn Khắc Trường, *Des Hommes et autant de fantômes et de sorciers*, Arles, Picquier, 1996, p. 15.
[3]. Simon Leys, *L'Humeur, l'honneur, l'horreur. Essai sur la culture et la politique chinoise* (1991), in *Ibid., Essais sur la Chine*, Paris, 1998, pp. 739-756.

est l'objet d'un culte reliant les vivants entre eux dans le monde sinisé. La vie des morts est l'essence de la communauté nationale. Après 1945, le Viêt Nam n'a pas remis en cause les fondements des croyances populaires. Si certaines directives du régime communiste vietnamien modifièrent, il est vrai, les rapports de l'homme nouveau avec ses mânes, elles n'ont pas cependant visé à une refonte d'un système de pratiques et de croyances ancestrales[4]. À la fin des années 1940, le gouvernement aspirait à une simplification des rituels traditionnels sans remettre en cause les rapports aux défunts. L'importation d'une praxis révolutionnaire ne s'est pas accompagnée de la déconstruction de l'idée d'une vie après la mort. Dans la culture vietnamienne, un tel passage n'existe pas. La mort est un état passé et futur. La mort est une permanence ; de ces permanences qui ordonnent le monde des vivants et leur donnent une signification. Le pouvoir politique a besoin du soutien de ses mânes illustres pour se pérenniser.

Après 1954, le culte des ancêtres conservait un rôle politique central dans l'affirmation de l'État. La vie des morts différait peu de celle existant sous les Nguyễn. Au XIXe siècle, le "culte des officiers Méritants militaires et civils demandait l'existence d'une historiographie d'État, comme une des plus importantes activités du gouvernement"[5]. Les morts légitimaient le pouvoir des vivants et ne manquaient pas de conférer ordre et cohésion au collectif (de la famille, au village à l'État rappelle le triptyque populaire).

---

[4]. "Après la révolution, il est vrai que de nouvelles formes du culte des morts sont apparues au Nord Viêt Nam. Mais pendant la guerre, ces rituels ont été plutôt négligés, il n'y avait pas le temps, ni l'argent. On n'avait, de plus, qu'une compréhension assez simple du matérialisme et l'on confondait souvent culte des ancêtres et superstition. Ainsi dans le Nghệ An quand on démolissait les temples au début des années 1950, on rehaussait parallèlement le rôle de ceux, les ancêtres proches, qui avaient contribué à l'édification du Parti, c'était une nouvelle fierté pour nous, mais cela ne remettait fondamentalement rien en cause", in Entretien, Vinh, Nghệ An, 30.3.1995.

[5]. P. Langlet, *L'Ancienne historiographie d'État du Vietnam*, Paris, PEFEO, 1990, p. 35.

Le héros ou le génie tutélaire n'a pas toujours été élu *post mortem* au Viêt Nam. Officiers méritants, morts ou vivants, avaient en revanche toujours reçu les honneurs de la collectivité pour les services rendus à la "mère-patrie". Le martyr avait donné sa vie pour une "noble cause". La vie des morts représentait la face cachée d'une réorganisation de la société dans les années 1950. À la portée immédiate de l'administration humaine faisait face une administration de l'Au-delà sous les ordres du pouvoir politique.

Alors que le "héros nouveau" était d'abord une personnalité en activité, le monde des morts ne pouvait pas de la sorte être ignoré. Le martyr national (liệt sĩ tổ quốc) se voulait le double culturel du nouveau héros patriotique (anh hùng mới). À la concession formaliste à l'internationalisme prolétarien, la figure du martyr national offrait un visage traditionnel à même de protéger "l'esprit et la morale d'un peuple millénaire". Le pouvoir choisit de ne pas définir le "martyr national" par des critères de classe, de religion ou de politique. Le mort glorieux était un moyen de renforcer la cohésion d'un pays à l'identité fractionnée. À la différence de la figure de Tuyên Quang, politisée mais aussi culturellement exogène, le "martyr national" était un rassembleur, un "faiseur d'unité". En s'arrogeant l'exclusivité du devoir de piété, le gouvernement de Hồ Chí Minh héritait d'une légitimité invulnérable. L'élaboration de sa "politique des martyrs" (công tác liệt sĩ) visait à faire du chef du nouveau régime l'unique intercesseur entre le royaume des morts et celui des vivants. La "politique des martyrs" reliait le martyr, en tant que "héros pluriel", à son double issu de la conférence de Tuyên Quang en 1952. La vie des morts participait à la confirmation de la victoire d'une nouvelle dynastie de pouvoir, la République démocratique du Viêt Nam.

L'ordre des morts

"Dans la culture paysanne, on vénère les hommes tombés pour la patrie, les invalides et les soldats, car ils ont montré un grand amour du pays et ce sont eux seulement qui ont bouté les

amours du pays et ce sont eux seulement qui ont bouté les Français, les fantoches, les propriétaires féodaux et participé au renforcement de la mobilisation des masses, à la baisse des rentes foncières et à la réforme agraire."[6] Les martyrs de la nation renforçaient l'ardeur au combat de la résistance et participaient à l'éducation du peuple. Depuis des siècles, l'État se souciait de ces "esprits émérites" afin d'établir une prééminence politique sur les concurrents de l'instant. Héritier de la bureaucratie chinoise, le ministère des Rites s'était chargé depuis le XVe siècle du classement et de la hiérarchisation des ordres du mérite patriotique dans le pays. Le mort n'était pas un personnage anonyme. Ses descendants se positionnaient à la lumière de son trépas. La classification des morts était une pratique ancestrale.

De 1945 à 1956, la RDVN se contenta de distinguer d'une part les morts illégitimes, la mort d'un soldat de l'armée fantoche couvrait d'infamie sa famille (gia đình ngụy binh), et d'autre part les défunts légitimes. Les morts légitimes, ceux tombés pour la bonne cause, étaient ensuite divisés en deux catégories : les *tử sĩ* (morts en activité) et les *tử trận* (morts au combat). Le dénominatif de *liệt sĩ* (martyr) n'était guère usité de par sa proximité sémantique avec celui de *tử sĩ*. En 1951, lorsque le ministère des Invalides délivra des certificats posthumes aux soldats et fonctionnaires morts pour la patrie, toutes les familles des *tử sĩ* étaient concernées. Ce classificateur caractérisait l'ensemble des hommes décédés en cours d'activité, intégrant de la sorte les personnes mortes des suites d'une maladie, d'un accident ou encore directement des suites d'un combat. À l'inverse, le dénominatif *tử trận*, plus restrictif, n'était attribué qu'aux hommes tombés sur un champ de bataille.

Jusqu'à 1955, l'administration recourait indistinctement à ces deux termes pour classer les morts légitimes. On choisissait de ne pas aborder la question de la classification de ses morts avant l'été 1956 afin de ne pas contredire les influents alliés. L'ordre des morts était un acte culturel ; classer un défunt revenait à

---

[6]. Thông tri về ngày 27.7.1954, in AVN3, BTB, dossier n°71a, document n°48/TT-LVTQ, 2.6.1954.

des masses populaires. Une première timide campagne de classification avait eu lieu dans le cadre de la réforme agraire, mais les décisions de 1956 allaient imposer une réorganisation plus globale. Un mort classé avec précision devenait un critère supplémentaire de positionnement social pour sa famille et sa lignée.

La nouvelle grille de classification amenait à repenser dans son ensemble la politique sociale de la RDVN (décoration, pension, exemption). L'État estimait que cette réforme lui permettait de renforcer son emprise sur les communautés villageoises marquées par les années de guerre et de division. L'ordonnancement de la nouvelle société en terme de classes sociales (thành phân giai câp) n'avait pas eu l'emprise espérée sur une population peu préparée à l'emploi de concepts exogènes. En 1956, l'État avait davantage besoin de réaffirmer sa mainmise sur une communauté divisée ; l'ordonnancement des morts était une affaire de propagande de premier ordre. Le décret 980/Ttg (27 juillet 1956) et la directive n°52 (26 octobre 1956) du ministère des Invalides mettaient en place une nouvelle grille de classification des morts : en haut de l'échelle trônait la figure du martyr national (liệt sĩ tổ quốc), puis venait le cas des hommes tombés en cours d'activité (quân nhân tử trận) et enfin celui des soldats disparus (quân nhân mất tích). L'administration parlait de la sorte de familles de martyrs (gia đình liệt sĩ), de familles de morts pour la patrie (gia đình tử trận) et enfin de familles de disparus (gia đình mất tích).

Le *liệt sĩ* ou martyr était "un homme mort glorieusement au champ d'honneur dans sa lutte contre l'impérialisme et le féodalisme depuis l'année 1925"[7]. Mourir glorieusement selon la terminologie équivalait "à être tombé au front avec courage pour la défense de l'œuvre de la révolution nationale". La date butoir de 1925 marquait l'année de fondation des *thanh niên* par Nguyễn Ái Quốc à Canton. Elle n'empêchait toutefois pas de canoniser au rang de "martyr de la révolution nationale" le jeune Phạm Hồng Thái tombé une année trop tôt, en 1924, lors de sa tentative

---

[7]. Giải thích về tiêu chuẩn liệt sĩ và gia đình liệt sĩ, in AVN3, BNV, dossier n°2232, document n°50/TT/LB, 1957.

d'assassinat du gouverneur général Merlin en Chine. Alors que le dénominatif *tử sĩ* avait été distribué jusqu'à cette date à la quasi-totalité des défunts, le martyr (liệt sĩ) de 1956 caractérisait davantage les "hommes exemplaires" impliqués dans l'histoire de l'organisation révolutionnaire (PCI, Việt Minh, Đảng Lao động). Même si le titre de *liệt sĩ* n'était en principe pas exclusivement réservé à des membres du Parti, la distinction posthume pouvait aussi être distribuée à des anciens membres du parti nationaliste de Nguyễn Thái Học décimés lors des répressions de 1930 ; le texte de 1956 précisait toutefois que les "martyrs de la nation" "devaient être des membres du Parti, des membres des associations et organisations de masses de tous les Partis révolutionnaires et de toutes les organisations de masses patriotiques à la base et dans les villages".

Au sein de la communauté des morts de la première guerre indochinoise, les martyrs (liệt sĩ) formaient une élite patriotique faite d'hommes exemplaires morts pour l'indépendance du pays et l'affirmation du Parti. À la question de savoir quels critères permettaient l'octroi de ce titre posthume, l'État offrait une réponse hésitante. La mort d'un martyr était issue d'une confrontation directe avec l'ennemi (corps à corps, bombardement etc.), d'un attentat ou des suites d'une détention dans les geôles de l'adversaire. Les documents officiels montraient que les cadres et soldats qui avaient lutté pour la révolution avant de mourir accidentellement ou de maladie ne pouvaient pas être classés au rang de "martyr".

Un texte du 27 juillet 1956 décrivait cinq groupes de personnalités susceptibles d'être distinguées par le titre de "martyr national": les cadres de la révolution (cán bộ, nhân viện cách mạng), ce corps incluait les équipes de réduction de la rente foncière (cán bộ phát động quần chúng giảm tô) et celles de la réforme agraire (cán bộ cải cách ruộng đất) ; les soldats de la révolution (quân nhân cách mạng), de l'armée populaire nationale, les groupes de l'armée de libération du Việt Nam (đội Việt Nam tuyên truyền giải phóng quân), les groupes de l'armée pour le salut national (cứu quốc quân), les organisations actives pendant la seconde guerre mondiale à Bắc Sơn, Định Ca, Trang Xá, Lã Hiên, Đại Từ, Định Hoà et Sơn Dương et les combattants rattachés aux unités de protection locale (đơn vị cảnh vệ, đơn vị bảo vệ, công an vũ trang) ; les hommes des milices populaires, des groupes émérites (đội danh dư) du Việt Minh avant la révolution d'août et des organisations de guérilla (dân quân du kích) ; les ouvriers du secteur de la défense (công nhân quốc phòng) "qui ont réparé ou produit des armes et qui se sont battus pour protéger leur usine pendant la résistance" ; et enfin, les membres des Jeunesses (thanh niên) tombés en défendant leur poste.

La loi de 1956 précisait qu'aucune distinction de classe, de religion et de politique ne devait en principe participer à la définition du statut de "martyr national". Toutefois, la lecture des critères réservés aux "cas particuliers" rendait caduque une telle assertion. En effet, l'administration demandait à ses cadres, lors des périodes de classification des morts, d'effectuer une analyse au cas par cas de la biographie des candidats au titre de *liệt sĩ* dans laquelle il convenait de faire aussi attention à d'autres éléments, comme "la religion, l'origine ethnique, les activités contre l'ennemi, les activités auprès des masses et les relations avec l'antenne locale du Parti".

Aux soldats, cadres et policiers qui n'entraient pas dans la catégorie des martyrs, l'État prévoyait désormais d'octroyer le grade posthume de *tử trận*. La directive du ministère des Invalides du 26 octobre 1956 définissait de la manière suivante les critères d'obtention : un *tử trận* était un homme décédé de maladie ou des suites d'un accident en cours d'activité[8]. L'administration profitait du prestige du dénominatif dans sa précédente définition pour atténuer la disgrâce de ce grade posthume de second rang. Alors qu'il n'avait concerné que les morts tombés sur le champ de bataille, la réévaluation du titre en

---

[8]. Về việc trợ cấp gia đình liệt sĩ, gia đình quân nhân, cán bộ công nhân, viên chức tử trận, hay mất tích gặp khó khăn trong đời sống, in AVN3, BLD, dossier n°886, document n°1989, 2.4.1962.

1956 le réservait désormais à la majorité des hommes décédés indirectement à cause de la guerre[9].

Dans un troisième temps, le ministère des Invalides proposait un grade posthume réservé aux hommes portés disparus (*mất tích*) au cours de leur mission. Aucune statistique sérieuse ne recense encore le nombre exact des *mất tích* entre 1925 et le début des années 1960. À titre indicatif, la province de Bắc Giang dénombrait en 1962 un total de 262 "familles martyres" auquel elle ajoutait le chiffre de 80 "familles de disparus" ayant droit à une allocation délivrée par le département des invalides et des martyrs (ty thương binh liệt sĩ) de son administration.

Classer un défunt offrait à l'État un moyen d'affirmer sa prégnance sur la descendance du disparu. Le nombre des morts vietnamiens au cours de la première guerre d'Indochine est généralement estimé à plus de 470 000 personnes. En 1962, on répertoriait 11 290 "familles martyres" soutenues par l'administration. Toutes les familles ne pouvaient pourtant pas être classées au rang de "famille martyre" (gia đình liệt sĩ). L'administration limitait l'octroi de ce grade aux foyers dont la proximité lignagère avec le défunt était directe : il ne pouvait s'agir que d'un conjoint (mari ou femme), d'une progéniture directe (enfant légitime du premier degré) ou des parents (au premier degré, père et mère) du martyr. L'administration avait toutefois jugé nécessaire d'adjoindre quelques alinéas à son texte de loi afin de limiter une inflation du nombre des bénéficiaires, ruineuse sur le plan politique budgétaire. Lorsque la femme d'un martyr se remariait, sa famille ne pouvait plus prétendre automatiquement au titre de *gia đình liệt sĩ*. L'administration prenait dorénavant en compte les critères de son nouveau mari. À l'inverse, l'ex-époux d'une défunte-martyre lors d'un remariage pouvait conserver normalement son titre s'il continuait à nourrir les enfants de son premier mariage. Lorsque l'épouse du martyr vivait avec ses beaux-parents, ces derniers pouvaient prétendre au titre de "famille martyre" et cela même si en dernier recours

---

[9]. C.B. (Hồ Chí Minh), "Anh hùng giả và anh hùng thật", in *Nhân Dân*, n°149, 21.11.1953.

l'épouse et ses enfants en restaient les titulaires directs. Les grands-parents paternels du martyr en l'absence des parents du premier degré pouvaient recevoir le titre de *gia đình liệt sĩ*. Lorsqu'un enfant de moins 16 ans (ou plus si ce dernier était infirme) avait perdu ses deux parents et grands-parents, la personne qui le prenait en charge, parent nourricier (gia đình nuôi), pouvait être bénéficiaire du titre national. Dans le cas des familles de morts pour la patrie (gia đình tử trận) et des familles de disparus (gia đình mất tích), les conditions d'accès au grade posthume étaient encore plus restrictives. L'administration prenait en compte le niveau de vie des familles. Enfin, pour que le défunt puisse prétendre à une allocation des pouvoirs publics, le ministère des Invalides exigeait qu'il ait eu à son actif au moins trois années de service continu pendant la résistance ou cinq années en période de paix.

Le certificat posthume

Le diplôme mortuaire ou le certificat posthume représente un élément ancestral dans la culture vietnamienne. Au lendemain de la reprise des hostilités en 1946, la RDVN a décidé l'adjonction à son ministère des Invalides d'antennes locales (placées au sein des comités administratifs des zones militaires et des provinces) chargées de gérer la question des martyrs et des invalides. À partir de 1950, le soutien apporté par les conseillers chinois annonçait une réforme partielle de la mission du ministère des Invalides.

En 1951, le gouvernement créa le "diplôme délivré par la patrie reconnaissante" (bằng tổ quốc ghi công) destiné à l'ensemble des *tử sĩ*. En 1952, on ajoutait deux certificats complémentaires : un "diplôme pour les familles glorieuses" (bằng gia đình vẻ vang) et un "certificat d'honneur" (bằng vàng danh dự)[10]. La distribution du certificat posthume devait en principe accompagner les campagnes de reclassification de la

---

[10]. *Hồ Chí Minh biên niên tiểu sử*, Tome V, Hà Nội, nxb Chính trị Quốc gia, 1995, p. 283.

population. Sa généralisation a toutefois été plus tardive et ne s'est guère développée avant la seconde partie des années 1950. Modestes jusqu'en 1956, les campagnes de classification des morts ont participé au renforcement d'un système de la distinction. L'élaboration d'une logique de la distinction sociale, portée par les équipes de la réforme agraire, et de la distinction patriotique, symbolisée surtout par l'élection des nouveaux "officiers méritants" du pays, nécessitait une réciprocité au sein de la population des morts.

Les diplômes mortuaires situaient une famille dans la nouvelle hiérarchie du mérite patriotique. Un *bằng tổ quốc ghi ơn*, ou *bằng tổ quốc ghi công*, était textuellement un "diplôme délivré par la patrie reconnaissante". L'État délivrait ce diplôme patriotique en se basant sur les listes tenues par les divers échelons militaires (les *giấy báo tử*) ou administratifs (les *giấy khai danh dự*). Le bureau du Premier ministre avait la charge de statuer sur la validité et la promulgation de ces bans. Petit rectangle de carton de 25 centimètres sur 40, le certificat comportait le nom du martyr et l'intitulé de sa fonction au moment de sa mort, gravé en lettres noires sur fond tricolore (blanc, rouge, doré).

Le gouvernement demandait à son administration de profiter de l'ensemble des jours de fête pour distribuer solennellement les diplômes mortuaires aux familles concernées. Réservé à l'ensemble des *tử sĩ* jusqu'en 1956, le "diplôme délivré par la patrie reconnaissante" n'allait plus être distribué ensuite qu'aux seuls titulaires du grade de "martyr de la nation" (*liệt sĩ tổ quốc*). La distinction nouvellement opérée entre les *tử trận*, les *mất tích* et les *liệt sĩ* modifiait les règles d'obtention de ce certificat patriotique. Le certificat "diplôme en l'honneur des familles glorieuses" (*bằng gia đình vẻ vang*) créé en 1952, et attribué depuis lors aux familles dont l'un des membres participait à la résistance, ne concernait désormais plus que les foyers auxquels des critères insuffisants interdisaient d'être classés "familles de martyr". En d'autres termes, un classement au rang de *tử trận* ou de *mất tích* à partir de 1956 ne permettait plus d'être distingué par un "diplôme délivré par la patrie reconnaissante" (*bằng tổ quốc* ghi ơn) mais seulement par un certificat de second rang : une *bằng gia đình vẻ vang* (diplôme en l'honneur des familles glorieuses) ou une *bằng gia đình danh dự* (certificat d'honneur).

Les campagnes de classification des morts

L'organisation des campagnes de classification des morts, on parlait des opérations de listage, représentait une priorité politique pour le pouvoir. Le ministère des Invalides et des Martyrs tenait des réunions de formation complémentaire pour ses cadres afin de mettre un terme aux erreurs des premières opérations effectuées dans les provinces. Le mouvement de classement des morts s'est développé au cours de trois époques distinctes : 1954-1956 ; 1956-1959 et 1960-1965.

Dans le cadre de la réforme agraire (1954-1956), les équipes de cadres responsables (đội cải cách ruộng đất) ont sillonné les provinces afin d'organiser la réorganisation classiste de la population. De 1952 à septembre 1956, la classification de 40 % des martyrs et familles de martyrs aurait été achevée au sein des régiments de l'armée populaire selon des statistiques officielles. Une deuxième période débuta à l'automne 1956 pour ne s'achever qu'à la fin de l'année 1959. Au cours du neuvième plenum du comité central d'avril 1956, on a dénoncé les excès de la réforme agraire. En septembre 1956, le dixième plenum du comité central lançait une campagne de rectification des erreurs passées[11]. Nombreuses étaient les communes à reprocher aux "équipes de listage" d'avoir commis des erreurs dans le classement de leurs défunts. Les responsables locaux se plaignaient "des erreurs et excès des invalides installés aux postes-clés de l'administration villageoise par les équipes de la réforme agraire" qui ne manquaient pas "d'avoir une très mauvaise influence sur le peuple".

Alors que la question de la classification des vivants est à l'origine de plusieurs études, celle du listage des morts reste

---

[11]. Võ Nguyên Giáp, "Bài phát biểu của đồng chí Võ Nguyên Giáp 29.10.1956", in *Nhân Dân*, Hà Nội, 31.10.1956.

largement méconnue. L'obtention d'un certificat de martyr n'était pas une action sans prestige ni avantage pour son titulaire. Une erreur de classification provoquait des risques de mécontentement dans la population. De 1956 à 1959, les cadres du ministère des Invalides lancèrent une campagne de relecture de l'ensemble des dossiers. Les cas particuliers furent soigneusement réétudiés. En 1959, les autorités centrales seraient parvenues à recenser jusqu'à 62 % des "martyrs" et "familles de martyrs" du territoire.

Enfin à partir de 1960, la politique engagée en 1956 fut radicalisée. L'administration revenait sur l'idée qu'un martyr était "d'abord et surtout quelqu'un choisi pour son œuvre révolutionnaire, son opposition à l'impérialisme et au féodalisme, tombé au champ d'honneur de façon glorieuse". La classification des familles endeuillées participait au lancement d'une économie planifiée de type socialiste dans le pays. Le département de propagande présentait les familles de martyrs (gia đình liệt sĩ), d'hommes tombés pour la patrie (gia đình tử trận), de disparus (gia đình mất tích), et d'invalides (gia đình thương binh) "comme les plus purs d'entre nous, du Parti ou du gouvernement"[12].

Les comités populaires communaux recevaient l'instruction de favoriser leur intégration dans les coopératives et les organisations de masses du village. À l'échelon de la province, la liste des foyers de martyrs de guerre devenait désormais un outil d'encadrement des masses incontournable : "Depuis le rétablissement de la paix, la province a recensé 350 camarades invalides ou issus de familles de martyrs qui sont entrés dans le Parti. 80 % d'entre eux occupent des postes de direction dans des entreprises et 100 % d'entre eux sont entrés dans les coopératives."[13] Au tournant des années 1960, l'importance acquise par les familles endeuillées dans l'idéologisation des campagnes et la gestion des affaires locales étaient telle que la

---

[12]. Báo cáo công tác thương binh liệt sĩ từ đầu năm 1962 đến nay và phương hướng nhiệm vụ thời gian tới (Nghệ An), in AVN3, BNV, dossier n°2267, 12.1963.

[13]. Báo cáo tổng kết năm 1961 tỉnh Hải Phòng, in AVN3, BNV, dossier n°2248, document sans numéro, 1.1961.

question de classification des morts ne relevait plus de l'administration locale mais directement de l'antenne provinciale du Parti (tỉnh ủy).

Observons maintenant le déroulement de la campagne de classification des morts organisée en 1962 dans le district de Diễn Châu (Nghệ An)[14]. En juillet 1962, les cadres du Parti et de l'administration provinciale dépêchèrent un groupe de quatre fonctionnaires dans le district de Diễn Châu pour superviser les opérations de listage dont la logistique relevait du comité du Parti (huyện ủy) et de l'administration du district[15]. Le comité populaire du district avait organisé une réunion d'information à son échelon pour les dirigeants des communes de la circonscription. L'absence de nombreux représentants communaux amena les cadres provinciaux à se rendre directement dans ces villages afin d'y apporter la documentation nécessaire à l'organisation des opérations de listage[16]. Au sein de l'appareil communal, le cadre responsable des affaires culturelles était désigné pour veiller à la bonne application des directives de l'échelon central. Le comité populaire de la province lui avait accordé un budget particulier afin d'organiser des réunions d'information dans les hameaux de sa circonscription. Les autorités provinciales fixèrent un calendrier pour l'ensemble des opérations : le "listage" devait avoir lieu entre le 26 octobre et le début du mois de décembre et la conférence de clôture au plus

---

[14]. Báo cáo công tác thương binh liệt sĩ từ đầu năm 1962 đến nay, in AVN3, BNV, dossier n°2263, document n° 16776, 10.12.1962.

[15]. En 1960, le rapport proposé par le district de Tiên Lãng (tỉnh Kiến An) montrait toutefois la prépondérance décisionnelle acquise par le comité du Parti du district au détriment de la branche administrative. *cf.* Báo cáo về việc thi hành công tác liệt sĩ của huyện Tiên Lãng, in AVN3, BNV, dossier n°2248, document sans numéro, 15.3.1960.

[16]. Les documents à étudier abordaient les questions suivantes : "Qu'est-ce qu'un martyr ? Comment distinguer un martyr (liệt sĩ) d'un mort pour la patrie (quân nhân tử trận) ?" ; "Étude du décret 14-CP et de la circulaire 38-41 sur la politique des martyrs" ; "Étude des principes et des critères de soutien aux familles et enfants de martyrs d'après la directive n°1162 du 20.6.1961 du comité provincial du Nghệ An" ; "Sur l'entretien des cimetières pour martyrs" etc., in *Ibid.*, 30.11.1962, p. 3.

tard le 22 décembre, date anniversaire de la fondation de l'armée populaire vietnamienne[17].

Une fois informés, les responsables communaux mettaient en place des petits groupes de villageois afin de recueillir dans chacun des hameaux les renseignements recherchés : combien y a-t-il de martyrs dans la commune (bien distinguer parmi les martyrs, les cadres de l'administration, ceux du Parti et ceux de l'armée) ? Combien y a-t-il de familles de *tử trận* et de *mất tích* ? À quelle proportion s'élève le nombre de ces foyers endeuillés dans la difficulté ? Combien d'entre eux perçoivent déjà une allocation de soutien ? Combien y a-t-il d'enfants de martyrs sans ressources ? Combien d'entre eux profitent déjà d'une aide ? La commune possède-t-elle un cimetière des martyrs (nghĩa trang) et si oui dans quel état ? Combien y a-t-il d'invalides dans la commune ? Quelle est la gravité de leur infirmité (des visites médicales étaient organisées afin d'évaluer avec précision la nature des blessures et infirmités de chaque invalide selon un barème préétabli par l'échelon central) ?

Du 23 au 25 octobre, le comité populaire de la province envoya un groupe de cadres dans le district afin d'inspecter l'état des cimetières des martyrs. Le 26 octobre, les coopératives de Diễn Châu commençaient les opérations de listage de leurs membres. Entre le 27 octobre et le 7 novembre, la province dépêchait de nouvelles équipes dans les communes pour superviser le déroulement de la campagne de classification. Les cadres vérifiaient les dossiers déjà constitués. Du 8 au 11 novembre, ils tiraient un premier bilan du mouvement avec les responsables du district. Il s'agissait de revenir sur certains cas litigieux et de mettre en place les premières réunions de clôture à l'échelle de la commune qui devaient avoir lieu entre le 5 et le 12 décembre. Les cadres du district devaient rédiger un rapport d'activité et le faire parvenir au comité provincial avant le 30

---

[17]. Le comité populaire du Nghệ An accorda ainsi à la commune de Diễn Thịnh la somme de 50 đồng afin d'organiser ces réunions dans les délais impartis. *cf. Ibid.*, document sans numéro (UBND tỉnh Nghệ An à l'attention du UBND huyện Diễn Châu), 30.11.1962, p. 2.

décembre. À l'échelon de la commune, l'essentiel de la campagne de classification des morts se déroulait au niveau de la coopérative[18].

Une parfaite collaboration était exigée entre la coopérative, l'administration communale et les organisations de masses du village. Au cours de la vérification des listes, le responsable de la coopérative faisait appel aux représentants de chacune des branches concernées : le Front de la patrie, le bureau des affaires rurales, l'organisation de la Jeunesse, le département provincial des affaires de santé, le département provincial des invalides et celui de l'enseignement. En 1963, les cadres responsables des opérations de listage dans le district de Thanh Liêm (Hà Nam) faisaient parvenir au comité populaire de la province les résultats suivants[19] :

Nombre de martyrs (liệt sĩ)	520 cas
Nombre de *tử trận* & *mất tích*	285 cas
Nombre de familles de martyrs	512 cas
Nombre d'enfants de martyrs	391 cas
Nombre d'invalides graves	95 cas
Nombre de cas particuliers	75 cas

Tableau : <u>Résultats de la campagne de classification, Thanh Liêm (1963)</u>

Le rédacteur du rapport d'activité du comité populaire de Thanh Liêm notait toutefois la présence de certaines faiblesses. Les équipes du district avaient répertorié sept communes dépourvues de cimetière patriotique au sein de la circonscription et 19 villages qui n'appliquaient aucune mesure en faveur des enfants et parents de martyrs. En outre, bien que le gouvernement

---

[18]. Nhiệm vụ công tác thương bệnh binh liệt sĩ quân phục viên năm 1964, in AVN3, BNV, dossier n°2268, document n°168 DC-LS (UBHC tỉnh Hà Nam), 20.4.1964.

[19]. Báo cáo công tác thương binh liệt sĩ, in AVN3, *Ibid.*, document sans numéro, 30.4.1964.

ait recommandé la création de comités communaux responsables de l'application de la "politique des martyrs" (ban công tác thương binh liệt sĩ), les villages du district étaient encore peu nombreux à appliquer cette directive.

Grâce aux rapports de ses équipes de listage, l'administration centrale tenait à jour l'implantation de l'appareil d'État dans les provinces. Classer un mort offrait au pouvoir une mainmise sur le destin des communautés villageoises. Le 27 juillet 1951, le gouvernement a transmis à l'ensemble des communes du pays une lettre de Hồ Chí Minh dans laquelle il incitait les invalides à rentrer dans leur village natal afin de prendre part à l'économie villageoise (đón thương binh về làng)[20]. À l'automne, le gouvernement envoyait deux groupes de cadres dans des communes du Việt Bắc afin de confirmer l'importance du rôle tenu par les anciens combattants et les invalides dans la mobilisation politique et économique de la communauté villageoise : "Il fallait vraiment encourager les invalides à jouer un rôle-clé lors de leur retour au village ; un rôle moteur dans la production, lors des campagnes de réduction des rentes foncières et de la réforme agraire. Actuellement beaucoup d'invalides ont déjà fait preuve de belles performances dans la production, certains d'entre eux occupent par ailleurs des postes-clés de l'administration communale. Il est certain que cela peu avoir une influence importante sur la mobilisation du peuple."[21]

La vertu et la légitimité du nouveau régime dépendaient d'une prise en compte de la "vie de ses morts". La "politique des martyrs" comportait trois grands volets : l'établissement d'un système de soutien matériel accordé aux familles de martyrs, de combattants tombés pour la patrie, de disparus ou d'invalides ; l'octroi à ces familles endeuillées d'avantages professionnels et éducatifs (emplois dans l'administration) sur la base de quotas ; le

---

[20]. Báo cáo về việc thực hiện chủ trương đón thương binh về xã và việc thực hiện chủ trương này từ nay đến cuối năm, in AVN3, BTB, dossier n°22, document n°770/TB, 3.6.1952.

[21]. Báo cáo của Ban liên lạc nông dân toàn quốc, in AVN3, BTB, dossier n°71a, document sans numéro, 10.7.1954, p. 6.

droit d'accorder à ces familles des exemptions de manière à renforcer le caractère prioritaire de leur statut dans la société.

Depuis l'appel de Hồ Chí Minh de 1951, l'administration accordait une attention particulière aux familles endeuillées[22]. Les cadres de la réforme agraire avaient accéléré le classement des morts non sans parfois commettre certains excès. Le listage des familles servait d'une part à localiser les foyers susceptibles d'être distingués d'un certificat posthume. Il permettait d'autre part d'évaluer le niveau de la pension (tiền tuất) auquel ces foyers avaient droit au regard d'un barème national.

Enfin, la classification du mort représentait une étape essentielle pour que le comité populaire du village puisse évaluer avec précision la part de terre communale à réserver aux foyers martyrs de la nation[23]. La pension composait l'un des trois volets de la politique de rétribution vis-à-vis des morts patriotes (Pensions, Certificat, Médaille). Le listage des familles endeuillées permettait à l'administration provinciale de prendre en main les opérations de distribution des pensions.

En février 1947, la RDVN avait déjà instauré un premier barème d'allocation de retraite pour ses invalides (chế độ hưu bổng thương tật) et de pensions pour les familles des martyrs (chế độ tiền tuất thân nhân tử sĩ)[24], barème complété en 1956 (directive n°980/Ttg du 27 juillet 1956) et en 1959 (directive n°445/Ttg du 14 décembre 1959)[25]. L'État accordait une pension aux familles de martyrs (liệt sĩ), de combattants morts pour la patrie (tử trận),

---

[22]. En 1952, un document des autorités de la province de Quảng Trị précisait qu'il convenait "de ramener dans les villages dans un premier temps les invalides qui pouvaient travailler et ceux qui avaient du talent". *cf.* Báo cáo ngày thương binh tử sĩ 1951 ở Quảng Trị, in AVN3, BTB, dossier n°22, document n°749, 2.4.1952.

[23]. Báo cáo về việc thi hành công tác liệt sĩ của huyện Tiên Lãng, in AVN3, BNV, dossier n°2248, document sans numéro, 15.3.1960.

[24]. *Hồ Chí Minh biên niên tiểu sử*, tome IV, Hà Nội, nxb Chính trị Quốc gia, 1994, p. 49.

[25]. Nghị định của Hội đồng chính phủ về việc nâng phụ cấp thương tật cho thương binh và dân quân, du kích thanh niên xung phong bị thương tật, in AVN3, BNV, dossier n°2264, document n°50, 9.2.1962.

de cadres, travailleurs et autres patriotes décédés ou disparus depuis le 19 août 1945. Le défunt devait avoir à son actif un nombre d'années minimum au service de l'État (armée / administration / organisations paraétatiques...). Si le défunt avait travaillé moins de trois années, la famille du martyr ne pouvait bénéficier d'une pension qu'à titre temporaire. Dans le cas d'un service supérieur à trois ans, le soutien de l'administration (pension ou frais de subsistance) se commuait en assistance de plus longue durée (une année renouvelable)[26]. La pension ne pouvait être versée à son titulaire qu'après la délivrance du certificat patriotique. Le soutien de l'État dépendait de la situation économique de la famille. Un foyer pouvait être soutenu pour une période variable (de 3 à 12 mois renouvelable). Le ministère recommandait de ne pas mensualiser ces versements (réalisés souvent directement en nature), mais de les distribuer à trois reprises dans le courant de l'année.

Les campagnes de distribution se déroulaient à l'occasion des dates anniversaires du calendrier vietnamien (fêtes traditionnelles et anniversaires patriotiques)[27]. Depuis le rétablissement de la paix, les pensions étaient prélevées directement sur le budget des provinces. Par manque de fonds propres, les comités provinciaux faisaient néanmoins régulièrement appel au ministère de tutelle concerné[28]. Le gouvernement interdisait aux administrations locales de pratiquer un cumul des aides (soutien local au niveau de la commune doublé d'une aide délivrée par les bureaux provinciaux). Une famille touchée par la perte de plusieurs des siens ne pouvait pas profiter de soutiens publics au-dessus d'une

---

[26]. Về việc ưu đãi gia đình liệt sĩ, in AVN3, BNV, dossier n°2239, document n°1060, 27.9.1959.

[27]. Về việc trợ cấp cho gia đình liệt sĩ, gia đình quân nhân, cán bộ, công nhân, viên chức tử trận hay mất tích, in AVN3, BLD, dossier n°886, document n°1989, 2.4.1962.

[28]. Thông tư quy định chi tiết và hướng dẫn thi hành nghị định số 14-CP ngày 2.2.1962 của Hội đồng chính phủ về việc trợ cấp cho gia đình liệt sĩ, gia đình quân nhân, cán bộ, công nhân, viên chức tử trận hay mất tích gặp khó khăn trong đời sống, in AVN3, BNV, dossier n°2264, document n° 38-TT/LB, 1.8.1962.

somme plafond. En 1962, cette limite était fixée à 30 dông par mois et par famille[29].

Prenons l'exemple d'un paysan père d'un martyr, trop âgé pour travailler. En 1962, la coopérative de sa commune lui délivrait 7,5 dông par mois. En principe, cet homme ne pouvait pas recevoir un soutien supplémentaire de la part de l'État. Toutefois, si l'autorité communale estimait que sa situation économique le nécessitait, l'octroi d'une aide complémentaire pouvait bien avoir lieu dans les faits, et cela "pour l'aider à s'en sortir". La pension s'ajoutait donc souvent à d'autres aides financières délivrées à l'échelon de la commune. La réforme agraire avait notamment autorisé une redistribution des parcelles villageoises en faveur des "officiers méritants"[30].

En 1963, ces campagnes de redistributions de terres se poursuivaient dans le district de Mỹ Hào (province du Nghệ An). Les documents officiels parlent de plus de 1000 *mẫu* de terres arables partagées entre les "foyers émérites" de la circonscription. Lors du lancement du mouvement des coopératives villageoises en 1957-59, le mot d'ordre était de mettre en avant l'exemple patriotique de ces foyers. Le comité de gestion des coopératives (ban quản trị hợp tác xã) jouait un rôle-clé dans la diffusion de la "politique des martyrs". Les familles de "morts pour la patrie" et les invalides devaient montrer l'exemple à la population villageoise. Le comité populaire délivrait des points supplémentaires (công điểm) aux familles endeuillées qui rejoignaient les coopératives[31]. Au cours de l'hiver, les cadres communaux rendaient visite à ces foyers et leur distribuaient des

---

[29]. Nghị định của Hội đồng chính phủ về việc trợ cấp cho gia đình liệt sĩ, gia đình quân nhân, cán bộ công nhân, viên chứ tử trận hay mất tích gặp khó khăn trong đời sống, in AVN3, BLD, dossier n°886, document n°14/CP, 2.2.1962.

[30]. Báo cáo về 27.7 (tỉnh Hải Dương), in AVN3, BTB, dossier n°71a, 2.2.1954.

[31]. Tổng kết học tác chỉ thị 165.445 và tiểu chuẩn xác nhân liệt sĩ (xã Vinh Quang, huyện Tiên Lãng, tỉnh Kiến An), in AVN3, *op. cit.*, 6.3.1960.

vêtements chauds[32]. Les coopératives se chargeaient de nourrir les enfants des martyrs et distribuaient des rations de riz supplémentaires aux familles nécessiteuses. Ces aides communales s'ajoutaient aux allocations délivrées par l'État à deux ou trois reprises chaque année. La pension de l'échelon central matérialisait la sollicitude filiale de la nation, les aides communales, la responsabilité et le devoir de l'autorité locale envers ses sujets défavorisés.

Depuis 1951, les campagnes d'incitation au retour des invalides promettaient une aide à la réinsertion dans l'économie et la vie communale en échange d'une "bonne conduite patriotique des candidats"[33]. À Hải Thành (province du Quảng Trị), le comité populaire avait offert à ses invalides rentrés au pays six *mẫu* de rizière et un buffle afin qu'ils reprennent le travail[34]. L'encouragement au retour se concrétisait en outre par une politique préférentielle de l'administration locale. Au cours des campagnes d'émulation, les cadres villageois mettaient en avant leurs dossiers. En 1953-54, la commune de Hoàng Khai (province de Tuyên Quang) choisit d'élire exclusivement des invalides pour concourir au titre de "combattant d'émulation agricole"[35]. La commune réservait des postes au sein de son appareil administratif aux invalides et aux membres des "familles de martyrs".

Le gouvernement encourageait ces pratiques au lendemain de accords de Genève. Son administration mesurait le passif militaire de chaque famille, leur classement dans la hiérarchie des foyers endeuillés et la nature des aides déjà perçues. À la lecture de leur dossier médical (un barème des blessures avait été élaboré

---

[32]. Báo cáo về việc thi hành công tác liệt sĩ của huyện Tiên Lãng, *Ibid.*, 15.3.1960, p. 5.

[33]. Hồ Chí Minh, "Thư gửi các thương binh tại mặt trận Trung du và Đông bắc", in *Ibid.*, *Toàn tập* (1951-1954), tome VI, Hà Nội, nxb Sự Thật,1986, p. 46.

[34]. Báo cáo Ty thương binh tỉnh Quảng Trị, in AVN3, BTB, dossier n°22, document n°749, 2.4.1952.

[35]. Ban liên lạc nông dân toàn quốc, in AVN3, BTB, dossier n°71a, 12.1954.

par le ministère des Invalides), l'administration décidait la promotion, l'envoi en maison de repos ou l'inscription sur des listes de formations complémentaires des invalides et des membres des familles de martyrs[36].

Dans les années 1950-60, la RDVN réservait aux "officiers méritants" "qui avaient du talent dans une spécialité, une bonne mentalité et l'idée de servir le peuple, la révolution et le socialisme", des facilités pour poursuivre une formation dans l'enseignement supérieur. Les enfants de martyrs et les invalides étaient automatiquement exemptés de droits de scolarité. Après examen de leurs dossiers, l'État leur octroyait une bourse d'étude[37]. Dans les campagnes, le Parti les incitait à suivre des formations complémentaires (bổ túc văn hóa, chính trị, chuyên nghiệp etc.). En 1963, un texte du ministère de l'Intérieur conseillait même à chaque échelon de son administration "d'aider les enfants de martyrs à trouver du travail"[38].

Enfin, l'État assurait aux membres de ces "foyers émérites" de nombreuses exemptions[39]. Au cours des deux années suivant leur retour au village (ou l'année du décès du martyr dans le cas d'une famille endeuillée), les invalides et les familles de martyrs n'étaient pas imposés. Les barèmes de productivité des coopératives ou des cellules d'entraide étaient révisés à la baisse selon la nature de l'infirmité ou le classement de la famille sur l'échelle du mérite patriotique. L'administration pouvait les exempter de campagnes de "travail populaire" (dân công).

En juillet 1957, la liste des populations dispensées (miễn) de participation à ces "travaux civiques" comprenait : "les invalides

---

[36]. Tiêu chuẩn cán bộ vào các trường đại học và chuyên nghiệp, in AVN3, BNV, dossier n°2229, document n°40/LB-TT, 15.5.1958.

[37]. Tạ Quang Bửu, ministre de l'Éducation, ira jusqu'à proposer en 1965-66 d'octroyer à tous les enfants de martyrs des points supplémentaires lors de leurs examens à l'université (1 à 2 *điểm*).

[38]. Báo cáo về công tác thương binh liệt sĩ từ ngày 17.9 đến ngày 21.9.1963, in AVN3, BNV, dossier n°2269, document sans numéro, 12.11.1963.

[39]. Báo cáo kết quả ngày thương binh liệt sĩ toàn quốc, in *op. cit.*, document n°1178 TB/TV, 2.11.1954.

en possession d'un certificat d'infirmité ; les parents, mari ou femme d'un martyr recensé ; les familles qui nourrissent un invalide et s'occupent de lui ; les chefs de famille auxquels a été décerné un diplôme d'honneur (bằng vàng danh dự) à titre nominatif"[40]. Un rapport du comité populaire de la province de Lào Cai (juin 1958) critiquait pourtant les excès de la généralisation d'une telle politique d'exemption dans les communes : "Si l'on procède vraiment de cette manière, il risque alors de se créer de grosses rivalités entre les cadres de la commune. Les opérations de classification des populations concernées deviendront alors des plus délicates."[41] Dans le cas de la commune de Mỹ Lâm (Yên Sơn, Tuyên Quang), la population d'exemptés du "travail civique" atteignait 85 % du total de 1185 habitants[42].

La question de l'impact des "politiques prioritaires" sur la cohésion villageoise a donné lieu à de nombreux rapports confidentiels. Bien que les remontrances aient accusé en premier lieu des cadres communaux de profiter de dispenses contestées[43], ces textes mettaient d'abord à l'index les excès des campagnes de classification. Ces erreurs furent relevées dans le cadre de la politique de rectification de la réforme agraire en 1956-57. Ce type de dérapages était néanmoins le lot commun d'une société rurale. Alors que la lutte contre l'envahisseur étranger suffisait à la mobilisation de la population au cours de la première guerre indochinoise, la construction du socialisme était une tâche plus

---

[40]. Règlement n°339/Ttg, in Tập tài liệu phổ biến học tập điều lệ dân công của khu, tỉnh năm 1958, in AVN3, BLD, dossier n°414, document n°343 (Khu tự trị Việt Bắc), 19.3.1958.

[41]. Báo cáo về phổ biến điều lệ huy động và sử dụng dân công hội nghị của tỉnh, in AVN3, *Ibid.*, document 939/DC (UBND Lao Cai), 7.6.1958.

[42]. Parmi eux 50 *Hoa kiều*, 756 enfants/adolescents (moins de 17 ans) et personnes âgées, 164 invalides, chefs de famille de martyrs ou cadres en activités. *cf.* Tập tài liệu phổ biến học tập điều lệ dân công của khu, tỉnh năm 1958, *op. cit.*, 19.3.1958.

[43]. Huy động dân công phục vụ công trường Xuân quân, in *Ibid.*, document n°1783 LD/DC, 15.10.1958.

abstraite dans les campagnes⁴⁴. En choisissant d'encourager matériellement (diplômes, pensions, exemptions) les plus fidèles de ses sujets, le pouvoir assurait à son administration présence et emprise sur son peuple. Le socialisme n'était plus seulement une idée ; il procurait au peuple fidèle un bien-être quotidien.

La journée des invalides et des martyrs

En juin 1947, la RDVN avait créé un jour anniversaire dédié aux martyrs et aux invalides de la cause nationale (Ngày thương binh liệt sĩ). Les représentants de l'ensemble des départements de l'administration centrale, des zones militaires et des comités provinciaux choisirent la date du 27 juillet pour en marquer l'événement⁴⁵. À cette occasion, Hồ Chí Minh avait offert symboliquement un mois de son salaire aux invalides. La journée du 27 juillet devenait le symbole d'une nouvelle solidarité nationale, expliquait-il encore : "Vous savez bien que je n'ai pas d'enfant. La nation vietnamienne est ma famille. Tous les jeunes Vietnamiens sont en fait mes enfants. Lorsque l'un d'entre eux disparaît, c'est comme si je perdais l'un des miens. Ils sont morts pour que la patrie vive éternellement, leurs esprits vivront éternellement dans celui du Viêt Nam."⁴⁶ Le martyr était le ciment de la cohésion nationale, "il renforçait en sa figure les liens, le sentiment d'appartenance du peuple dans une atmosphère fraternelle"⁴⁷.

---

⁴⁴. "L'histoire du peuple vietnamien a toujours été stimulée par l'intérêt. L'intérêt matériel est naturellement le moteur d'action d'un pays pauvre. Il était difficile de satisfaire le peuple donc il fallait faire des tentatives. En période de paix (1955-64), on ne pouvait pas exiger autant de la population qu'en période de guerre, l'honneur et le désintérêt patriotique étaient beaucoup moins forts au sein du peuple, l'intérêt matériel pouvait aider à rehausser ces moments-là, tout ça dans le fond, c'est bien naturel", in Entretien, Hà Nội, 16.8.1996.
⁴⁵. *Hồ Chí Minh biên niên tiểu sử*, tome IV, Hà Nội, nxb Chính trị Quốc gia, 1994, p. 110. *cf. Vệ quốc quân*, n°11, 27.7.1947. Hồ Chí Minh, *Toàn tập*, (1948-50), tome IV, Hà Nội, nxb Sự Thật, 1984, pp. 394-395.
⁴⁶. Hồ Chí Minh, *Toàn tập*, (1948-50), tome IV, *Ibid.*, pp. 24-25.
⁴⁷. Báo cáo của UBKCHC Liên khu Việt Bắc và UBKCHC các tỉnh

La journée du 27 juillet devait rappeler au peuple le souvenir de ses martyrs. Chaque échelon de l'appareil administratif national devait "encourager, vanter les performances des invalides et des familles de martyrs dans la production et acclamer ces familles lors de leur participation au mouvement révolutionnaire"[48]. Autour d'une communion patriotique dédiée à ses morts, le gouvernement escomptait renforcer l'adhésion du peuple à son projet politique. En mai 1947, le ministère des Invalides a fait parvenir aux comités populaires des zones militaires du matériel d'information sur la manière d'organiser cette nouvelle journée nationale du souvenir. Une fois ces documents transmis à l'échelon de la province, le département des affaires sociales, ou, en l'absence de ce dernier, le département du travail, organisait une réunion avec les représentants de l'appareil administratif provincial afin de mettre en place un comité d'organisation et de préparer le programme du jour anniversaire dans la circonscription. En principe, les délégués des organisations de masses et de l'administration des districts et des communes devaient créer à leur tour des comités d'organisation similaires. Mais dans les faits, rien n'était organisé hors de l'échelon provincial[49].

Les cadres provinciaux "orientaient alors le travail des comités de district et de commune afin qu'ils réalisent correctement cette tâche de première importance"[50]. À la base, les représentations du

---

thuộc Liên khu Việt Bắc về tổ chức kỷ niệm ngày thương binh tử sĩ 27 tháng 7 năm 1951, in AVN3, dossier n°22, document 74049, 6.5.1951.
[48]. Chỉ thị về việc tổ chức ngày thương binh liệt sĩ 27.7.1959, in AVN3, BNV, dossier n°2244, document n°30 TB/LS1, 13.7.1959.
[49]. Un document du comité populaire de la province de Thái Nguyên montre qu'en 1951 quatre des districts de la circonscription avaient cependant mis en place ces comités d'organisation à temps : Phú Bình (le 26 juin), Đại Từ (le 30 juin), Minh Hòa (le 5 juillet) et Định Hòa (le 5 juillet), in AVN3, BTB, dossier n°22, document n°38 Thái Nguyên, 17.1.1952. Au niveau de la zone du Việt Bắc, les provinces de Hải Ninh, Hồng Gai, Lào Cai, Sơn La, Tuyên Quang et Vĩnh Phú n'avaient toujours pas formé de comité d'organisation à la date du 30 septembre 1951, in *Ibid.*, document sans numéro LK/VB, 1.1952.
[50]. Chỉ thị về kỷ niệm ngày thương binh liệt sĩ 27.7.1960, *op. cit.*,

Liên Việt avaient la tâche d'appliquer les résolutions de l'échelon central transmises par les cadres provinciaux afin d'organiser dans les communes les journées commémoratives du nouveau calendrier patriotique. Au milieu du mois de juin, le bureau d'information de la commune commençait à diffuser les documents de l'échelon à l'ensemble des organisations de masses et des hameaux de la circonscription[51].

Le comité populaire de la commune tenait des "causeries" afin d'expliquer concrètement aux villageois la teneur de ce nouvel anniversaire. À cette occasion, les habitants de la commune participaient à une collecte afin d'offrir des cadeaux aux familles endeuillées dans le besoin[52]. La presse (nationale et provinciale) publiait des numéros spéciaux sur le sujet, la radio diffusait les textes de l'échelon central et les départements culturels provinciaux créaient spectacles et animations culturelles pour l'occasion.

Depuis 1948, l'administration organisait une courte session d'émulation patriotique afin de permettre l'achèvement des préparatifs de l'événement avec succès. Après la journée de travail, l'administration et les organisations de masses organisaient des séances d'étude des documents officiels afin de renforcer le sentiment de solidarité collective. Le comité populaire de la province préparait les récompenses (giấy khen, bằng khen) et les cadeaux à distribuer dans les localités de la circonscription. Les "artistes du peuple" de la province étaient mobilisés pour créer de nouveaux spectacles. Début juillet, des spectacles de théâtre, de chant etc. avaient lieu dans les bourgs et villages de la province. À Tuyên Quang en juillet 1952, les organisations de masses de la province réunirent plus de 1 200 personnes pour admirer les tableaux du "département de diffusion artistique de la province" (ty tuyên truyền văn nghệ tỉnh Tuyên

---

25.5.1960.
[51]. Báo cáo ngày thương binh tử sĩ (27.7.1951) ở Quảng Trị, in AVN3, BTB, dossier n°22, document n°749, 2.4.1952.
[52]. Thông tri về ngày 27.7.1954, in AVN3, BTB, dossier n°71a, document n°08 BLL/TT, 2.6.1954.

Quang). Le ministère des Invalides, jugeant ce chiffre trop faible, y vit un élément "susceptible d'avoir une mauvaise influence sur les masses"[53].

Dans les communes, les organisations de masses coordonnaient de nombreuses activités. Les enfants membres des *thiếu nhi* entonnaient des chants en l'honneur des défunts de la patrie dans les ruelles de leurs hameaux en brandissant des banderoles à l'en-tête de la campagne nationale : "Souvenez-vous des martyrs et soyez reconnaissants avec les invalides" (thương nhớ các liệt sĩ và biết ơn các thương binh)[54]. Ils se rendaient dans chaque foyer afin d'y collecter argent, objets ou vêtements divers pour les redistribuer aux familles endeuillées le 27 juillet[55]. Les adolescents des *thanh niên* participaient aussi à ce remodelage patriotique de la solidarité inter-générationnelle. Regroupés en sections, ils furent affectés à l'entretien des cimetières, des monuments aux morts et des tombes des martyrs dispersées sur les terres du village. L'administration communale accordait beaucoup d'importance à ces travaux d'entretien ou de restauration.

De leur côté, les associations de femmes, celles des mères de combattants se rendaient dans les foyers de martyrs ou

---

[53]. Báo cáo về việc tổ chức phòng triển lãm về công tác thương binh ngày 27.7.1952, in AVN3, BTB, dossier n°22, document n°67 TTB/TQ, 13.8.1952.

[54]. Affiches, tracts et banderoles avaient été fournis par les responsables de la province. À titre d'exemple la province de Quảng Trị pour le 27.7.1951 distribua : 1 000 affichettes portant le slogan de la campagne, 7 600 tracts de chansons dédiées aux martyrs, 1 000 copies de textes officiels, 500 appels de la province et 20 000 tracts patriotiques, in AVN3, BTB, dossier n°22, document n°749, 2.4.1952.

[55]. À l'occasion du 27.7.1951 les sommes collectées dans la zone du Việt Bắc différaient selon les provinces : Cao Bằng : 4 479 774 d ; Lạng Sơn : 5 580 774 d ; Phú Thọ : 1 350 982 d ; Tuyên Quang : 1 558 401 d ; Thái Nguyên : 7 581 152 d ; Bắc Ninh : 1 762 450 d ; Hồng Gai : 55 950 d ; Lào Cai : 2 851 660 d ; Quảng Yên : 2 825 790 d ; Vĩnh Phú : 394 400 d ; Yên Bái : 549 161 d et Hà Giang : 1 798 098 d, Báo cáo ngày 27.7.1951 Liên Khu Việt Bắc, in AVN3, BTB, dossier n°22, document n°674 VB/5, 5.4.1952.

d'invalides "afin de les réconforter et leur montrer toute la sollicitude de l'appareil d'État et du Parti"[56]. Ces "femmes d'avant-garde" (phụ nữ tiền phong) encourageaient les villageoises à écrire des lettres aux soldats en exercice et à parrainer des soldats loin de chez eux. Enfin, l'association des paysans incitait ses membres à rejoindre dans les champs et rizières des habitants touchés par la perte de l'un des leurs afin de les aider dans leur travail[57]. Pour remercier l'État de sa sollicitude, les familles endeuillées promettaient en retour une plus grande fidélité au gouvernement et au Parti.

La journée des martyrs et des invalides ne se généralisa pas sans difficultés dans les campagnes. Malgré les strictes recommandations ministérielles, les rapports annuels des administrations locales relevaient toujours de nombreuses insuffisances sur le terrain des opérations. Les districts situés dans les régions montagneuses "rencontraient beaucoup de difficultés à organiser dans le respect des directives nationales le nouveau mouvement de solidarité"[58]. Ainsi, la description que nous proposons de cette journée des martyrs et des invalides ne doit pas omettre ni sous-estimer l'inégalité de l'implantation géographique du mouvement sur le territoire.

Chaque année dans le courant du mois de juin, les comités populaires provinciaux du pays sélectionnaient des représentants des familles de martyrs et d'invalides dans leur circonscription afin de les convier à la conférence nationale des martyrs et

---

[56]. Kế hoạch kỷ niệm ngày thương binh 27.7.1960 ở Hà Nội, in AVN3, BNV, dossier n°2253, document n°18 /TB-LS, 9.6.1960.

[57]. Les rapports des comités populaires de district montraient les limites de la campagne. Dans la province de Hải Dương par exemple en 1954, la mère d'un martyr, nouvellement décorée, se retrouvait seule avec huit *sao* de rizière à cultiver. Sans aide, elle avait dû louer les services d'un journalier. Selon le rapporteur, ce cas relève d'une déficience du système de solidarité généralisée à l'attention des familles de martyrs. *cf.* Báo cáo về ngày 27.7.1961, in AVN3, BTB, dossier n°71a, document n°34 /HD, 1954.

[58]. Chương trình kế hoạch công tác liệt sĩ làm thí điểm ở Mộc Châu, in AVN3, BNV, dossier n°2248, document n°1537, 25.10.1960.

invalides organisée à Hà Nội en présence de membres du bureau politique et du gouvernement[59]. À partir de 1955, le comité provincial pour la réunification se chargeait d'opérer la sélection des foyers exemplaires et adressait les propositions des candidats accompagnées de leur biographie à l'échelon central. L'administration accordait une enveloppe financière à ces familles (destinée à couvrir leurs frais de transport, de nourriture et d'hébergement) afin de leur permettre d'"apporter leurs félicitations" au président Hồ et au gouvernement au nom de leur province[60]. De son côté, le comité populaire provincial organisait le 27 juillet une conférence avec l'ensemble des représentants de l'appareil d'État (administration, organisations de masses), du Parti et des membres des "familles émérites" de sa circonscription.

Le 27 juillet 1954, la province de Kiến An regroupa ainsi 62 invalides, cinq représentants des familles endeuillées et cinq membres de "familles nourricières d'invalides orphelins" (gia đình nuôi dưỡng thương binh)[61]. La conférence commença par un exposé de la conjoncture politique et économique nationale avant de se poursuivre par la lecture de poèmes patriotiques. À Kiến An, comme dans tous les chefs-lieux de province en 1954, les cadres de l'administration récitèrent les poésies rédigées en

---

[59]. Les comités provinciaux ne remplissaient pas toujours les attentes de leur ministère. À titre d'exemple le comité populaire de Cao Bằng annonça à l'échelon central au début du mois de juin 1962 qu'une seule de ces familles avait seulement pu être choisie, celle de Lý Viết Đàn (xóm Nà Chấu, xã Độc lập, huyện Quảng Uyên) dont le fils Lý Văn Mưu était mort à Đông Khê en 1950 et décoré du titre de héros des forces armées en 1956. *cf.* Thông tri về tổ chức hội nghị thương binh liệt sĩ, in AVN3, BNV, dossier n°2253, document n°11927, 20.8.1962.

[60]. *Ibid.*, document n°03 TB/NA, 22.12.1954. Un document de 1961 précise que le comité d'organisation dédommageait les participants par la somme de 1,20 đ par jour (hébergement et nourriture), un chiffre auquel s'ajoutaient les frais de transport. *cf.* AVN3, BNV, dossier n°2253, document n°349, 19.1.1961.

[61]. Báo cáo về việc tổ chức liên hoan thương binh và gia đình quân nhân liệt sĩ trong dịp kỷ niệm thương binh toàn quốc, in AVN3, BTB, dossier n°71a, document n°3587 vx/ka, 23.10.1954.

l'honneur des martyrs de la nation par Hô Chí Minh, Vũ Đình Tụng (ministre des Invalides), des responsables de la zone militaire et des "lettrés" des milices populaires locales, avant d'inviter les représentants des invalides et familles de martyrs à s'exprimer : "Ils se levaient alors pour nous raconter leurs expériences, ils nous parlaient de leur jeunesse, du courage, de la patrie. C'est d'abord Nguyễn Văn Ủy de la commune de Hùng Thắng qui prit la parole. A l'auditoire réuni, il expliqua comment il avait été élu cadre exemplaire de premier rang en 1952 ; puis comment son volontarisme dans la collecte des impôts lui avait permis d'être à nouveau élu à ce même titre par l'administration du district avant que l'administration de la province fasse de même et lui décerne une autre récompense pour ce travail dès 1953. Il expliqua qu'il avait fait tout cela car c'était simplement de son devoir, le devoir de tous les invalides de la patrie vietnamienne de participer au mouvement révolutionnaire dans le plus grand enthousiasme."[62]

À Hải Dương, la conférence de 1954 réunit 78 délégués en provenance de cinq de ses districts (sur six). Au sein de la circonscription, 52 communes avaient préalablement organisé des causeries suivies, selon les chiffres officiels, par près de 4 500 personnes. Dans le Hà Tĩnh, les comptes étaient en revanche plutôt amers à l'automne 1954. Le comité provincial constatait avec résignation que seul le district de Đức Thọ était parvenu à remplir son cahier des charges : "C'est seulement à Đức Thọ que le programme du 27 juillet a pu être parfaitement appliqué. De 41 à 103 personnes assistèrent en moyenne aux causeries organisées par les communes. Avec près de 555 réunions publiques organisées au cours du mois en souvenir des martyrs, le district détient là aussi le record."[63]

---

[62]. *Ibid.*, 23.10.1954.
[63]. *Ibid.*, document n°14/HT, 13.10.1954. Ajoutons cependant qu'à la fin de l'année 1954, le ministère des Invalides n'avait toujours pas reçu la totalité des rapports provinciaux. Seules les provinces de Phú Thọ, Tuyên Quang, Thanh Hóa, Hà Tĩnh, Bắc Giang, Thái Nguyên, Hải Dương, Kiến An, Thái Bình et du Nghệ An s'étaient appliquées à

À l'échelon central, le ministère des Invalides arrêtait chaque année un calendrier de visites officielles à effectuer par les dirigeants de l'État. En juillet 1959, cinq groupes officiels furent formés réunissant de nombreuses personnalités de haut rang : Hồ Chí Minh, Lê Duẩn, Phạm Hùng le vice-Premier ministre, Võ Nguyên Giáp ministre de la Défense et Tôn Đức Thắng, le président du comité pour la réunification[64]. La délégation dirigée par le chef de l'État se rendit à l'imposant cimetière des martyrs de Mai Dịch situé à quelques kilomètres de Hà Nội sur la route de Sơn Tây. La deuxième visita un camp pour aveugles, une école de dactylo réservée aux invalides, un hôpital militaire de campagne (quân y viện 108) et un internat pour enfants de martyrs dans la province de Vĩnh Phú. La troisième équipe se rendit plus à l'est dans la province de Hải Dương où elle rencontra un groupe de paysans invalides du village de Đông Triều et une "famille de martyr" présélectionnée par les autorités locales. La quatrième délégation rejoignit un important camp d'invalides situé à deux kilomètres du bourg de Bắc Ninh avant d'achever sa journée par une visite au domicile d'une "famille de martyr" et au foyer d'un invalide. Enfin, la dernière délégation avait déjà quitté Hà Nội la veille pour se rendre dans deux camps pour invalides, l'un situé dans la province de Thanh Hóa (à deux kilomètres du bourg de Thanh Hóa), et l'autre à l'ouest à Vinh dans le Nghệ An avant de clore la journée par un passage à la coopérative agricole de Lý Thanh et à une famille de martyr et d'invalide.

Le gouvernement recommandait à "chacune des délégations de discuter très cordialement avec l'ensemble des invalides et des familles rencontrées au cours de leurs visites. Il convient de leur rappeler que le gouvernement attend d'eux un travail sérieux et de l'ardeur dans leurs études. Les familles d'invalides et les anciens doivent par ailleurs être fortement encouragés à participer avec

---

communiquer les résultats de la campagne du 27 juillet à l'échelon central.

[64]. Kế hoạch tổ chức đoàn đại biểu Đảng, Chính phủ và các đoàn thể trung ương đi viếng nghĩa trang Mai Dịch và thăm thương binh, gia đình liệt sĩ ngày 27.7.1959, in AVN3, BNV, dossier n°32/TB, 18.7.1959.

enthousiasme aux travaux de production. Enfin, toutes les délégations doivent absolument au cours de toutes leurs visites ne pas oublier d'offrir des petits cadeaux et de se faire prendre en photo avec leurs hôtes"[65].

À l'échelle des districts, l'administration organisait aussi des visites personnalisées. Dans la matinée du 27 juillet 1954, les cadres du district de Cẩm Giang achevaient les préparatifs des cinq groupes (composés de trois personnes chacun) sélectionnés pour rendre visite et offrir des présents aux invalides et familles de martyrs de la circonscription. Au sein des communes du pays, le comité populaire avait constitué des délégations pour rendre visite aux domiciles des familles endeuillées avec des membres de ses organisations de masses. Quel que soit l'échelon, les visites devaient garder un certain caractère protocolaire tout en permettant de "franches et cordiales discussions afin de montrer à la population l'extrême intérêt que le Parti et le gouvernement accordent au peuple"[66]. Lors de leur passage dans les foyers endeuillés, les délégations remettaient un petit cadeau (nourriture, médicaments, vêtement ou petite somme d'argent) pour matérialiser la sollicitude de l'autorité politique. Les représentants de l'administration locale se rendaient alors au cimetière de la circonscription afin d'y déposer une gerbe de fleurs. L'invocation de l'esprit des morts (cầu hồn) participait à la glorification des familles touchées par la disparition de l'un des leurs. Les documents officiels expliquaient "qu'il était vraiment essentiel de montrer le réel honneur qu'une famille pouvait en tirer au sein de sa communauté"[67]. Une fois la gerbe de fleurs déposée au pied de la stèle centrale, certaines communes organisaient enfin des discussions entre les anciens combattants du village et les pionniers et écoliers du village[68].

---

[65]. Kế hoạch tổ chức đoàn đại biểu Đảng..., *Ibid.*, 18.7.1959.
[66]. Thông tri về tổ chức ngày thương binh liệt sĩ 27.7.1954, in AVN3, BNV, dossier n°2244, document n°9132, 13.7.1959.
[67]. Báo cáo về ngày 27.7 (tỉnh Hải Dương), in *Ibid.*, document sans numéro, 24.10.1954.
[68]. Chỉ thị về kỷ niệm ngày thương binh liệt sĩ 27.7.1960, in AVN3,

À l'occasion du 27 juillet, l'État incitait les travailleurs et fonctionnaires à prendre leur journée, ou parfois seulement leur après-midi, afin d'aller personnellement aider les invalides et les familles de martyrs sans pour autant "gaspiller abusivement leurs heures de travail". La journée des martyrs devait être une véritable fête populaire. Certaines communes organisaient des "riz de la solidarité" (cơm đoàn kết) à l'intention des habitants les plus nécessiteux. D'autres mettaient en place des processions à travers les ruelles du village pour commémorer l'honneur des disparus patriotiques[69]. Au chef-lieu de la province, le département des invalides inaugurait des expositions consacrées à l'exemple héroïque des martyrs de la nation. À l'échelon du district, l'administration organisait des concours de chant, des pièces de théâtre et autres animations culturelles. À Hà Nội, les familles d'invalides et de martyrs furent invitées par la mairie à assister à trois soirées culturelles à l'opéra. En 1962, 15 000 personnes y assistèrent selon les chiffres officiels. Dans les cinémas de la capitale, 3 000 places gratuites furent réservées à leur attention.

Le gouvernement profitait de ces festivités pour remettre décorations (huân chương, huy chương) et certificats patriotiques (bằng tổ quốc ghi ơn, bằng gia đình vẻ vang) aux familles endeuillées. En 1950, le ministère des Invalides avait créé un titre à la seule intention des invalides indemnisés (huy hiệu thương binh)[70]. La remise des décorations avait lieu de manière informelle lors des visites des représentants dans les familles endeuillées. Certaines communes profitaient toutefois de la clôture du meeting du 27 juillet pour organiser une réception de remise de prix.

La participation des familles aux réunions publiques du 27 juillet était en outre sujette à une indemnisation financière de la

---

BNV, dossier n°2253, document n°30 NV/TBPV, 24.5.1960.
[69]. Báo cáo ngày 27.7.1951 tại Liên khu Việt Bắc, in AVN3, BTB, dossier n°22, document n°674 VB/5, 5.4.1952.
[70]. Về huy hiệu thương binh, in AVN3, BTB, dossier n°19, document n°368/ND, 30.8.1950.

part de l'administration. La pratique, courante et ancienne au Viêt Nam, jouait un rôle non négligeable sur la mobilisation de familles modestes peu habituées à ce type de sollicitation. Il serait pourtant inexact d'envisager une causalité directe entre "l'intérêt économique" et la "mobilisation politique". Les sommes distribuées par l'administration étaient modestes et visaient davantage à matérialiser l'hommage et la gratitude de l'État à ses "officiers méritants"[71]. En 1960, le comité populaire de la province de Hải Ninh accordait la somme de 0,30 dông (souvent délivrée en nature : thé, cigarettes, gâteaux etc.) aux participants des réunions à l'échelon de la commune, du district ou de la province[72]. Outre la volonté politique d'afficher des "affinités électives", la multiplication des réunions, Georges Boudarel parle de "réunionite"[73], n'impliquait-elle pas pourtant une prise en compte en des termes plus économiques ? Ces aides à la participation favorisaient l'éclosion de relations de dépendance auxquelles ni l'État, ni la population concernée ne voyait de limite morale. La force de la RDVN avait été de normaliser ces relations traditionnelles de don/contre-don à son avantage. Les redistributions consenties marquaient la revanche des oubliés de l'ancien régime et ramenaient à sa juste valeur la modestie de l'effort de l'administration au regard des excès des temps anciens[74]. La réunion officielle représentait pour les petites gens un moment de communion avec l'autorité politique au cours duquel, parés de leurs plus beaux habits, ils montraient leur

---

[71]. En 1960, chaque personne présente à une réunion organisée par l'administration recevait un minimum de 0,20 dông (auquel s'ajoutait les frais de déplacement, d'hébergement et de nourriture). *cf.* Kế hoạch kỷ niệm ngày thương binh liệt sĩ ở Hà Nội, in AVN3, BNV, dossier n°2258, document sans numéro, 9.6.1960.

[72]. Kế hoạch ngày thương binh liệt sĩ ở Hải Ninh, in AVN3, BNV, dossier n°2253, document n°106/TB-LS, 18.7.1960.

[73]. G. Boudarel dir., *La Bureaucratie au Viêt Nam*, Paris, L'Harmattan, 1983.

[74]. Dans les années 1950, il est à noter toutefois que la figure du mandarin corrompu fait sa réapparition dans de nombreuses œuvres littéraires publiées au Nord Viêt Nam.

respect du pouvoir établi. En échange, l'administration apposait son contreseing à cette opération de transfert de pouvoir par l'octroi de présents.

Et pourtant, malgré l'effort de tout l'appareil d'État, la journée du 27 juillet avait encore du mal à s'imposer sur l'ensemble du territoire. En 1954, les cadres de la province de Bắc Giang chargés d'organiser la journée dans les communes de Tân Hiên et de Tam Hiêp avouaient leur découragement : "On ne trouve pas encore de réelle prise de conscience dans ces communes, il est souvent difficile de trouver des gens pour participer aux structures d'organisation que nous essayons de créer."[75] Un autre rapport adressé au comité populaire de la zone du Việt Bắc en 1951 constatait les mêmes difficultés : "L'activité de la population H'mông envers les familles de martyrs s'est révélée un peu décevante, peu d'informations ont pu être récupérées car aucun des comités d'organisation ne nous a fait parvenir de rapport sur les activités réellement réalisées à l'occasion du 27 juillet."[76] À la veille du redémarrage des hostilités en 1964, la "politique des martyrs" et "l'esprit du 27 juillet" avaient pourtant atteint une diffusion nationale, seules quelques communes des régions montagneuses faisaient encore la sourde oreille à la généralisation du mouvement.

Les cimetières patriotiques

Au lendemain de la victoire de Diện Biên Phủ, le gouvernement consacrait 41, 6 % du budget d'assistance sociale aux allocations, pensions, ainsi qu'à la construction de camps de repos et à la création de cimetières militaires (4 800 millions de dông). Les dirigeants confièrent à l'administration locale la tâche de matérialiser l'expression de sa piété politique en implantant des cimetières patriotiques dans toutes les communes du pays. Ainsi

---

[75]. Báo cáo về việc tổ chức ngày thương binh tử sĩ ở Bắc Giang, in AVN3, BTB, dossier n°71a, document n°227 TB/G, 23.10.1954.

[76]. Báo cáo ngày 27.7.1951 tại Liên khu Việt Bắc, in AVN3, BTB, dossier n°22, document n°674 VB/5, 5.4.1952.

fut constituée une nouvelle géographie cultuelle patriotique. La création des "cimetières des martyrs" offrait un relais entre l'immatérialité d'un idéal politique et sa concrétisation physique ; un lieu de communion entre piété filiale et vénération patriotique.

Au cours de la première guerre indochinoise, le dénominatif de *nghĩa địa* (textuellement "l'hommage à la terre") était employé pour décrire les parcelles réservées aux morts situées sur les terres collectives du cadastre communal. Au début des années 1950, le gouvernement imposa une nouvelle distinction afin d'attribuer un lieu spécifique aux martyrs de la défense nationale. Pour affirmer la solennité de cet espace, l'État choisit la dénomination de "cimetière de martyrs" (nghĩa trang liệt sĩ) : "Le passage du terme de *nghĩa địa* à celui de *nghĩa trang liệt sĩ* s'expliquait par la forte connotation culturelle de ce dernier terme par rapport au premier. Un *nghĩa trang liệt sĩ* imposait un respect plus grand encore. Le mot sous-entendait une idée d'élévation, le choix de son emploi évoquait en quelque sorte davantage l'évocation du beau."[77] Avec ces nouveaux "jardins de l'héroïsme", le gouvernement parachevait la conquête du respect et de la déférence de son peuple.

L'apparition du "cimetière patriotique" soulevait deux types de problèmes. Dans un premier temps, sa création posait à nouveau la question de la sélection des morts. Quels types de défunts pouvaient prétendre à reposer en ces lieux ? Pouvait-on y enterrer les hommes décédés sans héroïsme particulier ? Sur cette question, l'administration centrale s'arrogeait le droit de statuer. Le ministère du Travail et celui des Invalides, par le biais de leurs antennes provinciales, opéraient les sélections nécessaires au regard des critères de décès des morts de la guerre de résistance. Pour ce faire, il s'agissait de réétudier les certificats individuels de décès (giấy báo tử) établis par les unités militaires à l'intention du ministère de la Défense.

L'État, dans le cadre de sa "réforme de la société", décidait de prendre en main le rituel mortuaire[78]. Aux hommes morts pour la

---

[77]. Entretien, Hà Nội, 5.4.1996.
[78]. Sur la modifications des mœurs, in CAOM, Fonds HCI, dossier

patrie, l'administration accordait une prise en charge de l'ensemble des frais de funérailles. Ces cérémonies avaient toujours représenté une source d'endettement pour les familles. Dorénavant, les foyers de martyrs se contentaient d'envoyer un dossier au comité populaire de leur province afin que celui-ci se charge de la cérémonie d'enterrement (tổ chức lễ tuy diêu)[79]. L'administration établissait un dossier de classification de la famille endeuillée et maîtrisait par ce biais la question de la localisation de l'enterrement.

Le second problème soulevé par la création du "cimetière patriotique" relevait d'une confrontation entre le projet politique et le coutumier villageois. Depuis des siècles, les parcelles réservées aux morts étaient strictement délimitées sur le cadastre communal. Au début des années 1950, l'État central prenait unilatéralement la décision de construire les cimetières des martyrs sur les parcelles collectives de la commune ou sur les terres des "traîtres et des propriétaires fonciers" réquisitionnées lors de la réforme agraire[80]. La création des "jardins de l'héroïsme" posait la question du déplacement des tombes existantes. Après avoir été classés, les morts du village devaient être exhumés afin de rejoindre le *nghĩa trang liệt sĩ*. Or, la tradition vietnamienne n'autorisait pas de déplacement *post mortem* de dépouilles hors d'un calendrier précis. Une exhumation du corps d'un défunt était prévue trois années après sa mort afin de déplacer ses ossements d'un lieu temporaire déterminé par un géomancien à la parcelle familiale du mort située à l'intérieur des limites de l'espace communal.

L'État choisit d'assurer le succès de son programme d'implantation des "cimetières de martyrs" en s'appuyant sur

---

n°6/36, document n°1376, 18.8.1948.

[79]. Nghị định về việc bổ nhiệm cán bộ, tổ chức bộ máy của Vụ cứu tế xã hội năm 1959, in AVN3, BLD, dossier n°21, document n°43 LD/ND, 6.6.1959.

[80]. Báo cáo của Phòng lao động Khu tự trị Thái Mèo về kiểm tra công tác lao động tại công trường nghĩa trang liệt sĩ Điện Biên Phủ năm 1960, in AVN3, BLD, dossier n°983, document n°7432, 8.8.1960.

cette cérémonie du deuxième enterrement (cải táng) : "Si la famille est d'accord pour participer au programme de rassemblement des tombes avant cette date, alors l'administration locale peut lancer l'opération. En revanche s'il s'avère qu'elle se montre réticente, dans ce cas il ne faut absolument rien faire. Il faut bien faire attention aux coutumes locales. Même si on ne peut pas tout accepter et qu'il convient de surmonter ces coutumes arriérées coûteuses en argent, la seule politique à suivre est d'expliquer au peuple les bienfaits de la directive n°252 (22.9.1958) sur le rassemblement des tombes."[81] L'année 1957 marquait le troisième anniversaire de la fin de la première guerre indochinoise. Le gouvernement attendit le délai traditionnel des trois années pour mieux imposer son programme des cimetières de martyrs dans le pays. Le *cải táng* simplifiait grandement les choses.

En 1957-1958, les autorités exhumèrent de nombreux corps d'hommes et de femmes morts au cours de la résistance afin de les transférer dans les cimetières de martyrs récemment achevés. Placés au centre du village, les "jardins de l'héroïsme" étaient accompagnés d'un mobilier funéraire (statue, colonne, stèle etc.) censé magnifier le lieu en l'honneur des familles de disparus. Les noms et les dates de décès des enfants du village étaient inscrits en *quốc ngữ* sur une stèle collective située au centre du cimetière ainsi que sur les plaques tombales individuelles. L'administration insistait sur l'honneur qui pouvait rejaillir sur une lignée dont la tombe de l'un des siens était dans un "cimetière patriotique"[82].

Depuis 1957, le ministère du Travail dépêchait des missions d'inspection dans toutes les provinces du pays afin de suivre la construction des cimetières de martyrs. Entre le 23 juin et le 10 juillet 1960, un groupe de cadres de l'échelon central séjourna dans la zone autonome Thái Mèo pour surveiller le déroulement

---

[81]. Chỉ thị về tích cực thực hiện những công tác còn lại trong mồ mả, thương binh, in AVN3, BNV, dossier n°2246, document n°22/VG, 14.10.1959.
[82]. Báo cáo công tác thương binh liệt sĩ dịp 27.7.1960, in AVN3, BNV, dossier n°2253, document n°13179, 1.9.1960.

des travaux de l'espace funéraire de Điện Biên Phủ. Dans leur rapport d'activité, les cadres de la mission notaient que le chantier comprenait 299 ouvriers "qui achevaient avec la plus grande ardeur la construction de deux imposants cimetières dédiés aux morts et martyrs de la bataille de Điện Biên Phủ"[83]. En 1961, le ministère des Invalides recensait un total de 1 975 *nghĩa trang* communaux, de 13 cimetières d'échelon intermédiaire (*nghĩa trang trận danh lớn*) et de 8 ensembles funéraires dédiés aux grandes batailles de la première guerre indochinoise (*nghĩa trang chiến dịch lớn*). La "politique des martyrs" poursuivait son inscription dans le paysage du territoire national.

Les camps de repos

En 1954, le gouvernement décida enfin d'accroître le nombre de ses camps de repos réservés aux invalides et aux familles de martyrs (*trại thương binh* ou *trại an dưỡng*). Jusqu'alors, seules les provinces de Thanh Hóa et du Nghệ An disposaient de ces installations. En 1955, plus de 4 500 invalides et blessés profitaient déjà de ces séjours de repos. Avec l'arrivée des réfugiés du Sud Việt Nam, le nombre des pensionnaires de ces camps atteignit 15 000 personnes à la fin des années 1950. En principe, chaque province devait disposer de son propre centre de soins, mais, dans les faits, le programme de construction prit du retard. En 1961, le ministère des Invalides s'alarmait de voir certains camps accueillir près de 7 000 malades par mois.

Au-delà des questions sanitaires, le régime s'interrogeait davantage sur la manière de faire de ces lieux de nouvelles plates-formes d'idéologisation pour son peuple. Un camp de repos était en effet un outil de formation politique de premier ordre. Afin d'être pris en charge et soigné dans un camps de repos, un malade était proposé par le responsable de son organisation de tutelle (administration, entreprise, organisation de masses etc.). Les

---

[83]. Báo cáo của phòng lao động Khu tự trị Thái Mèo về kiểm tra công tác lao động tại công trường nghĩa trang liệt sĩ Điện Biên Phủ năm 1960, in AVN3, BLD, dossier n°787, document n°19/VPCTH, 8.8.1960.

critères d'admission étaient identiques à ceux qui sont exigés pour l'obtention d'un titre d'"invalide" ou de "famille de martyr". Une bonne "biographie" était un préalable nécessaire. Le régime voyait dans ses camps de repos un moyen de "guérir l'esprit des camarades anciens combattants en proie au doute"[84]. La guerre de libération laissait des traces dans l'affect populaire[85]. La marche forcée vers le socialisme était difficile, la mobilisation des masses montrait des insuffisances. Le camp de repos offrait une vitrine idéale du "nouvel ordre" national.

Un camp de repos comptait en temps normal 130 à 200 malades regroupés en pavillons selon la gravité de leurs blessures. Les pensionnaires étaient classés en deux catégories : d'un côté les invalides (thương binh), de l'autre les "malades" (bệnh binh). Au sein de l'établissement de Sầm Sơn (province de Thanh Hóa), la proportion de "malades" atteignait 56 % de l'effectif total du camp en 1961 (63 pensionnaires sur 112)[86]. Les rapports des cadres chargés de l'encadrement, environ 30 responsables pour une population moyenne de 140 malades, se faisaient l'écho de la faiblesse psychologique de nombreux pensionnaires : "Ils s'inquiètent beaucoup de leur infirmité et sont de manière générale très pessimistes quant à la façon dont ils pourront assurer la subsistance de leur famille. Leur niveau politique de plus est faible et l'individualisme est encore très fortement ancré chez eux"[87]. Le département de propagande avait toutefois une vision quelque peu différente de la situation : "Les malades sont cependant impatients et anxieux du devenir de la lutte pour l'unité nationale. Nombre d'entre eux ne veulent pas rester longtemps au

---

[84]. Báo cáo tình hình năm 1960 trại an dưỡng tỉnh Hà Nam, in AVN3, BNV, dossier n°2248, document sans numéro, 31.12.1960.

[85]. Bien que situé au lendemain de la seconde guerre indochinoise, le roman *Le Chagrin de la guerre* de l'écrivain Bảo Ninh reste le meilleur témoignage de la déchirure vécue par cette génération de la guerre. *cf.* Bảo Ninh, *Nỗi buồn chiến tranh*, Hà Nội, nxb Hội nhà văn, 1991.

[86]. Báo cáo công tác năm 1961 của trại thương binh Nghệ An, Sầm Sơn Thanh Hóa, in AVN3, BNV, dossier n°2258, document n°1349, 23.1.1962.

[87]. *Ibid.*, p. 3.

camp, mais préfèrent sortir pour travailler à une activité qui serve la révolution, pour aider leur famille. Les invalides sont très intéressés par les affaires politiques nationales, par la question de la construction du socialisme et surtout par la lutte pour la réunification."[88]

Le personnel d'encadrement des camps se composait de médecins et de professionnels des questions idéologiques. Il est difficile d'estimer la durée moyenne de séjour des patients dans un camp de repos. Si l'on consulte le calendrier d'occupation du centre de la province de Hà Nam en 1960, la mobilité des pensionnaires apparaît extrêmement faible. La proportion des sortants, hormis le cas des patients décédés en cours de séjour que l'administration comptabilisait pourtant dans cette même catégorie, représentait moins d'un tiers des malades cumulés sur les douze mois de l'année. Si l'on exclut les mois de février (Tết) et de novembre qui regroupaient le plus de départs, le pourcentage des sortants tombait à moins de 10 % des pensionnaires pour le reste de l'année.

Un camp de repos était géré sous la responsabilité du Parti, de l'administration provinciale et de son ministère de tutelle. On y trouvait des cellules des organisations de masses, une ou plusieurs cellules du Parti, des groupements culturels (đội văn nghệ, đội thể thao) et des unités de production (nhóm sản xuất). Les cellules du Parti proposaient des classes politiques dans lesquelles les patients étudiaient les derniers textes et directives du gouvernement et "organisaient des causeries pour aider les masses à se sentir proche des idées et de l'idéal du Parti". Les cadres tenaient quotidiennement des séances de lecture de journaux (*Nhân dân* et *Thủ đô Hà Nội* généralement). Un "atelier d'écriture" proposait des concours de rédaction pour "stimuler l'ardeur des malades". Une fois par semaine, les malades assistaient à des lectures commentées d'ouvrages patriotiques afin "de développer la haine des gens contre le mauvais système". À ceux ne sachant ni lire, ni écrire, l'administration du camp offrait des cours d'alphabétisation (*lớp văn hóa* du niveau I à V). Le

---

[88]. *Ibid.*, p. 2.

camp proposait régulièrement des activités culturelles (chants, théâtre, cinéma, lanterne magique etc.)[89]. Un tel programme s'accompagnait annuellement de cinq sessions d'émulation patriotique auxquelles les malades étaient contraints de participer. Pour clore ces activités, la direction du camp prévoyait des séances d'autocritique d'une durée variable d'une à deux journées[90]. L'administration du centre de soins veillait à l'élection annuelle d'une assemblée des invalides afin d'impliquer concrètement les malades de "manière solidaire dans la vie de la communauté". Les cadres répétaient aux pensionnaires qu'une fois de retour dans leur village, l'État attendait d'eux une contribution "au renforcement de l'œuvre de la révolution du mois d'août dans le quotidien de la vie communale". La guérison d'un patient était donc aussi bien physique que politique, son retour en dépendait. À l'intérieur du camp, le pensionnaire recevait une allocation de soutien par jour de présence. Cette indemnité devait "être stoppée sur le champ le jour ou le malade quittait le centre de soins"[91]. Ainsi, plus un patient séjournait en camp de repos, plus l'État avait la possibilité d'accroître son encadrement idéologique. Parallèlement, plus le malade s'attardait dans le centre, plus il avait de chances de rapporter un petit pécule à sa famille une fois rentré au village.

À la veille de la reprise de la guerre, la République démocratique du Viêt Nam poursuivait la conduite de sa politique de mobilisation populaire à la frontière de l'intéressement individuel et collectif[92]. En septembre 1963, le ministère des

---

[89]. "Les activités culturelles dans les camps sont parfois insuffisantes, elles n'apportent souvent guère de réjouissances et ne sont en fin de compte pas très agréables pour les malades", in AVN3, dossier n°2255, document unique, 1962, p. 13.

[90]. Báo cáo tổng kết công tác an dưỡng thương binh Nghệ An năm 1961, *op. cit.*, 20.1.196, p. 5.

[91]. Nghị định của Hội đồng chính phủ về việc nâng phụ cấp thương tật cho thương binh và dân quân, du kích, thanh niên xung phong bị thương tật, in AVN3, BNV, dossier n°2264, document n°50, 9.2.1962.

[92]. Báo cáo tổng kết công tác thương binh liệt sĩ của các tỉnh năm 1962,

Invalides tirait un premier bilan de l'état de diffusion de sa politique envers les invalides et les familles de martyrs : "Les activités mises en place en faveur des familles de martyrs et des invalides ont fortement contribué à renforcer la production dans les coopératives. Elles ont incité leurs enfants à faire leur service militaire et à supporter les politiques du Parti et de l'État. Beaucoup de jeunes et d'anciens sont partis suivre des formations complémentaires. Les conséquences de cette politique sont très importantes dans les masses et pour l'amour de la patrie. C'est une bonne façon de mettre à l'honneur l'esprit révolutionnaire du pays."[93] Afin de gagner l'adhésion du peuple, la presse comparait sa politique de solidarité nationale à la négligence et l'anarchie du régime sudiste de Ngô Đình Diệm. La politique des martyrs jouait un rôle-clé dans la mobilisation des masses paysannes. Un État qui prenait soin de ses morts remplissait un devoir divin, il gagnait par là une vertu inaliénable. Le régime s'émancipait lentement de la sphère d'influence maoïste. La guerre approchait. L'autorité centrale recherchait la meilleure façon d'affirmer son emprise sur son peuple. Au début des années 1960, la République démocratique du Viêt Nam lançait dans la résistance des régiments d'hommes et de fantômes, des hordes de paysans et d'esprits revanchards.

---

in AVN3, BNV, dossier n°2263, document n°1722, 7.2.1963.
[93]. Tập tài liệu hội nghị thương binh liệt sĩ năm 1963 của Bộ Nội Vụ, in AVN3, BNV, dossier n°2269, document unique, 10.1963.

Chapitre VII
Le culte des héros nouveaux

"Un monde ne saurait être fictif par lui-même, mais seulement selon qu'on y croit ou pas ; entre une réalité et une fiction, la différence n'est pas objective, n'est pas dans la chose même, mais elle est en nous, selon que subjectivement nous y voyons ou non une fiction : l'objet n'est jamais incroyable en lui-même et son écart avec - la - réalité ne saurait nous choquer, car nous ne l'apercevons même pas, les vérités étant toutes analogiques. (...) Comment a-t-on pu croire à toutes ces légendes et y a-t-on cru vraiment ? La question n'est pas d'ordre subjectif : les modalités de croyance renvoient aux modes de possession de la vérité ; il existe une pluralité de programmes de vérité à travers les siècles, qui comportent différentes distributions du savoir, et ce sont ces programmes qui expliquent les degrés subjectifs d'intensité des croyances, la mauvaise foi, les contradictions en un même individu".

Paul Veyne[1]

Le culte du génie tutélaire s'est implanté au Viêt Nam au XIIe siècle sans supplanter toutefois l'influence des rites et croyances animistes. Le génie dans un pays confucéen confirmait l'établissement d'une hiérarchie politique de type nouveau. Les pratiques cultuelles issues de l'esprit religieux et des rapports au sacré sont "indissociables de la réalité sociale, économique, historique et politique dans laquelle baigne la communauté humaine qui les a ritualisées. S'interroger sur ces pratiques revient alors à s'interroger sur leur contexte et leurs rapports aux

---

[1]. Paul Veyne, *Les Grecs ont-ils cru à leurs mythes ?*, Paris, Seuil, 1983, p. 33 et p. 39.

réalités vivantes et imaginaires. La nature de ces rapports détermine la stratégie de survie des cultes sous une forme ou sous une autre, habillés en mythes ou accaparés par le pouvoir, puis saupoudrés par lui d'éléments patriotiques pour les métamorphoser en événements de l'historicité nationale"[2].

La commune vietnamienne se définissait par son espace géographique aux mains de puissances protectrices à qui l'on devait respect et vénération. L'arrivée dans l'arène du village d'un nouvel acteur devait s'accompagner d'un cadre culturel "décryptable" par tout un chacun. Symbole d'une mutation identitaire pour l'extérieur, le "héros nouveau" pour le régime devait symboliser une continuité pour la communauté nationale. La rupture entre l'Ancien et le Nouveau prônée par le nouveau régime répondait à une finalité politique : la prise et la gestion du pouvoir. La RDVN n'offrirait aucun substitut culturel concret. Au début des années 1950, l'importation de la figure du "héros nouveau" apporta au pouvoir un moyen de pénétrer durablement le traditionnel noyau d'indépendance communal. Mais cela était sans compter avec une traditionnelle méfiance, ou désintérêt, de la population rurale vietnamienne pour l'objet venu d'ailleurs[3].

Un mouvement historiographique pour une réappropriation de l'histoire nationale se développa dans la seconde partie des années 1950. Alors que les historiens ont concentré leurs regards

---

[2]. Nguyễn Văn Ký, "L'évolution des cultes villageois au Vietnam dans leurs rapports avec le macrocosme", Communication présentée à la conférence Euroviêt III, Amsterdam, juillet 1997, p. 1.

[3]. Le rédacteur d'un rapport du comité populaire de la zone de Hồng Quảng indiquait la difficulté pour ses équipes culturelles (đội văn nghệ) de diffuser l'exemple de ces figures étrangères : "Les travailleurs préfèrent énormément voir des films de propagande vietnamiens plutôt que ceux venus de l'étranger. Parmi ces derniers, leurs préférences vont cependant aux films chinois et nord-coréens parce qu'ils sentent une proximité culturelle et un sentiment qu'ils ne retrouvent pas dans les films soviétiques", in Báo cáo tình hình nghiên cứu về công tác văn hóa phục vụ công công nhân tại Khu Hồng Quảng, in AVN3, BVH, dossier n°880, document n°3/BC, 25.11.1956.

sur la campagne des "Cent fleurs" de 1956, une lente et discrète relecture du patrimoine historique national réorientait la société dans ses bases et ses référents idèologiques. Le principe de filiation générationnelle s'est imposé comme symbole de l'exception culturelle nord-vietnamienne vis-à-vis de l'omniprésente République populaire chinoise. La reclassification des ancêtres au profit de la nation, et non uniquement de la classe comme c'était le cas en Chine, appelait une réforme de la géographie cultuelle patriotique au Viêt Nam. Le culte des héros nouveaux participera au renforcement du pouvoir à l'échelon du village. Au début des années 1960, la marche vers le socialisme d'État montrait déjà des signes d'essoufflement dans certaines des provinces du pays. À l'approche de la reprise des hostilités avec le régime sudiste, la mobilisation de la population était une priorité de l'État et du Parti. Le "héros nouveau" entamait une seconde carrière.

L'héritage national en question

À la veille du retour de son armée dans la capitale vietnamienne le 18 septembre 1954, Hồ Chí Minh avait regroupé les soldats de la division 308 de l'armée populaire (đại đoàn quân tiên phong) dans un temple dédié aux rois Hùng non loin de Hà Nội. Sous les auspices des mythiques ancêtres de la nation vietnamienne, le président s'est attaché à redéfinir les responsabilités des "défenseurs de la patrie" : "Le devoir de libération, de construction et de défense de notre patrie est toujours très fort et très important. Vous estimez que les rois Hùng ont grandement œuvré pour le pays, et bien nous avons de même le devoir de protéger notre patrie ensemble"[4]. Les rois Hùng tout comme les sœurs Trưng (?-43), Mai Thúc Loan-Mai Hắc Đế (?-722), Ngô Quyền (896-944), Lý Thái Tổ (1010-1028), Lý Thường Kiệt (1030-1105), Trần Hưng Đạo-Quốc Tuấn (122?-1300), Lê Lợi (1384-1433), Nguyễn Trãi (1380-1442), Nguyễn Huệ (1752-

---

[4]. Duong Trung Quốc, "Bác Hồ ở Đền Hùng-Đính chính một sai sót", in *Xưa Nay*, Hà Nội, n°27, 5.1996, p. 4.

1792), ou Phan Đình Phùng (1847-1895) représentaient les "ancêtres glorieux" de la nation, cette même nation qui venait de vaincre la puissante France coloniale dans les fortins boueux de Điện Biên Phủ en mai 1954.

Avec le retour de la paix, l'historiographie d'État s'est réorientée autour du principe historique éternel de "la tradition de résistance à l'agresseur étranger" du peuple vietnamien au cours de son histoire. Au printemps 1955, l'historien Trần Huy Liệu écrivait dans la revue historique *Văn Sử Địa* que la IVe assemblée nationale scientifique avait recommandé aux historiens "dans le but de protéger l'indépendance et la paix du pays", de mettre en valeur "l'esprit combatif des Vietnamiens"[5]. En 1954, Hồ Chí Minh a fermement condamné une violente campagne de destruction de sites et de monuments historiques qui se déroulait dans la province du Nghệ An dans le cadre des activités de la réforme agraire. Depuis des siècles, la société vietnamienne se tournait régulièrement vers une glorification de son passé pour réagir à l'omniprésence culturelle, politique ou militaire de son voisin chinois[6].

L'ambiguïté du discours de Trường Chinh du 5 mai 1952 à la conférence de Tuyên Quang illustrait l'entrée du Việt Nam dans l'ère de la grande rupture internationaliste. La nation cédait le pas à la classe. Le nouveau héros vietnamien tournait le dos à l'ancienne figure héroïque féodale[7]. La RDVN essayait de rassurer des nouveaux alliés hésitants à accorder leur confiance. Un différend stratégique entre Võ Nguyên Gíap et son conseiller

---

[5]. Trần Huy Liệu, "Tinh thần đấu để bảo vệ độc lập và hòa bình của dân tộc Việt Nam", in *Văn Sử Địa*, Hà Nội, n°6, 3-4.1955, pp. 1-8. Voir aussi : Phạm Văn Đồng, *Our struggle in the Past and at Present*, Hà Nội, FLPH, 1955.

[6]. Nguyễn Thành Hùng, "Der Mythos von den Hung-Köningen und das Nationale Selbstverständnis der Vietnamesen", in *Verfassung und Recht in Übersee*, Hamburg, n°3, Automne 1979, p. 250.

[7]. Trường Chinh, *Thi đua ái quốc và chủ nghĩa anh hùng mới,* Việt Bắc, Nhà tuyên truyền và văn nghệ, 1953.

chinois le général Wei Guoqing clos par la victoire de Điện Biên Phủ avait toutefois renforcé l'idée d'une "exception vietnamienne" au sein de la classe dirigeante[8]. En décembre 1953, un décret du comité central du Parti Lao động créait un "comité pour la littérature, l'histoire et la recherche géographique" (ban văn sử địa)[9]. Dès 1954, le régime se lança dans une discrète revendication d'une continuité de son histoire nationale déniant *de facto* les principes d'universalité et de discontinuité historique des maoïstes. On plaçait néanmoins par prudence le débat sous le couvert théorique d'écrits chinois, repris et commentés dans la presse et les revues vietnamiennes. À Hà Nội, l'intelligentsia parlait de "nouvelle histoire" (lịch sử mới), une histoire qui revendiquait la tradition millénaire de la nation vietnamienne et une vocation ancestrale à l'unité et à l'indépendance[10]. Ce courant historiographique remplissait une fonction politique décisive. L'histoire, ou les représentations officielles du passé, générait l'éclosion du mythe de la "grande famille vietnamienne". En 1958, le gouvernement créait un comité d'histoire du Parti (ban nghiên cứu lịch sử Đảng) ; en 1959, le *ban văn sử địa* était réorganisé en Institut d'histoire (viện sử học) chargé de développer un programme sur les minorités ethniques nationales. En 1962, les historiens avaient la mission de multiplier les monographies provinciales, villageoises, les micro-

---

[8]. G. Boudarel, "Comment Giap a failli perdre la bataille de Diên Biên Phu", in *Le Nouvel Observateur*, Paris, 8.4.1983.

[9]. Văn Tạo, Nguyễn Quang Ân dir., *Ban Văn Sử Địa 1953-1959*, Hà Nội, Viện Sử Học, 1993.

[10]. En 1954, la revue *Văn Sử Địa* publiait l'article du Chinois Tiền Bá Tán intitulé "Một vài vấn đề trong việc bình luận nhân vật lịch sử"(*Văn Sử Địa*, n°3, 1954, pp.58-70). Il sera réédité en 1961 par la revue *Nghiên cứu Lịch sử* dans une version légèrement modifiée "Một vấn đề trong việc đánh gía nhân vật lịch sử" (*NCLS*, n°25, 4-1961, pp. 34-40.). En 1962, le ministère de la Culture éditait par ailleurs l'essai des Chinois Trân Hoang Môi et Lâm Sam sur la construction de l'homme nouveau dans les arts (*Sáng tạo con người mới trong điện ảnh*, 1962).

études sur l'histoire des usines ou des mines du pays. Le particulier devait être rattaché à la communauté.

L'instabilité croissante provoquée par les politiques du pouvoir sudiste confortait Hà Nội dans sa volonté de renforcer la cohésion de son espace social. Le mythe de "la tradition de la résistance aux agressions étrangères" répondait aux difficultés de l'administration vietnamienne à gérer l'hétérogénéité de sa communauté de peuples. La "nouvelle histoire" prônait la diversité afin de mieux assurer un monopole au "seul gouvernement légitime" capable de revendiquer une filiation historique avec les figures historiques d'autrefois. Les premières monographies provinciales produites par le *Ban nghiên cứu lịch sử Đảng* démontraient que le mouvement communiste depuis les années 1930 s'était répandu dans toutes les provinces du Nord Viêt Nam ; quel que soit le lieu, les dirigeants locaux du Parti ou de jeunes figures héroïques portées par son idéal avaient été des acteurs-clés de l'histoire locale. Le mythe de la jeunesse renforçait la vertu de l'idéologie. En 1961, Nguyễn Lam écrivait dans la revue théorique du Parti *Học Tập* : "Le seul exemple pour la jeunesse, ce sont les héros Lý Tự Trọng, Hoàng Tôn, Võ thị Sáu, Trần Văn Ơn, Bế Văn Đàn, Phan Đình Giót, Cù Chính Lan ou Mạc thị Bưởi."[11]

Mais l'emploi de ces figures n'arrivait pourtant pas à combler le vide grandissant causé par la partition nationale depuis 1954. Il fallait offrir davantage que le sacrifice de ces jeunes héros aux 50 000 membres du Parti communiste des provinces du sud pour les inciter à rejoindre le nord du pays en 1954 ; le culte des ancêtres nationaux pouvait permettre de remplir ce vide. Les Vietnamiens du Nord et du Sud, ceux des plaines, des régions montagneuses et reculées, ceux de l'étranger (Việt kiều), tous avaient foi en de mêmes mythes fondateurs. Au cours de l'entre-deux-guerres, "l'histoire de la résistance et/ou la résistance de l'histoire" était un enjeu considérable pour l'assise du pouvoir de

---

[11]. Nguyễn Lam, "Giáo dục chủ nghĩa cộng sản cho thanh niên", in *Học Tập*, Hà Nội, n°5, 1961, p. 38.

la République démocratique du Viêt Nam. Une relecture de ses symboles nationaux ne devait pas signifier pour autant un retour vers l'essence de la nation. Les historiens souhaitaient réinterpréter l'héroïsme des figures nationales vietnamiennes dans le cadre d'une démarche universelle et collectiviste "fidèle aux principes du marxisme-léninisme"[12].

Un texte de référence de l'idéologue chinois Chen Boda[13], traduit en *quốc ngữ* par Văn Tạo, a servi de couverture théorique au lancement de la campagne de réintégration des figures du patrimoine national. On y trouvait une ferme condamnation des historiens et idéologues qui continuaient de juger "les personnalités d'hier avec un regard d'aujourd'hui". Les Vietnamiens préconisaient de réévaluer le destin des héros de l'histoire nationale au regard des conditions spécifiques de leur environnement historique. Une société progressiste estimait-elle pour autant de façon égale un héros propriétaire de la classe féodale et une figure héroïque internationaliste ? À cette question, la réponse prônée par les idéologues de la RDVN était sans équivoque : "Oui, car tous les deux ont protégé la patrie et cela représente objectivement un fait supérieur."

En 1955-57, la nouvelle historiographie du régime communiste vietnamien s'engouffrait dans l'ambiguïté de ce raisonnement afin de légitimer la relecture des figures héroïques de son histoire nationale. Comment allaient réagir les idéologues

---

[12]. Citons par exemple pour les années 1954-56 les articles de Trần Huy Liệu, "Vai trò lịch sử của Trần Quốc Tuấn" (*Văn Sử Địa*, 9.1955, pp. 8-17) ; Trần Đức Thảo, "Tìm hiểu gía trị văn chương cũ", (*Văn Sử Địa*, 3.1954, pp. 27-39) ; Nguyễn Minh, "Ôn lại khởi nghĩa của hai bà Trưng", (*Văn Sử Địa*, 2.1955, pp. 48-59) ; Nguyễn Đổng Chi, "Ý nghĩa truyện Chử Đồng Tử", (*Văn Sử Địa*, 5.1956, pp. 53-61) etc.

[13]. Chen Boda (1904-1989), figure intellectuelle du Parti communiste chinois, secrétaire particulier de Mao Zedong lors de la campagne de rectification du début des années 1940, membre du département de la propagande du comité central du PCC, il joua un rôle-clé durant les premières années de la révolution culturelle avant d'être accusé de gauchisme et de perdre son poste en 1969.

maoïstes ? La RPC défendait l'idée selon laquelle "l'esprit reste, mais le modèle diffère". Le peuple chinois dans son rapport au passé expliquait Chen Boda, s'abandonnait à une fidélité à l'essence de la culture de la race chinoise : "Devons-nous aujourd'hui étudier l'exemple de Yue fei, de Zheng Cheng-gong ? Cela est certain. Oui, car dans l'œuvre de ces hommes, on peut retrouver une ancienne tradition culturelle chinoise. Mais notre époque n'est plus celle de Yue Fei, de Zhei Cheng-gong, ainsi le comportement politique, les actions, les créations que nous exigeons aujourd'hui de nos écrivains ne sont plus celles du temps de Yu Fei, l'esprit de résistance non plus n'est plus celui de l'époque de Zheng Cheng-gong. Ce que tous les écrivains d'aujourd'hui doivent étudier se trouve chez les ouvriers-paysans-militaires et cela parce que ce sont eux qui possèdent un bon comportement politique et un esprit de résistance exemplaire."[14] Le héros féodal devait son sursis à son appartenance à l'ethos de la nation. Mais l'exemplarité de son caractère ne lui donnait pas pour autant le droit de représenter dans la Chine actuelle un modèle de société.

Le héros historique exprimait seulement l'essence d'un peuple ou d'une race. Le tournant marxiste-léniniste de la société, sans nier l'évidence du patrimoine historique, exigeait un renouveau des exigences de la communauté. Les maoïstes accordaient un rôle moteur à l'idée de rupture historique dans le développement politique de la société. Cette conception binaire de l'histoire n'allait pas connaître le même succès au Viêt Nam : "Selon un tel principe historique, les nouveaux héros sont directement les héritiers des figures anciennes, ils transmettent de même l'esprit glorieux de notre peuple. Nous chérissons les héros d'aujourd'hui de manière à respecter les grandes figures d'hier."[15] La position défendue ici par Trần Huy Liệu, l'historien et idéologue le plus influent de ce courant historiographique, différait de celle de

---

[14]. Tiền Bá Tán, *op.cit.*, 1954, p. 68.
[15]. Trần Huy Liệu, "Vai trò lịch sử của Trần Quốc Tuấn", in *Văn Sử Địa*, n°10, 9-10. 1955, p. 16.

Chen Boda. La rupture avec les "Temps Anciens" chez ce dernier représentait l'aboutissement d'une supériorité de la logique sociale des masses laborieuses. On ne trouverait pas le même raisonnement chez l'historien vietnamien.

Lorsqu'il s'interrogea en octobre 1955 sur le rôle historique du héros du XIIIe siècle Trần Quốc Tuấn, Trần Huy Liệu substituait l'analogisme historique à la notion de rupture. Le caractère profondément vietnamien de Trần Quốc Tuấn expliquait-il, conférait à la RDVN la certitude "de se libérer du joug de l'impérialisme américain, des ennemis et des dangers actuels afin de parvenir à la réunification du pays"[16]. La relecture de la révolte des sœurs Trưng par l'historien Nguyễn Minh en février 1955 réaffirmait l'indépendance de ce courant de pensée vietnamien vis-à-vis des principes de Chen Boda. Non sans avoir préalablement occulté la responsabilité des Chinois dans l'origine de la rébellion, Nguyễn Minh écrivait que : "La révolte des sœurs Trưng en fin de compte nous apporte de nombreuses leçons pour la lutte patriotique d'aujourd'hui. En d'autres termes, l'histoire nous enseigne clairement que nous voulons libérer notre pays et que nous voulons renforcer la société afin de lui offrir les moyens de lutter contre les envahisseurs. Rappeler l'œuvre de nos deux héroïnes populaires Trưng Trắc et Trưng Nhị renforce le patriotisme et notre authentique esprit internationaliste."[17]

Les idéologues nord-vietnamiens conservaient le principe de Chen Boda selon lequel le jugement d'une figure historique d'après une grille idéologique (origine de classe) était anachronique, mais refusaient en revanche d'opposer hiérarchiquement les figures héroïques d'autrefois au "héros nouveau" d'origine prolétaire ou paysanne[18]. Le héros conservait sa place d'intercesseur entre le peuple et l'autorité de l'État, il était le porte-voix d'un pouvoir politique "à la légitimité céleste".

---

[16]. Trần Huy Liệu, *Ibid.*, p. 17.

[17]. Nguyễn Minh, *op. cit.*, p. 50.

[18]. "Dánh gía một số nhân vật lịch sử", in *NCLS*, Hà Nội, n°23, 2.1961, pp. 5-7.

Sa relecture facilitait un changement dynastique. Plutôt que représentant des masses populaires, le héros vietnamien se positionnait en tant qu'enseignant de ces dernières. La rupture souhaitée par le nouveau cadre internationaliste était détournée au profit d'une logique culturelle. La réévaluation de la figure historique contribuait au déplacement du héros de Tuyên Quang vers un cadre hérité d'une longue tradition historique.

Le calendrier patriotique

La détermination d'un calendrier patriotique participe à une phase de réappropriation de l'imaginaire patriotique national pour un État. Propagande et mobilisation populaire nécessitaient l'émergence d'un nouveau calendrier festif. Le culte de la nation passait par l'organisation sur le territoire national de cérémonies commémorant un passé réunifié et commun à tous. Les réformes adoptées rendaient incontournable l'apport d'un nouvel univers référentiel. Le calendrier patriotique mettait en exergue la tradition du "peuple héroïque vietnamien".

Confrontation et analogie historique permettraient au régime d'ancrer sa démarche dans un Temps long. Un soulèvement du XVe siècle offrait une source de légitimité inestimable à l'État pour lancer le socialisme d'État à l'échelle du pays. De même, commémorer la mémoire du héros historique du XIIIe siècle Trần Quốc Tuấn devenait un moyen pour les dirigeants de mettre en garde sa population contre les dangers que le régime sudiste représentait pour l'intégrité territoriale du pays : "Trần Quốc Tuấn n'est plus, mais son nom est immortel. L'œuvre de la génération de Lê Lợi, Nguyễn Trãi au XVe siècle, la génération de Nguyễn Huệ au XVIIIe siècle et celle de Hồ Chí Minh de nos jours poursuivent l'œuvre glorieuse de Trần Quốc Tuấn. En ce jour du souvenir de Trần Quốc Tuấn au moment où l'ensemble de notre peuple se prépare à la lutte pour la réunification de la patrie, en levant les yeux sur la carte du pays, il se demande pourquoi l'on ne marche pas sur les traces de Trần Ích Tắc, Trần Thiêm

Bình, Lê Chiêu Thông pour délivrer le Sud de notre pays opprimé par l'impérialisme américain et la clique de Ngô Đình Diệm."[19]

Les dates anniversaires du nouveau calendrier patriotique illustraient le principe de la filiation historique du patrimoine national. Au lendemain des accords de Genève (1954), l'État a mis en place trois types de journées du souvenir : les journées historiques nationales ; les anniversaires de héros historiques et patriotiques de la nation et les journées en l'honneur des fêtes nationales des pays frères. Les dates anniversaires du calendrier furent classées par ordre d'importance. Il comprenait d'abord quatre journées du souvenir dites de premier rang (ngày kỷ niệm lớn) : le 1er mai (journée internationale du travail), le 19 août (anniversaire de la révolution d'août 1945), le 2 septembre (fête de l'indépendance nationale) et le 22 décembre (formation de l'Armée populaire nationale en 1944). Pour les autres commémorations, des cérémonies étaient organisées par le gouvernement ou seulement au niveau de la province. En 1957-1958, ces commémorations de second rang disposaient de huit dates dans le calendrier officiel : le 3 mars (création du Parti du travail, 1951) ; le 7 mai (victoire de Điện Biên Phủ, 1954) ; le 20 juillet (accord de Genève, 1954) ; le 27 juillet (journée des martyrs et des invalides) ; le 23 septembre (révolte de Nam bộ, 1945) ; le 23 novembre (révolte de Nam Kỳ, 1940) et le 19 décembre (début de la résistance, 1946).

Le ministère de la Culture ajouta à la liste de ces anniversaires des journées dédiées aux grandes figures de la "défense contre l'agresseur étranger", mais ne leur accordait toutefois qu'une place de second rang dans le calendrier national. Le ministère de la Culture se chargeait de l'organisation de l'anniversaire de la victoire de Quang Trung à Đông Đa (1789) le 12 février, du souvenir de Hoàng Hoa Thám-Đề Thám (1913) le 10 février, des sœurs Trưng le 14 mars, des rois Hùng le 17 avril, de Ngô Quyền

---

[19]. Discours à l'occasion de la cérémonie commémorative en l'honneur de Trần Quốc Tuấn, in AVN3, BVH, dossier n°936, document n°2021 vh/vt, 26.12.1959.

le 17 septembre, de Trần Quốc Tuấn le 22, de Lê Lợi le 24 septembre, de Phan Đình Phùng (1894) le 26 octobre et de Nguyễn Tri Phương (1873) le 20 novembre.

À cette liste, le gouvernement ajoutait quelques personnalités contemporaines plus directement liées à l'histoire du Parti communiste indochinois : Hoàng Văn Thụ (1906-1944) et Trần Phú (1904-1931) ; la mémoire du résistant de Lạng Sơn était célébrée chaque 24 mai et celle du premier secrétaire du PCI le 5 septembre. À la différence des journées dédiées aux figures historiques, la gestion de ces deux derniers anniversaires dépendait directement de la section de propagande du Parti Lao động (ban tuyên huấn trung ương Đảng lao động) et non plus du ministère de la Culture.

La répartition des autorités de tutelles responsables de l'organisation de ces journées du souvenir avait une grande importance. Une instruction ministérielle du mois d'août 1957 distribuait les responsabilités : le Parti gérait la commémoration de son anniversaire (3 mars d'abord, puis 3 février) et des journées du souvenir dédiées à Karl Marx (5 mai), à Hoàng Văn Thụ et à Trần Phú ; le gouvernement, la journée du travail, l'anniversaire de la révolution d'août et la fête nationale ; le Front de la patrie, l'anniversaire du début de la résistance (Ngày toàn quốc kháng chiến), celui de la révolte de Nam bộ et de Nam Kỳ; le ministère de la Défense, la commémoration des accords de Genève et l'anniversaire de la création de l'Armée populaire ; le comité d'étude scientifique, les anniversaires de Hoàng Hoa Thám, et Phan Đình Phùng ; le ministère de la Culture, l'ensemble des figures historiques (Lê Lợi, Trưng...) et le comité pour la paix mondiale du Viêt Nam, les anniversaires des personnalités étrangères.

Élaboré dans l'immédiat après-guerre, le nouveau calendrier patriotique témoignait d'une volonté de réunifier l'imaginaire national en soudant d'un bloc les grandes étapes de l'héritage historique du pays. Selon l'historien John Kleinen[20], cette

---

[20]. J. Kleinen, "Facing the Future, Reviving the Past. Village and Ritual

juxtaposition permettait "au gouvernement marxiste de réinventer une tradition à ses propres fins". Nous dirions plutôt que l'intégration de ces figures historiques offrait à leurs pendantes plus récentes un cadre historique défini et une légitimité patriotique. En commémorant dans un même temps Trần Quốc Tuấn et Trần Phú, le pouvoir scellait habilement son assise temporelle. L'analogie historique instituée en principe facilitait une fusion politique. La relecture du rôle des ancêtres de la nation vietnamienne annonçait le moment d'une reconsidération de la notion de patrimoine historique. Avec le retour de la paix, le gouvernement édicta des textes de loi qui interdirent la vente d'objets d'art anciens sans autorisation et encouragèrent la protection du patrimoine historique national : "Le patrimoine est la propriété du peuple. Il est indispensable et très important de protéger ces monuments pour la science, la société, l'histoire et la culture du pays."[21]

Les comités provinciaux se dotèrent de départements des affaires culturelles (ty văn hóa), instances chargées du relevé de l'ensemble des vestiges historiques du territoire national. La première guerre d'Indochine avait offert le cadre d'une nouvelle politique locale de la commémoration. En janvier 1956, le nouveau département culturel de la province de Lạng Sơn joignait au relevé effectué dans sa circonscription une série de propositions relatives aux lieux de la "nouvelle histoire" nationale. Il suggérait l'érection d'une statue du révolutionnaire Hoàng Văn Thụ au centre de la préfecture de Lạng Sơn. L'histoire glorieuse d'une commune ou d'une unité de production s'insérait dans le réseau de l'histoire nationale. L'administration locale entamait une "patrimonalisation" de l'héritage historique de sa

---

in northern Vietnam", in B. Dahm, N. Talib dir., *Religious Revival in Southeast-Asia*, Singapour, ISEAS, 1997.

[21]. Thông tư về việc bảo quản, xủ dung, tu sử các công trình kiến trúc chưa xếp hang như đình, chùa, lăng và các động sản phụ thuộc : bia, đồ thờ vv, in AVN3, BVH, dossier n°959, document n°165 VH/VD, 2.2.1960.

circonscription. Pour les cadres culturels de la province de Lạng Sơn, Hoàng Văn Thụ était d'abord un "enfant du pays résistant" ; son appartenance au Parti et l'histoire de la nation vietnamienne n'arrivait qu'au second plan.

Le Parti jouait la collusion des imaginaires afin de mieux en maîtriser la destinée. Malgré l'ampleur de ces mouvements dans les campagnes, le gouvernement n'élabora pas de texte officiel. La relecture des personnalités historiques ne s'accompagnait pas d'une législation de "l'homogénéisation de l'histoire nationale". Le régime communiste vietnamien avait choisi la voie du socialisme au côté des pays frères ; un socialisme marqué par une lecture binaire de l'histoire. À partir de 1960, la tension s'accrut entre Moscou et Pékin. La RDVN profita alors du désordre de la situation politique intérieure chinoise pour s'émanciper doucement de l'emprise idéologique maoïste. Au cours de son histoire, les périodes de réformes s'imposèrent toujours dans ces moments de relâchement de la puissance tutélaire. Le régime vietnamien jouait l'équidistance entre les deux grands du socialisme tout en réintégrant prudemment la "spécificité nationale" au cœur de sa rhétorique politique. La guerre avec le Sud se rapprochait, la priorité était à l'encadrement de la population et la reconquête du passé pouvait faciliter un dialogue avec le peuple.

En avril 1963, le gouvernement se décida enfin à avaliser la politique qu'elle poursuivait loin des projecteurs de ses alliés depuis des années. Une directive officialisait indirectement la reprise du contrôle de l'héritage historique national par les dirigeants du Parti du travail. Une liste des personnalités susceptibles d'être utilisées pour rebaptiser les rues, places, parcs, villages et communes de l'ensemble du pays est établie. La campagne de débaptisation répondait à un besoin d'homogénéiser le panthéon historique de la nation. Les personnalités d'hier et d'aujourd'hui trouvaient désormais parts égales sous la couverture du Parti et de l'appareil gouvernemental. L'État recommandait de supprimer les noms des "colons, impérialistes, traîtres à la nation vietnamienne, représentants de la classe exploiteuse et mandarins"[22] et de les remplacer par des noms de dirigeants du Parti, de guerriers révolutionnaires martyrs et de héros réformistes de l'histoire nationale. Les comités provinciaux devaient choisir des personnalités issues de leur histoire locale en respectant une bonne répartition entre les personnalités du Sud du pays, les ethnies minoritaires et les femmes.

Les comités populaires provinciaux reçurent une liste conjointement élaborée par les ministères de l'Intérieur, de la Culture et l'Institut d'histoire. Si des événements directement liés à leur patrimoine régional n'y figuraient pas, les provinces avaient la possibilité d'en référer à l'échelon central qui réétudierait les cas particuliers. À l'échelon des communes, des districts et des provinces, les listes étaient étudiées par les assemblées populaires et l'appareil administratif des échelons respectifs. Les comités populaires provinciaux expliquaient, "avec des mots simples", la sélection de nouvelles personnalités. Le choix s'effectuait de manière collective et une fois arrêté, un dossier complet était transmis au ministère de l'Intérieur.

En 1963, la liste élaborée par l'échelon central installait une parfaite continuité historique entre les 45 figures historiques choisies (de Bà Triệu, Lỳ Thường Kiệt à Phạm Hồng Thái et Nguyễn Thái Học), et le petit groupe de héros progressistes (de Trần Phú à Lý Tự Trọng, Kim Đồng ou Mạc thị Bưởi). L'autorité centrale recommandait à ses comités provinciaux de puiser sur cette liste officielle des "ancêtres glorieux" nationaux. En outre, le ministère de l'Intérieur les autorisait le cas échéant à baptiser certains lieux du nom de héros nouveaux et cela même de leur vivant. Une fusion s'imposait entre le pouvoir politique et l'espace géographique. Les localités du nom de Quốc Trị (héros de 1952), de Trường Chinh (vice-Premier ministre), ou de Quốc Việt (Procureur général de la RDVN), et des quartiers La Văn

---

[22]. Quy định chi tiết thi hành chỉ thị số 23-Ttg ngày 15.4.1963 của PTT về việc sửa đổi và đặt tên vườn hoa, quảng trường, tên xã, thôn và thị trấn in AVN3, Hà Nội, fonds du BNV, dossier n°1886, document n°17 LB/NV-VH, 1963.

Cầu (héros de 1952) ou Nguyễn thị Chiên (héros de 1952) se multiplient au hasard des provinces. Au début des années 1960, le mouvement ne concernait toutefois qu'un nombre limité de communes. Il confirmait la croyance de la communauté villageoise dans la puissance protectrice d'un esprit héroïque. Jadis les paysans vietnamiens vouaient un culte à un dieu du sol bienfaiteur du groupe. Implicitement, la directive du mois d'avril 1963 réoccupait un terrain laissé vacant depuis les années de la réforme agraire. La terre des ancêtres et des martyrs de la nation assurerait comme autrefois la protection de ses âmes et de ses mânes ; la commune du Bắc bộ se raccrochait à ses nouveaux "génies protecteurs" pour faire face aux tensions précédant la reprise de la guerre. Avec l'accord de l'État, on assistait à la lente renaissance d'une géographie cultuelle patriotique.

Typologie des "génies nouveaux"

La République démocratique du Viêt Nam élabora sa nouvelle géographie cultuelle patriotique autour de trois catégories de personnalités historiques : la première génération des dirigeants du Parti communiste indochinois ; les figures héroïques des années de la résistance (1925-1952) et les "héros nouveaux" élus depuis la conférence de Tuyên Quang en 1952. À la demande du gouvernement, les comités populaires provinciaux exhumaient les héros de leur patrimoine révolutionnaire local.

Avant de détailler cette typologie, citons toutefois le contre-exemple du "mobilier cultuel" dédié au souvenir du héros Cù Chính Lan dans le Nghệ An[23]. Né en 1930 dans le village de Quỳnh Đôi (district de Quỳnh Lưu), Lan tomba en martyr le 29 décembre 1951 lors de la prise du fortin de Cô Tô dans la province de Hoà Bình. Sur les suggestions des autorités du district de Kỳ Sơn, l'administration s'arrangea pour lui ériger un monument à l'endroit où reposait son corps. Dans son village natal de Quỳnh Đôi, les cadres jugèrent ainsi qu'il n'était pas utile

---

[23]. *Anh hùng lực lượng vũ trang nhân dân*, tập I : 1952-1958, Hà Nội, nxb Quân đội nhân dân, 1996, p. 11.

de lui construire un lieu du souvenir, malgré la volonté répétée de sa famille, qui tenta plusieurs recours auprès des autorités. En 1976, les autorités locales se contentèrent d'inaugurer en grande pompe la construction d'un canal d'irrigation dans le district baptisé à son nom[24]. Les projets d'autel et de maison du souvenir Cù Chính Lan n'aboutirent pas. La construction de l'imposant *Khu di tích* (espace commémoratif) dans la province de Hoà Bình (commune de Bình Thành, district de Kỳ Sơn), situé soixante kilomètre seulement plus au nord, expliquait que les autorités provinciales (en accord avec les ministères concernés : celui de la Culture, des Invalides et des Finances) refusaient de financer un second monument dans un périmètre si réduit ; c'est tout au moins la version officielle proposée. L'administration provinciale se heurta dans cette affaire à un refus de l'échelon central. Alors qu'officiellement le gouvernement affirmait que l'apparition des lieux de culte dédiés à ces nouvelles figures relevait des provinces, l'affaire Cù Chính Lan montrait nettement la dépendance du mouvement vis-à-vis des décisions de l'appareil gouvernemental. Motivée probablement par des considérations financières dans ce cas précis, la réaction de l'État montrait toutefois sa capacité à intervenir sur des opérations en principe hors de son contrôle politique.

Au Nord Viêt Nam, la majorité des nouveaux lieux de culte répertoriés ont été consacrés à la première génération de dirigeants du PCI actifs dans les années 1920-1940. Les comités provinciaux choisirent des personnalités d'envergure nationale (Ngô Gia Tự, Nguyễn Văn Cừ, Trần Phú, Lê Hồng Phong, Hà Huy Tập, Hoàng Văn Thụ, Hồ Tùng Mậu) et des figures à rayonnement plus local (Phạm Quang Lịch à Thái Bình, Nguyễn Đức Cảnh à Hải Phóng, Hoàng Đình Dong à Cao Bằng etc.)[25].

---

[24]. *Nghệ Tĩnh 40 năm sự kiện, con số,* Vinh, nxb Nghệ Tĩnh, 1985.

[25]. Sur les 27 lieux de cultes répartis sur le territoire de 13 des provinces nord-vietnamiennes répertoriées au cours de nos enquêtes de terrain, 17 sont dédiés à des figures issues de la première génération de militants du P.C.I. À ce chiffre, nous intégrons aussi les "mythes héroïque" de la

L'historiographie officielle provinciale participait à l'homogénéisation de l'histoire nationale ; le croisement des générations de révolutionnaires renforçait le mythe d'une unité politique ou d'une cohésion culturelle de la nation vietnamienne au cours des siècles[26].

Lorsque la province de Thái Bình décida de créer une maison du souvenir (nhà lưu niệm) dédiée à Phạm Quang Lịch dans la commune de Đình Phùng (district de Kiến Xương), elle prônait le raccrochement de la mémoire locale à celle de l'État. Phạm Quang Lịch avait occupé le poste de secrétaire du PCI à Thái Bình en 1935-36 ; figure-clé du mouvement révolutionnaire dans la province, sa célébration dépendait de sa participation à l'histoire du mouvement national[27]. Plus au nord dans la région de Lạng Sơn-Cao Bằng, les autorités locales engageaient leur politique cultuelle dans une même logique. Théâtre des premiers regroupements révolutionnaires dans les années 1920-1930, les provinces de Lạng Sơn et de Cao Bằng avaient à leur actif un nombre important de figures révolutionnaires. Les autorités locales ne dérogèrent pourtant guère au principe moteur édicté par la section de propagande du Parti à l'échelon central : une figure nationale devait toujours faire face à une personnalité régionale[28]. À Lạng Sơn, à l'illustre Hoàng Văn Thụ (1906-1944), auquel la province avait dédié deux monuments commémoratifs (l'un dans sa commune natale rebaptisée à son nom et l'autre au centre du bourg de Lạng Sơn), répondait la figure du cadre Lương

---

résistance. Restent alors les lieux du souvenir directement consacrés à la vénération des figures officiellement élues au titre de "héros national" depuis la création du titre lors de la conférence de Tuyên Quang en mai 1952.

[26]. *Viết tiếp truyền thống quê hương*, tập truyện ký, Hà Tĩnh, 1969. Voir aussi : Đỗ Quang Hưng, Ngô Sĩ Liên dir., *Lịch sử xuất bản sách Việt Nam*, Sơ thảo, Hà Nội, Cục xuất bản, 1996.

[27]. *Lịch sử Đảng bộ Đảng cộng sản Việt Nam tỉnh Thái Bình*, 1925-54, Thái Bình, nxb Thái Bình, 1987.

[28]. *Lịch sử Đảng bộ Đảng cộng sản Việt Nam tỉnh Lạng Sơn*, Lạng Sơn, nxb Lạng Sơn, 1985.

Văn Chi, ancien résistant de l'insurrection de Bắc Sơn en 1940 célébré dans sa commune natale de Văn Quan (Bắc Sơn). À Cao Bằng, Hoàng Đình Dong, "le premier révolutionnaire de la province"[29], dialoguait avec l'adolescent Kim Đồng (1928-1943), symbole d'une jeunesse patriotique, il avait été un membre actif des *thanh niên*, et figure centrale du nouveau panthéon patriotique.

Ainsi lorsque la nouvelle géographie cultuelle patriotique intégrait des personnalités de rang intermédiaire, mais à la réelle renommée locale, la commune devenait Nation en unifiant l'imaginaire de la révolte communiste vietnamienne. Le PCI tâchait de multiplier la matérialité de son existence dans les campagnes. Son objectif n'était pas tant d'accroître le nombre de ses adhérents que d'offrir à son peuple un reflet unifié de la diversité territoriale. Au Viêt Nam, une légitimité politique nécessitait une identification à l'espace géographique. Le paysage créait un sens et un sentiment d'appartenance, la réalité de l'autorité politique dépendait de sa visibilité. La reconnaissance du pouvoir politique exigeait une proximité physique dans la mentalité de peuples ruraux. Une identification à la "communauté imaginée" se poursuivait par l'intégration des figures héroïques des premières années de lutte contre le pouvoir colonial. L'État vantait les initiatives patriotiques de l'homme du peuple, nul n'avait besoin d'être cadre de l'organisation pour défier le pouvoir colonial.

Outre la figure de l'adolescent minoritaire Kim Đồng à Pác Bó (Cao Bằng), l'appareil se mit à vanter les mérites des jeunes Phạm Hồng Thái (1893-1924), enfant du Nghệ An ou de Lý Tự Trọng (1914-1931) originaire de la province du Hà Tĩnh. L'iconographie révolutionnaire représentait le jeune Lý Tự Trọng assis dans sa cellule à la veille de son exécution avec un exemplaire du *Kiều* (Truyện Kiều) de Nguyễn Du à la main. Le Parti exaltait le modèle d'un patriote qui s'intégrait à la longue

---

[29]. Trần Phượng, "đc Hoàng Đình Dong với Đảng bộ Cao Bằng", in *Tạp chí Kiểm tra*, Hà Nội, n°2, avril 1996, pp. 33-34.

tradition de résistance à l'oppression étrangère. Son identification avec le destin du petit paysan était supérieure à celle que générait par exemple la figure de Trần Phú (1904-1931), dirigeant du mouvement communiste. Les vies héroïques des premiers "mythes de la résistance" se révélaient plus aisément transposables dans la conscience populaire nationale. L'idéal de jeunes héros innocents était plus consensuel, ces derniers ayant réagi comme leurs ancêtres par de simples actes de bravoure à la "perte de la patrie" (vong quốc). Du frêle adolescent des forêts de Cao Bằng (Kim Đồng) à la figure charismatique du secrétaire général du PCI Lê Hồng Phong, le Parti poursuivait une politique de personnalisation de l'histoire de son mouvement.

Après les ancêtres de la première génération de dirigeants du PCI, les mythiques jeunes figures héroïques, la propagande du régime communiste vietnamien accordait au "héros nouveau" une place au centre de son système de vénération patriotique. Cù Chính Lan (1930-1951) le héros de la bataille de Hòa Bình, Nguyễn Việt Xuân (1934-1964) le premier martyr de la province de Quảng Bình, Mạc thị Bưởi (1927-1951) la guérillero de Hải Hưng, Cao Lục (1929-1974) et Ngô Gia Khảm (1912-1990) rejoignaient les rangs de "l'armée des ombres" de la République démocratique du Viêt Nam[30].

Une nouvelle géographie du rapport à l'ancêtre s'implantait dans le paysage. La vie des morts participait à la mobilisation de la population à la veille de la reprise de la guerre avec le régime sudiste. La vénération de nouveaux "officiers méritants" se plaçait dans une quête de la continuité et de la solidarité

---

[30]. En principe, on ne vénérait pas au Viêt Nam une personnalité avant sa mort. Nous avons cependant localisé deux lieux de culte dédiés à des figures encore vivantes. Une maison du souvenir (nhà lưu niệm) dédicacée au général Võ Nguyên Giáp a été inaugurée en 1986 dans la commune de Lộc thủy (district de Lệ Thủy, Quảng Bình). En outre en 1995, une commune limitrophe de la ville de Hà Nội fut contrainte de mettre un terme à un culte organisé en l'honneur de Nguyễn thị Bình, alors vice-présidente de la RSVN, dans un temple dédié aux sœurs Trưng.

nationale. Loin de la presse officielle et sous le regard compréhensif des villageois, le héros prolétarien restait un ancêtre qui avait incidemment croisé le destin de la nation. Le culte de la continuité du pouvoir était celui de ses meilleurs auxiliaires, leurs esprits méritaient la sollicitude de l'administration. L'étranger ne pouvait comprendre une telle nécessité. Hors du regard des pays frères, le gouvernement encourageait l'apparition d'un nouveau rituel patriotique mêlant figures d'hier et d'aujourd'hui dans un même culte à la nation.

Une nouvelle géographie cultuelle

L'installation d'une nouvelle géographie cultuelle patriotique remonte à la veille du redémarrage des hostilités contre le régime sud-vietnamien. En 1961, le ministère de la Culture conseillait à toutes les provinces "d'installer des maisons du souvenir en l'honneur de chaque héros, personnalité ou grand dirigeant de la circonscription"[31]. Lancé vers 1963-64, le mouvement n'allait plus connaître d'accalmie au cours des décennies futures, se renforçant même pendant la période dite de "renouveau religieux" (1985-1995).

La mutation toponymique en gestation était la preuve d'une volonté du pouvoir de reprendre en main son imaginaire patriotique. Le recul de l'influence politique de la Chine et l'approche de la guerre imposaient un nouveau contexte : héros féodaux et figures réformistes accompagneraient ensemble le peuple vietnamien vers la victoire et l'unification du pays. L'État et le Parti incitèrent les provinces à ériger des monuments (autels, maisons du souvenir, tombes, statues) commémorant le souvenir des "glorieux ancêtres réformistes" dans leur lutte pour la défense

---

[31]. Le texte citait l'exemple de la commune de Đức Lạc (Lập Thạch, Vĩnh Phú) qui avait construit une maison du souvenir en l'honneur du héros de la guerre Trần Cừ originaire du village afin "que le peuple apprenne son exemple", in Đề án tổ chức cơ quan văn hóa các địa phương năm 1960 và năm năm 1961-65 của Bộ Văn hóa, in AVN3, BVH, dossier n°752, document unique, 1961.

nationale : "Dans les années qui précédaient la reprise de la guerre, Hồ Chí Minh répétait qu'il fallait utiliser les héros, que le passé était une leçon historique qui éclairait le présent. Le Parti à Hà Nội, en fait, sa section de propagande et d'éducation politique, a pris la décision et a transmis cet ordre aux sections provinciales du Parti. C'est comme cela qu'ici au Nghệ An, on a érigé un autel en l'honneur de Trần Phú en 1964-65, un autre destiné à vénérer le lettré patriote Phan Đình Phùng, puis un autre dédicacé à Lê Hồng Phong, et tout cela en l'espace de quelques mois."[32]

La vertu révolutionnaire du combattant pour l'indépendance de la nation méritait une célébration. Dans un article publié en 1958 dans la revue théorique du Parti *Études* (Học Tập), Hồ Chí Minh (sous le pseudonyme de Trần Lực) revenait sur le dévouement de ces "hommes exemplaires" pour la cause nationale : "Contre l'individualisme, contre l'intérêt individuel, des héros se sont levés pour l'intérêt collectif, des hommes comme Trần Phú, Ngô Gia Tự, Lê Hồng Phong, Nguyễn Văn Cừ, Hoàng Văn Thụ ou la valeureuse Nguyễn thị Minh Khai."[33] Les idéologues poursuivaient l'espoir de fusionner ses nouveaux "officiers émérites" à l'espace social de la nation.

La reconstitution d'une topographie politico-cultuelle n'avait donc pas fait l'objet d'une politique officielle du gouvernement. On avait plutôt choisi de lancer la campagne dans les provinces avec discrétion. Alors que la marche vers le socialisme prônait l'éradication des coutumes et croyances archaïques, comment les cadres locaux réagirent-ils à l'application de cette campagne dans les provinces ? Hồ Túng Tín, un cadre de la commune de Quỳnh Đôi dans le Nghệ An, condamnait cette résurgence de "pratiques archaïques" : "Dans la province, il n'y a pas de catholiques ni de bouddhistes parce que la seule religion tolérée, c'est le Parti." Officiellement, le Parti du travail réfutait toujours l'idée de retour vers une pratique traditionnelle accusée de "féodalisme".

---

[32]. Entretien, Vinh, Nghệ An, 27.3.1995.

[33]. Trần Lực (Hồ Chí Minh), "Đạo đức cách mạng", in *Học Tập*, Hà Nội, n°35, décembre 1958, p. 12.

Les responsables de la propagande du Parti s'évertuèrent à éliminer toute confusion entre les deux tendances ; une nouvelle terminologie fut adoptée afin de distinguer les nouveaux lieux des anciens[34]. Le régime créait sémantiquement du neuf, une manière moderne de rendre hommage à ses "ancêtre glorieux". Tout porte à croire que les campagnes accueillirent sans sourciller ces directives de l'échelon central. On invoquait l'utilité de ces lieux de mémoire afin d'affiner l'éducation patriotique de la jeunesse vietnamienne : "Il est nécessaire d'élever des autels en l'honneur des héros de l'histoire de notre parti. C'est utile pour éduquer la nouvelle génération. Les enfants connaissent bien sûr ces héros, mais le niveau culturel dans les campagnes est faible. Les autels permettent d'entretenir un souvenir et une vénération utiles à notre vie quotidienne."[35] Le Parti et l'administration invitaient la population à rendre visite collectivement à ces nouveaux lieux de culte lors des anniversaires du calendrier patriotique. À Nam Tân (district de Nam Thanh, Hải Hưng), la maison du souvenir dédiée à Mạc thị Bưởi s'intégrait naturellement au mobilier cultuel traditionnel, explique un jeune soldat de 25 ans habitant du village voisin : "Avant d'être soldat, je n'y étais jamais allé, je ne savais même pas où c'était. Puis, je m'y suis rendu avec mon unité. Y aller collectivement, c'est normal, mais seul je n'irai pas. Cela fait partie de la culture locale, la commune respecte beaucoup l'idée du souvenir des temps difficiles."[36]

Le succès de la campagne fut immédiat. À plusieurs reprises, la population villageoise réclama aux pouvoirs locaux

---

[34]. Cette distinction fut peu ou prou adoptée par la suite. Nous reviendrons sur ce point avec l'exemple du culte patriotique dédié à l'héroïne Mạc thị Bưởi dans la province de Hải Hưng. Les termes de *khu di tích*, excluant en principe toute connotation cultuelle et cérémonielle au lieu étaient souvent rattrapés par ceux, plus traditionnels, de *khu vực thờ* ou même directement de *đền thờ* sur l'ensemble de nos terrains d'enquêtes.

[35]. Entretien, xã Quỳnh Xuân (Quỳnh Lưu, tỉnh Nghệ An), 9.9.1996.

[36]. Entretien, xã Nam Tân (Nam Thanh, tỉnh Hải Hưng), 14.8.1996.

l'organisation d'un pareil hommage patriotique pour l'un des siens. La construction d'un autel ou d'une maison du souvenir relevait de l'appareil administratif. La vénération d'une figure héroïque au sein de la communauté villageoise "était un acte normal dans la tradition vietnamienne", mais sa mise en place, dans sa forme plus contemporaine, restait un privilège du pouvoir central : "Si la commune décidait la construction d'un de ces lieux du souvenir en l'honneur d'une figure locale, alors je me sentirais obligé de venir m'y recueillir, de vénérer l'esprit de ce mort illustre par souci pour notre peuple et pour notre Parti."[37] Lorsqu'une personne à vénérer venait à décéder, la décision des pouvoirs publics de commémorer son souvenir remplissait une légitimité culturelle. Quand une province omettait de le faire, l'opinion publique croyait toutefois acquise l'existence d'un lieu au sein de la circonscription. L'exemple du héros Vũ A Dính originaire de la province de Lai Châu est de ce point de vue significatif. À la question posée aux autorités de la province voisine de Sơn La au sujet d'un monument célébrant sa mémoire, un cadre répondit : "En ce qui concerne Vũ A Dính à Lai Châu, il se peut que l'État n'ait encore rien fait pour des questions purement financières mais de toute façon le peuple a forcément déjà organisé quelque chose."[38]

Réelle ou pas, l'implantation sur le territoire de cette nouvelle ritualisation politique ne rencontra pas de résistance dans la population. Pourtant, la question ne manquait pas de diviser l'appareil administratif et le Parti. Les plus orthodoxes reprochaient un abandon de l'idéal politique de l'État aux dépens de croyances populaires "féodales" : "Je crois que notre pays ne devrait pas construire des autels ou des monuments en l'honneur d'individus. Il est normal par contre que l'État juge parfois utile d'ériger des statues pour des héros particuliers. Mais à mon avis,

---

[37]. Entretien, thị trấn Nguyên Bình (Nguyên Bình, tỉnh Cao Bằng), 22.8.1996.

[38]. Entretien, thị xã Sơn La, 2.8.1996. En réalité, on ne trouve pas trace à Lai Châu d'un site dédié à la mémoire de ce héros.

le mieux reste de mettre en place des autels ou des maisons du souvenir collectives."[39] Le vice-président du comité populaire de la province de Bắc Thái expliquait dans un premier temps que "le peuple dans sa circonscription avait toujours vénéré les figures héroïques mais pas forcément les héros officiels" avant de revenir sur la question et d'ajouter que "dans la province de Bắc Thái, les héros officiels de toute façon ne sont pas vénérés et qu'il n'y a absolument aucun autel dédié en leur honneur"[40]. Hormis le recours à ce type d'argumentation idéologique, certains reprochaient encore à l'État de favoriser le culte de figures jugées de moindre envergure : "Dans notre district, nous n'avons pas d'autels dédiés à des héros officiels. Pour mériter cet honneur, il faut être très grand, un grand dirigeant. Un héros, c'est une figure normale, ce n'est pas suffisant. Quand La Văn Cầu sera mort, on pourra lui construire une statue, mais quand même pas un autel. Les autels, c'est pour des gens de la taille de l'oncle Hồ ou de Trần Hưng Đạo."[41]

Officiellement, le gouvernement n'était pour rien dans l'indigénisation de la figure du "héros nouveau" ; ces pratiques se diffusaient indépendamment de sa volonté dans les campagnes. Il n'y a pourtant aucun doute que la section de propagande et d'éducation politique du Parti participa pleinement à l'éclosion du phénomène entre 1962 et 1964 ; l'organisation nord-vietnamienne essayait seulement de camoufler les apparences de cette collusion afin d'éviter la contradiction avec un discours ouvertement moderniste.

Les nouveaux lieux du souvenir

Les lieux de culte sont des endroits de passage entre la communauté des vivants et celle des mânes illustres. Au sein des regroupements de structures familiales, le culte des héros

---

[39]. Entretien, xã Quỳnh Ngọc (Huyện Quỳnh Lưu, tỉnh Nghệ An), 8.9.1996.
[40]. Entretien, thị xã Thái Nguyên (tỉnh Bắc Thái), 24.9.1996.
[41]. Entretien, thị trấn Trùng Khánh (tỉnh Cao Bằng), 27.8.1996.

résumait celui de tous les autres ancêtres : "Le héros est l'ancêtre par excellence, qu'on invoque toujours individuellement, tandis que le culte des autres morts de la famille, en tant que culte d'esprits individuels, devient facultatif après un certain temps."[42] À l'inverse, le culte du héros patriotique était d'abord un culte public dispersé sur l'ensemble du territoire.

Le caractère agrégatif de ce culte nécessitait l'existence d'un lieu susceptible de réunir les communiants. L'État élabora une distinction sémantique entre le "mobilier cultuel" traditionnel et le nouveau en cours d'élaboration en accord avec les principes d'autrefois. Tout l'art de la section de propagande et d'éducation politique du Parti fut donc de formuler la différence entre l'ancien et le nouveau ; le nouveau "mobilier cultuel" s'ancrait sur le terrain de la "laïcité"[43]. Commémorer le souvenir des grands hommes du nouveau régime ne pouvait déclencher de manière ostensible une ritualisation coutumière de la pratique. Le régime avait officiellement rompu formellement un rapport au sacré, mais il n'éludait pas pour autant un rapport traditionnel à l'acte héroïque de la communauté.

À partir du début des années 1960, le Nord Viêt Nam accueillit quatre nouvelles formes d'architecture cultuelle patriotique : les maisons du souvenir (nhà lưu niệm), les espaces statuaires

---

[42]. S. Czarnowski, *Le culte des héros et ses conditions sociales*, New York, Arno Press, 1975, p. 11 (1ère édition 1919).

[43]. "Un jour, un disciple de Confucius lui demanda : Supposez qu'un souverain vous confie un territoire que vous pourriez gouverner à votre guise ; quelle serait votre première initiative ? Ma toute première tâche, répondit Confucius, serait assurément de rectifier les dénominations. Le disciple fut interloqué : rectifier les dénominations ? Et ce serait là votre priorité ? Parlez-vous sérieusement ? Confucius dut lui expliquer : Si les dénominations ne sont pas correctes, si elles ne correspondent pas aux réalités, le langage est sans objet. Quand le langage est sans objet, l'action devient impossible, et, en conséquence, toutes les entreprises humaines se désintègrent : il devient impossible et vain de les gérer. C'est pourquoi la toute première tâche d'un véritable homme d'État est de rectifier les dénominations", in S. Leys, *L'Ange et le cachalot*, Paris, Seuil, 1998, p. 26.

commémoratifs (đài tưởng niệm), les monuments funéraires (khu mộ) et les espaces cultuels (khu vực thờ).

Une *nhà lưu niệm* est un bâtiment dédié à la mémoire d'un "officier méritant" du nouveau régime, un *khu lưu niệm* caractérise un ensemble de plusieurs bâtiments tournés vers l'exaltation du souvenir de l'ancêtre glorieux. La *nhà lưu niệm* ou "maison du souvenir" était le modèle le plus fréquent de "commémoration muséale" mis en place par la RDVN en hommage à la nouvelle figure héroïque. On trouvait à l'intérieur des "maisons du souvenir" un rappel des étapes de l'existence de la figure honorée ; à ces détails biographiques, l'administration juxtaposait des statistiques productivistes censées matérialiser l'esprit héroïque du défunt auprès de la population de sa région natale. Une iconographie dite réformiste ou prolétarienne croisait une esthétique traditionnelle intégrant un autel des ancêtres (bàn thờ tổ tiên), un buste du héros, des fumoirs d'encens et des sentences parallèles à sa mémoire[44].

Le mouvement de construction des "maisons du souvenir" se généralisa en deux étapes successives. Dans les premières années, les communes finançaient la rénovation d'une demeure du village pour en faire un lieu en mémoire de l'esprit de leur enfant illustre. Après 1975, l'échelon central se mit à accorder des crédits afin que les communes natales de figures héroïques bâtissent des sites plus imposants. Ainsi, le comité populaire de la commune de Ngũ Kiên (district de Vĩnh Tường, province de Vĩnh Phú) avait d'abord installé en 1964 un lieu en l'honneur du héros originaire de la commune Nguyễn Viết Xuân non loin de la maison de sa femme ; fait d'une seule pièce, ce local exigu accueillit les hommages de la population et de son administration pendant plus

---

[44]. Sur les 19 provinces du Nord Viêt Nam dans lesquelles nous avons trouvé trace de ce nouveau "mobilier cultuel", la maison du souvenir s'impose comme le type idéal du nouveau bâti patriotique. Si l'on prend en compte le toponymique choisi par l'appareil administratif local, seul quatre provinces (Hoà Bình, Hải Phòng, Hà Giang et Yên Bái) n'en firent point l'utilisation, préférant une autre dénomination.

de deux décennies. Puis, à la fin des années 1980, les autorités provinciales jugèrent nécessaire de magnifier ce lieu de mémoire patriotique et inaugurèrent en 1990 un nouveau bâtiment plus spacieux aux abords du cimetière des martyrs de la commune. Dès le début des années 1960, la *nhà lưu niệm* s'imposait au Nord Viêt Nam comme l'archétype le plus répandu du nouveau "mobilier cultuel".

Le développement d'une statuaire politique (*đài tưởng niệm*) personnifiée est un phénomène exogène à la tradition vietnamienne. Par *khu di tích* (littéralement "zone de vestige"), l'administration entendait l'organisation d'un site bâti autour d'une statue ou d'une pièce monumentale dédiée à une figure-clé de l'histoire récente de la nation. Une plaque biographique était adjointe au monument afin de résumer les étapes d'un destin héroïque, ainsi qu'un "autel des ancêtres" pour que les visiteurs brûlent des baguettes d'encens en sa mémoire. Le programme de construction du "mobilier statuaire" dépendait de la "politique des martyrs" (*công tác liệt sĩ*) du gouvernement. Son coût de fabrication élevé et la nouveauté du phénomène en limitèrent toutefois la diffusion sur l'ensemble des provinces du territoire[45]. Le *khu di tích* dédié à Cù Chính Lan (héros des forces armées en 1952) dans la province de Hoà Bình où il trouva la mort (Bình Thành, district de Kỳ Sơn), celui dédicacé au soldat et héros Phan Đình Giót tombé dans la bataille de Điên Biện Phủ à Cẩm Quan (district de Cẩm Xuyên, province du Hà Tĩnh), ou le monument construit en l'honneur du jeune héros minoritaire Kim Đồng à Pác Bó dans la province de Cao Bằng, représentent ainsi une nouvelle forme de "mobilier cultuel" commune à la majorité des provinces du pays. Autour d'une architecture ostensiblement monumentale, la communauté villageoise et les organisations de masses réunissaient la population afin de célébrer un patrimoine collectif. Les statues, fréquentes en milieu urbain, participaient de la même

---

[45]. Chương trình kế hoạch, báo cáo của Ủy ban hành chính các tỉnh về công tác thương binh liệt sĩ phục viên năm 1960, in AVN3, BNV, dossier n°2248, 1.1961.

façon à l'émergence d'un nouveau rituel politique dans le pays. Depuis les années 1960, les pionniers et les *thanh niên* de la capitale se succédèrent autour du buste de Nguyễn Văn Trỗi situé au cœur du parc Lénine à Hà Nội, afin de témoigner leur piété, respect et admiration envers l'exemplaire biographie de leur aîné héroïque.

Les sites mortuaires (khu mộ) représentent une troisième catégorie d'architecture cultuelle. À la différence des cimetières des martyrs évoqués dans notre chapitre précédent, le *khu mộ* était un espace commémoratif de taille bâti autour de la tombe d'un mort illustre. L'aspect monumental du site évoquait la puissance du défunt héroïque vis-à-vis de ses contemporains[46]. Situés hors de la commune (sur le lieu de décès du héros par exemple) ou dans les limites de l'espace villageois, les sites mortuaires matérialisaient dans les campagnes la piété du gouvernement pour ses mânes illustres. Des sites mortuaires furent construits dans l'ensemble des provinces. À Đa Lộc (district de Hậu Lộc, province de Thanh Hóa), on trouvait un monument dédié à l'héroïque résistante Tơm (mẹ Tơm) situé à l'arrière des bâtiments du comité populaire de la commune ; à Hưng Nguyên dans le Nghệ An (district de Hưng Nguyên), Hoàng Hanh[47], le premier héros catholique de la RDVN disposait

---

[46]. Dans le district de Nam Đàn (Nghệ An), l'administration provinciale décida en 1975 la construction du plus imposant d'entre eux dédié aux parents de Hồ Chí Minh. Établi sur une colline qui surplombe Kim Liên, la commune natale de l'ancien président, ce site mortuaire n'est pourtant pas significatif, de par sa taille sur-dimensionnée, de l'ensemble des sites construits en l'honneur des figures héroïques de la RDVN. Mais il s'inscrit toutefois dans la campagne nationale lancée depuis les années 1960.

[47]. La figure du catholique ngheanais Hoàng Hanh n'eut pas l'influence souhaitée par le régime auprès des catholiques. À son décès (1963), sa famille demanda aux autorités provinciales des financements pour l'érection d'un monument du souvenir. Les autorités ne jugèrent pourtant pas nécessaire d'établir un tel mobilier à la mémoire du vieil homme. *cf.* Entretien, Nam Đàn (Nghệ An), 12.5.1997.

d'un discret mobilier mortuaire perdu dans le cimetière des martyrs de la commune. L'État tenait à embellir les tombes de ses "officiers méritants", quelle que fût leur taille, afin de témoigner de sa vertu. En d'autres termes, l'ornementation des sites mortuaires, décidée et financée par l'administration nationale, situait le mort dans une hiérarchie du mérite patriotique élaborée par le pouvoir.

Enfin plus rare et souvent postérieure aux lieux évoqués ci-dessus, est l'architecture cultuelle plus directement liée à l'appareil religieux de l'Ancien régime. Sous la dénomination de *nhà thờ* (littéralement : temple) ou de *khu vực thờ* (espace cultuel), des bâtiments ou "espaces commémoratifs" revendiquaient cette fois-ci une filiation directe avec l'appareil cultuel traditionnel, les autels (đền thờ) et petits temples d'autrefois[48]. L'État finançait partiellement la construction ou la rénovation des différents sites. L'histoire récente de la RDVN explique pourquoi ce temple traditionnel ne s'imposa pas aussi rapidement que les maisons du souvenir à l'aspect plus conforme à l'idéologie internationaliste du régime. Mais nombreuses furent les communes à souhaiter la pérennité d'une forme culturelle qui ne remettait pas en cause le cadre politique du "gouvernement légitime". Une myriade de petits temples dédiés à la figure de l'ancien président Hồ Chí Minh (đền thờ Hồ Chí Minh) avaient été élevés depuis les années 1970. Les nouvelles figures n'en furent pas oubliées pour autant. Prenons ici l'exemple du site de Thạch Minh dans la province du Hà Tĩnh. Aux abords de la localité, un temple a été érigé en l'honneur du pionnier Lý Tự Trọng condamné à mort par les Français en 1931 à l'âge de seize ans. Pour améliorer le petit autel installé au lendemain de sa mort, l'administration locale réaménagea l'endroit en 1978. La reconstruction du temple respectait les canons architecturaux de la tradition sino-vietnamienne. L'aspect extérieur était celui d'un *đền thờ* d'autrefois. À l'intérieur, la composition et la disposition

---

[48]. Nguyễn Văn Khoan, "Essai sur le Dinh et le culte du génie tutélaire des villages au Tonkin", in *BEFEO*, Paris, n°1-2, 1-6.1930, pp. 107-139.

des objets cultuels recréent en l'honneur de ce jeune communiste et de ses parents un rapport traditionnel au sacré ; les sentences parallèles délivrées par l'administration du district de Thạch Hà témoignent de la fonction rituelle du lieu. Lý Tự Trọng était le nouveau génie tutélaire du village. La communauté villageoise affirmait par son culte un tempérament patriote fidèle aux exigences de l'État.

Maisons du souvenir, ensembles commémoratifs monumentaux, sites mortuaires patriotiques, et temples nouveaux ont de la sorte participé à la redéfinition d'une géographie cultuelle patriotique au Nord Viêt Nam. Nous avons localisé la présence de "lieux de culte" patriotiques dans treize des vingt-trois provinces du nord du pays. Avant d'en détailler la géographie, arrêtons-nous préalablement sur le cas des provinces dépourvues de ces nouveaux lieux de mémoire patriotique. Les régions exclues composent trois sous-ensembles géographiques : la zone montagneuse du nord-ouest du pays (Lai Châu, Lào Cai, Hà Giang) ; les provinces démographiquement denses et industrialisées (Hà Tây, Bắc Thái, Hà Nội, Nam Hà, Quảng Ninh) et une province au patrimoine religieux hétérogène (Ninh Bình).

Les zones d'exclusion restent fortement minoritaires sur l'ensemble du territoire. Comment expliquer la diversité du phénomène ? Les régions montagneuses du nord-ouest se caractérisent par leur faible densité démographique ; orchestré par le département de propagande du Parti, le comité de direction du mouvement préférait porter un effort en direction des régions populeuses du pays. Outre ce facteur démographique, la composition ethnique de ces mêmes provinces apportait un autre facteur d'explication. À Lai Châu, Lào Cai, Hà Giang, l'essentiel de la population est composée d'ethnies minoritaires, dont les rites et les croyances sont souvent distincts de celles du peuple Kinh[49]. Au-delà du discours unificateur, l'histoire a montré que ces peuples vécurent souvent en marge des événements nationaux

---

[49]. Nguyễn Từ Chi, *Góp phần nghiên cứu văn hóa và tộc người*, Hà Nội, nxb Văn hóa thông tin tạp chí văn hóa nghệ thuật, 1996.

portés les *Kinh*. L'appareil gouvernemental avait rencontré maintes difficultés dans l'intégration de ces populations aux grandes campagnes de mobilisation populaire. À titre d'exemple, la totalité du "mobilier cultuel patriotique" de la province du Nghệ An se trouve dans ses districts de plaine, peuplés majoritairement de *Kinh*, ou encore dans ceux nouvellement occupés par des réfugiés du sud du pays à la fin des années 1950. Les districts montagneux situés à l'ouest de la province (Quê Phong, Kỳ Sơn, Tương Dương, Quỳ Hợp, Quỳ Châu, Con Cuông et Anh Sơn) peuplés d'ethnies Thổ, Thái, H'Mông, Khơ mú, Chút ou Ơ Đu[50], n'hébergent aucun monument du souvenir dédié aux nouveaux "officiers méritants" de la RDVN.

Démographie et facteur ethnique représentent des éléments-clés. Ajoutons en outre que le taux d'équipement des provinces en "mobilier cultuel" est d'autant plus faible que les régions ont une forte densité urbaine et industrielle (Hà Nội, Hà Tây, Nam Hà, Bắc Thái, Quảng Ninh)[51]. On a l'impression que le gouvernement ne tenait pas à voir s'établir au grand jour ces nouveaux lieux de culte dans des provinces proches des centres de pouvoir (politique, intellectuel). Dans l'esprit des pays frères, la transmutation du "héros nouveau" en "génie tutélaire" d'un type nouveau n'aurait pas manqué d'être assimilée à un retour de la "spirale nationale" dangereux pour l'image du régime sur la scène internationale.

Enfin, le troisième sous-ensemble géographique est marqué par son hétérogénéité religieuse. Située à 180 kilomètres au sud de la capitale, Ninh Bình héberge le cœur de la chrétienté vietnamienne (évêché de Phát Diêm). Dans les années 1950-60, la circonscription était peuplée majoritairement de catholiques. L'échelon central se méfiait de ce particularisme et fit en sorte de ne pas retenir d'habitants de la province pour concourir au titre de "héros nouveau". Les campagnes d'émulation étaient de toute

---

[50]. *Lịch sử Nghệ Tĩnh,* tập I, Vinh, nxb Nghệ Tĩnh, 1984, pp. 6-7.

[51]. Báo cáo tình hình phát triển sự nghiệp văn hóa của các địa phương mười năm (1955-1964), in AVN3, BVH, dossier n°302, 10.12.1964.

façon peu suivies et l'on ne trouvait aucune trace de lieu de culte dans la circonscription.

Les cultes patriotiques sont donc répartis dans treize des vingt-trois provinces du pays. Par commodité, nous avons regroupé le "mobilier cultuel" en deux sous-ensembles distincts : les lieux de culte dédiés à un héros de l'histoire du Parti et aux mythes héroïques des premières années de la résistance ; les lieux de culte voués aux "héros nouveaux" élus depuis la conférence de Tuyên Quang en mai 1952. Afin d'éviter les immanquables simplifications d'une telle répartition, nous traiterons dans un second temps le cas de la région du Nghệ Tĩnh.

Les provinces situées au nord du delta du fleuve Rouge furent le berceau du mouvement de résistance nationalo-communiste depuis les années 1930. En février 1941, Hồ Chí Minh, après ses années de lutte à l'étranger, s'était installé le long de la frontière chinoise à Pác Bó (Cao Bằng)[52]. Depuis lors, le site héberge un monument du souvenir accompagné d'un musée pour en commémorer l'événement (khu di tích Pác Bó-Hồ Chí Minh) auquel l'administration adjoint non loin une statue du jeune Nùng, Kim Đồng. À quelques kilomètres de Pác Bó, l'antenne provinciale du Parti édifia dans le district de Hòa An une maison du souvenir en l'honneur du révolutionnaire Hoàng Đình Dong au centre de son village natal. De même, la province de Lạng Sơn choisissait de mettre à l'honneur deux "figures héroïques" de son terroir : Hoàng Văn Thụ et Lương Văn Chi. Son administration avait financé la reconstruction à l'original de la maison sur pilotis (nhà sàn) de Hoàng Văn Thụ dans la commune de son enfance[53]. En outre, la municipalité du bourg de Lạng Sơn installa dans l'ancienne école franco-vietnamienne de la province, où Hoàng

---

[52]. Thanh Đạm dir., *Nguyễn Ái Quốc trên đường về nước*, Hà Nội, nxb Chính trị Quốc gia, nxb Nghệ An, 1994.

[53]. Rebaptisée dans les années 1960 du nom du résistant (xã Hoàng Văn Thụ, huyện Văn Lang), l'ensemble commémoratif (Khu di tích nhà sàn) est composé d'un bâtiment de 100 m^2, d'une stèle et d'une petite statue de Hoàng Văn Thụ.

Văn Thụ avait étudié, une stèle commémorative et un petit autel en sa mémoire. Enfin, la commune de Văn Quan (district de Bắc Sơn) éleva un monument en l'honneur d'une figure à rayonnement plus local, le guérillero Lương Văn Chi, héros de la révolte de Bắc Sơn. Plus au sud, dans le delta du fleuve Rouge, la province du Hà Bắc entretenait depuis les années 1940 des lieux du souvenir en l'honneur de Ngô Gia Tự (1908-1935) et Nguyễn Văn Cừ (1912-1941), premiers dirigeants du PCI nés dans la circonscription. En 1942, les autorités installèrent à Tam Sơn (district de Tiên Sơn) un autel à proximité de la maison familiale des Tự avant de la transformer quelques années après en une spacieuse maison du souvenir faisant face à un autre bâtiment dédié à ses parents. Non loin de là, à Phù Khê (district de Tiên Sơn), on trouve un autre espace de commémoration en l'hommage de Nguyễn Văn Cừ.

La province côtière de Thái Bình poursuivit une même politique du souvenir ; à Đình Phùng (district de Kiến Xương), l'ancienne maison du secrétaire du Parti Phan Đình Phùng (1935-1936) fut reconstruite et transformée en maison du souvenir (nhà lưu niệm) tout comme l'ancienne demeure du responsable politique Nguyễn Đức Cảnh dans le bourg de Diêm Điền (district de Thái Thụy).

Les provinces reculées de l'Ouest du pays (Lai Châu, Lào Cai, Sơn La, Yên Bái) participèrent plus faiblement au mouvement national. En 1980, la province de Sơn La ne possédait qu'un modeste espace commémoratif construit dans les décombres de l'ancien pénitencier français du bourg de Sơn La (khu lưu niệm nhà tù Sơn La) dédié à la mémoire du cadre-militant Tô Hiệu décédé en ce lieu. À Yên Bái, les autorités provinciales commémoraient depuis la fin des années 1940 la figure du chef du parti nationaliste Nguyễn Thái Học (1904-1930), exécuté par les Français au lendemain de la révolte de 1930. Situé dans un quartier du bourg de Nghĩa Lộ qui porte le nom, la tombe de l'ancien leader du VNQDD (Việt Nam quốc dân Đảng) recevait les honneurs dus aux "officiers méritants" de la patrie[54].

Le paysage nord-vietnamien accueille d'autre part des lieux de culte dédiés à la figure du "héros nouveau" en nombre moins important. Au nord de la province de Tuyên Quang, la commune de Đức Xuân (district de Na Hang) possède un espace commémoratif (khu lưu niệm) en hommage à l'ancien héros du travail Ngô Gia Khảm. Lors de la première guerre indochinoise, la localité avait hébergé une fabrique d'armes rendue célèbre par les performances du héros de 1952. Plus au sud, dans la province de Vĩnh Phú, l'artilleur Nguyễn Viết Xuân était à l'honneur dans son village natal (Ngũ Kiên, district de Vĩnh Tường). Dans la province de Hải Hưng, au cœur du delta du fleuve Rouge, le village de Nam Tân (district de Nam Thanh) rendait un culte patriotique à la jeune guérillero Mạc thị Bưởi. Plus au sud, à quelques kilomètres du bourg de Hòa Bình, le village de Bình Thành (district de Kỳ Sơn) accueillait un espace commémoratif (khu di tích) dédié à Cù Chính Lan (héros de 1952). Enfin, les provinces de Thanh Hóa et de Quảng Bình hébergeaient deux lieux de culte en l'honneur de femmes héroïques (bà mẹ Việt Nam) mortes au cours de la première guerre indochinoise : la "mère Tơm" (mẹ Tơm) à Đa Lộc (district de Hậu Lộc, Thanh Hóa) et la "mère Suốt" (mẹ Suốt) à Bảo Ninh (bourg de Quảnh Ninh)[55].

Au Việt Nam, un lieu de culte patriotique nouveau s'intégrait à un réseau de sites commémoratifs ; anciennes et nouvelles figures dessinaient la chronologie de l'identité nationale. En 1962 dans la province du Nghệ Tĩnh, le département de propagande du Lao động avait conseillé au comité populaire d'ériger un autel pour célébrer la mémoire de Trần Phú dans son village natal de Tùng Ảnh (district de Đức Thọ)[56]. Les autorités du district en

---

[54]. Entretien, thị xã Nghĩa Lộ, (Yên Bái), 3. 5.1997.

[55]. Văn Huy, Trần Cẩn, *Mẹ Suốt*, Hà Nội, nxb Phổ thông, 1967.

[56]. Dự thảo báo cáo tình hình công tác vụ bảo tàng trong năm 1962, in AVN3, Fonds BVH, dossier n°107, document sans numéro, 1962.

profitèrent pour inaugurer dans le même temps un petit temple en l'honneur du lettré du XIXe siècle instigateur du mouvement de rébellion *cần vương*, Phan Đình Phùng. À Nam Đàn plus au nord, l'administration finançait la construction d'un lieu de culte dédié au lettré patriote Phan Bội Châu ; à Hưng Nguyên, les autorités achevaient la mise en place d'une tombe symbolique (mộ gỉa) du chef charismatique du Parti communiste indochinois Lê Hồng Phong[57] et un important monument mortuaire (khu mộ) en l'honneur de Cao Lục, héros du travail de 1962 et président de la coopérative de la commune de Hưng Thái. En août 1975, un imposant mémorial voué à Nguyễn Sinh Sắc et Hoàng thị Loan, parents de Hồ Chí Minh, était inauguré dans le district de Nam Đàn; en 1978, le district de Thạch Hà (Hà Tĩnh) agrandissait le temple (nhà thờ) à la mémoire du jeune patriote Lý Tự Trọng mort en 1934 ; en 1980, la commune de Tùng Ảnh (Hà Tĩnh) ajoutait une maison du souvenir Trần Phú (nhà lưu niệm) à côté de son autel ; en 1989, le district de Hưng Nguyên en inaugurait une dédiée à Lê Hồng Phong puis six ans plus tard un monument funéraire à la mémoire du jeune Phạm Hồng Thái mort en 1924 ; en 1989, la petite ville de Cẩm Xuyên dans le Hà Tĩnh commémorait la vie de l'exemplaire révolutionnaire des années 30 Hà Huy Tập et de Phan Đình Giót, héros des forces armées élu à titre posthume en 1955 ; enfin, le district de Quỳnh Lưu (Nghệ An) acheva la construction d'un monument funéraire en l'honneur du révolutionnaire et ami de Hồ Chí Minh, Hồ Tưng Mậu.

Mạc thị Bưởi, un rite patriotique

Pour mieux comprendre l'interpénétration de ces légitimités culturelles et politiques, nous avons choisi d'étudier le cas de la jeune combattante nord-vietnamienne Mạc thị Bưởi, dont la biographie s'apparente de très près à celle de l'héroïne soviétique

---

[57]. Le corps de Lê Hồng Phong, révolutionnaire de la première génération et mari de Nguyễn thị Minh Khai, est enterré à Côn Đảo (Poulo condor) où il est mort en 1941.

Zoia Kosmodiemianskaya. Martyre de la résistance nationale contre l'occupant français, elle fut élevée à titre posthume au rang de héros de la RDVN en mai 1955. Un culte lui est dédié dans son village natal de Nam Tân (district de Nam Thanh, province de Hải Hưng) situé à 80 kilomètres de Hà Nội.

Mạc thị Bưởi est née en 1927[58] dans une famille de paysans pauvres (bần nông). Elle appartenait à la lignée du lettré du XVIe siècle, Mạc Đỉnh Chi, génie tutélaire de son hameau (Long Động). Pendant l'insurrection du mois d'août 1945, âgée de 18 ans, elle est un jeune agent de liaison. Elle s'engage parallèlement dans les nouvelles organisations de masses et est choisie en 1946 comme représentante de l'association des femmes de son hameau. En 1947, elle est élue au comité de direction de l'Association des femmes de la commune de Nam Tân et poursuit ses activités d'agent de liaison avec les autorités du district. En 1948, elle entre au Parti où elle apprend à lire et à écrire. Résistante émérite, elle est connue pour son courage à s'infiltrer dans les zones tenues par l'ennemi. L'administration révolutionnaire place en elle beaucoup d'espoir. En avril 1951 sur le chemin de la préfecture du district où elle doit suivre une formation complémentaire, elle est arrêtée par une colonne de l'armée française. On la torture cruellement sans vaincre son silence. Dans l'espoir de mourir sur sa terre natale, elle annonce à ses geôliers dans une ruse finale, qu'elle possède des documents secrets et que, si on la ramène chez elle, elle consentirait à les leur livrer. Revenue dans le hameau de Long Động, elle se révolte et est abattue, non sans jurer dans son dernier souffle sa fidélité au Parti et à son chef.

---

[58]. Cette date est celle figurant dans la biographie officielle de Mạc thị Bưởi tirée du premier tome de l'ouvrage *Anh hùng lực lượng vũ trang nhân dân* (Hà Nội, édition de 1978 puis de 1994) ainsi que dans l'ouvrage de l'écrivain Trần Cẩn (*Mạc thị Bưởi*, Hà Nội, 1957). Le poète Trần Đăng Khoa dans le livre qu'il lui consacre, *Khúc hát người anh hùng* (Hà Nội, 1974), parle de l'année 1929.

Le 31 août 1955, l'Assemblée nationale lui décernait à titre posthume le titre de héros des forces armées populaires et la choisissait pour incarner l'exemple du caractère indomptable de la femme vietnamienne. Cette brève biographie, rédigée en 1955 par le comité de rédaction du département de propagande du Parti Lao động[59], n'a pas connu de correction par la suite. On la retrouve dans les séries "Noi gương các chiến sĩ cộng sản" (Suivre l'exemple des combattants communistes) publiées périodiquement par la presse nationale. Elle servait de canevas à l'écriture d'adaptations théâtrales, de scénarios, de poésies, et dans la rédaction des discours officiels ponctuant les commémorations liées à son nom. Avec le temps, cette biographie officielle prenait le pas sur la mémoire orale, fixant l'ordre et le sens des souvenirs de ceux qui la connurent.

L'appareil commémoratif et cultuel dédié à Mạc thị Bưởi s'est progressivement mis en place au cours des quarante années qui suivirent son "héroïcisation". En août 1955 quand Mạc thị Bưởi reçut le titre de héros national, l'honneur fut grand pour la famille de la martyre. Depuis juillet 1954 sa sœur, Mạc thị Thành, occupait les fonctions de secrétaire de l'association des femmes de la commune. Entre décembre 1955 et août 1956, elle fut mise à l'écart pendant quelques mois par l'équipe de la réforme agraire dans le cadre du mouvement de régénération des cadres du Parti. Réhabilitée au cours du second semestre 1956, elle fut finalement choisie pour être secrétaire du Parti (bí thư xã) et présidente de la commune (chủ tịch xã), fonctions qu'elle détiendra jusqu'à sa mort au début des années 1990.

Le comportement exemplaire de Mạc thị Bưởi avait donné à sa famille une autorité morale dans la commune qui lui permettait

---

[59]. Ce comité de rédaction (Ban biên soạn của ban tuyên truyền Đảng Lao động), outre quelques anonymes hauts fonctionnaires du Parti, se composait dans les dernières années de la guerre contre les Français des personnalités suivantes : Nguyễn Đình Thi, Nguyễn Huy Tưởng, Xuân Diệu, Nguyễn Xuân Sanh, Kim Lân, Tô Hoài, Vũ Cao, Tú Nam, Từ Bích Hoàng, Lê Đạt et Nguyễn Hồng.

d'exercer plus légitimement le pouvoir administratif. À l'inverse, et toujours selon un coutumier non remis en cause, Mạc thị Thành se devait de rendre hommage à son illustre sœur. De mémoire de villageois, jamais elle ne manqua à sa responsabilité au cours de ses trente années à la tête de l'administration de la commune. L'État central participait de la même façon à la pérennité de ce devoir "filial" envers la famille de l'héroïne. Une voiture du gouvernement était envoyée régulièrement dans le village pour chercher la mère de l'héroïne à l'occasion de nombreuses cérémonies en l'honneur de sa fille[60], une fonction au sein de l'organisation communale était proposée au mari de Mạc thị Thành, Nguyễn Công Hùng et on se préoccupait aussi de l'avenir de leurs enfants.

La mise en place du culte dédié à l'héroïne s'analyse d'abord à travers la survivance d'une relation basée sur la piété filiale : c'est là le pilier d'une morale familiale dont la finalité est aussi politique, et qui se maintient dans le nouveau cadre idéologique de la RDVN. Du village au district, Mạc thị Bưởi est le segment d'un assemblage national en définition. Mạc thị Bưởi est et reste l'unique héros national du district de Nam Thanh. Elle confère aux autorités du district une puissance de légitimité politique considérable. Elle donne forme humaine à un discours étatique souvent éloigné du quotidien de la vie villageoise. L'enfant du pays sert de ressort localiste au lancement de toutes les politiques gouvernementales. Des campagnes d'émulation, des groupes de production, des associations de femmes, des coopératives portent son nom.

---

[60]. Début novembre 1956, le gouvernement envoyait une voiture pour l'inviter à la cérémonie organisée à Hà Nội à l'occasion de la sortie d'un timbre à l'effigie de sa fille (une série de 4 timbres : 1 000 dông, 2 000 dông, 4 000 dông et 5 000 dông réalisée par Bùi Trang Chước). L'arrivée de ce véhicule, qui nous a été racontée par la totalité des personnes interrogées, semble avoir profondément marqué la mémoire collective du hameau de Long Động.

De 1955 à 1995, c'est donc à l'intersection de ces espaces que s'est organisée la construction de lieux de mémoire en son honneur. Une même responsabilité filiale, identitaire et politique, relie les autorités de la commune de Nam Tân à celles du chef-lieu de district de Nam Thanh. Même si aucun document d'archive n'est là pour nous le confirmer, on peut gager que la position administrative de la sœur de l'héroïne a très certainement joué un rôle singulier dans le soutien, financier et politique, accordé par les autorités supérieures.

Depuis 1955, on peut distinguer quatre grandes phases dans le développement de l'appareil cultuel dédié à Mạc thị Bưởi. De 1955 à 1974, le territoire du district dispose de trois lieux liés à l'héroïne disparue. Le district a financé la construction d'une imposante tombe (khu mộ) au cimetière de son chef-lieu. Au niveau de la commune, outre le traditionnel autel des ancêtres de la maison familiale (bàn thờ tổ tiên) qui faisait office de lieu de pèlerinage, familial mais aussi politique, la commune ajoute une tombe symbolique (mộ giả) au centre de son cimetière (nghĩa trang). En 1973, devant l'affluence des visiteurs et l'exiguïté du lieu, les autorités du district décident de construire un bâtiment plus spacieux qui porterait désormais le nom de "maison de l'amitié Mạc thị Bưởi" (nhà tình nghĩa) en l'honneur de la famille de l'héroïne (Mạc thị Thành, son mari, leurs six enfants, la mère de Mạc thị Bưởi). On décide en outre de bâtir dans la cour de cette nouvelle maison une tombe pour le père de l'héroïne mort avant 1945, auprès duquel on enterra sa femme lorsqu'elle mourut en 1988. Dix années plus tard, en 1983, le district, en collaboration avec le comité populaire de la province de Hải Hưng, installe au centre du cimetière de Nam Thanh une imposante statue, haute de six mètres, représentant l'héroïne nationale selon les canons artistiques du réalisme socialiste. Au début des années 1990 enfin, le comité du Parti de la commune (Đảng ủy xã) propose officiellement au district, puis à la province, et à la zone militaire III, la construction d'une "maison du souvenir Mạc thị Bưởi" qui devait se situer non loin de la maison de l'amitié et surtout faire pendant au petit temple dédié au génie tutélaire de Mạc Đình Chi nouvellement reconstruit.

Alors que la rénovation de ce temple avait nécessité la levée d'une collecte dans la commune[61], la maison du souvenir dédiée à l'héroïne révolutionnaire est entièrement financée sur les fonds de la commune et du district. L'administration, craignant probablement que le mythe de la jeune révolutionnaire ne soit pas suffisamment enraciné dans l'imaginaire de la population villageoise, préféra garder sa responsabilité de gardienne d'un culte national. Elle essaya néanmoins de récupérer une partie de son investissement financier, lors de l'inauguration du bâtiment, en décidant de conserver pour son budget communal les sommes et cadeaux offerts par chacune des délégations en l'honneur de l'héroïne.

En septembre 1995, la commune de Nam Tân possédait ce que l'on appelle littéralement un "espace cultuel" (khu vực thờ)[62] donnant parts égales à l'autel (đền thờ) de Mạc Đình Chi d'un côté et à la *nhà lưu niệm* de Mạc thị Bưởi (ou *nhà tưởng niệm*) de l'autre. L'administration communale avait décidé cette superposition. Le gardien des deux cultes, le secrétaire de la cellule du Parti du hameau de Long Động, résumait ce face à face laconiquement : "Mạc Đình Chi est un homme illustre, Mạc thị Bưởi est une héroïne de la révolution, l'un a bien étudié, l'autre a bien combattu, dans le fond il n'y a pas beaucoup de différence."[63]

---

[61]. Le bâtiment n'était pas encore classé monument historique (di tích lịch sử) et de fait ne pouvait pas prétendre à un financement public. *cf.* Entretien xã Nam Tân (Nam Thành, Hải Hưng), 13.4.1997.

[62]. Les cadres de la commune de Nam Tân préfèrent employer l'expression de *khu di tích*, exluant de fait toute connotation cultuelle et cérémonielle au lieu. Ce souci ne semble pas partagé par la population villageoise qui utilise davantage l'appellation traditionnelle de *khu vực thờ*. Les anciens, membres du bureau du patrimoine, choisissent quant à eux l'expression, intermédiaire, de *khu di tích đền thờ Mạc Đình Chi, Mạc thị Bưởi*.

[63]. Entretien, xã Nam Tân (Nam Thành, Hải Hưng), 18.8.1996.

La "maison de la ferveur" dédiée à l'héroïne est un édifice de 5,5 mètres de large et de 6,5 mètres de long. Bâti avec simplicité, il se divise en deux espaces distincts. On accède au premier après avoir gravi quelques marches. Un auvent abrite une terrasse extérieure. Le corps même du bâtiment, ouvert sur le premier espace par une porte centrale et deux fenêtres latérales, se compose d'une pièce unique de 4 mètres de large sur 6,5 mètres de long. Elle est très simplement meublée. À droite de l'entrée, une table basse et quatre chaises sont là pour recevoir les visiteurs. Au mur sont exposées une quinzaine de photos prises à l'occasion de l'inauguration du lieu le 10 septembre 1995, et lors d'autres manifestations organisées sur place. Au centre, dans une petite niche de deux mètres de long sur un mètre de large, se trouve l'autel de Mạc thị Bưởi. Un imposant buste de l'héroïne, en plâtre verni de couleur jaune, en occupe la place centrale. En arrière plan un long drapé de couleur rouge. Tout autour sont disposées les offrandes (fruits, billets de banque..), des fleurs et un porte-encens rempli de bâtonnets incandescents. À droite, au pied de l'autel, se trouve une stèle sur laquelle est inscrite la liste des 31 martyrs du village de Lông Động lors de la guerre de résistance contre les Français. Sur sa gauche, une seconde est dédiée aux victimes de la "guerre américaine", moins nombreuses. Entre les deux, une boîte de bois peinte en rouge pour recevoir les offrandes des visiteurs. L'austérité du bâtiment et de son aménagement intérieur est toute fonctionnelle. Le choix de son emplacement, entre la maison de l'amitié dédiée à la famille de l'héroïne et le temple de son ancêtre génie tutélaire du village, en augmente le pouvoir de représentation. La structure de l'édifice, son style architectural, sa localisation, sa géomancie, renforcent la sacralisation de la construction.

Une visite au *khu vực thờ* de la commune de Nam Tân comporte dorénavant deux étapes pour la population qui ne fait plus de distinction majeure entre les deux lieux[64]. Ce continuum

---

[64]. "La différence entre Mạc thị Bưởi et Mạc Đình Chi se situe au niveau de leurs fonctions, d'un côté un héros guerrier, de l'autre un intellectuel

architectural matérialise en outre la revendication politique de la RDVN pour une continuité de son histoire nationale. Les cérémonies célébrées dans l'espace de la maison du souvenir de Mạc thị Bưởi juxtaposent les deux calendriers nationaux, le calendrier lunaire du Viêt Nam traditionnel et celui, patriotique, du Viêt Nam révolutionnaire. Ces deux chronologies se croisent et se complètent sans se chevaucher, à l'exception des festivités de la nouvelle année lunaire (Tết).

Au partage des responsabilités pour l'organisation de ces deux cultes parallèles, s'ajoute aussi une répartition des membres de la communauté villageoise concernés. La plupart des personnes qui participent à l'un ou l'autre de ces cultes ne transigent que très peu sur l'organisation temporelle de sa pratique. En principe le village (thôn)[65] de Lông động organise les seules visites traditionnelles et veille selon les usages au respect du bon déroulement des fêtes du calendrier coutumier. En fait un comité d'organisation, littéralement "le comité de gestion du patrimoine" (ban quản lý di tích), est nommé au niveau de la commune. Il se compose de 24 personnes : 10 % sont des cadres communaux, 30% des représentants des diverses branches d'activités et 60 % des anciens du *thôn* (cadres et lettrés). Le président de la commune et son responsable des affaires culturelles (ủy viên văn hóa xã) nomment en outre un président[66]. Dans le village, les

---

de l'ancien système. Mais les deux figures sont également importantes, je ne veux pas les dissocier, c'est la même chose. Je vais brûler de l'encens dans les deux lieux. C'est le pays, c'est le système traditionnel au Viêt Nam", in Entretien, xã Nam Tân (Nam Thanh, Hải Hưng), 2.10.1996.

[65]. Nous n'ignorons pas la distinction entre le *làng* (village), le *thôn* (hameau) et le *xã* commune (au sens administratif) mais avons néanmoins choisi dans ce cas particulier le terme de *thôn*, que nous traduisons volontairement par village, pour parler plus distinctement de l'entité villageoise à l'échelon le plus bas.

[66]. En 1996-97, le président du comité de gestion du patrimoine de Nam Tân est Mạc Dũng Hinh, membre de l'organisation communale du Parti (Dảng ủy viên).

anciens représentent toutefois pleinement le comité d'organisation et partagent *in fine* la responsabilité du lieu avec le gardien du *khu vực thờ*, secrétaire de la cellule du Parti du *thôn*[67]. Le fonctionnement de ce comité est en outre tributaire des donations recueillies qui constituent l'essentiel de son financement.

Les cérémonies traditionnelles célébrées au cours de l'année lunaire disposent désormais de deux lieux de culte. Le rituel coutumier se réalise dans le temple dédié à Mạc Đình Chi et s'achève par un passage devant d'autel de sa lointaine parente Mạc thị Bưởi. Une relation hiérarchique fondée sur l'antériorité historique de l'un des ancêtres, s'est instituée. Alors que l'anniversaire du jour de la mort (ngày giỗ) du lettré de la dynastie des Trần attire annuellement plus de deux cents personnes de tout le pays, celui de l'héroïne révolutionnaire est organisé plus modestement en raison de sa nouveauté. Des officiels de la province, du district (généralement des cadres du département culturel, *phòng văn hóa* ou encore du bureau des invalides, *ty thương binh xã hội*) et de la commune, viennent rendre visite et apporter des présents à la famille. Les cadres du Parti au niveau de la commune demandent en outre au thôn de Lông động de mettre en place des groupes de 5 à 10 personnes dans chaque quartier[68], qui se rendent dans la matinée, généralement de 8 à 10 heures, à l'autel de l'héroïne pour faire brûler des baguettes d'encens et déposer des offrandes. À cette occasion, les groupes de villageois passent aussi par la maison de

---

[67]. Ce dernier reprend parfois l'ancien titre de *cụ thủ từ* (gardien du culte) pour définir sa fonction comme monsieur Mùi dans le village de Thổ Hà (commune de Vân Hà dans la province de Hà Bắc), responsable d'un petit temple dédié à l'ancien président Hồ Chí Minh (đền thờ Hồ Chủ tịch).

[68]. Le *thôn* de Lông động en 1996 compte 250 familles regroupées en trois quartiers (xóm). Le jour anniversaire de la mort de Mạc thị Bưởi, de trente à quarante groupes sont organisés, regroupant la majorité de la population villageoise.

l'amitié de la famille de l'héroïne pour y rendre un nouvel hommage.

Outre cette cérémonie annuelle, membres de la famille, voisins et fervents se retrouvent pour faire brûler de l'encens face à l'autel et au buste de l'héroïne les jours de fêtes fixes (selon le calendrier lunaire, *âm lịch*) du calendrier coutumier. Ce dernier a connu une réelle simplification au cours des dernières décennies. Alors que l'on se déplace toujours à l'occasion du 1er (lễ sóc) et du 15e (lễ vọng) de chaque mois, pour la fête du printemps (xuân tế), celle de l'automne (le *rằm tháng 8* et non plus le *thu tế* comme on l'appelait auparavant)[69], le 15e jour du 1er mois, jour de la tranquillité des âmes (thượng nguyên), de nombreuses dates sont en revanche tombées en désuétude. Ainsi on ne fête plus le jour du repiquage du riz (hạ điền), le moment où celui-ci s'achève (thượng điền), le riz nouveau du 9e mois (thượng tân), ou l'ouverture des sceaux du 7e jour du 1er mois (lễ khai ấn). Certaines dates encore ne concernent que la cellule familiale et n'entraînent pas l'organisation d'un rituel collectif. Dans ces moments, certaines familles, de leur propre initiative, décident de rendre un hommage aux autels des deux ancêtres glorieux du village ou de leur confier leurs difficultés quotidiennes. C'est le cas par exemple du jour de demande de la tranquillité (*thượng nguyên* ou selon l'expression plus usitée aujourd'hui, *lễ kỳ yên*), du 15e jour du 7e mois, moment de la délivrance des âmes (*trung nguyên*, appelé aujourd'hui le *rằm tháng 7*), du Tết du 3e jour du 3e mois (lễ hàn thực), du Tết du 5e jour du 5e mois (đoan ngọ) et de la cérémonie de fin d'année du 2e jour du 12e mois (lạp tiết).

---

[69]. La *Trung thu* est traditionnellement une fête en l'honneur des enfants. À cette occasion, les autorités nationales et à la base, celles de la commune, organisent de nombreuses activités (manèges, jeux, parades...) dans le but de parfaire leur encadrement de la jeunesse nationale. Il s'agit de la seule fête traditionnelle, en dehors du Tết de la nouvelle année, sous la responsabilité directe de l'échelon politique central.

Depuis quelques années, dans le cadre d'un mouvement que l'on dénomme souvent un peu trop facilement de "renouveau religieux", un festival annuel (lễ vào đám) est réorganisé dans la commune. Il ne concerne toutefois pas directement Mạc thị Bưởi, même si son autel est honoré de la même façon que celui de son illustre ancêtre au cours de ces trois journées (du 9ᵉ au 12ᵉ jour du 2ᵉ mois)[70]. À ce calendrier fixe, il faut ajouter les occasions liées aux événements de la vie quotidienne des habitants du village (mariages, décès, épreuves etc.) qui les entraînent à honorer la mémoire des deux personnalités selon les rites ancestraux.

Mais l'essentiel se déroule hors de ce rituel traditionnel. Mạc thị Bưởi, l'enfant du village, est devenue pour la commune l'objet d'une attention particulière à l'origine d'une réorganisation du calendrier patriotique. Sous la responsabilité des autorités de la commune de Nam Tân, un rituel politique avec sa chronologie propre s'est mis en place. Politique, il est organisé collectivement et se base sur la participation des délégations des organisations de masses : les Jeunesses (đoàn Thanh niên), l'association des femmes (hội liên hiệp phụ nữ), l'association des anciens (hội phụ lão), l'association des paysans (hội nông dân), divers départements de l'administration locale et de l'organisation militaire au niveau de la zone (khu quân). Outre les visites organisées lors du Tết, période de recoupement des deux calendriers, l'année nouvelle débute par l'anniversaire de la fondation du Parti le 3 février et se poursuit par la journée des femmes le 8 mars, l'anniversaire de la libération de Saigon le 30 avril, le souvenir de la naissance de Hồ Chí Minh le 19 mai, la journée des martyrs et des invalides de guerre le 27 juillet, la commémoration de la révolution d'août le 19 août, la fête nationale le 2 septembre, pour s'achever enfin par l'anniversaire de la fondation de l'Armée populaire nationale le 22 décembre.

Le rituel organisé autour de la personnalité de Mạc thị Bưởi est donc pensé comme un hommage au caractère exemplaire de "l'ancêtre". Il s'agit de conduire la population, par l'intermédiaire

---

[70]. Entretien, xã Nam Tân (Nam Thành, Hải Hưng), 14.8.1996.

de ses représentants le plus souvent, et de lui faire partager la vertu et le modèle de sa semblable. On ne peut pas proprement parler de vénération. Un lien direct doit apparaître entre les actions de cette fille de paysans au plus fort de la guerre contre les Français et les luttes quotidiennes d'un village de cultivateurs (lutte pour la production, contre l'analphabétisme, la propagation des "fléaux sociaux", etc.). Ce culte politique est essentiellement local. Le gouvernement n'y a jusqu'à présent jamais envoyé de délégation. L'échelon le plus élevé qui participe à ces cérémonies est celui de la province, qui dépêche parfois des représentants de l'armée provinciale[71].

Sous la responsabilité directe du département de la propagande du comité communal du Parti, des cérémonies officielles sont organisées à l'occasion de ces fêtes nationales. Les délégations concernées par la célébration d'un anniversaire national sont conviées au bâtiment du comité populaire de la commune. Sous la triple direction du président de la commune, du secrétaire du Parti et du responsable de l'organisation directement touchée (par exemple la présidente de l'association des femmes pour la journée du 8 mars, etc.), les délégations une fois réunies se dirigent vers la maison du souvenir de l'héroïne. À cet endroit, les trois dirigeants prononcent un discours pour rappeler les hauts faits de l'illustre ancêtre et souligner qu'il est de la responsabilité de chacun de suivre dans son secteur d'activité cet exemple d'héroïsme. Puis, l'une après l'autre, les délégations pénètrent dans la *nhà tưởng niệm*, se recueillent devant l'autel de l'héroïne, déposent des offrandes et font brûler des petites baguettes d'encens en son honneur. Seconde étape du pèlerinage, la maison de l'amitié dédiée à la famille de Mạc thị Bưởi et la tombe de ses parents : les délégations, l'une après l'autre, réitèrent les gestes effectués dans la maison de la ferveur. On s'asseoit et on partage

---

[71]. La commune de Nam Tân a invité le 10 septembre 1995, pour l'inauguration de la maison du souvenir Mạc thị Bưởi, de nombreuses personnalités du comité populaire de la province et de l'organisation provinciale du Parti ; aucune ne se déplaça.

le thé et le *thuốc lào* (pipe à eau, faite communément d'un morceau de bambou) avec le représentant de la famille. Quelques offrandes et cadeaux sont laissés en hommage à la défunte. En quittant cette maison, une partie des délégations se rend encore au cimetière de la commune pour se recueillir sur la tombe symbolique de l'héroïne. Enfin, pour clore cette demi-journée, quand les finances de la commune le permettent, on organise parfois au comité populaire des petites réceptions où ne sont invités que les représentants des délégations, les cadres de l'administration communale et parfois quelques travailleurs émérites de la collectivité (lao động xuất sắc, chiến sĩ thi đua). Cette pratique, fréquente dans le passé, semble s'être très sérieusement ralentie sous le nouveau régime.

La simplicité de ce rituel politique n'a toutefois de signification qu'au regard de sa juxtaposition avec l'ancien. Il confirme une fois encore la revendication politique du nouveau régime vietnamien depuis 1945 à être la seule et unique institution capable de relier les tourments du présent à l'immensité du patrimoine historique national. L'histoire de la jeune héroïne Mạc thị Bưởi illustre pleinement le devenir du Viêt Nam post-colonial. Guerrière méritante, elle fut choisie parmi les siens pour satisfaire les critères d'une reconnaissance internationaliste ; issue d'un modèle d'importation, il lui avait fallu se fondre dans un cadre culturel plus aisément "décryptable" afin d'asseoir sa légitimité ; symbole d'une mutation identitaire pour l'extérieur (ngoại), elle devenait l'expression de la continuité au sein de sa communauté (nội). Fille d'un village, enfant d'une nation, elle avait permis à l'État de pénétrer au cœur d'un noyau traditionnel d'autonomie, derrière la fameuse haie de bambous du village. Le "pays des ancêtres" (tổ quốc) disposait désormais d'un instrument d'une remarquable efficacité pour lutter contre la permanence de ses atavismes ethno-géographiques. Martyr d'une cause patriotique et porte-parole de sa légitimation politique, le héros nouveau ouvrait, par son indigénisation, les portes d'un imaginaire national pour la première fois réunifié.

Chapitre VIII
Un nouveau panthéon patriotique

> "Il importe peu de savoir ce que les mythes renferment de détails destinés à apparaître sèchement sur le plan de l'histoire future ; ce ne sont pas des almanachs astrologiques. Il faut juger les mythes comme des moyens d'agir sur le présent. Le mythe est une organisation d'images capables d'évoquer instinctivement tous les sentiments qui correspondent aux diverses manifestations de la guerre engagée contre la société moderne".
>
> Georges Sorel[1]

Si la figure du "Héros nouveau" était bel et bien une réalité, c'est néanmoins dans sa fonction politique que se dissimulait sa véritable dimension. L'homme nouveau dans une société marxiste-léniniste était d'abord un objet de propagande politique. Avant d'être, le "héros nouveau" devait paraître. C'est en tant qu'objet de représentation qu'il gagnait l'essentiel de son influence dans la communauté. Sa fonction de relais du pouvoir s'accommodait d'une certaine immatérialité ; le héros était placé au centre d'une "communauté imaginée" où éthique et morale collective définissaient le politique. De sa capacité à déterminer le tracé de la nouvelle voie vertueuse dépendait l'acquiescement d'un peuple.

L'État au Viêt Nam a toujours été obéi pour ses valeurs morales et spirituelles et non seulement pour son système

---

[1]. G. Sorel, *Réflexions sur la violence*, Paris, 1908.

administratif susceptible d'imposer la soumission[2]. On décelait dans la nouvelle figure vertueuse la personnification d'une idée générale. Représentant d'une collectivité, le "héros nouveau" méritait les honneurs de l'appareil bureaucratique national. Les figures héroïques n'étaient pas seulement un exemple, un modèle pour le représentant de l'État mais "les sources constamment actives de sa vie, de son pouvoir, de sa réussite, de la perpétuité de la dynastie en vue du bien du peuple"[3]. C'est dans ce lien avec le pouvoir qu'il convient d'analyser la fonction du héros dans la communauté. En rappelant le souvenir de la figure héroïque, le régime nord-vietnamien poursuivait sa mission d'éducateur moral de la population sans pour autant transgresser une conscience populaire forte de ses prérogatives et offrait aux masses rurales le pouvoir d'attraction magnétique de l'eschatologie.

La nouvelle morale d'État sanctifiait toujours un lien culturel à l'ancêtre vertueux. Seul le cadre référentiel avait changé. Les dirigeants maîtrisaient l'art du double discours et savaient adopter le cadre institutionnel de l'étranger sans renier pour autant les caractéristiques de leur environnement culturel. Le "héros nouveau", sujet technique, en tant que finalité de l'émulation patriotique, se métamorphosait au sein de la communauté en sujet culturel, porteur d'une permanence dans la définition du politique. Sans une telle recomposition de son imaginaire, le régime n'aurait jamais affirmé une réelle prééminence politique. Un changement dynastique rendait l'action obligatoire. L'émergence d'un panthéon historique nouveau procurait l'ancrage culturel nécessaire à la pérennité du pouvoir du Parti communiste sur des adversaires "simplement nationalistes". La genèse de l'homme nouveau a relevé d'une généralisation du mouvement d'émulation nationale sur le territoire ; son adoption dans la mentalité populaire en revanche dépendait du succès de la politique de culture de masse.

---

[2]. Nguyễn Thế Anh, "La conception de la monarchie divine dans le Viêt Nam traditionnel", in *BEFEO*, Paris, tome LXXXIV, 1997, p. 151.

[3]. *Ibid.*, p. 157.

Culture de masse et "héros nouveau"

À l'occasion du trentième anniversaire du Parti (3.2.1960), Hô Chí Minh s'est longuement exprimé le 15 décembre 1959 sur la radio nationale. Après avoir fustigé les faiblesses de nombreux cadres du régime dans une causerie le 11 décembre, Hô revenait sur la question de la vertu de "l'homme nouveau" : "Les héros du Parti et du peuple sont des héros collectifs profondément marqués par les vertus révolutionnaires du Parti. C'est seulement avec une telle vertu révolutionnaire que nous pouvons diriger la classe ouvrière, organiser et unifier les masses et faire de la révolution un succès."[4] Les héros et héroïnes du temps présent poursuivait-il, se positionnaient en leaders du mouvement d'émulation au Nord et en pourfendeurs du "régime américano-diêmiste" du Sud Viêt Nam.

Le héros nouveau accompagnait l'effort de réorganisation du régime depuis 1954. La paix a laissé le pays dans un état de profond démembrement. La reconstruction avait besoin de cadres. Entre 1954 et 1956, le nombre de fonctionnaires de l'appareil bureaucratique a gonflé de 80 %. Le mouvement d'émulation offrait à l'État un outil de sélection de ses nouveaux serviteurs de premier ordre. L'urgence pour Hà Nội était de renforcer son appareil bureaucratique afin de rétablir un contact perdu avec de nombreuses provinces. En décembre 1955, Phạm Văn Đồng avouait : "Qui parle d'organisation parle de cadre. Le cadre est un élément primordial."[5] Moins de 3 000 à la veille de la révolution du mois d'août, ils étaient près de 100 000 en 1956[6]. Au terme des échanges de populations entre le Nord et le Sud du pays, la

---

[4]. Rapport de l'Agence Vietnamienne d'Information, 15 décembre 1959, BBC 212, 19.12.1959, p. B/6.

[5]. K. Post, *Revolution, Socialism and Nationalism in Viêt Nam*, vol. II : *Viêt Nam divided*, Worcester, Darmouth, 1989, p. 54.

[6]. Ce chiffre concerne les cadres du régime (cán bộ) et non l'ensemble des fonctionnaires (công chúc) de l'administration nord-vietnamienne.

dislocation de la cohésion nationale ralentissait le processus de reconstruction.

Le retour de la paix faisait resurgir l'hétérogénéité d'une population nationale composée de 11 600 000 *Kinh*, 1 960 000 minoritaires et 153 000 *Hoa* en 1955. Les promesses faites à chacun durant la résistance achevaient de fractionner le mythe d'une unité nationale. Le décret présidentiel sur la politique des nationalités (chính sách dân tộc thiểu số) avait entraîné la création de nouvelles zones autonomes dans les régions montagneuses ethniquement peuplées de minorités[7]. En 1956, la zone autonome du Việt Bắc (khu tự trị Việt Bắc) riche d'environ 800 000 habitants, ne comptait guère plus de 10 000 membres du Parti. Au lendemain de son succès contre les armées françaises, l'administration prenait conscience de la faiblesse de sa pénétration dans les campagnes. L'enjeu était la reconquête des provinces. Il s'agissait de relancer une centralisation du pouvoir et surtout de réunifier les esprits dans les meilleurs délais. Le gouvernement procéda en deux temps ; de 1955 à 1957, il relança les campagnes de lutte contre l'analphabétisme. Ce qui permettait de poursuivre l'implantation d'un appareil bureaucratique chargé de contrôler les résultats à la base (départements culturels des Comités populaires) ; puis à partir de 1958, date du "tournant vers le socialisme" marqué par le lancement du premier plan industriel basé sur le modèle soviétique et de l'élection d'un nouveau contingent de "Héros du travail", l'objectif était réestimé à la hausse. Développement de l'appareil industriel, reconstruction du maillage administratif national, reprise en main de la politique agricole, la RDVN n'avait qu'une obsession afin d'assurer le succès de ses tâches : parfaire la mobilisation de sa population.

Le gouvernement décidait de décupler le taux d'équipement de ses relais idéologiques. Il s'agissait désormais de développer une véritable "culture de masse". Par ce terme, le pouvoir entendait une politique construite autour de quatre principes : diffuser la

---

[7]. Bản chính sách dân tộc số 281-Ttg ngày 22.6.1953, in *Công báo*, n°6-7, 1953, pp. 87-90.

théorie marxiste-léniniste, la politique du Parti et du gouvernement ; transmettre les connaissances scientifiques indispensables au bon développement du peuple ; contribuer à l'éducation de l'esprit. Présenter les œuvres littéraires et artistiques de qualité. Organiser des manifestations culturelles. Implanter une morale nouvelle afin de construire l'homme nouveau. Éradiquer les vieilles habitudes et construire une vie nouvelle. L'État situait "l'homme nouveau" au centre de son effort d'éducation et proposait ce nouveau modèle de vertu révolutionnaire comme unique voie d'accomplissement de l'homme vers "l'Esprit nouveau" (tinh thần mới)[8].

Le but de la "politique culturelle de masse" était "de rendre clair aux travailleurs le haut développement politique, scientifique, culturel des masses afin de leur faire accomplir les limites du plan"[9]. L'État renforçait la promotion des "hommes exemplaires" issus du mouvement d'émulation socialiste pour épauler sa nouvelle politique économique. Avec le retour de la paix, le héros nouveau devenait la pierre angulaire de la transition de la société vers le socialisme. À la veille de la reprise des hostilités avec le régime sudiste, le monde des Arts et des Lettres était en ébullition. La croisade patriotique pour la libération du Sud Viêt Nam se renforçait. Phạm Văn Đồng reprenait les principes de Lénine et de Mao Zedong dans ses causeries sur l'Art au service de la cause du peuple[10]. Cinéma, théâtre, littérature, chant, poésie, peinture, tous les domaines de l'expression artistique participaient à l'effort de propagande nationale sous l'égide du Parti et du gouvernement. La figure héroïque s'affichait partout ; elle était chantée, peinte, sculptée,

---

[8]. Hồ Chí Minh, *Về xây dựng con Người mới*, Hà Nội, nxb Chính trị Quốc gia, 1995.

[9]. Đề án công tác văn hóa đối với công nhân, in AVN3, Fonds BVH, dossier n°880, document 234 HC/VH, 1956.

[10]. Phạm Văn Đồng, *Sur quelques problèmes culturels, causeries*, Hà Nội, E.L.E, 1980 (réédition). Hồ Chí Minh, *Văn hóa Nghệ thuật cùng là một mặt trận*, nxb Sự Thật, 1980 (réédition).

racontée, jouée, dansée, contée en vers ou en prose, en images ou enluminures et constituait un support essentiel de la politique de "mobilisation des masses".

À titre d'exemple, au cours de l'automne 1964, le ministère de la Culture avait recommandé de multiplier la production de films consacrés à la vie de héros nouveaux[11]. Depuis 1959, date du premier long métrage de fiction produit par les studios, la maigre production nationale avait consacré un film au jeune guerrier de Cao Bằng, Kim Đồng (1964, réalisé par Nông Ích Đạt et Vũ Phạm Từ) et un autre au martyr de la bataille de Hòa Bình, Cù Chính Lan (1964)[12]. À l'automne 1964, deux nouveaux projets ont été lancés : une vie filmée du jeune Lý Tự Trọng[13] et un film sur les dernières heures de Nguyễn Văn Trỗi, le nouveau martyr symbole de la lutte au Sud Viêt Nam (*Nguyễn Văn Trỗi sống mãi*, réalisé par Bùi Đình Hac et Lý Thai Bảo)[14]. Par ailleurs, on ne comptait plus les courts et moyens métrages documentaires consacrés aux "combattants d'émulation exemplaires" et "héros nouveaux". En 1962, les groupes culturels itinérants (đội lưu động) diffusaient à travers les monts et campagnes du pays des portraits de l'institutrice émérite Trần thị Đào (*Cô giáo Trần thị Đào*, 1962), de l'élève exemplaire Ngô Đăc Kha (*Học sinh Ngô Đăc Kha*,

---

[11]. Bành Bảo, Hữu Ngọc, *L'itinéraire du film de fiction vietnamien*, Hà Nội, Éditions en Langues étrangères, 1984. Phạm Ngọc Trương, Trung Sơn, Lưu Xuân Thư, Lương Đức, Hữu Ngọc, *Le film documentaire vietnamien*, Hà Nội, Éditions en Langues étrangères, 1987.

[12]. Công văn hóa của Bộ văn hóa xét duyệt tổng dự toán các bộ phim sản xuất từ năm 1961 đến năm 1965, in AVN3, Fonds BVH, dossier n°278, document sans numéro, 1.1965.

[13]. Đề tài kịch bản phim truyện 1965 của xưởng phim Hà Nội, in AVN3, Fonds BVH, dossier n°275, document n°162/BVH, 30.1.1965.

[14]. L'idée initiale du scénario évolua. En 1965, une nouvelle version basée sur la biographie du héros *Sống như Anh*, avait été lancée par le département de propagande du comité central et le département culturel du Parti : "Du 4 juillet 1965 au 25 février 1966, le scénario a été enrichi des idées de Tô Hữu, du camarade Quân Trương et de ceux du département pour la réunification". *cf.* Báo cáo tổng kết công tác năm 1965 của xưởng phim Hà Nội, in *Ibid.*, document n°56/BVH, 23.2.1966.

1962) ou encore du héros du travail Nguyễn Văn Thuyên (*Anh hùng Nguyễn Văn Thuyên*, 1962)[15].

L'État exigeait des cadres culturels des studios et des unités de rédaction de scénarios un nouveau travail de réflexion afin d'améliorer l'expression visuelle de la valeur du héros nouveau. En 1962, les éditions culturelles ont publié un essai du Chinois Trần Hoàng Môi[16] consacré au traitement des "vies héroïques" dans les métiers de l'image : "Composer l'image du héros révolutionnaire d'une manière vivante et réelle est une question essentielle dans la création audiovisuelle hier comme aujourd'hui, et de fait devient la responsabilité de l'ensemble des créateurs. En permanence et avec ténacité nous devons composer l'image du héros nouveau de la révolution en poursuivant le principe de se mettre au service des ouvriers, paysans et soldats, de servir politiquement la classe ouvrière, de participer avec sérieux à la construction du socialisme."[17]

Arts et lettres accordaient une place centrale à la définition du modèle de "l'homme nouveau". La transmutation de l'Esprit passait par l'emploi de la panoplie complète des armes de la propagande léniniste. L'État souhaitait offrir à l'homme vietnamien une "bonne moralité". Il s'engageait dans un "processus de socialisation" (xã hội hóa) des membres de la communauté. Le gouvernement avait le devoir de diffuser le bon modèle d'existence. Le renouvellement des techniques se contentait de moderniser un principe ancien. La multiplication des outils de propagande assurait au pouvoir de meilleurs relais institutionnels dispersés sur son territoire. C'est seulement grâce à

---

[15]. Báo cáo tổng kết công tác đèn chiếu năm 1962 và phương hướng nhiệm vụ công tác năm 1963, in AVN3, Fonds BVH, dossier n°107, document sans numéro, 12.1962.

[16]. En 1962, Trần Hoàng Môi était chef du département Cinéma du ministère de la Culture du gouvernement de la République populaire de Chine.

[17]. Trần Hoàng Môi, "Sáng tạo nhân vật mới xung đang với thời đại", in Trần Hoàng Môi, Lâm Sam, *Sáng tạo con người mới trong điện ảnh*, Hà Nội, nxb Văn hóa-Nghệ thuật, 1962, p. 3.

une telle conjonction des moyens d'une politique de diffusion du savoir que l'implantation de la nouvelle figure héroïque nationale pouvait s'accomplir au sein de l'imaginaire populaire.

Le "héros nouveau" et la commune

À l'automne 1956, le ministère de la Culture envoya une équipe de cadres dans la petite ville minière de Cẩm phả (khu Hồng Quảng) afin d'étudier les premiers résultats de sa "politique culturelle de masse". Trois organes de gestion locale (Parti, Administration, Organisation de masses) se sont chargés de sa diffusion dans la circonscription. Le Parti disposait dans son bureau d'un "responsable culturel" (ủy viên văn hóa) ; le comité populaire du bourg, d'un nouveau département des affaires culturelles (sở văn hóa) chargé de faire le lien avec les organisations de base constitué d'une équipe réduite de trois cadres : outre le chef du département (văn xã), on trouvait un fonctionnaire responsable de "propagande artistique"(cinéma/arts de la scène) et un autre chapeautant la question de l'alphabétisation ; enfin, l'organisation syndicale du bourg (công đoàn thị) avait à sa disposition deux cadres spécialisés, l'un responsable de la propagande, l'autre des affaires culturelles.

Le bourg de Cẩm phả avait été classé zone de développement industriel (extraction minière) d'intérêt prioritaire par le gouvernement. En 1956, la petite ville hébergeait 15 500 habitants dont 2 000 d'origine chinoise (hoa kiều) ; 40 % d'entre eux étaient mineurs, et 2 000 représentants des peuples minoritaires, dont seulement 7 % travaillaient dans la mine. Le reste de la population était composé de *Kinh*, pour l'essentiel des ouvriers-mineurs ou des cadres de l'administration locale[18]. En 1955-56, seuls 5 % des 4 000 ouvriers de Cẩm phả savaient lire et écrire correctement ; un chiffre auquel il convient toutefois d'ajouter les "nouveaux apprenants" (980 personnes) et les 1 535

---

[18]. Đoàn nghiên cứu tình hình khu Hồng Quảng. Báo cáo nghiên cứu tại thị xã Cẩm phả, in AVN3, Fonds BVH, document n°12/VH, 25.11.1956.

ouvriers "en cours d'alphabétisation". Ce jeu d'écriture faisait tomber la part des illettrés sous la barre des 32 % selon les statistiques officielles. Notons qu'une proportion importante des *hoa kiều* du bourg ne possédaient pas, ou très peu, de bases en *quốc ngữ*.

L'objectif du ministère de la Culture était d'établir "un tissu d'activités culturelles dense afin d'améliorer le travail dans la mine et la vie quotidienne des ouvriers dans leur famille et dans leur quartier". La création des relais de propagande à l'échelon du quartier (khu phố), de l'entreprise, de la commune offrait un support au gouvernement dans la diffusion de ses outils de propagande (livres, films, photos, bandes dessinées, spectacles etc.) afin d'améliorer la mobilisation d'une population au faible niveau culturel.

Au sein de l'entreprise d'extraction minière, le rapport de l'équipe d'inspection notait que "les activités culturelles (hoạt động văn hóa trong sản xuất) restaient très peu développées à cause des conditions de travail pénibles". Le délégué aux affaires culturelles de l'organisation syndicale se contentait de diffuser la presse quotidienne (Nhân dân, Tiên phong etc.) et mettait à la disposition des ouvriers des journaux muraux. Quotidiennement, un cadre s'occupait de la lecture de la presse à haute voix pendant 10 à 15 minutes lors de la pause du déjeuner ou parfois avant le début de la journée de travail. On diffusait des nouvelles de l'état de la production et des "travailleurs exemplaires" de l'usine ou d'autres exploitations industrielles à travers le pays. Enfin, le site possédait un modeste club (câu lạc bộ xí nghiệp) disposant fin 1956 d'un peu moins de 100 ouvrages, de quelques jeux d'échecs et de journaux muraux. L'équipe d'inspection a toutefois observé que le nombre d'ouvriers à s'y rendre restait très limité et que l'activité y était rare.

À l'extérieur de l'entreprise, les activités culturelles (hoạt động văn hóa ngoài sản xuất) se concentraient au sein de la maison de la culture communale (nhà văn hóa) et de ses antennes de quartier (câu lạc bộ khu phố)[19]. L'État avait pris l'habitude de proclamer dans ses campagnes que "les maisons de la culture sont l'espoir du peuple". Clubs et maisons de la culture élaboraient de concert leur programme d'activités. À Cẩm phả, seuls deux quartiers de la ville possédaient un club en état de fonctionnement en 1956 ; celui du quartier n°9 disposait de 120 ouvrages, de cinq titres de journaux et de quelques jeux, mais recevait la visite d'à peine 30 à 40 personnes quotidiennement. Au niveau de la commune, la salle de lecture de la maison de la culture de Cẩm phả était en revanche plus riche (1 200 livres), mais elle n'attirait aussi qu'un faible nombre de visiteurs (50-70 personnes par jour). Comment se comportaient ces lecteurs ? Selon notre rapporteur, "beaucoup de livres ne sont jamais consultés dans les bibliothèques, notamment les ouvrages de politique et d'économie". Il faudrait, proposait-il, offrir davantage de livres illustrés à la population.

Les biographies de héros comptaient parmi les titres les plus empruntés. *Mạc thị Bưởi* (1955) et *Gương chiến sĩ đấu của anh hùng chiến sĩ* (La lutte exemplaire des combattants héroïques, 1955) ont longtemps figuré en tête des ouvrages les plus consultés dans la salle de lecture de la maison de la culture de Cẩm phả. Le département de diffusion du livre a fait le même constat ; les vies de héros se vendaient bien dans la zone de Hồng Gai, les relais culturels en commandaient régulièrement.

---

[19]. En 1956, une décision du ministère de la Culture précisait que les "clubs communaux" (câu lạc bộ xã) seraient désormais appelés "maisons de la culture communale" (nhà văn hóa xã). Une telle distinction dépendait en principe de la taille de l'institution. Au niveau du quartier, l'intitulé de "club" pouvait être conservé. Une maison de la culture rassemblait un ensemble de services (salle de spectacle, de sport, bibliothèque etc.) alors que le club était de taille plus modeste. Dans les faits toutefois, les communes agirent au cas par cas sans appliquer forcément cette subdivision exigée par l'échelon central. On retrouvait ainsi indifféremment l'une ou l'autre de ces dénominations dans les communes. *cf.* Thông tri bổ sung về công tác xây dựng Nhà văn hóa, in AVN3, Fonds BVH, dossier n°888, document 1369/VH (UBHC Khu IV), 28.4.1956.

À côté de la maison de la culture, le bourg de Cẩm phả disposait encore d'une scène de spectacle (théâtre, chant etc.), d'une salle de cinéma de 400 places, d'un espace de radiodiffusion et d'une librairie populaire. Une directive du ministère de la Culture avait exigé de "faire passer la propagande à l'égard de la population par le biais des maisons de la culture et des clubs qui représentaient le centre des activités culturelles des travailleurs"[20]. La construction du "mobilier idéologique" communal offrait aux organisations de masses le moyen d'utiliser les services des groupes d'activités artistiques locaux (*đội văn nghệ* au niveau du bourg et *tổ văn nghệ* dans les quartiers). Plus la densité de ce réseau se renforçait, plus le gouvernement diffusait et imposait l'image de la nouvelle figure héroïque dans l'imaginaire de la population.

Le cas du bourg de Cẩm phả de ce point de vue a été exemplaire. Son "mobilier idéologique" fut très tôt des plus complets. La place occupée par la bourgade dans le tissu industriel national était à l'origine d'un traitement prioritaire décidé par l'autorité centrale. Le gouvernement voulait accroître la mobilisation idéologique de la classe ouvrière. En 1956, Cẩm phả n'était pas un cas isolé. L'ensemble des zones à forte concentration ouvrière ont très tôt disposé d'un tissu de réception idéologique équivalent[21]. Dans le district de Nguyên Bình (Cao Bằng), le bourg de Tĩnh Túc, construit autour de sa mine d'étain, possédait un "mobilier idéologique" dès 1955-56, alors que le chef-lieu du district (thị trấn Nguyên Bính) dut attendre l'année 1961 avant de voir s'élever sa maison de la culture.

---

[20]. Đề án công tác văn hóa đối với công nhân, *op. cit.*, 16.4.1956.

[21]. En dehors de Hồng Quảng, les plus fortes concentrations ouvrières se trouvaient dans les villes de Hà Nội, Hải Phòng, les provinces de Việt Trì, Thái Nguyên, Nam Định et les chefs-lieux de province de Thanh hóa (Thanh hóa) et de Vinh (Nghệ An). *cf.* Tổng kết công tác phát hành phim và chiếu bóng năm 1962 và phương hướng nhiệm vụ công tác năm 1963, in AVN3, Fonds BVH, dossier n°107, document n°379/VH, 1.2.1963.

Pendant l'entre-deux-guerres, la RDVN a favorisé une implantation de l'appareil idéologique à deux niveaux. Elle accordait un rôle de relais de propagande prioritaire d'une part aux agglomérations industrielles et d'autre part aux centres de pouvoir administratif (chefs-lieux de province et de district). Dans la province de Hà Giang par exemple, aucune industrie majeure n'était encore répertoriée en 1956[22]. En réponse à la directive du ministère de la Culture, le comité populaire de la province a créé en février 1956 son département des affaires culturelles[23]. Le bureau coordonnera l'implantation d'un "mobilier idéologique" dans la province jusqu'alors inexistant. Une bibliothèque et une maison de la culture furent mises en chantier dans le chef-lieu Hà Giang. Ailleurs, un rapporteur notait : "La population n'est pas prête. Nous avons bien essayé de les aider à mettre en place un total de 32 cellules artistiques, mais après quelques mois à peine 11 d'entre elles semblent fonctionner normalement."[24] Le centre administratif de la province concentrait l'essentiel des relais idéologiques du pouvoir dans la province. Non loin de Hà Giang, dans la province limitrophe de Lào Cai, la situation était pourtant tout à fait différente. Outre l'appareil créé autour du Comité populaire provincial, la circonscription disposait d'une série d'exploitations industrielles gérées sous tutelles ministérielles. L'État organisa le premier relais idéologique dans l'arrière-pays de Lào Cai autour de ces unités de production. Ce modèle se retrouve à Ninh Bình, où les trois uniques clubs de la province étaient rattachés aux chantiers d'exploitation (công trường) de la circonscription.

En l'absence de ce tissu industriel, l'idéologisation des communes des zones reculées était plus lente. Un comité de réflexion du ministère de la Culture avait rédigé un manuel à

---

[22]. Thống kê số lượng công nhân các ngành năm 1955-59 của Sở Lao động, in AVN3, Fonds BLD, dossier n°449, document unique, 1959.

[23]. Báo cáo về văn hóa đại chúng, in AVN3, Fonds BVH, dossier n°888, document n°194/VH (Ty Văn hóa, UBHC tỉnh Hà Giang), 1956.

[24]. *Ibid.*, p.3.

destination des cadres délégués dans ces régions (cán bộ miền núi) afin de reformuler une "politique de culture de masse" au regard de l'environnement de ces régions reculées. Le *quốc ngữ* était peu répandu parmi les peuples minoritaires. Les moyens financiers continuaient de manquer cruellement. L'implantation du "mobilier idéologique" dans ces communes était encore impensable au regard du coût de l'opération.

Le gouvernement envoyait des groupes culturels itinérants dans les villages reculés. Les départements des affaires culturelles des comités populaires provinciaux en assuraient la formation et la gestion. Certains d'entre eux étaient même directement affectés à l'échelon du district. Les experts du ministère de la Culture axaient leurs activités de propagande auprès des peuples minoritaires sur des séances de lanternes magiques, de cinéma, de théâtre, des récitals de chants patriotiques et des expositions "d'images en couleurs exaltant la solidarité, la production et les grands héros de la culture nationale"[25]. Les groupes distribuaient des ouvrages dans les villages, ils organisaient des causeries et aidaient l'administration locale à résoudre les problèmes rencontrés lors de l'installation de son "mobilier culturel". L'idéologisation de 85 % de la superficie du territoire a longtemps dépendu de la venue épisodique de ces groupes de cadres culturels itinérants.

Au regard des sources statistiques officielles, il semble encore difficile d'évaluer avec précision la proportion des communes touchées par ce mouvement. À titre d'exemple, regardons comment la province de Cao Bằng rapporta au ministère de la Culture le bilan d'activités de ses groupes itinérants chargés d'organiser des projections de lanterne magique de 1956, date de création des deux premiers groupes, à la fin de l'année 1963[26]. Le tableau n'offre aucune indication du nombre de communes

---

[25]. Kế hoạch báo cáo của Bộ văn hóa ở các Khu tự trị, *op.cit.*, p. 5.
[26]. Báo cáo thống kê tình hình phát triển sự nghiệp văn hóa thông tin Cao Bằng, in AVN3, Fonds BVH, dossier n°302, document n°12/CB, 12.12.1964.

effectivement visitées par les groupes itinérants à Cao Bằng. Mais si l'on regarde l'année 1961, on s'aperçoit que seuls deux groupes se partagèrent effectivement les 816 séances de projections de l'année. Compte tenu des distances et des voies de communication entre les différentes communes de la province, plusieurs projections furent organisées dans un nombre réduit de communes[27]. Sur une population totale de 48 000 habitants dans le district de Nguyên Bình[28], à peine un habitant sur cinq (18 %) aurait assisté à ces projections en 1961.

Année	Nombre de projections	Nombre de groupes	Nombre de spectateurs
1956	66	2	8 278
1958	217	1	13 710
1959	568	5	45 115
1960	699	5	50 861
1961	842	4	60 968
1962	816	2	40 809
1963	133	1	7 500

Tableau : <u>Activité des équipes itinérantes / Lanterne magique / Province de Cao Bằng (1956-63)</u>

---

[27]. En 1956, la province de Yên Bái dépêcha un groupe culturel itinérant dans ses districts montagneux. Au cours de l'année, sur un total de 215 projections, 120 auraient eu lieu dans 16 communes. L'équipe précise dans son rapport d'activité que huit projections furent organisées dans chacune de ces communes. *cf.* Tóm tắt thành tích của đội chiếu bóng lưu động số 9 chi nhánh 4 năm 1956, in AVN3, Fonds BVH, dossier n°61, document n°40/VH, 1.1957.

[28]. *Lịch sử Đảng bộ huyện Nguyên Bình*, tập I 1930-1954, Ban chấp hành Đảng bộ huyện Nguyên Bình, 1994, p. 5.

La pauvreté des sources statistiques ne nous permet pourtant pas d'envisager la moindre conclusion quantitative. Il est impensable toutefois, et cela même au plus fort du mouvement (1959-1961), qu'un nombre si réduit d'équipes de "cadres culturels" ait pu parfaire la mobilisation idéologique des communes montagnardes. Nombreuses furent les localités comme Vũ Nông (Nguyên Bình, Cao Bằng) à n'avoir jamais reçu la visite d'un groupe culturel itinérant entre 1956 et 1965.

Le programme de ces séances de lanterne magique avait un double objectif : servir la construction du socialisme et la lutte pour la réunification nationale. En 1963, un rapporteur du ministère de la Culture précisait : "Ces projections ont beaucoup d'influence sur les villageois qui souvent découvrent pour la première fois ce procédé technique. On leur montre l'exemple du jeune Lý Tự Trọng, de Kim Đồng, de Võ thị Sáu. À travers la vie de ces martyrs exemplaires de la nation, on leur explique la façon d'adapter un tel comportement héroïque dans leur vie quotidienne afin qu'ils améliorent leurs conditions de vie."[29] Les cadres faisaient attention de respecter les mœurs et les coutumes des minorités visitées. Le ministère incitait les départements des affaires culturelles des provinces à produire des spectacles, des films documentaires ou à écrire des chants patriotiques directement inspirés du patrimoine révolutionnaire de leur circonscription (Lạng Sơn anh dũng, Sơn La anh hùng etc.). L'idéal du collectif s'appréhendait par le biais de références localistes.

Hors des régions montagneuses et des centres urbains industrialisés, l'espace social de la commune deltaïque et des localités de plaines reculées ou de villages côtiers connut une

---

[29]. Báo cáo tổng kết công tác đèn chiếu năm 1962 và phương hướng nhiệm vụ công tác năm 1963, in AVN3, Fonds BVH, dossier n°107, document n°x/vh, 1.1963.

idéologisation plus diverse. Rares furent les communes à disposer de fonds suffisants pour se doter d'un "mobilier culturel" complet à la fin des années 1950. À partir de 1959-60, l'implantation des "groupes de production" (tổ đội công) et des coopératives (hợp tác xã) recentraient à ces deux niveaux l'idéologisation des masses paysannes[30]. Le premier "mobilier idéologique" se greffait sur ces nouvelles structures de mobilisation collective[31]. La "salle de lecture-bibliothèque" (phòng đọc sách ; tủ sách) s'implanta avec une certaine rapidité dans la commune. En 1956, au lendemain de l'inauguration de la maison de la culture du chef-lieu de Thái Bình, 87 *tủ sách* étaient déjà recensées dans les 301 communes de la province[32]. Les lecteurs trouvaient à leur disposition de 25 à 50 livres en moyenne par bibliothèque et des journaux (Nhân dân, Tiên phong, Nông nghiệp và Khoa học thường thuc, Thời sự phổ thông etc.).

Le comité populaire communal réquisitionnait fréquemment la maison d'un ancien propriétaire terrien ou d'un "ennemi du peuple" pour installer ces petites salles de lecture. Les constructions de bâtiments *ex nihilo* étaient assez rares. Dans le village de Hữu Bang (Sơn Tây), le président de la commune avait ouvert un espace de lecture composé de trois pièces pour sa population tout en mesurant cependant les limites : "Nous n'avons toujours pas organisé de discussions et cela parce

---

[30]. À ce sujet, voir l'intéressant chapitre que Martin Grossheim consacre à la collectivisation de la commune entre 1960 et 1975 (Ch. III Das Dorf in der Phase der Kollektivierung), in M. Grossheim, *Nordvietnamesische Dorfgemeinschaften : Kontinuität und Wandel*, Hamburg, Mitteilungen des Instituts für Asienkunde, 1997, pp. 222-255.

[31]. Au printemps 1962, la zone du Việt Bắc organisa une conférence culturelle pour la circonscription. On reprocha à de nombreuses coopératives l'absence d'activité culturelle. En guise de conclusion, un cadre avoua que, dans la zone, "le mouvement culturel se développait très lentement". *cf.* Báo cáo tổng kết công tác văn hóa quần chúng 1961 và tháng đầu năm 1962 ở miền núi, in AVN3, Fonds BVH, dossier n°104, document unique, 4.6.1962.

[32]. Báo cáo về tủ sách, in AVN3, Fonds BVH, dossier n°888, document n°42/VH-BC (Ty văn hóa, Thái Bình), 18.4.1956.

qu'aucun cadre ne se sent les moyens de le faire. On n'a pas encore créé de cellule culturelle, ni de groupe de lecture de journaux, bref rien n'est encore fait, mais nous avons le bâtiment."[33] À Quỳnh Lưu (Nghệ An), la quasi-totalité des coopératives et des groupes de production (đội sản xuất) de ses communes possédaient un "espace de lecture" (tủ sách) en 1961, bien que beaucoup n'eussent toujours pas de responsable et que presque personne ne vînt y emprunter de livre[34]. Si l'idéologisation d'une population, et donc la transmission d'un objet de propagande d'après des directives gouvernementales (en ce qui nous concerne : la figure héroïque), peut se mesurer à la hauteur de sa diffusion, alors le département des affaires culturelles du Nghệ An proposa une intéressante façon de procéder. Dans son obsession statistique, l'administration provinciale décerna à la commune de Nghĩa Đàn un brevet d'exemplarité pour "possession record d'ouvrages" au sein de sa circonscription. Avec un total de 8 446 livres, on expliquait que cela équivalait à 25 livres par famille et revenait à une moyenne de 6/7 livres par habitant. En fait, le rapporteur avouait l'existence de quelques disparités : au sein de la commune, un petit nombre de familles émérites (gia đình đặc biệt) possédaient à elles seules 150 à 200 livres.

La *tủ sách* de proximité occupait une position-clé dans l'idéologisation du village. En principe, chaque nouveauté éditoriale faisait l'objet d'une causerie ; pourtant rares étaient les communes à se soumettre à cette directive avant 1964-1965. L'administration provinciale mettait un point d'honneur à vanter les mérites des cadres exemplaires de ce mouvement. À Quảng Trạch (Quảng Bình), le responsable de la "librairie populaire-

---

[33]. Báo cáo tình hình kiểm tra một số xã ở Sơn Tây về nhà văn hóa, tủ sách, in AVN3, Fonds BVH, dossier n°888, document n°12/vh (UBHC liên khu III, Phòng văn hóa), 18.8.1956.

[34]. Dự thảo, báo cáo tổng kết công tác văn hóa năm 1961, in AVN3, Fonds BVH, dossier n°104, document n°145/vh, (Ty văn hóa Nghệ An), 1.1962.

espace de lecture" fut décoré pour avoir tenu 34 causeries au cours de l'année 1965, dont neuf consacrées à la seule biographie du héros Nguyễn Văn Trỗi (Sống như Anh)[35]. Mais faute de responsable culturel au niveau du comité populaire communal, les localités connaissaient souvent un approvisionnement aléatoire. Un cadre du district venait parfois dans le village, mais il fallait le plus souvent s'approvisionner directement à la librairie populaire du district (hiệu sách nhân dân huyện). Malgré les quelques limites de son implantation dans les communes rurales des régions de plaine, la "salle de lecture de proximité" participait pleinement à la diffusion de l'image du "héros nouveau" dans les campagnes du pays.

Enfin, les musées ou les "salles muséales communales" étaient une composante-clé du "mobilier idéologique" de la commune du Bắc bộ. Bien que son développement date surtout de la guerre contre le Sud Viêt Nam (1965-1975), dès 1961 le ministère de la Culture avait conseillé aux comités populaires provinciaux "d'installer des maisons du souvenir en l'honneur de chaque héros, personnalité ou grand dirigeant de la circonscription"[36]. L'idéologisation du territoire passait par l'emploi du mobilier muséal capable de proposer au peuple une vision globale du patrimoine révolutionnaire local. Le musée Điện Biên Phủ situé dans la localité du même nom avait ouvert ses portes le 22 décembre 1961 à l'occasion de l'anniversaire de la fondation de l'armée populaire[37].

En 1963, seuls quatre musées était recensés à l'échelon des provinces sur l'ensemble du territoire (Hồng Quảng, Hưng Yên, Hải Phòng et Điện Biên Phủ). Les musées nationaux de Hà Nội

---

[35]. Tình hình công tác phát hành sách năm 1965 và nhiệm vụ phương hướng công tác phát hành 2 năm 1966-67, in AVN3, Fonds BVH, dossier n°1029, document n°224, 26.3.1966.

[36]. Đề án tổ chức cơ quan văn hóa các địa phương năm năm 1961-1965 của Bộ văn hóa, in AVN3, BVH, dossier n°752, document unique, 1961.

[37]. Dự thảo, báo cáo tình hình công tác về bảo tồn trong năm 1962, in AVN3, Fonds BVH, dossier n°107, document n°x/bt, 17.1.1963.

(viện bảo tàng cách mạng, viện bảo tàng lịch sử, viện bảo tàng quân đội) se chargeaient de concevoir et d'envoyer des expositions itinérantes dans les provinces[38]. Ailleurs, les autorités communales les plus dynamiques se contentaient d'ouvrir un modeste "espace muséal", sous la dénomination de *cơ sở Bảo tàng*, afin de mettre en valeur en quelques tableaux les grands hommes et événements-clés de la circonscription. En l'absence de source statistique sérieuse, il apparaît toutefois difficile de chiffrer avec exactitude le nombre de ces "unités muséales de base" implantées dans les campagnes à la veille de la reprise des hostilités avec le Sud.

Au cours de l'entre-deux-guerres, les clubs, maisons de la culture, bibliothèques, groupes culturels itinérants, librairies populaires, espaces de lecture de proximité ou "unités muséales de base" représentaient les nouveaux relais idéologiques présents sur le territoire. La nouvelle figure héroïque nationale s'appuyait sur ces canaux de diffusion pour engager sa lente descente dans la commune.

Les saisons du "héros nouveau"

La promotion de "l'homme nouveau" ne s'accompagnait pas de la formation d'un panthéon structuré des nouvelles figures patriotiques. À partir de 1958, avec le tournant collectiviste de la politique économique[39], des portraits de combattants d'émulation ouvriers et agricoles faisaient quotidiennement la Une du quotidien du Parti (Nhân dân). Il s'agissait davantage pour le régime de satisfaire une représentation internationaliste du politique que d'élaborer un nouvel univers référentiel. La reprise

---

[38]. En 1965, le musée d'Histoire organisa l'envoi d'une exposition dans les provinces de Hải Dương, Hải Phòng, Kiến An et Hồng Quảng. Le musée de la Révolution et celui de l'Armée de leur côté préparèrent une exposition pour les provinces de Tuyên Quang, Thái Nguyên, Bắc Cạn et Hà Giang. *cf. Ibid.*, p. 5.

[39]. M.S. de Vienne, *L'Économie du Viêt Nam, bilan & prospectives*, Paris, CHEAM, 1994.

d'une personnalité dans sa longue durée représentait un gage sérieux de son implantation dans l'imaginaire patriotique de la nation. Lorsque les services de propagande choisissaient de revenir quotidiennement sur la figure générique de "l'homme nouveau" par le biais de biographies d'ouvriers ou de paysans anonymes, il favorisait l'éclosion d'un type idéal au détriment de sa personnification. À l'inverse, l'emploi régulier d'une référence individualisée de la figure héroïque, offre à l'historien un regard sur la stratégie du pouvoir dans la durée.

De janvier 1952 à décembre 1964, la place éditoriale occupée par la figure héroïque dans le *Nhân dân* a connu d'importantes fluctuations. Jamais la fréquence de citations ne fut aussi élevée qu'au cours des dernières années de résistance contre le pouvoir colonial français (1952-1953) et lors de la période de préparation à la lutte contre le régime sudiste (1962-64). Pour les services de propagande du gouvernement, l'utilisation de la figure du "héros nouveau" renforçait la mobilisation de la population dans les périodes critiques. À l'inverse, l'État n'éprouvait pas une même nécessité à recourir quotidiennement à la figure du héros en période de paix. À l'exception des pics liés aux années de nomination des nouveaux contingents de "héros nouveaux" (1952, 1955, 1956, 1958, 1962), la figure générique de l'ouvrier ou du paysan émérite était préférée à celle du "héros personnalisé" dans les années de "marche en avant vers le socialisme" (1958-1962) alors que le pouvoir recourut davantage aux figures héroïques individualisées à l'approche des périodes de crise.

Comment l'historien doit-il appréhender ces fluctuations ? Un phénomène comparable avait eu lieu en Union soviétique. Dans les années 1920, l'historien Pokrovski (1868-1932) avait proposé une réforme du discours historique qui évacuait les grands hommes, les événements et les dates. Mais ce modèle, déterministe, linéaire, irréversible et régi par de strictes lois marxistes, avait été critiqué par Lunatcharsky (1875-1933) et Boukharine (1888-1938). La disparition de ces derniers dans les purges des années 1930 marqua le retour au premier plan de la "figure héroïque personnalisée" avec la redécouverte par Staline des bienfaits du nationalisme[40]. Au Nord Viêt Nam, le débat n'atteignit pas une telle abstraction. Dans les années 1950, le mouvement de relecture des personnalités historiques permit une réestimation du rôle du héros individuel. À l'approche de la guerre, le département de propagande du régime se remit à l'emploi d'un outil à l'efficacité démontrée par le passé. En 1964, le *Nhân dân* multipliait les hommages aux figures-clés de "trois générations glorieuses de révolutionnaires vietnamiens" (celles issues des décennies 1930, 1940 et 1950). Avec la condamnation à mort de Nguyễn Văn Trỗi le 3 octobre 1964, l'homologie historique et le recours au "héros de l'indépendance vietnamienne" s'imposaient comme principes-clés de la stratégie politique du gouvernement.

Un regard sur la diachronie du destin du "héros nouveau" confirme à nouveau la preuve que son utilisation relevait d'une stratégie préétablie par le pouvoir politique. En effet, demandons-nous pourquoi la rédaction du *Nhân Dân* abordait-elle davantage la question du "héros nouveau" pendant la saison sèche (novembre-mai) plutôt qu'en période des pluies (juin-octobre) ? Certes, le problème du héros nouveau est avant tout un problème paysan, la propagande du "héros nouveau" dépendait en effet du rythme des saisons qui régulait le quotidien de la population rurale. En faisant de la question du "héros nouveau" un "problème paysan", pourquoi l'administration n'aurait-elle pas attendu les moments de disponibilité de la population rurale pour en parler ? Et si l'on poursuit ce raisonnement, pourquoi ne pas voir dans le nouveau calendrier commémoratif autre chose que le fruit d'un simple hasard historique ? Le rythme saisonnier des récoltes influait sur la périodicité du discours de propagande. Pendant la saison des pluies, les travaux dans les rizières offraient

---

[40]. M. Malia, *La Tragédie soviétique. Histoire du socialisme en Russie 1917-1991*, Paris, Seuil, 1995, pp. 288-293.
[41]. Thông tri về công tác xây dựng văn nghệ dân tộc ở địa phương, in AVN3, Fonds BVH, dossier n°1863, document sans numéro, 18.8.1959.

peu de temps libre aux paysans, les organisations de masses se concentraient davantage sur les travaux agricoles. La rareté des jours anniversaires rendait plus épisodiques les réunions organisées par les communes, et les groupes culturels itinérants se raréfiaient sur les routes des provinces[41]. À la Une du *Nhân dân*, on choisissait davantage les figures des "ouvriers ou paysans émérites" ou les dissertations sur l'enjeu des barèmes de production. Les périodes de "respiration" dans la diffusion de l'image du "héros nouveau" étaient censées optimiser l'implantation de l'homme nouveau dans l'imaginaire populaire.

Un nouveau panthéon historique

Le talent du nouveau régime fut de se retrouver une généalogie, un lignage vertueux. Sa stabilité politique et l'assise sociale de son pouvoir en dépendaient. Ni dieux, ni demi-dieux, ses nouvelles références identitaires tissaient davantage un lien entre les diverses époques de la lutte révolutionnaire dans le pays. L'État assumait un ancrage dans le temps, il le faisait sien dans l'expression de l'héroïsme de ses "hommes exemplaires". On présentait souvent l'individu pour son caractère générique (le paysan catholique, l'ouvrier minoritaire etc.). Il n'en demeurait pas moins le symbole d'une légitimité progressiste du nouveau pouvoir. La République démocratique du Viêt Nam n'a pas généré de hiérarchie divine. Dans une étude sur les ancêtres, les dieux et les démons, le sinologue A. Wolf montre en quoi ils sont à la fois voisins et opposés. Les ancêtres ne se distinguaient plus en dieux et démons, mais la hiérarchisation des morts n'avait pas pour autant disparu[42].

Le positionnement idéologique internationaliste excluait toute dénomination à connotation spirituelle (demi-dieux, dieux, génies etc.). Si nous avons toutefois souhaité reprendre le terme de "panthéon patriotique" afin de décrire l'exploitation récurrente de

---

[42]. A. Wolf, "Ghosts, Gods and Ancestors", in A. Wolf dir., *Religion and Ritual in Chinese Society*, Stanford University, 1974, pp. 131-182.

la nouvelle figure héroïque dans le discours politique, c'est d'abord par souci d'analyser la réactualisation de son imaginaire politique. Toute structure panthéonique doit être considérée comme un système de relations, chacune de ces figures n'existent que par le réseau qui les unit entre elles à l'ensemble de l'imaginaire politique évoqué. Les "héros nouveaux" de la RDVN gagnent indéniablement en définition dans leur rapport aux autres. De cette confrontation, qui les domine et les explique tous, c'est le plan d'ensemble dont ils ne sont que des parties qui surgit au bout du compte. Classer les dieux relevait du domaine du politique dans le monde sinisé. La revendication agnostique et moderniste du nouveau pouvoir au Viêt Nam ne bannissait pas pour autant un lien archaïque avec le passé. Tout panthéon se calquait sur des relations de groupe social à groupe social et de personne à personne. La légitimité d'une "histoire courte" en dépendait.

L'ethnologue N.J. Allen dans une étude sur l'ethnie Thulung Rai de l'est du Népal démontre que l'univers religieux des sociétés tribales traditionnelles était peuplé d'esprit ancêtres et non de dieux[43]. Au Nord Viêt Nam, le nouveau panthéon patriotique rendait hommage à ses "officiers méritants". On vénérait les mânes glorieux de la nouvelle dynastie au pouvoir. Alors que les nationalistes s'étaient contentés de récupérer un imaginaire politique taché du sang de la collaboration des Nguyễn, le régime de Hô Chí Minh réordonnait le royaume de ses ancêtres. Il offrait à son peuple un panthéon patriotique peuplé "d'êtres purs", miroir de la légalité de son pouvoir. Classées en trois rangs distincts, nous avons retenu un total de trente-deux figures symboles de la vertu du nouveau régime.

---

[43]. N.J. Allen, *Studies in the Myths and Oral Traditions of the Thulung Rai of East Nepal*, Oxford, Linacre College, non publiée, 1976. Cité dans *Classer les Dieux ? Des panthéons en Asie du Sud*, Paris, EHESS, 1993.

Le panthéon patriotique de la République démocratique du Viêt Nam[44]

1ᵉʳ rang
(18 figures)

Cù Chính Lan	1930-1952	Nghệ An
Hoàng Hanh	1888-1963	Nghệ An
Hoàng Văn Thụ	1906-1944	Lạng Sơn
Kim Đồng	1928-1943	Cao Bằng
La Văn Cầu	1932	Cao Bằng
Lê Hồng Phong	1902-1942	Nghệ An
Lý Tự Trọng	1914-1931	Hà Tĩnh
Mạc thị Bưởi	1927-1951	Hải Hưng
Ngô Gia Khảm	1912-1990	Hà Bắc
Nguyễn thị Chiên	1930	Thái Bình
Nguyễn thị Minh Khai	1910-1941	Nghệ An
Nguyễn Văn Trỗi	19-1964	Đà Nẵng
Núp	1919-1999	Gia Lai
Phan Đình Giót	1920-1954	Hà Tĩnh
Phạm Ngọc Thạch	1909-19	Sa Đec
Trần Đại Nghĩa	1913-1997	Vĩnh Long
Trần Phú	1904-1931	Hà Tĩnh
Võ thị Sáu	1935-1953	Bà Rịa

---

[44]. Au sein chaque rang, les personnalités sont classées par ordre alphabétique.

2ème rang
(7 figures)

Bế Văn Đàn	1931-1954	Cao Bằng
Ngô Gia Tự	1908-1935	Hà Bắc
Nguyễn Quốc Trị	1921-1967	Nghệ An
Nguyễ thị Suốt	1902-1966	Quang Ninh
Nguyễn Văn Cừ	1912-1941	Hà Bắc
Nguyễn Viết Xuân	1934-1964	Vĩnh Phú
Phạm Hồng Thái	1893-1924	Nghệ An

3ème rang
(7 figures)

Cao Lục	1929-1974	Nghệ An
Cao Viết Bảo	1932	Nam Định
Lê Minh Đức	1923	Sa Đec
Lê Văn Tám	1931-1945	Saigon
Trần Cừ	1920-1950	Vĩnh Yên
Trần Văn Ơn	1932-1950	Saigon
Vừ A Dính	19 ?- 19 ?	Lai Châu

Dans une société confucéanisée, le chaos conservait une maigre place. Un État ne pouvait s'empêcher de mettre en ordre, consciemment ou non, une structure plus ou moins rigide, plus ou moins cohérente dans la masse de ses référents identitaires. Le système de relations liant entre elles les 32 figures du nouveau panthéon patriotique nous conduit à un traitement sous-entendant une superposition de quatre grilles de lecture distinctes : historique, géographique, ethnique et de fonction. Entre les éléments de ces différents maillages se dessinent naturellement des lignes de fractures qui se déplacent suivant le plan et la perspective selon lesquels ils sont considérés.

La hiérarchisation en trois rangs du panthéon patriotique est un relevé des récurrences des références individuelles du "héros nouveau" dans l'imaginaire politique de l'État nord-vietnamien. Le réseau qui unit chacune de ces personnalités aspirait à une couverture historique complète de la période traversée. L'excellence morale du "héros révolutionnaire" était considérée comme la source principale de légitimation du pouvoir. Un patriote du mouvement *cần vương* à la fin du XIXe siècle ne s'intégrait pas sans mal au cadre défini par la morale révolutionnaire à cause de ses liens avec l'ancien système[45]. Le nouveau panthéon patriotique imposait la trame d'une histoire nationale élaborée par les détenteurs du pouvoir. Il s'agissait d'assurer un monopole de la mémoire au moyen de quelques figures-clés. L'action de Hồ Chí Minh, et en filigrane celle de ses organisations de pouvoir (Thanh niên, PCI, Lao động), délimitait les frontières du légitime.

Quatre périodes de référence surgissaient dans la nouvelle chronologie officielle : l'âge d'or de l'organisation de la résistance contre l'ordre colonial (1924-1945) ; la première guerre indochinoise (1946-1954) ; la lutte pour une production socialiste (1955-1964) ; la seconde guerre indochinoise (1965-1975).

La réoccupation du champ historique voulue par les idéologues trouvait ainsi ses bornes dans le plan d'ensemble délimité par les figures héroïques de son panthéon patriotique. L'âge d'or de la première résistance légitime contre l'ordre colonial (1924-1945) était inauguré par la tentative d'assassinat du gouverneur Merlin à Canton en juin 1924 par Phạm Hồng Thái (1893-1924), ce dernier devenant le premier martyr de la "nouvelle histoire". Hồ Chí Minh n'avait pas encore créé l'Association des *thanh niên*, mais c'est en bonne compagnie, Lê Hồng Phong et Lê Thiết Hùng, que

---

[45]. Đặng Huy Vận, "Những năm đầu của phong trào chống Pháp ở Nghệ Tĩnh và quá trình hình thành cuộc khởi nghĩa Phan Đình Phùng", in *NCLS*, Hà Nội, 1970, n°133, pp. 37-42.

le jeune nghêanais s'était rendu en Chine en 1922 pour entrer dans la résistance[46].

Le tournant des années 1930 représentait ensuite une étape charnière dans l'organisation du mouvement communiste. C'est au cœur des répressions coloniales de 1930-33 que le PCI puis le Lao động puisera l'essentiel de son mythe de l'indomptabilité de ses cadres-militants. Les premiers animateurs du Parti communiste indochinois furent durement frappés par la Sûreté de l'administration coloniale ; tous connurent une "mort exemplaire" sous le joug du pouvoir colonial au cours de deux vagues de répressions (1931-33 et 1939-41)[47] : Trần Phú (1904-31), premier secrétaire général du PCI élu en novembre 1930[48], fut arrêté à Saigon en avril 1931 ; torturé, il décédait en septembre ; Ngô Gia Tự (1908-1935), fondateur du PCI et de sa première cellule à Hà Nội rue Hàm Long[49], était arrêté en 1930 avant d'être envoyé à Poulo Condor où il mourra noyé en tentant de s'échapper par les eaux ; Nguyễn Văn Cừ (1912-1941), membre fondateur du PCI et secrétaire général du Parti à 26 ans en 1938[50], s'éteignit à Poulo Condor en 1941. Enfin, le couple formé par Lê Hồng Phong (1902-1942) et Nguyễn thị Minh Khai (1910-1941)[51], tous deux décédés à Poulo Condor, offrait au mythe de l'abnégation de la première génération de révolutionnaires une touche "tragique et

---

[46]. Phạm thị Kim dir., *Phạm Hồng Thái*, tp Hồ Chí Minh, nxb văn nghệ, 1994. Bạch Hào, *Phạm Hồng Thái*, Nghệ Tĩnh, nxb Nghệ Tĩnh, 1977.

[47]. Nguyễn Ngọc Cơ, "Vài ý kiến về nội dung giảng dạy lịch sử Việt Nam thời kỳ 1858-1945", in *NCLS*, Hà Nội, n°3 (268), 1993, pp. 32-35.

[48]. *Cái chết của Trần Phú, một chiến sĩ cộng sản*, Ninh Bình, Phân Hội Mác, 1950. *Gương liệt sĩ*, Hà Nội, nxb Kim Đồng, 1984, pp. 5-7.

[49]. Lê Quốc Sử, *Ngô Gia Tự*, Hà Nội, nxb Kim Đồng, 1979. *Gương liệt sĩ*, Hà Nội, nxb Kim Đồng, 1984, pp. 8-10.

[50]. Đào Phiếu, *Nguyễn Văn Cừ, một lãnh đạo xuất sắc của Đảng*, Hà Nội, nxb Sự Thật, 1987. *Gương liệt sĩ*, Hà Nội, nxb Kim Đồng, 1984, pp. 14-16.

[51]. Đồng Thế, *Kể chuyện Lê Hồng Phong*, Hà Nội nxb Kim Đồng, 1970. *Nữ chiến sĩ cách mạng chị Minh Khai*, Tuyên truyền và văn nghệ, 1951. Nguyễn Tú, *Chị Minh Khai*, Hà Nội, nxb Phụ Nữ, 1976. etc.

romantique"⁵². En 1941, le retour de Hồ Chí Minh à Pác Bó (Hà Quảng, Cao Bằng) s'accompagna d'un ralentissement du processus extensif d'héroïcisation de "cadres-dirigeants" du Parti afin de réimposer la figure patriarcale du leader vietnamien.

Au cours des années d'occupation franco-japonaise (1941-45), seul le cadre Tày Hoàng Văn Thụ (1906-1944) s'arrogea une place de choix au sein de l'historiographie officielle sans pour autant occuper une position équivalente à celles des personnalités pré-citées⁵³. Responsable de la propagande militaire pour la zone du Việt Bắc, Thụ fut arrêté au cours d'une mission en 1943 puis exécuté l'année suivante. Le héros de Lạng Sơn annonçait un tournant dans la composition du panthéon patriotique nord-vietnamien. La tendance était désormais à favoriser l'entrée de personnages extérieurs à l'appareil du Parti décédés des suites d'une action de bravoure. Le destin tragique de deux adolescents émérites illustrait parfaitement la lecture de cette première période de l'histoire du PCI/Việt Minh : Lý Tự Trọng (1914-31) et Kim Đồng (1928-1943)⁵⁴. Tous deux symbolisaient l'engagement volontaire et patriotique de la jeunesse aux côtés de la résistance. À la veille de l'insurrection du mois d'août 1945, la mémoire collective du nouveau régime disposait d'une série de figures-repères à chaque instant de son court passé révolutionnaire.

La première guerre indochinoise (1946-1954) procura également son lot de figures héroïques symboles de la lutte de tout un peuple. Les cadres-dirigeants fondateurs du PCI cédèrent

---

52. Sophie Quinn-Judge remit pourtant partiellement en cause la validité de ce mythe. Diffusé sous le manteau au Việt Nam, son article évoquait un mariage entre Nguyễn thị Minh Khai et Nguyễn Ái Quốc ; une hypothèse qui ne manque pas de laisser planer un doute sur la réalité de son union avec Lê Hồng Phong. *cf.* S. Quinn-Judge, "Hô Chi Minh : New Perspectives from the Comintern Files", in *Việt Nam Forum*, New Haven, n°14, 1993, pp. 61-81.

53. Trần Đức Cường, "Hoàng Văn Thụ, một chiến sĩ cách mạng kiên trung", in *NCLS*, Hà Nội, n°5 (276), 1994, pp. 1-4.

54. *Gương liệt sĩ*, Hà Nội, nxb Kim Đồng, 1984, pp. 52-55.

leur place aux premiers "héros nouveaux" élus depuis la conférence de Tuyên Quang en 1952 qui se partagèrent l'honneur d'incarner huit années de guerre aux côtés d'une série d'adolescents-martyrs. Il avait pourtant fallu attendre le tournant de l'offensive des frontières (1950-51) avant de voir les nouvelles figures héroïques apparaître dans le panthéon patriotique. Non pas que les trois premières années de résistance manquèrent d'actes glorieux, mais seule la reprise de l'année 1950 méritait d'incarner le renouveau de l'héroïsme national. Soudainement, les figures de soldats émérites se multiplièrent : Trần Cừ (1920-1950) et La Văn Cầu (1932) qui s'étaient illustrés au cours du front de Đông Khê à l'automne 1950[55], le premier y laissant sa vie, le second la moitié de son bras ; Nguyễn Quốc Trị (1921-1967) qui avait conduit sa compagnie à la victoire lors de la prise de la position de Gối Hạc en mai 1951[56]. Cù Chính Lan (1930-1951) tombé en martyr lors du front de Hòa Bình en 1951[57], Phan Đình Giót (1920-1954) et Bế Văn Đàn (1931-1954) morts au cours de la bataille de Điện Biên Phủ au printemps 1954[58]. Notons qu'à chaque reprise, il s'agissait naturellement de batailles remportées par le Việt Minh sur le corps expéditionnaire français. Un hommage fut aussi rendu à la résistance de la communauté villageoise : Mạc thị Bưởi (1927-1951), Nguyễn thị Chiên (1930), Nguyễn thị Suốt (1902-1966) et le chef Ba na Núp (1919-1999) sur les Hauts-plateaux furent choisis pour illustrer le courage et la

---

[55]. *Anh hùng lực lượng vũ trang nhân dân*, Hà Nội, nxb Quân đội nhân dân, tome 1, 1996, pp. 28-30 (Trần Cừ) et pp. 12-14 (La Văn Cầu).
[56]. Xuân Diệu, *Kể chuyện Cù Chính Lan, Nguyễn Quốc Trị, Hoành Hanh*, Hà Nội, 1954.
[57]. *Anh hùng Quân đội Cù Chính Lan*, Nhà tuyên truyền và văn nghệ, 1952. Nguyễn Giang, *Truyện anh hùng quân đội Cù Chình Lan*, Hà Nội, nxb văn nghệ, 1955.
[58]. Phác Văn, *Phan Đình Giót lấy mình lấp lỗ châu mai*, Hà Nội, nxb Việt Nam, 1954.

persévérance des représentants des organisations de guérilla communales[59].

La vigueur de la nation trouvait encore un nom dans les actes d'éclat de nombreux adolescents-martyrs : quatre de ces destins éphémères connurent plus particulièrement les honneurs de la propagande. Au sud, le jeune Lê Van Tám (14 ans) après s'être renversé de l'essence sur le corps, s'était jeté incandescent dans un entrepôt de munitions ennemi en 1945. Toujours à Saigon, au cours des manifestions anti-américaines de 1950, l'élève Trần Văn Ơn (1932-1950) avait résisté dans un acte de bravoure à la police du régime sudiste avant d'être abattu à bout portant. En Cochinchine encore, la jeune Võ thị Sáu (1935-53) était déportée à l'âge de 15 ans dans les geôles de Poulo Condor pour avoir participé à plusieurs opérations de résistance ; elle y succomba des suites de mauvais traitements après trois années de prison. Enfin, dans les montages du Nord-Ouest non loin de Lào Cai, une nuit, l'adolescent Vũ A Dính perdit la vie pour avoir guidé des cadres-résistants sur les lieux de leur mission[60].

Soldats, membres des milices communales ou simples enfants patriotiques, le régime nord-vietnamien projetait les feux de son appareil de propagande sur les multiples facettes de sa guerre de résistance. Le tournant de 1950 fut marqué par la réforme institutionnelle de l'appareil d'État. Dans le discours des idéologues du Lao động, la lutte pour une production socialiste (1955-1964) succédait aux combats de la résistance armée. Mais dans les campagnes, si l'on savait ce qu'était un "héros-martyr" tombé au champ d'honneur, on appréhendait plus difficilement la valeur du titre décerné aux "travailleurs exemplaires".

Parmi les nombreuses figures élues au titre de "héros du travail" de 1952 à 1964, rares furent celles qui parvinrent à

---

[59]. Trần Cẩn, *Mạc thị Bưởi*, truyện thơ, Hà Nội, nxb Phổ thông, 1957.
Vũ Cao, Mai Văn Hiến, *Nguyễn thị Chiên*, Quân đội nhân dân, 1952.
Nguyễn Ngọc, *Đất nước đứng lên*, Hà Nội, nxb Văn học, 1956.
[60]. *Những ngày kỷ niệm lớn trong nước*, Hà Nội, nxb Quân đội nhân dân, 1972, p. 172.

s'insérer réellement dans l'imaginaire populaire[61]. Les instances de propagande du Parti prirent acte de la faiblesse de cet écho et se contentèrent d'axer leur effort sur quelques personnalités-clés sachant que jamais elles n'égaleraient dans l'imaginaire populaire la place des guerriers émérites. Cette méfiance explique la faible pénétration au sein du panthéon national de figures du mouvement ouvrier ou paysan. Trois figures seulement parvinrent à se hisser dans l'arbre panthéonique : Cao Lục (1929-1974), chef émérite de la coopérative de Ba Tơ dans le Nghệ An, Cao Viết Bảo (1932), ouvrier exemplaire de l'industrie d'armement, et Lê Minh Đức (1923), ouvrier du secteur ferroviaire. À eux trois, ils matérialisaient l'entrée de la société nord-vietnamienne dans l'ère du socialisme d'État.

Enfin, la reprise des hostilités avec le régime du Sud Viêt Nam amena la RDVN à penser à la construction d'un nouveau contingent de figures héroïques afin de renforcer son emprise sur les masses populaires. En 1964-1965, le département de propagande du parti choisissait les destins héroïques de deux jeunes martyrs pour relancer le peuple dans l'aventure d'une guerre bien lointaine : Nguyễn Văn Trỗi (1940-1964), condamné à mort après sa tentative d'assassinat du secrétaire d'État américain Mac Namara en 1964 et Nguyễn Viết Xuân (1934-64), un jeune soldat de Vĩnh Phú tombé au champ d'honneur lors des premiers bombardements américains dans les provinces du centre du pays. À chaque nouvelle étape de sa lutte pour l'indépendance, la république démocratique du Viêt Nam avait répondu par la création de nouveaux mythes héroïques fidèles à l'idéal d'indomptabilité de son histoire officielle.

L'implantation territoriale du "héros nouveau" exhumait parallèlement une nouvelle géographie du pouvoir. Dans les années 1950, le RDVN lança un mouvement de provincialisation de ses références patriotiques. On assistait à l'émergence d'un phénomène d'autonomisation des nouvelles figures héroïques.

---

[61]. Bản tuyên dương, *Anh hùng lao động,* tại Đại hội liên hoan anh hùng chiến sĩ thi đua công nông binh toàn quốc lần thứ hai, 1958.

Les héros nouveaux représentaient à eux seuls le plan d'ensemble du panthéon patriotique tout en étant, à l'échelon national, des personnages aux fonctions limitées. Dans une analyse sur les demi-dieux de la mythologie soviétique, Nicolaï Kopossov et Dina Khapaeva montrent comment cette redistribution s'effectue au profit du local, témoignant dans le cas de l'URSS d'un "indice de maturité des mythes aussi bien que d'un certain mépris éclairé des nouvelles élites à l'égard de l'ancien système"[62]. Le héros, en tant qu'expression des valeurs du système, offrait une auto-identification de l'individu à la communauté. Dans une société rurale, un traitement localiste du politique procure aux détenteurs du pouvoir un gage de réussite.

Au Viêt Nam, le "centralisme démocratique" s'appuyait sur le faux-semblant d'une politique localiste. Le "héros nouveau" n'était qu'un relais du pouvoir central pour une conscience populaire aux limites géographiques avouées. Après avoir réoccupé le temps de son champ historique, les 32 figures du nouveau panthéon patriotique cherchaient à symboliser l'expression d'une diversité géographique à l'héritage historique pluriel. L'ancrage localiste du "héros nouveau" se présentait comme le leurre d'une réunification de la nation obsédée par son hétérogénéité patrimoniale. Les figures du panthéon patriotique n'existaient qu'à travers le réseau de correspondances géographiques qui les unissait entre elles à l'ensemble du territoire national concerné. Le mythe de la réunification des trois Kỳ (Bắc Kỳ, Trung Kỳ, Nam Kỳ) regagnait une cohérence par le biais d'une référence continuelle de la figure héroïque à son village natal. Le panthéon national portait dans sa structure l'expression d'une diversité revendiquée du sol ancestral ; sa

---

[62]. N. Kopossov, D. Khapaeva, "Les demi-dieux de la mythologie soviétique, étude sur les représentations collectives de l'histoire", in *Annales ESC*, Paris, n°4-5, juillet-octobre 1992, pp. 963-987.

lecture transversale offrait l'image d'une nation respectant le tripartisme de ses racines culturelles[63].

À partir de 1964-66, l'adjonction de nombreuses "figures héroïques" originaires du Sud Viêt Nam confirmait cette quête vers une équité de la représentativité des trois *Kỳ*. Notons toutefois que peu d'entre elles furent longtemps reprises par l'appareil de propagande. La matérialisation dans le corps du pouvoir de cette trinité identitaire était un principe-clé de l'autorité politique au Viêt Nam. Sa confirmation symbolique dans la composition de son arbre panthéonique participait à son besoin de légitimité politique. Dans un même temps, il n'était pourtant pas question d'instaurer une réelle parité : le guide de la révolution restait bien le Nord Viêt Nam. À un apparent équilibre entre les trois pôles de la nation, l'inégale répartition quantitative des figures suggérait néanmoins la réalité d'un redécoupage de la géographie du pouvoir : près de 70 % des "héros nouveaux" du panthéon national provenaient du nord du pays. La révolution, dans sa matérialisation en tant que rapport de pouvoir, se voulait d'abord une création du Bắc bộ.

En poursuivant le raisonnement, on s'aperçoit que le cœur du pouvoir politique se situait plus précisément encore dans la région du Nghệ An / Hà Tĩnh d'où provenaient dix des vingt-deux figures nord-vietnamiennes du panthéon national (45 %). Nous pourrions, il est vrai, n'y voir que le fruit de contingences historiques. Et pourtant, pourquoi l'État se serait-il ingénié à favoriser un principe de filiation géographique dans le recrutement de ses "hommes exemplaires" ? Pourquoi le phénomène d'autonomisation du mythe du "héros nouveau" ne

---

[63]. **Nord** : Cù Chính Lan, Hoàng Hanh, Hoàng Văn Thụ, Kim Đồng, Lê Hồng Phong, La Văn Cầu, Lý Tự Trọng, Mạc thị Bưởi, Ngô Gia Khảm, Nguyễn thị Chiên, Nguyễn thị Minh Khai, Phan Đình Giót, Trần Phú, Bế Văn Đàn, Ngô Gia Tự, Nguyễn Quốc, Trị, Phạm Hồng Thái, Nguyễn Văn Cừ, Nguyễn Viết Xuân, Cao Lục, Cao Viết Bảo, Vừ A Dính. **Centre** : Nguyễn Văn Trỗi, Núp, Nguyễn thị Suốt. **Sud** : Phạm Ngọc Thạch, Trần Đại Nghĩa, Võ thị Sáu, Lê Minh Đức, Lê Văn Tám, Trần Cừ, Trần Văn Ơn.

confirmait-il pas en fin de compte la pérennité d'un lien traditionnel et matriciel au village natal ?[64]

À en croire certains observateurs, le processus politique décisionnel au sein du gouvernement et du Parti en subit toujours l'influence. Les regroupements d'intérêts nés de solidarités géographiques sont une constante dans l'appareil d'État. Une telle étude mériterait, il est vrai, de plus amples développements. Ajoutons seulement pour clore brièvement la question, que le "héros nouveau", en tant que relais du pouvoir central à l'échelle de la province, devint dans l'entre-deux-guerres l'outil d'une réintégration du local dans l'histoire générale de la nation. Son autonomisation à l'échelle provinciale participa à l'affirmation du centralisme politique dans un ensemble géographique longtemps sujet à l'éclatement. On assistait à un rééquilibrage centre / périphérie qui témoignait de l'émergence d'une nouvelle géopolitique du pouvoir décisionnel dans le pays.

L'imaginaire politique de la RDVN était l'expression de la nation dans toute sa diversité. À son image, le pouvoir politique s'est toujours conçu en référence à l'organisation de la cellule familiale. Le mythe de "grande famille vietnamienne" accordait au représentant du pouvoir politique une fonction de type patriarcale au sein de la communauté. L'interdépendance de la sphère familiale et de celle du politique est une constante de la pensée confucéenne en Asie. Le confucianisme au Viêt Nam, rappelle Phan Ngọc, se distingue toutefois de sa version chinoise par une référence plus ardente à la patrie : "Tous les concepts

---

64. "On trouve beaucoup d'habitants du village à des postes de responsabilités au niveau de l'échelon central. Quỳnh Đôi a cinq des siens qui furent membres du comité central, six autres furent élus députés à l'assemblée nationale ; trois encore étaient membres des comités de direction des organisations de masses et l'on ne compte plus les enfants de la commune qui occupent des positions enviables dans l'appareil administratif du pays, à tous les échelons, des ministères au comité populaire du district. Ces départs étaient très importants dans les années 1950-60", in Entretien, xã Quỳnh Đôi (Quỳnh Lưu, Nghệ An), 7.9.1996.

confucéens doivent traverser un premier prisme : la patrie vietnamienne. Un concept unique dans la philosophie chinoise diverge pour donner lieu à deux concepts. Pour la piété filiale par exemple, on trouve la petite piété filiale concernant les devoirs de l'enfant envers ses parents (autrement dit la piété confucéenne) et la grande piété filiale envers la patrie. Cette division bipartite traverse tout le confucianisme vietnamien. Ce qui est interpersonnel est petit, ce qui est au service du pays et du peuple est grand. Cette différenciation n'a jamais existé chez aucun auteur chinois. Elle est vietnamienne. Et Nguyễn Trãi n'a pas hésité quand il a fallu choisir. Il a choisi la grande piété, la grande sagesse, le grand humanisme. C'est un choix de tout Vietnamien à n'importe quelle époque. L'histoire contemporaine du Việt Nam en est la preuve convaincante."[65]

Le nouveau panthéon patriotique était à l'image de l'hétérogénéité de la "grande famille vietnamienne". Il devait être un lieu de ralliement pour des figures de générations, de sexes, et d'ethnies différentes. Miroir rêvé de la réalité du pays, sa structure était celle d'une famille nombreuse s'ébrouant sous le regard bienveillant d'un *pater familias*, l'Oncle Hồ. Le recours à la figure héroïque s'accompagnait de l'obligation d'une représentativité générationnelle : Lê Văn Tám avait 14 ans lorsqu'il choisit de se sacrifier pour son pays, Võ thị Sáu 15 ans, Cù Chính Lan 22 ans etc. Ces figures d'adolescents cohabitaient naturellement avec celles de leurs frères aînés ou parents. En 1952, lorsque Hoàng Hanh recevait son titre de "héros du travail", c'est un vieillard de 64 ans qui se présenta à l'estrade de la conférence de Tuyên Quang.

Outre cette nécessaire inter-générationalité, le mélange des sexes et des ethnies continuait de refléter la complexité nationale.

---

[65]. Phan Ngọc, "Le confucianisme dans l'environnement sud-est asiatique", Hà Nội, Épreuves, 1996, p. 6.

Même minoritaires (16 % du corps panthéonique)[66], les femmes occupaient une position-clé au sein de l'ensemble panthéonique. Un acte de bravoure chez une personne de sexe féminin prenait davantage d'importance aux yeux du peuple ; le choix qu'elle faisait de s'adonner à la défense de la nation plutôt qu'à ses tâches traditionnelles (enfants, tâches ménagères...) renforçait le caractère "extra-ordinaire" de son itinéraire. La promotion de leurs exploits participait, il est vrai, à un mouvement de réévaluation de la position de la femme commune au monde communiste, mais il respectait aussi un principe ancien qui accordait depuis des siècles une place prééminente aux actes glorieux des héroïnes (Hai bà Trưng, bà Triệu, Bùi thị Xuân etc.) dans le patrimoine national.

Enfin, la notion de "grande famille vietnamienne" permettait à nouveau au pouvoir de satisfaire au mythe du creuset ethnique national. L'État montrait que les minorités ethniques, rassemblées autour des *Kinh*, étaient naturellement solidaires du processus de modernisation du pays. En 1955, le décret sur les nationalités mettait l'accent sur un respect des coutumes et des croyances des peuples minoritaires. En retour, l'État attendait un soutien inconditionnel et une participation à l'effort national de ces peuples composites. La bureaucratie héroïque avait intégré avec empressement des "héros nouveaux" originaires des minorités ethniques. En 1956, l'écrivain Nguyễn Ngọc a publié un récit sur Núp[67], un guerrier Ba na de la province de Gia Lai, qui connut un énorme retentissement dans le pays. Au sein du panthéon patriotique, six des 32 figures sélectionnées provenaient d'ethnies minoritaires (19 %) : trois Tày (La Văn Cầu, Bế Văn Đàn, Hoàng Văn Thụ), un Ba na (Núp), un Nùng (Kim Đồng) et un Mèo (Vừ

---

[66]. On trouve en effet seulement cinq femmes parmi les 32 figures héroïques sélectionnées : Võ thị Sáu, Mạc thị Bưởi, Nguyễn thị Chiên, Nguyễn thị Minh Khai et Nguyễn thị Suốt.

[67]. Nguyễn Ngọc, *Noup le héros des montagnes* (Đất nước đứng lên), Hà Nội, Éditions en langues étrangères, 1956. (traduction Georges Boudarel)

A Dính). Elles confirmaient l'ambition du gouvernement d'être l'expression de la diversité nationale. La cohésion de l'ensemble national dépendait de la solidarité entre les membres de la communauté[68]. Le panthéon patriotique devait créer une identification de la population dans sa pluralité : hommes, femmes, adolescents et vieillards, *Kinh* et minoritaires, tous formaient à leur manière les multiples facettes de la "grande famille vietnamienne" reconstruite par les idéologues.

Dans la culture chinoise, un ancêtre glorieux se distinguait d'un dieu ou d'un génie par sa référence à une figure individuelle. Les dieux représentaient traditionnellement une charge. Ils se limitaient à une position dans une hiérarchie et ne possédaient guère de traits particuliers[69]. Dans les années 1950-60, le nouveau panthéon avait intégré un aspect formel commun aux sociétés marxistes-léninistes. En apparence, la charge du "héros nouveau" générait sa fonction politique. La réorganisation de la société autour de sa nouvelle trinité d'importation, ouvrier, paysan, soldat, amorçait une phase de réinvention de ses références identitaires. L'imaginaire politique du nouveau régime était un négatif de la réforme des corps sociaux de la communauté. En d'autres termes, afin de prétendre à une place dans le nouvel ensemble panthéonique, les figures héroïques devaient se

---

[68]. On trouve dans l'ouvrage collectif dirigé en 1995 par le professeur Bế Viết Đẳng une liste des personnalités issues de peuples minoritaires à qui l'État décerna le titre de héros des forces armées de 1952 à 1985. Parmi les 117 figures, la répartition ethnique est la suivante : Tày : 25 (21 %) ; Nùng : 14 (12 %) ; Thái : 14 (12 %) ; Mường : 10 (8,5 %) ; Hrê : 10 (8,5 %) ; Gia rai : 7 (6 %) ; Tà ôi : 5 (4 %) ; Hmông : 6 (5 %) ; Khmer : 4 (3,4 %) ; Ra glai : 5 (5 %) ; Ba na : 3 (2,5 %) ; Giẻ Triêng : 2 (1,7 %) ; Cao Lan – Sản Chỉ : 2 (1,7 %) ; Chăm : 2 (1,7 %) ; Xơ đăng: 1 (0,8 %) ; Cơ tu : 1 (0,8 %) ; Xtiêng : 1 (0,8 %) ; Co : 1 (0,8 %) ; Chơ ro: 1 (0,8 %) ; Dao : 1 (0,8 %) ; Khơ mú : 1 (0,8 %) ; Bru- Vân Kiều : 1 (0,8 %). *cf.* Bế Viết Đẳng (dir), *50 năm các dân tộc thiểu số Việt Nam*, Hà Nội, nxb Khoa học xã hội 1995, pp. 271-276.

[69]. J. Levi, *Les Fonctionnaires divins. Politique, despotisme et mystique en Chine ancienne*, Paris, Seuil, 1989, p. 205.

positionner en témoins d'une vision du collectif fidèle aux canons d'importation.

La fonction, définie par l'autorité administrative ou politique, était à l'origine de la nomination d'un candidat au titre de "héros nouveau". L'État affirmait par ce biais une adéquation entre l'organisation de la société et celle de son imaginaire politique. On avait réservé une place de choix à la figure du soldat ; ce dernier représentait le corps le plus nombreux (12 figures), suivaient alors la figure paysanne (6 figures) et enfin les personnalités issues du monde ouvrier (5 figures). Un héros du travail ou un héros des forces armées se prévalait du rôle de représentant de son corps social. Sa charge le situait sur une hiérarchie des valeurs élaborées par les idéologues du nouveau régime. Longtemps, l'historien pensa la figure du "héros nouveau" à l'unique référence de cette quatrième et dernière grille de lecture, l'énoncé internationaliste de sa charge le reléguant au rang d'un simple faire-valoir d'importation. Au Viêt Nam, le "héros nouveau" empruntait, il est vrai, les atours résiduels d'un calque de la figure stakhanoviste sino-soviétique. Par son ampleur, la dimension internationaliste avait souvent couvert le fin maillage de ses autres liaisons. Mais une compréhension de la figure du "héros nouveau" au sein de la société impliquait pourtant bien une lecture à quatre temps. Au Viêt Nam, la nouvelle figure héroïque était un personnage au double visage, à mi-chemin entre tradition et modernité.

Les quatre lectures du nouveau panthéon patriotique montrent que la descente du "héros nouveau" dans la commune villageoise a pleinement participé à la réaffirmation de la cohésion nationale ébranlée par la récente partition du pays. Pour qui prétend analyser l'histoire contemporaine du Viêt Nam, une prise en compte des liens et liaisons du nouvel imaginaire politique s'avère incontournable ; lui seul offre les clés d'un discours où l'ambiguïté érigée en principe continue de troubler amis ou ennemis d'un pays qui ne vise qu'à assurer la pérennité de ses ancrages identitaires. L'émergence de la nouvelle figure héroïque vietnamienne a été doublée d'une politique de relecture de l'ancêtre. Mais la reconnaissance de l'ancêtre national était un objet de conflit de part et d'autre des rives de la rivière Bến Hải. L'indigénisation de la figure d'importation de l'homme nouveau était un enjeu de taille pour la bureaucratie. Jamais ses amitiés internationalistes ne lui firent abandonner une référence traditionnelle à l'esprit du défunt héroïque. En adoptant un système d'importation en 1950, elle satisfaisait les attentes formalistes de ses nouveaux alliés. Les outils de propagande marxistes-léninistes multiplièrent ses capacités d'intervention. Mais l'abondance ne créa pas pour autant un sentiment d'appartenance dans l'esprit de son peuple[70]. Le nouveau héros de Tuyên Quang occupait 18 des 32 places du nouveau panthéon patriotique. Le talent des idéologues et des hommes de lettres avait été de parvenir à leur adjoindre une généalogie. Avec l'émergence d'une filiation révolutionnaire, le gouvernement gagnait une assise historique ; en réinventant ses ancêtres illustres, l'État s'offrait le monopole d'une mémoire collective frappée d'une amnésie sélective.

---

[70]. Pour illustrer la volonté du gouvernement nord-vietnamien à construire ses propres mythes identitaires, donnons encore l'exemple de l'échec de l'implantation du mythe de Ngô Mây. En 1964-65, devant le succès remporté par la figure de Nguyễn Văn Trỗi, les idéologues tentèrent d'imposer le combattant Ngô Mây avant de renoncer à l'emploi de cette histoire héroïque devant son manque de popularité auprès de la population du pays.

Conclusion

> "Les vaincus veulent toujours imiter le vainqueur dans ses traits distinctifs, dans son vêtement, sa profession et toutes ses conditions d'existence et coutumes. La raison en est que l'âme voit toujours la perfection dans l'individu qui occupe le rang supérieur et auquel elle est subordonnée. Elle le considère comme parfait soit parce que le respect qu'elle éprouve (pour lui) lui fait impression, ou parce qu'elle suppose faussement que sa propre subordination n'est pas une suite habituelle de la défaite, mais résulte de la perfection du vainqueur. Si cette fausse supposition se fixe dans l'âme, elle devient une croyance ferme. L'âme, alors, adopte toutes les manières du vainqueur et s'assimile à lui. Cela c'est l'imitation (...) Cette attraction va si loin qu'une nation dominée par une autre nation voisine poussera très avant l'assimilation et l'imitation".
>
> Ibn Khaldoun[1]

Une histoire de l'"homme nouveau" au Viêt Nam revendique, nous venons de le voir, l'examen des ruptures, des incohérences et des incompréhensions qui surgissent dans les sources et les mots des acteurs et témoins d'un quotidien aujourd'hui d'hier. On en revient ici aux prémisses de notre analyse. Rien *a priori* n'est plus familier du "héros nouveau" vietnamien que son *alter ego* chinois ou soviétique dans les années 1950-1960. Et pourtant, comme le rappelle Ginzburg, "dans la section transversale de n'importe quel présent, on trouve aussi les incrustations de nombreux passés, d'épaisseur temporelle différente qui peuvent renvoyer à un contexte spatial beaucoup plus étendu"[2]. Au cours de ce travail, nous avons voulu montrer que l'élaboration de

---

[1]. Cité par G.E. von Grunebaum, *L'Identité culturelle de l'islam*, Paris, Gallimard, 1973, pp. 184-185.
[2]. C. Ginzburg, *Le Sabbat des sorcières*, Paris, Gallimard, 1992, p. 24.

"l'homme exemplaire" au Viêt Nam dépendait profondément du besoin de légitimité et d'identité du pouvoir politique. La question héroïque suggère, autour de quelques personnages précis, ce que fut la volonté d'une construction de l'État national, et par là, rend compte des incertitudes des choix du nouveau régime en raison de la conjoncture du moment.

En faisant de l'analyse par entrecroisement l'une des tâches premières de notre étude sur le nouvel "homme exemplaire", nous avons voulu, en somme, développer un souci du détail qui entendait remonter des propriétés de phénomènes fortement individualisés aux caractéristiques générales des ensembles où ils s'inscrivent. "Les distinctions entre les niveaux *micro* et *macro* ne sont pas celles qui opposeraient le cas particulier à la généralité, l'exemple à la théorie, mais celles que l'on peut établir si l'on prête attention aux modes de communication choisis par nos interlocuteurs."[3] Sources officielles et historiographie d'État nord-vietnamiennes, documents des archives soviétiques, entretiens avec les acteurs et les témoins de notre histoire, l'addition de ces discours nous a amené à dépasser la dimension biographique du "héros nouveau" pour saisir une échelle globale où sa présence remplissait une fonction centrale dans l'établissement du pouvoir politique.

Au XXe siècle, le Viêt Nam existait en tant que "terre des ancêtres" (tổ quốc), mais pas encore en tant que nation (*quốc gia* ou *quốc dân*). L'émergence du nationalisme vietnamien s'affirme seulement à la fin du XIXe siècle avec le mouvement *cần vương*. La défaite de la résistance contre l'occupant français, la partition du pays et la mise sous tutelle de l'État impérial permirent la mise à jour du concept de nation tout en affaiblissant la pertinence des conceptions confucéennes. "Les mots se chargent de significations neuves : ainsi *dân*, qui signifiait enfant du souverain, acquiert le sens de citoyen ; les notions du vocabulaire national moderne pénètrent dans la langue : patriotisme (ái quốc),

---

[3]. A. Bensa, "De la micro-histoire vers une anthropologie critique", in J. Revel dir., *Jeux d'échelles. La micro-analyse à l'expérience*, Paris, Hautes Études, Gallimard, Seuil, 1996, p. 66.

nation (quốc dân), compatriote (đồng bào), État national (quốc gia), révolution (cách mạng), république démocratique (dân chủ cộng hoà)"[4]. On assistait au transfert tardif de l'allégeance d'une élite instruite de la légitimité du roi à la nation.

Or, à partir du moment où le Việt Minh apparaît, ces notions étaient encore tout à fait étrangères à la majorité des habitants du pays. Avec la montée au pouvoir en 1945 d'une élite souvent formée hors des frontières[5], la construction d'une identité politique moderne devint une priorité pour la République démocratique du Viêt Nam. À nouveau, la guerre, et par là la nécessité d'une mobilisation populaire, contraint la résistance à rechercher les moyens de sa survie. Le recours au "héros" n'a à proprement parler rien de surprenant. Certes, à aucune période de l'histoire, l'emploi du mythe du sauveur national n'a revêtu de forme comparable. Traditionnellement, on trouve toujours un argument consistant à sauver les héros en les rendant aussi vraisemblables que le sont les simples hommes, et cela tout naturellement, car "les héros n'ont été que des hommes, auxquels la crédulité a prêté des traits merveilleux"[6].

Confronter les détails du quotidien du "héros" à l'absence de sa "vie rêvée" rendait compte des choix d'association déterminés par le pouvoir. C'est sur le décalage, ou parfois même l'inadéquation, de ces niveaux de lecture que se fonde, au moins partiellement, le succès de la politique héroïque auprès de sa population. En effet, dès la rencontre de Tuyên Quang, les hommes du Việt Bắc virent dans la figure du "héros nouveau" un moyen de repositionner la communauté nationale au cœur du local. Une personnalité de rang intermédiaire, mais à renommée locale, décorée et encadrée par le Parti, permettait l'entrée de la

---

[4]. D. Hémery, P. Brocheux, *Indochine, la colonisation ambiguë 1858-1954*, Paris, La découverte, 1995, pp. 284-285.

[5]. A. Sokolov, *Komintern i Vietnam*, Moscou, Iv Ran, 1998. (publié l'année suivante au Việt Nam sous le titre : *Quốc tế cộng sản và Việt Nam*, Hà Nội, nxb Chính trị quốc gia, 1999).

[6]. P. Veyne, *Les Grecs ont-ils cru à leurs mythes ?*, Paris, Seuil, 1983, p. 53.

nation au cœur de la commune. Grâce au nouveau "héros", l'État multipliait sa matérialité dans les bourgs et les villages de ses provinces. Une recherche de légitimité politique condamnait le pouvoir à une identification croissante à son espace géographique. On aura noté que son nouvel arbre panthéonique s'inscrivait sur un réseau de correspondances géographiques qui les unissait entre elles à l'ensemble du territoire national. De ce point de vue, force est d'admettre une collusion entre une présence nécessaire auprès du peuple et une affirmation politique du nouvel appareil d'État. Il s'agit là d'un aspect extrêmement important sans lequel la fonction des "nouveaux diplômés de la RDVN" ne saurait être comprise réellement. Dans les années 1950-60, le régime nord-vietnamien a fait de son "homme exemplaire" l'expression de son achèvement en tant que nation. Le "héros nouveau" pose comme allant de soi une harmonie entre le particulier et le général. Notre objectif ne fut nullement de présenter un exposé exhaustif de l'histoire de la construction de la RDVN entre 1948 et 1964, il s'agissait plutôt d'utiliser cette grille de lecture afin de mieux situer les points d'ancrage de la réalité du "héros nouveau", et de montrer son caractère essentiel dans l'élaboration de l'identité nationale.

Si la nouvelle figure héroïque était un élément de la construction nationale, elle confronta aussi le pouvoir politique à la question du modèle. On connaît la vertu qui s'attache à la réduction. L'importation du communisme dans les pays du Tiers-Monde, on l'a dit, conduit à l'adaptation d'une idéologie exogène à des schèmes interprétatifs socio-culturels traditionnels. Or, il n'y aurait là rien d'autre que la combinaison de deux échelles de grandeur à même de cohabiter et de générer un contexte particulier. D'emblée, nous avons refusé de revenir sur la confrontation entre confucianisme et marxisme dans le cas des sociétés sinisées[7]. Le comportement social de notre objet d'étude

---

[7]. J. Chesnaux, G. Boudarel, D. Hémery dir., *Tradition et révolution au Viet-Nam*, Paris, Anthropos, 1971. Trinh Văn Thảo, *Viet Nam, du confucianisme au communisme*, Paris, L'Harmattan, 1990.

ne saurait dépendre de l'obéissance mécanique à un système de normes binaires.

Pragmatique, le communisme vietnamien fut souvent imperméable aux influences extérieures successives qui tentèrent de le construire. En Asie du Sud-Est, le marxisme-léninisme récupéra les aspirations nationales à l'indépendance et à la souveraineté "par un amalgame nationaliste qui visait à ancrer la révolution dans le cours nécessaire et inéluctable de l'histoire des pays"[8]. Les hommes de la RDVN étaient partagés entre un rêve de modernisation à la soviétique et la permanence d'une lutte pour la libération nationale. La guerre, dans la légitimité populaire qu'elle conférait au Parti, représente à elle seule une clé essentielle pour comprendre l'assise d'une organisation en apparence indestructible et, en fin de compte, son besoin de résistance aux changements et aux influences extérieures. La rupture avec les classes possédantes traditionnelles et l'héroïcisation d'un peuple rehaussaient le pouvoir d'attraction d'un discours pensé pour les masses populaires. Inauguré comme un mouvement rural, le maoïsme érigé en communisme national, demeurait un outil, porté et représenté, aménagé et défendu, par l'ancestral et disputé voisin du nord.

Comme en Chine, le communisme au Viêt Nam associait davantage le modèle idéologique d'importation à la modernité. Ce qui fascinait dans l'idée relevait surtout de son succès. Les communistes vietnamiens découvraient dans cette idéologie "les symboles mêmes du progrès, à l'opposé des catégories traditionnelles de la pensée chinoise, qui valorisent le monde rural. Révolution et modernisation s'opposent, en un tout indissociable, à contre-révolution et arriération"[9]. Dans l'histoire de la République démocratique du Viêt Nam, la figure du "héros nouveau" apparaît d'emblée comme ayant été une condition

---

[8]. B. Kiernan, *Le Génocide au Cambodge 1975-1979. Race, idéologie et pouvoir*, Paris, Gallimard, 1998, p. 577.
[9]. Y. Chevrier, "Mort et transfiguration : le modèle russe dans la révolution chinoise", in *Extrême Orient - Extrême Occident*, Paris, n°2, 1983, p. 71.

indispensable pour obtenir une légitimité auprès du monde communiste. Or, il est vrai, la question de la translation de l'*homo sovieticus* n'eut de cesse de confronter la figure de Tuyên Quang à l'aune de son modèle.

La question n'en reste pas moins posée de l'usage qui fut adopté du modèle importé. À bien des égards, la nouvelle figure héroïque répondait à des catégories institutionnelles communes à l'ensemble du monde communiste. Or, l'adoption d'un objet d'importation au Viêt Nam suggère que le modèle n'est pas figé une fois pour toute, mais qu'il fluctue moins en cherchant à s'adapter au "monde réel" vietnamien qu'en raison de l'évolution des rapports de force sur la scène internationale[10]. Le "héros nouveau" était un acteur mû par quelques nécessités profondes suivant un trajet continu. C'est donc bien là un facteur de son adaptation qui nous paraît essentiel et semble toujours diviser le champ de la recherche historique. Au-delà de l'opposition Idéologie / Culture, un autre raisonnement s'impose pour saisir la figure de l'"homme nouveau" au Viêt Nam ; n'étant ni parfaitement exogène aux conceptions ancestrales, ni automatiquement similaire au modèle sino-soviétique, ni davantage le fruit de leur synthèse, il se présentait comme le produit de leur attraction et de leur répulsion.

Le communisme au Viêt Nam doit en outre être perçu comme le produit d'une double confrontation entre les modèles de l'Union soviétique et ceux de la Chine maoïste. L'omniprésence de la Chine dans la construction identitaire du Viêt Nam rendait délicate l'application directe d'un modèle repensé par Pékin. Le corollaire de cette usurpation de l'implantation pure et simple de l'objet d'importation se retrouve dans l'évolution incessante de son état d'analyse d'une époque à l'autre. Au Viêt Nam, le pouvoir politique s'élabore dans un rapport constant aux grandes orientations de son puissant voisin. Un devoir de distinction dans la similitude pèse fortement dans la fabrication du politique chez les dirigeants vietnamiens. Alors que la Chine maoïste aborda l'implantation d'une idéologie d'importation dans une

---

[10]. *Ibid.*, p. 77.

confrontation avec l'Occident, le Viêt Nam ajoutait à cette dualité un regard vers Pékin. L'appareil institutionnel de la RDVN fut élaboré dans un rapport permanent à ce double modèle. Il s'agissait pour Hà Nội de satisfaire un lien d'appartenance ancestral sans pour autant faire preuve d'une trop grande allégeance.

Or, la revendication d'une telle équidistance fragilisa sans nul doute la figure du "héros nouveau" nord-vietnamien. En limitant son indigénisation pour mieux se rapprocher des canons soviétiques, le héros de Tuyên Quang gagnait en revanche une distance recherchée avec la Chine. L'histoire du communisme au Viêt Nam est à comprendre à la lumière de ce principe de gouvernabilité. La RDVN d'après 1950 s'inspira beaucoup, il est vrai, de la Chine maoïste : réforme agraire, collectivisation accélérée et une même volonté de mainmise sur les masses populaires. Et pourtant, le rôle joué par les conseillers chinois dans l'adoption de la nouvelle émulation à l'origine des "nouveaux diplômés de la RDVN" en 1950-1952 fit de la Chine maoïste l'objet d'une distinction. La version qui prévaut au lendemain de la conférence de Tuyên Quang se voulait davantage le reflet d'une conception lointaine que la réplique de sa relecture sinisée. Lorsqu'en 1956, le gouvernement condamna "l'imitation servile de l'expérience des pays étrangers"[11], elle pointait d'abord l'index vers la Chine dont les méthodes avaient été jusqu'alors appliquées avec fidélité dans l'élaboration de son "homme nouveau".

Au cours de cet ouvrage, nous avons voulu en somme rassembler les sources d'une définition multiple du nouvel "officier méritant" de la RDVN. "Multiple", parce qu'il se caractérisait avant tout par la confrontation entre des éléments traditionnels et internationalistes. En insistant sur ce point, nous n'avons pas souhaité privilégier la part du déterminisme culturel du "héros nouveau". Il s'agissait surtout de souligner une rupture existant entre forme et contenu, annonçant l'apparition d'un

---

[11]. Công tác thương binh liệt sĩ từ hòa bình lập lại đến nay, in AVN3, BNV, dossier n°2255, document unique, 1961.

troisième corps du "héros", à cheval entre image d'hier et modernité. De là l'idée de ne pas séparer l'intention, ou l'intervention du pouvoir, qui serait d'inspiration exogène, de la réception de cette intention par la société, et de ses réalités, qui détermineraient une réalité endogène du phénomène. Le succès de l'implantation de la figure de Tuyên Quang dans la société nord-vietnamienne démontre que la politisation du social répondait à la socialisation du politique. Le pouvoir recherchait d'abord un moyen d'accroître sa mainmise sur le peuple dans une atmosphère de communisme de guerre.

Le "héros nouveau", sujet technique, en tant que finalité de l'émulation patriotique, se métamorphosa peu à peu au sein de la communauté en sujet culturel porteur d'une permanence culturelle dans la définition du politique. Cette mise en perspective a pour effet principal de rendre difficile la distinction entre pratique politique et pratique sociale. La descente dans la commune de la figure héroïque de Tuyên Quang la conduisait à s'émanciper de l'épure d'un projet politique façonné ailleurs. En fin de compte, le problème est de savoir si la question de l'"homme nouveau" relève de la substance ou de l'accident. S'agissait-il d'un phénomène central ou périphérique, pour le régime et pour le réel social dans les années 1950-1960 ? Au cours de cette étude, nous sommes régulièrement revenu sur la question de l'intéressement matériel de la population d'avant-garde. Il y avait l'idée selon laquelle l'action de décorer, récompenser et mobiliser les masses était devenu un critère essentiel de la construction de l'État. Le pouvoir accordait à ses sujets méritants une matérialisation de son appartenance à un peuple d'avant-garde, mais il ne s'agissait pas pour autant de générer une société dans la société. Jour après jour, l'émulation devait concerner le peuple dans son ensemble : *Anh hùng dân tộc, dân tộc anh hùng* (Héros du peuple, peuple héroïque).

Au niveau de l'intention politique, la question de l'homme nouveau constituait un phénomène central dans l'assise du pouvoir nord-vietnamien. La répartition des domaines de compétences entre la société et le pouvoir dans la culture nationale est un principe partagé par tous. Le "héros nouveau" ne se réduit pas à du symbolique, il avait une réalité sur le terrain social et politique. L'établissement de régimes communistes dans le monde sinisé a conduit ces pays à redéfinir une loyauté politique, et par là, à se lancer dans une remodélisation de l'homme vertueux. Le réel social exigeait d'une nouvelle dynastie de pouvoir la promulgation de règles en accord avec son temps. On aura noté que ces raisons, toutes explicitées dans notre travail, s'inscrivent dans des traditions et impliquent des conséquences qui coïncident parfois mal avec l'exogénéité d'un discours idéologique. Et pourtant, l'approche néo-traditionaliste développée à propos du cas chinois par le sinologue Andrew G. Walder, évoque l'idée d'une rupture construite autour de la recomposition du lien social[12]. La fabrication de l'homme nouveau au Viêt Nam ne s'est pas réalisée dans une opposition à la société, elle était plutôt l'œuvre d'un pouvoir politique conscient des règles et des limites des changements sociaux au sein de la communauté. Le "héros nouveau" était un passeur, l'alchimiste d'une nouvelle conversion entre le pouvoir et son peuple ; à lui de permettre la transcription ; à lui de donner vie à un pouvoir temporel immatériel marqué du poids d'une tradition nationale.

Enfin, ce dernier aspect nous renvoie à la logique générale d'un système complexe de répartition du droit de regard dans la société vietnamienne. La position de l'observateur (générationnelle, institutionnelle, ethnique ou biographique etc.) détermine son accès à un type donné d'information. Que se passe-t-il en effet si, par hypothèse, on modifie la nature du locuteur ? Il ne s'agit pas ici de proposer une réponse clés en main, mais bien plutôt de s'interroger de façon ouverte sur le territoire accordé à l'étranger dans un travail sur le "héros nouveau" au milieu des années 1990. On assiste au Viêt Nam depuis 1986 à la promotion d'une ouverture à deux niveaux (économique et politique)

---

[12]. A.G. Walder, *Communist Neo-traditionalism, Work and Authority in chinese Industry*, Berkeley, University of California Press, 1988 (introduction).

distincts et savamment contrôlés. En se montrant attentif à l'historique d'une tradition régionale, et cela afin de légitimer son admission au sein de l'ASEAN, le gouvernement se montra récemment plutôt discret sur l'ampleur de sa participation à la "construction d'un communisme mondial" depuis les années 1950. Avec le *Đổi mới*, l'historiographie d'État entama un retour vers les origines culturelles de son identité politique.

L'image élaborée conduit le pouvoir à parler de "renouveau religieux", catégorie on ne peut mieux présentable au moment où le pays se retournait vers l'Occident. Or, dans le même temps, les modifications survenues n'étaient pourtant que quantitatives et non qualitatives ; il s'agissait davantage de variations d'amplitude que de réels changements d'orientation. "Seuls des observateurs dépourvus de toute perspective historique pouvaient entretenir l'illusion qu'à tel ou tel moment le régime tournait la page, et s'engageait dans une voie neuve."[13] C'est donc bien l'opposition entre ces deux tendances profondes de l'historiographie nationale qu'il convient de situer les limites de notre travail. Comment rendre compte d'un choix qui paraît, dès lors, aller contre l'intérêt le plus immédiat du pouvoir ? Le "héros nouveau" raccrochait le Viêt Nam à un passé que le présent cherchait à négliger. À l'inverse, orienter le regard de l'étranger vers la reconduction des rites et coutumes d'une tradition millénaire exprimait une intention qui visait à conforter l'occident dans sa conception de l'ouverture politique. L'histoire est un moyen de communication, un trope à situer dans un jeu d'énonciations. On aura noté que cette orientation s'inscrit dans une tradition de dirigisme étatique et implique des pratiques d'encadrement. La position du contemporanéiste étranger est soumise à caution au Viêt Nam, ses domaines d'attribution et de compétences sur la réalité nationale restent soigneusement délimités. Or, passer sous silence par intimidation la refonte de l'imaginaire patriotique sous la RDVN, revenait pourtant à ignorer une part importante de la recomposition identitaire du pays engagée depuis un demi-siècle.

---

[13]. S. Leys, *Ombres chinoises* (1974), in *Ibid., Essais sur la Chine*, Paris, R. Laffont, 1998, p. 262.

L'une des tendances les plus visibles de l'historiographie actuelle est l'intérêt qu'elle affiche pour attribuer à l'étranger une grille identitaire conforme à ses attentes. À la progressive distinction de ces niveaux de lecture, il faudrait renoncer à trouver une coïncidence totale et immédiate entre la sphère intérieure, un discours pour les Vietnamiens, et une image autre, construite pour l'extérieur. En se fixant pour objectif l'exploration d'une zone sensible, politiquement parlant, il s'agissait d'œuvrer dans l'horizon d'une connaissance incomplète afin, dans un refus des territoires d'assignation, de se rapprocher d'un discours de l'intérieur à même d'améliorer un regard sur l'histoire récente du Viêt Nam.

Aujourd'hui, parcourir les bourgs et les villages du pays, ouvrir la presse, écouter les mots du pouvoir condamnent l'observateur au partage d'une histoire en mouvement, d'une histoire où les référents d'hier croisent ceux d'une époque plus contemporaine, riche de l'allégorie d'une guerre de libération créatrice de présent. En somme, et malgré une certaine distance chronologique, la figure du "héros nouveau", aujourd'hui plus encore qu'hier, reprend l'image d'une histoire retrouvée, l'instant d'une victoire vietnamienne sur une modernité occidentale portée par les décennies de présence française dans le pays. Au Viêt Nam, "travailleurs exemplaires", "combattants d'émulation" et "héros nouveaux" s'étaient imposés avec la ferme intention de générer une "société exemplaire", une communauté raffermie, réunie où la croyance en l'avenir plongeait ses racines dans une nostalgie du passé.

Références Bibliographiques

Fonds des archives

Archives nationales de la République socialiste du Viêt Nam, centre n°3, Hanoi (Viêt Nam)
- * Fonds du Ministère du Travail (Bộ Lao động), 1948-64
- * Fonds du Ministère de l'Intérieur (Bộ Nội vụ), 1948-64
- * Fonds du Ministère des Invalides (Bộ thương binh), 1948-64
- * Fonds du Ministère de la Culture (Bộ Văn hóa), 1948-64
- * Fonds de l'Assemblée nationale (Quốc hội), 1948-64

Archives du Syndicat national (Tổng công đoàn), Hanoi (Viet Nam)
Archives du comité central du PCUS, Moscou (Russie)
Archives du ministère des Affaires étrangères d'URSS, Moscou (Russie)
- * Fonds d'Asie du Sud-Est

Archives du Kominform, Moscou (Russie)
Centre des Archives d'Outre-Mer, Aix en Provence (France)
- * Fonds du Conseiller diplomatique
- * Fonds du Conseiller politique
- * Fonds du Haut Commissariat pour l'Indochine
- * Fonds du Service de Protection du Corps expéditionnaire

Sources en langues occidentales

Bakken, Borge, *The Exemplary Society – Human Improvement, Social Control and the Dangers of Modernity in China*, Oxford, Oxford University Press, 2000.

Benichou, Marcel, "Communisme et nationalisme", dans *Ho Chi Minh : L'Homme et son héritage,* Paris, Đường Mới/La voie nouvelle, 1990, pp. 117-150.

Beresford, Mary, Dang Phong, *Authority Relations and Economic Decision-Making in Viet Nam. An Historical Perspective*, Copenhague, NIAS, 1998.

Bodard, Lucien, *La Guerre d'Indochine - L'enlisement* (1963). *L'humiliation* (1965). *L'aventure* (1967) -, Paris, Grasset, 1997.

Boudarel, Georges dir., *La Bureaucratie au Vietnam*, Paris, L'Harmattan, 1983.

Boudarel, Georges, "Influences and idio syncrasies in the line and practice of the Viet nam Communist Party", in Turley W.S. dir., *Vietnamese Communism in Comparative Perspective*, Boulder, Westview press, 1980.

Boudarel, Georges, "L'insertion du pouvoir central dans les cultes villageois au Vietnam : esquisse des problèmes à partir des écrits de Ngô Tât Tô", in *Cultes populaires et sociétés asiatiques*, Paris, L'Harmattan, 1991, pp. 87-146.

Boudarel, Georges, "Phan Bôi Châu et la société vietnamienne de son temps", in *France-Asie*, Paris, n°199, 4e trimestre 1969, pp. 355-433.

Boudarel, Georges, *Le PCV face au confucianisme, à la nation et à la paysannerie*, Colloque Marx-Marxismes, Universités Paris VII, Paris VIII, Sciences Po, Paris, rapport 10, 1983.

Boudarel, Georges, *Les Stages de formation politique dits Chinh Huan et le problème de la bureaucratie au Viet-Nam*, Institute of Social Studies, 1980.

Brocheux, Pierre, "Les communistes et les paysans dans la révolution vietnamienne", in *Histoire de l'Asie du sud-est, révoltes, réformes, révolutions*, Presse universitaire de Lille, 1981, pp. 247-276.

Brocheux, Pierre, "L'économie de résistance vietnamienne, 1945-1954", dans Charles-Robert Ageron et Philippe Devillers dir., *Les guerres d'Indochine de 1945 à 1954,* in *Les Cahiers de l'Institut d'Histoire du Temps Présent*, Paris, n° 34, juin 1996, pp. 77-94.

Bui Tin, *Following Hô Chi Minh : Memoirs of a North Vietnamese Colonel*, Honolulu, University of Hawai Press, 1995.

Cadière, Léopold, *Croyances et pratiques religieuse des Vietnamiens*, Paris, EFEO, 1992 (réédition).

Chen Jian, "China and the first Indochina war, 1950-1954", in *The China Quarterly,* n°133, (mars 1993), pp. 85-110.

Chen, K.C. *Vietnam and China, 1938-1954*, Princeton, Princeton University Press, 1969.

Chevrier, Yves, "Chine, fin de règne du lettré ? Politique et culture à l'époque de l'occidentalisation", in *Extrême Orient - Extrême Occident*, Paris, n°4, 1985, pp. 81-139.

Chevrier, Yves, "Mort et transfiguration : le modèle russe dans la révolution chinoise", in *Extrême Orient - Extrême Occident*, Paris, n°2, 1983, pp. 41-108.

Chu Van Tan, *Remeniscences on the Army for National Liberation*, Cornell University Southeast Asian Program, Data Paper, n°97, Ithaca, 1974.

Devillers, Philippe, *Histoire du Vietnam de 1940 à 1952*, Paris, Seuil, 1952.

Domenach, Jean-Luc, *Chine : l'archipel oublié*, Paris, Fayard, 1992.

Duiker William J., *Viet-Nam : Nation in Revolution*, Boulder, Westview press, 1983.

Duiker, William J., "Hanoi scrutinizes the Past : the Marxist Evaluation of Phan Boi Chau and Phan Chu Trinh", in *Southeast Asia : An international quaterly*, 1, n°3, summer 1971, pp. 243-254.

Dumoutier, Georges, *Les Cultes annamites*, Hanoi, Schneider, 1907.

Evans, Greg, *The Politics of Ritual and Remembrance. Laos since 1975*, Chieng Mai, Silkworm books, 1998.

Fall, Bernard, *Le Viet Minh, la RDV 1945-60*, Paris, A.Colin, 1960.

Fall, Bernard, *The Viet Minh Regime*, Cornell university, Ithaca, 1954.

Filtzer, Donald, *Soviet workers and Stalinist industrialization. The formation of modern Soviet production relations, 1928-1941*, New York, M.E. Sharpe, Inc., 1986.

Forest, Alain & Ishizawa, Y. dir., *Cultes populaires et sociétés asiatiques : appareils cultuels et appareils de pouvoir*, Paris, L'Harmattan, Sophia university of Tokyo, 1991.

Gaiduk, I.V., *The Soviet Union and the Vietnam War*, Chicago, Ivan R.Dee, 1996.

Ginsburgs, G., "Local Government and Administration in North Vietnam 1945-54", in *China Quarterly*, London, n°10, avril-juin 1962, pp. 174-204.

Goscha, Christopher E., *Thailand and the Southeast Asian Networks of the Vietnamese Revolution 1885-1954*, London, Curzon Press, 1999.

Goscha, Christopher E., "Entremêlements sino-vietnamiens : Réflexions sur le Sud de la Chine et la révolution vietnamienne entre les deux guerres", in *Approches-Asie,* Nice, n°16, 1999, pp. 81-108.

Goscha, Christopher E., *Vietnam or Indochina ? Contesting Concepts of Space in Vietnamese Nationalism, 1887-1954*, Copenhague, NIAS books, 1995.

Grossheim, Martin, *Nordvietnamesische Dorfgemeinschaften : Kontinuität und Wandel*, Hamburg, Mitteilungen des Instituts für Asienkunde, 1997.

Hữu Ngọc dir., *Dictionnaire de la culture traditionnelle du Vietnam*, Hanoi, Éditions Thê Gioi, 1997.

Hardy, Andrew, *A History of Migration to Upland Areas in the 20th Century Vietnam*, Camberra, thèse (PhD), Australian National University, 1998.

Hémery, Daniel & Brocheux, Pierre, *Indochine, la colonisation ambiguë 1858-1954*, Paris, La découverte, 1995.

Hémery, Daniel, "Le communisme national au Viet Nam, l'investissement du marxisme par la pensée nationaliste", in Galissot, René dir., *Les Aventures du marxisme*, Paris, Syros, 1984.

Hémery, Daniel, *Ho Chi Minh de l'Indochine au Viet-Nam*, Paris, Gallimard, 1990.

Hémery, Daniel, *Révolutionnaires vietnamiens et pouvoir colonial en Indochine*, Paris, Maspéro, 1975.

Hoang Van Chi, *From Colonialism to Communism : a Case History of North Vietnam*, New York, Praeger, 1964.

Hy Van Luong, *Revolution in the Village, Tradition and Transformation in North Vietnam 1925-88*, University Press of Hawaï, 1992.

Hy Van Luong, "Vietnamese Kinship : Structural Principles and the Socialist Transformation in northern Vietnam", in *The Journal of Asian Studies*, Salt Lake City, vol.48, n°4, nov 1989, pp. 741-756.

Jiwei Ci, *Dialectic of the Chinese Revolution, from Utopianism to Hedonism*, Stanford, Stanford University Press, 1994.

Kerkvliet, Benedict J. & Scott, James dir., *Everyday Forms of Peasant Resistance in Southeast Asia*, London, Frank Cass, 1986.

Kerkvliet, Benedict J., "Village-State Relations in Vietnam: the Effect of everyday Politics", in *The Journal of Asian Studies*, Salt Lake City, vol. 54, n°2, 5.1995, pp. 396-418.

Keyes, C. dir., *Asian Visions of Authority : Religion and tne Modern States in East and Southeast Asia*, Honolulu, University of Hawai Press, 1994.

Khapaeva, Dina & Kopossov, Nicolai, "Les demi-dieux de la mythologie soviétique, étude sur les représentations collectives de l'histoire", in *Annales ESC*, Paris, n°4-5, juill-oct 1992, pp. 963-987.

Kleinen, John, *Facing the future, Reviving the past. A Study of Social Change in a Northern Vietnamese Village*, Singapour, ISEAS, 1999.

Ky Thu, *Refermer le passé douloureux*, Hanoi, Edition Van Hoc, 1995.

Langlet, Philippe, *L'Ancienne historiographie d'État au Vietnam*, tome I. *Raisons d'être, conditions d'élaboration et caractères au siècle des Nguyên*, Paris, PEFEO, 1990.

Leys, Simon, *Écrits sur la Chine*, Paris, Robert Laffont, 1998.

Lockhart, Greg, *Nation in Arms : the Origins of the People's Army of Vietnam*, Sydney, Allen and Unwin, 1991.

Lombard, Denys, "Une autre - Méditerranée - dans le Sud-Est asiatique", in *Hérodote*, Paris, n°88, 1ᵉʳ trimestre 1998, pp. 184-193.

Lombard, Denys, *Le Carrefour javanais, essai d'histoire globale*, Paris, Editions de l'EHESS, 1990.

Malarney, Sean, "Culture, Virtue, and Political Transformation in Contemporary Northern Viet Nam", in *The Journal of Asian Studies*, Salt Lake City, vol. 56, n°4, nov 1997, pp. 899-920.

Malarney, Sean, "The Emerging Cult of Ho Chi Minh ? A Report on Religious Innovation in Contemporary Northern Viet Nam", in *Asian Cultural Studies*, n°22, 3.1996, pp. 121-131.

Malarney, Sean, "The Limits of State Functionalism and the Reconstruction of Funerary Ritual in Contemporary Vietnam", in *American Ethnologist*, vol. 23, n°3, 1996, pp. 540-560.

Marr, David G., "The vietnamese language revolution", in Wang, Guerrero, Marr dir., *Society and the Writer on Litterature in Modern Asia*, Camberra, Research of Pacific Studies, Australian National University, 1981, pp. 21-33.

Marr, David G., *Vietnamese Anticolonialism 1885-1925*, Berkeley, University of California Press, 1971.

Marr, David G., *Vietnamese Tradition on Trial 1920-1945*, Berkeley, University of California Press, 1981.

Marr, David G., *Vietnam 1945 the Quest for Power*, Berkeley, University of California Press, 1995.

Moise, Edwin, *Land Reform in China and North Vietnam : Consolidating the Revolution at the Village Level*, Chapel Hill, University of North Carolina Press, 1983.

Morris, Stephen J., *Why Vietnam invaded Cambodia. Political culture and the causes of war*, Stanford, Stanford University Press, 1999.

Mus, Paul, *Viet-Nam, sociologie d'une guerre*, Paris, Seuil, 1952.

Ngo Van, *Viêt Nam 1920-45 révolution et contre-révolution sous la domination coloniale*, Paris, L'insomniaque, 1995.

Nguyên Thanh Hung, "Der Mythos von den Hung-Königen und das nationale Selbstversändnis der Vietnamesen", in *Verfassung und Recht in Übersee*, Hamburg, n°3, automne 1979, pp. 249-258.

Nguyên Thê Anh, "How did Hô Chi Minh become a proletarian? reality and legend", in *Asian Affairs*, London, 16, part.11, 1985, pp. 163-170.

Nguyên Thê Anh, "La conception de la monarchie divine dans le Viêt Nam traditionnel", in *BEFEO*, Paris, n°84, 1997, pp. 147-158.

Nguyên Thê Anh, Alain Forest dir., *Guerre et paix en Asie du Sud-Est*, Paris, L'Harmattan, 1998.

Nguyên Van Huyên, "Contribution à l'étude d'un génie tutélaire annamite Li Phuc Man", in *BEFEO*, Paris, 1938, pp. 1-110.

Nguyên Van Khoan, "Essai sur le Dình et le culte du génie tutélaire des villages au Tonkin", in *BEFEO*, Paris, t. XXX, 1930, pp.107-139.

Nguyên Van Ky, *La Société vietnamienne face à la modernité. Le Tonkin de la fin du XIXe siècle à la seconde guerre mondiale*, Paris, L'Harmattan, 1995.

Nguyên Van Ky, "Les enjeux des cultes villageois au Vietnam (1945-1997)", in J. Kleinen ed., *Vietnamese Society in transition. The daily politics of reform and change*, Amsterdam, Het Spinhuis, 2001, pp. 183-201.

Papin, Philippe, "Sources, approches et premiers résultats pour une histoire du village vu d'en bas", in *BEFEO*, Paris, n°83, 1996, p. 89-114.

Papin, Philippe, "Terres communales et pouvoirs villageois à la fin du XIXe siècle : le cas du village de Quynh Lôi", in *Annales ESC*, Paris, n°6, 10-11.1996, pp. 1303-1323.

Pelley, Patricia, "The History of Resistance and the Resistance to History in Post-Colonial Constructions of the Past", in Taylor, K.W. & Whitmore, J.K. dir., *Essays into Vietnamese Pasts*, Ithaca, Cornell University Press, 1995, pp. 232-245.

Pike, Douglas, *PAVN : People's army of Vietnam,* London, Brassey's Defence Publishers, 1986.

Pike, Douglas, *Vietnam and the Soviet Union: Anatomy of an Alliance*, Boulder, Westview Press 1987.

Porter, Gareth, *Vietnam : the Politics of Bureaucratic Socialism*, Ithaca, Cornell University Press, 1993.

Post, Ken, "The working class in north Viet Nam and the Launching of the Building of Socialism", in *Journal of Asian and African studies*, London, vol XXIII, n°1-2, janv-avril 1988, pp. 141-155.

Post, Ken, *Revolution, Socialism and Nationalism in Vietnam*, Hants, Darmouth Publishing Company, 1989 (3 tomes).

Pye, Lucian W., *Asian Power and Politics : the Cultural Dimensions of Authority*, Cambridge, Harvard University Press, 1985.

Qiang Zhai, "Transplanting the Chinese model : Chinese military advisors and the First Vietnam war, 1950-1954", in *The Journal of Military History,* 57, octobre 1993, pp. 689-715.

Qiang Zhai, *China & the Vietnam wars, 1950-1975,* Chapel Hill, The University of North Carolina Press, 2000.

Roux, Alain, *La Sinisation du marxisme*, Colloque Marx-Marxismes, Universités Paris VII, Paris VIII, Sciences Po, Paris, 1983.

Ruscio, Alain, *Les Communistes français et la guerre d'Indochine, 1944-1954,* Paris, L'Harmattan, 1985.

Sardesai, D.R., *Vietnam the Struggle for National Identity*, Boulder, Westview Press, 1988.

Sheng, Michael, "The triumph of internationalism : CCP-Moscow relations before 1949", in *Diplomatic History,* n°1, vol. 21, hiver 1997, pp. 95-104.

Schreiner, Klaus H., *Politischer Heldenkult in Indonesien*, Hamburg, Dietrich Reimer Verlag, 1995.

Shao, K., "Zhou Enlai's Diplomacy and the Neutralization of Indo-China", in *The China Quaterly*, London, n°107, 9.1986, pp. 483-504.

Sheridan, Mary, "The Emulation of Heroes", in *The China Quaterly*, London, n°33, janvier-mars 1968, pp.47-72.

Smith, Ralph, "Ho Chi Minh's last decade 1960-69, between Moscow and Beijing", in *Indochina Report*, London, n°27, avril-juin 1991, pp. 1-19.

Smith, Ralph, *An international History of the Vietnam War - Revolution versus Containment 1955-61*, New York, St. Martin's Press, 1981.

Sokolov, Anatoli, *Kommintern i Vietnam*, Iv Ran, 1998.

Stuart-Fox, M., *Buddhist Kingdom Marxist State. The Making of Modern Laos*, Bangkok, White Lotus, 1996.

Tavernier, Émile, *Le Culte des ancêtres*, Saigon, Éditions Albert Portail, 1926.

Taylor, Keith W., Whitmore, John K. dir., *Essays into Vietnamese Pasts*, Ithaca, Cornell University Press, 1995.

Thai Quang Trung, "Hanoï-Pékin-Moscou : 30 ans d'amitiés illusoires", in *Défense nationale*, Paris, 36, n°2, février 1980, pp. 69-84.

Thai Quang Trung, *Collective Leadership and Factionalism, an Essay on Hô Chi Minh's Legacy*, Singapour, ISAS, 1985.

Thaveeporn, Vasavakul, *Schools and Politics in South and North Vietnam: a Comparative Study of State Apparatus, State Policy, and State Power (1945-1965)*, Thèse, Cornell University, 1994.

Thayer, Carl, "Vietnam's two Strategic Tasks : Building Socialism and Defending the Fatherland", in *Southeast Asian Affairs*, Singapour, 1983, pp. 299-324.

Thayer, Carl, *War by other Means; National Liberation and Revolution in Viet Nam 1954-1960*, Sydney, Allen & Unwin, 1989.

Tôn Thât Thien, *The foreign Politics of the Communist Party of Vietnam, a Study of Communist tactics*, London, Crane Russak, 1985.

Tonnesson, Stein, *1946, le Déclenchement de la guerre d'Indochine : Les vêpres tonkinoises du 19 décembre,* Paris, L'Harmattan, 1987.

Trân thị Liên, *Les Catholiques vietnamiens pendant la guerre d'indépendance (1945-1954)*, Paris, L'Harmattan, 2001 (sous presse).

Tréglodé (de), Benoît, "Premiers contacts entre le Viêt Nam et l'Union soviétique (1947-1948). Nouveaux documents des archives russes", in *Approches-Asie*, Nice, n°16, 1999, pp. 125-135.

Tréglodé (de), Benoît, "Les relations entre le Viêt-Minh, Moscou et Pékin à travers les documents (1950-1954)", in *Revue historique des armées*, Paris, n°4, 2000, pp. 55-62.

Tréglodé (de), Benoît, "Sur la formation d'une géographie cultuelle patriotique au Vietnam. Essai sur le culte de Mac thi Buoi", in J. Kleinen ed., *Vietnamese Society in transition. The daily politics of reform and change*, Amsterdam, Het Spinhuis, 2001, pp. 202-220.

Trinh Văn Thảo, *Viêt Nam, du confucianisme au communisme*, Paris, L'Harmattan, 1990.

Turley, William S., *Vietnamese Communism in Comparative Perspective*, Boulder, Westview Press, 1980.

Vickermann, A., *The Fate of the Peasantry : Premature "Transition to Socialism" in the DRV*, New Haven, Yale University Press, 1986.

Võ Nguyên Gíap, *Unforgettable Years and Months*, Cornell University Southeast Asia Program, Data paper n°99, Ithaca, 1975.

Walder, Andrew G., *Communist Neo-Traditionalism – Work and Autority in Chinese Industry*, Berkeley, University of California Press, 1988.

White, Christine, "Mass Mobilization and Ideological Transformation in the Vietnamese Land Reform Campaign", in *Journal of Contemporary Asia*, Stockolm, 13, n°1, 1983, pp. 74-90.

Whitmore, John K., "Social Organization and Confucian Thought in Vietnam", in *Journal of Southeast Asian Studies*, Singapour, vol. XV, n°2, 9.1984, pp. 296-306.

Whitmore, John K., Pham Cao Duong, "The vietnamese Sense of Past" in *Vietnam Forum*, New Haven, 2, Wint-Spr 1983, pp. 4-16.

Wiegersma, N., *Vietnam : Peasant Land, Peasant Revolution, Patriarchy and Collectivity in the Rural Economy*, New York, St Martin's, 1988.

Woodside, Alexander, *Vietnam and the Chinese Model*, Cambridge, Harvard University Press, 1971.

Woodside, Alexander, "The triumphs and failures of mass education in Vietnam", in *Pacific Affairs*, Vancouver, 56, n°3, automne 1983, pp. 401-427.

Sources en langue vietnamienne

Đàm Ngọc Liên, "Chuyển sang cuộc thi đua mới" (Passer à la nouvelle émulation), in *Sự Thật*, 5.1950, p. 5.

Đào Phiếu, *Nguyễn Văn Cừ, một người lãnh đạo xuất sắc của Đảng* (Nguyên Van Cu, un dirigeant d'exception du Parti), Hanoi, nxb Sự Thật, 1987.

Đồng Thế, *Kể chuyện Lê Hồng Phong* (Raconter Lê Hông Phong), Hanoi, nxb Kim Đồng, 1970.

Đào Duy Ký, *Những người sống mãi* (Ceux qui vivent éternellement), Hanoi, Vụ văn hóa đại chúng, 1956.

Đinh Gia Khánh, Lê Hữu Tầng dir., *Lễ hội truyền thống trong đời sống xã hội hiện đại* (Festivals traditionnels dans la société contemporaine), Hanoi, nxb Khoa học xã hội, 1993.

Đoàn Giỏi, *Trần Văn Ơn*, Hanoi, nxb Thanh niên, 1963.

C.B. (Hồ Chí Minh), "Anh hùng giả và anh hùng thật" (Faux et Vrai héros), in *Nhân dân*, n°149, 21.11.1953.

Trường Chinh, *Thi đua ái quốc và chủ nghĩa anh hùng mới* (L'émulation patriotique et le nouvel héroïsme), Nhà tuyên truyền và văn nghệ, 1953.

Staline, *Bàn về thi đua xã hội chủ nghĩa* (Sur l'émulation socialiste), Hanoi, nxb Sự Thật, 1959.

Chiến Hữu, "Thi đua ái quốc" (L'émulation patriotique), in *Sinh hoạt Nội bộ*, n°8, 5.1948, pp. 16-17.

Dương Đại Lâm, *Pắc Bó quê tôi* (Pac Bô ma terre natale), Hồi ký, Hanoi, nxb Quân đội nhân dân, 1967.

Diệp Đình Hoa, "Vài vấn đề văn hóa người Việt vùng Bắc huyện Quỳnh Phụ, Thái Bình qua tín ngưỡng thờ ở Đình" (Quelques questions sur la culture du nord-vietnamien, district de Quynh Phu, Thai Binh au sujet de rites et croyances dans la maison communale), in *Tạp chí Dân tộc học*, Hanoi, n°1, 1981, pp. 37-46.

Diệp Đình Hoa, *Làng Nguyễn, tìm hiểu làng Việt II*, (Le village Nguyên. Recherche sur le village vietnamien II), Hanoi, nxb Khoa học xã hội, 1994.

Hà Huy Giáp, "Một vài suy nghĩ về Đạo lý làm người của Hồ Chủ tịch" (Quelques réflexions sur la morale à la base de l'homme selon le président Hô), in *Học Tập*, Hanoi, n°5, 1969, p. 25.

Hải Như, Nguyễn Văn Thiện, *Người anh hùng Vàng Pè* (Le héros de Vang Pe), Hanoi, nxb Phổ thông, 1965.

Hồ chủ tịch nói về dân chủ, kỷ luật và đạo đức cách mạng (Le président Hô parle de démocratie, de discipline et de morale révolutionnaire), Hanoi, nxb Sự Thật, 1967.

Hồ Chí Minh, *Con người xã hội chủ nghĩa* (L'homme socialiste), Hanoi, nxb Sự Thật, 1961.

Hồ Chí Minh, *Thi đua yêu nước* (L'émulation patriotique, recueil de textes), Hanoi, nxb Sự Thật, 1984.

Hồ Chí Minh, *Toàn tập* (Œuvres complètes), Hanoi, nxb Chính trị quốc gia, 1995 (7 volumes).

Hồ Chí Minh, *Về xây dựng con người mới* (Sur la construction de l'homme nouveau), Hanoi, nxb Chính trị quốc gia, 1995.

Hoàng Cầm *Chặng đường mười nghìn ngày*, Hồi ký (Une voie éternelle, mémoire), Hanoi, nxb Quân đội nhân dân, 1995.

Hoàng thị Ái, *Một lòng với Đảng* (De cœur avec le Parti), Hanoi, nxb Phụ nữ, 1964.

Hoàng Văn Hoan, *Giọt nước trong Biển cả* (Une goutte d'eau dans l'océan), Pékin, nxb Tin Việt Nam, 1986.

Hoàng Tranh, *Hồ Chí Minh và Trung Quốc* (Hô Chi Minh et la Chine), Pékin, nxb Giải Phóng Quân, 1987.

Lê Mậu Hãn, *Đảng cộng sản Việt Nam, các Đại hội và Hội nghị trung ương* (Le Parti communiste vietnamien, les congrès, les plenums), Hanoi, nxb Chính trị quốc gia, 1995.

Lê Minh Ngọc, "Tín ngưỡng thần hoàng và ý thức tâm lý cộng đồng làng xã" (La croyances aux génies tutélaires et la conscience psychologique de la communauté villageoise), in *Nông thôn Việt Nam trong Lịch sử*, tome I, Hanoi, nxb Khoa học xã hội, 1977, p. 337.

Lê Quốc Sử, *Ngô Gia Tự*, Hanoi, nxb Kim Đồng, 1979.

Lê Văn Hiến, *Nhật ký của một Bộ trưởng* (Journal d'un ministre), Đà Nẵng, nxb Đà Nẵng, 1995.

Lê Văn Kỳ, *Mối quan hệ giữa truyền thuyết người Việt và hội lễ về các anh hùng* (Relations entre les personnages vietnamiens de légende et les festivals en l'honneur des figures héroïques), Hanoi, nxb Khoa học xã hội, 1997.

Lưu Văn Lợi, *Năm mươi năm ngoại giao Việt Nam 1945-1995* (50 ans de diplomatie vietnamienne), Tập I Ngoại giao Việt Nam 1945-1975, Hanoi, nxb công nhân dân, 1996.

Mai Văn Tạo, *Anh Tư Thạch* (Monsieur Thach), Hanoi, nxb Y học, 1981.

Minh Huê, *Con gái người anh hùng, truyện thiếu nhi* (Une fille héroïque, histoire pour enfants), Hanoi, nxb Kim Đồng, 1972.

Ngô Gia Khảm, *Một Đảng viên*, Hồi ký cách mạng của anh hùng Ngô Gia Khảm (Membre du Parti. Mémoire révolutionnaire du héros Ngô Gia Kham), Hanoi, nxb Kim Đồng, 1965.

Ngô Thông, *Chiến sĩ thi đua dân công Nguyễn thị Cam* (Nguyên thi Cam, combattante d'émulation du travail populaire), Phòng chính trị Bộ tư lệnh LK V xb, 1953.

Nguyễn Đức Thuận, *Bất khuất* (Indomptable), Hanoi, nxb Thanh niên, 1967.

Nguyễn Khánh Toàn, "Việc xây dựng con người mới và trách nhiệm của khoa học xã hội" (Sur la construction de l'homme nouveau et la responsabilité des sciences sociales), in *Học Tập*, Hanoi, n°8, 1968, p. 54.

Nguyên Ngọc, *Đất nước đứng lên* (Le pays se lève), Hanoi, nxb Văn học, 1956.

Nguyễn thị Thập, *Qua những chặng đường*, Hồi ký (À la croisée des chemins, mémoire), Hanoi, nxb Phụ nữ, 1982.

Nguyễn Từ Chi, *Góp phần nghiên cứu văn hóa và tộc người* (Contribution à l'étude de la culture et des peuples), Hanoi, nxb Văn hóa thông tin tạp chí văn hóa nghệ thuật, 1996.

Nguyễn Tuấn, *Ký* (Journal), Hanoi, nxb Văn học, 1976.

Phạm Công Minh, Nguyễn Quang Sáng, *Đầu tầu 109 !* (À la tête du train 109 !), Chuyện anh hùng lao động Lê Minh Đức, Hanoi, nxb Lao động, 1958.

Phạm thị Kim, *Phạm Hồng Thái*, HCMV, nxb Văn nghệ, 1994.

Phan Bội Châu, *Việt Nam vong quốc sử* (Histoire de la perte du pays vietnamien), Saigon, Tao đàn, 1969.

Phan Bội Châu, *Việt Nam nghĩa liệt sĩ* (Hommage aux martyrs vietnamiens), Hanoi, nxb Văn học, 1972.

Phan Ngọc, *Bản sắc văn hóa Việt Nam* (L'identité culturelle du Việt Nam), Hanoi, nxb Văn hóa thông tin, 1998.

Tô Hoài, *Vừ A Dính*, Hanoi, nxb Kim Đồng, 1962.

Tôn Quang Phiệt, *Phan Bội Châu và một giai đoạn lịch sử chống Pháp của nhân dân Việt Nam* (Phan Bôi Châu et une étape historique du peuple vietnamien contre les Français), Hanoi, nxb Văn hóa, 1958.

Tôn Thất Tùng, *Đường vào Khoa học* (La voie vers la science), Hanoi, nxb Y học và thể thao, 1974.

Tạ thị Kiều, *Lớn lên với thôn xóm* (Grandir au village), Hanoi, nxb Phụ nữ, 1966.

Tân Sinh, *Đời sống mới* (La vie nouvelle), Việt Minh Nghệ An, 1948.

Tầm Nguyên, "Anh hùng chủ nghĩa" (L'héroïsme), in *SHNB*, n°4-5, 11-12. 1947.

Thành Tín (Bùi Tín), *Hoa xuyên Tuyết*, Hồi ký (Roman d'un nénuphar, mémoire), Irvine, nxb Nhân Quyền, 1991.

Thành Tín (Bùi Tín), *Mặt thật, Hồi ký chính trị của Bùi Tín* (Face ouverte. Mémoire politique de Bui Tin), Irvine, Saigon press, 1993.

Thể Lệ, *Nguyên tắc khen thưởng và tiêu chuẩn thi đua* (Principes des récompenses et critères dans l'émulation), Hà Tĩnh, 1967.

Trần Đăng Khoa, *Khúc hát người anh hùng* (La chanson d'un héros), Hanoi, nxb Phụ nữ, 1974.

Trần Đình Vân, Phan thị Quyên, *Sống như anh* (Vivre comme toi), Hanoi, nxb Giáo dục, 1965.

Trần Dân Tiên (pseudonyme de Hồ Chí Minh), *Những mẩu chuyện về hoạt động của Hồ chủ tịch* (Éléments exemplaires dans l'activité du président Hô), Hanoi, nxb Văn học, 1960.

Trần Cân, *Mạc thị Bưởi*, truyện thơ, Hanoi, nxb Phổ thông, 1957.

Trần Cân, Mai Lang, *Anh hùng Nguyễn Văn Trỗi* (Le héros Nguyên Van Trôi), Hanoi, nxb Phổ thông, 1967.

Trần Hoàng Môi, Lâm Sam, *Sáng tạo con người mới trong Điện ảnh* (Créer l'homme nouveau au cinéma), Hanoi, nxb Văn hóa Nghệ thuật, 1962, p. 3.

Trần Huy Liệu, "Anh hùng tạo thời thế hay Thời thế tạo anh hùng" (Le héros crée les circonstances ou les circonstances créent le héros), in *NCLS*, Hanoi, n°96, 3.1967, pp.1-3.

Trần Văn Giàu, *Giá trị tinh thần truyền thống của dân tộc* (Valeur de l'esprit traditionnel du peuple), Hanoi, nxb Khoa học xã hội, 1980.

Trường Chinh, *Tăng cường tính Đảng đi sâu vào cuộc sống mới để phục vụ nhân dân, phục vụ cách mạng tốt hơn nữa - Văn nghệ xây dựng chủ nghĩa xã hội và đấu tranh thống nhất nước nhà* (Renforcer le caractère du Parti de manière à mieux participer à la Nouvelle Vie pour mieux servir le peuple et la révolution. — Les arts construisent le socialisme et la lutte pour l'unification de la patrie), Hanoi, nxb Văn hóa-Nghệ Thuật, 1963, p. 55.

Văn Huy, Trần Cẩn, *Mẹ Suốt* (La mère Suôt), Hanoi, nxb Phổ thông, 1967.

Văn Tạo, *Chủ nghĩa anh hùng cách mạng Việt Nam* (L'héroïsme révolutionnaire du Việt Nam), Hanoi, nxb Khoa học xã hội, 1972.

Văn Tạo, Nguyễn Quang Ân dir., *Ban Văn Sử Địa 1953-1959* (Le département Culture-Histoire-Géographie 1953-1959), Hanoi, Viện Sử Học, 1993.

Võ Nguyên Giáp, *Chiến đấu trong vòng vây* (La lutte encerclée), Hanoi, nxb Quân đội nhân dân, nxb Thanh niên, 1995.

Vũ Cao, Mai Văn Hiến, *Nguyễn thị Chiên*, Quân đội nhân dân, 1952.

Vũ Hồng, "Sự ra đời của Đảng và bước ngoặt lịch sử của chủ nghĩa anh hùng" (La naissance du Parti et le tournant historique de l'héroïsme), in *Học Tập*, Hanoi, n°4, 1967, pp. 75-81.

Vũ Khiêu, *Đạo đức mới* (Une nouvelle morale), Hanoi, nxb Khoa học xã hội, 1974.

Vũ Khiêu, *Anh hùng và Nghệ sĩ* (Héros et artiste), HCMV, nxb Văn học giải phóng, 1975.

Vũ Khiêu, *Tư tưởng đạo đức Hồ Chí Minh* (L'idée de la vertu chez Hô Chi Minh), Hanoi, nxb Khoa học xã hội, 1993.

Anh hùng lực lượng vũ trang nhân dân (Héros des forces armées), Hanoi, nxb Quân đội nhân, (tome I : 1978 ; tome II : 1980 ; tome III : 1981 ; tome IV : 1982 ; tome V : 1983).

Avóoc Hồ, Hồi ký Việt Bắc (Oncle Hô, mémoire du Việt Bac), Hanoi, nxb Văn hóa dân tộc, 1977.

Con đường cách mạng - Hoàng Văn Thụ, Lê Thanh Nghị, Nguyễn Duy Trinh, Trần Độ (La voie révolutionnaire. Hoang Van Thu, Lê Thanh Nghi, Nguyên Duy Trinh, Trân Dô), Hanoi, nxb Thanh niên, 1970.

Danh nhân đất Việt (Personnages célèbres de la terre vietnamienne), nxb Thanh Niên, 1989 (3 tomes).

Danh nhân lịch sử Việt Nam (Personnages célèbres de l'histoire du Viêt Nam), Hanoi, nxb Giáo dục, 1987 (2 tomes).

Gương liệt sĩ (Martyrs exemplaires), Hanoi, nxb Kim Đồng, 1984.

Những ngày kỷ niệm lớn trong nước (Les grandes journées du souvenir de la nation), Hanoi, nxb Quân đội nhân dân, 1972.

Sơ tuyển văn thơ yêu nước và cách mạng (Cahier de poèmes patriotiques et révolutionnaires), Hanoi, nxb Giáo dục, 1959.

Tuổi trẻ anh hùng (Jeunesse de héros), Hanoi, nxb Thanh niên, 1969.

Thế hệ anh hùng, đề cương giới thiệu cuốn sách người tốt việc tốt (Génération héroïque, texte de présentation du livre - L'homme bon travaille bien -), Hanoi, nxb Thanh niên, 1969.

Trung tâm Khoa học xã hội và Nhân văn quốc gia, Viện sử học, *Lịch sử Việt Nam 1954-1975* (Histoire du Viêt Nam), Hanoi, nxb Khoa học xã hội, 1995.

Truyện bảy anh hùng. Truyện anh hùng chiến sĩ thi đua (Histoire de 7 héros. Histoire de héros-combattants d'émulation), Hanoi, nxb Việt Nam, 1954.

Văn phòng Quốc hội, *Lịch sử Quốc hội Việt Nam 1946-1960* (Histoire de l'Assemblée nationale 1946-1960), Hanoi, nxb Chính trị quốc gia, 1994.

Vận động phong trào thi đua ái quốc (Activités du mouvement d'émulation patriotique), Ủy ban vận động thi đua ái quốc trung ương, Sơ thông tin Nam bộ, 1949.

Viện nghiên cứu chủ nghĩa Mác Lê Nin và tư tưởng Hồ Chí Minh, *Hồ Chí Minh biên niên tiểu sử* (Hô Chi Minh annales biographiques), Hanoi, nxb Chính trị quốc gia, (vol. I 1890-1930, publié en 1992 ; vol. II 1930-1945 et vol. III 1945-46, publiés en 1993 ; vol. IV 1946-1950, 1994 ; vol. V 1951-1954, vol. VI 1955-1957 et vol. VII 1958-1960 publiés en 1995).

Viện nghiên cứu chủ nghĩa Mác Lê Nin và tư tưởng Hồ Chí Minh, *Lịch sử Đảng cộng sản Việt Nam* (Histoire du Parti communiste vietnamien), vol. II (1954-1975), Hanoi, nxb Chính trị quốc gia, 1995.

Việt Nam đất nước anh hùng (Viêt Nam terre héroïque), Hanoi, nxb Sự Thật, 1975.

Index

NOMS DE LIEUX

- **Bắc Giang** : 170, 270, 296, 323, 338 + **Bắc Ninh** : 145, 292 + **Bắc Thái** : 329, 335, 336 + **Bến Tre** : 226 + **Bình Trị Thiên** : 50, 146, 149 + **Birmanie** : 91, 92, 94, 99, 103, 111.

- **Cao Bằng** : 23, 36, 162, 183, 184, 192, 193, 197, 206, 207, 208, 209, 209, 210, 211, 212, 213, 214, 215, 229, 241, 249, 252, 253, 321, 322, 323, 324, 332, 337, 360, 365, 367, 368, 369, 382, 383 + **Chine** : 8, 10, 18, 33, 37, 38, 59, 65, 67, , 68, 83, 84, 89, 90, 93, 94, 95, 96, 100, 102, 103, 106, 107, 108, 109 , 110, 111, 112, 115, 116, 117, 118, 120, 121, 122, 123, 124, 125, 126, 127, 128, 157, 160, 161, 163, 241, 244, 245, 247, 258, 267, 268, 307, 312, 318, 325, 380, 381, 401, 402, 403 + **Corée** : 117, 127.

- **France** : 82, 83, 84, 85, 86, 97, 98, 105, 131.

- **Gia Lai** : 237, 383, 390.

- **Hà Bắc** : 36, 53, 183, 184, 188, 191, 193, 194, 202, 206, 248, 338 + **Hà Đông** : 226, 253 + **Hà Giang** : 162, 335, 366 + **Hà Nội** : 115, 116, 197, 227, 241, 242, 243, 244, 245, 247, 253, 255, 256, 258, 260, 290, 292, 294, 307, 309, 310, 326, 333, 335, 336, 340, 357, 372, 381, 403 + **Hà Tây** : 53, 335, 336 + **Hà Tĩnh** : 146, 149, 151, 152, 153, 201, 215, 248, 249, 291, 293, 323, 332, 334, 335, 339, 340, 387 + **Hải Dương** : 126, 253, 291, 292, + **Hải Hưng** : 236, 327, 339, 340, 341, 342, 343, 344, 345, 346, 347 + **Hà Nam** : 277, 302 + **Hải Ninh / Hồng Quảng / Quảng Ninh** : 244, 245, 248, 295, 335, 336, 362, 364, 365, 372 + **Hải Phòng** : 135, 233, 248, 249, 321, 372 + **Hòa Bình** : 212, 225, 241, 320, 321, 332, 339, 360, 383 + **Hưng Yên** : 291, 372.

- **Inde** : 85, 86, 87, 91, 92, 94, 99, 111 + **Indonésie** : 92, 224.

- **Kiến An** : 290.

- **Lai Châu** : 39, 48, 119, 216, 243, 296, 300, 308, 309, 328, 332, 335, 338, 372, 383 + **Lạng Sơn** : 162, 174, 209, 316, 317, 318, 322, 337, 382 + **Lào Cai** : 119, 204, 284, 335, 338, 366, 384.

- **Nam Định** : 248 + **Nam Hà** : 335, 336 + **Népal** : 377 + **Nghệ An** : 36, 59, 146, 147, 148, 149, 150, 151, 152, 177, 183, 184, 187, 188, 193, 199, 202, 206, 209, 212, 213, 214, 216, 217, 218, 219, 241, 248, 249, 275, 276, 281, 292, 300, 308, 320, 323, 326, 333, 336, 339, 371, 385, 387 + **Ninh Bình** : 199, 246, 247, 335, 336, 366.

- **Pakistan** : 92, 111 + **Phú Thọ** : 253 + **Pologne** : 90, 93.

- **Quảng Bình** : 339, 371 + **Quảng Nam-Đà Nẵng** : 225, 226 + **Quảng Trị** : 282.

- **Rạch Giá** : 226.

- **Saigon** : 82, 136, 215, 225, 381, 384 + **Sơn La** : 245, 300, 338 + **Sơn Tây** : 292, 370 + **Suisse** : 38, 86, 89, 100.

- **Tchécoslovaquie** : 38, 90, 91, 93, 95, 97, 99, 101, 102, 110 , 111 + **Thái Bình** : 236, 241, 249, 253, 321, 322, 338, 370 + **Thaïlande** : 38, 50, 82, 83, 84, 85, 87, 89, 90, 91, 92, 93, 94, 95, 96, 97, 98, 99, 100, 101, 102, 103, 104, 105, 106, 108, 112, 120, 121 + **Thanh Hòa** : 146, 212, 215, 253, 292, 300, 301, 333, 339 + **Thủ Đầu Một** : 226 + **Tuyên Quang** : 23, 28, 38, 65, 69, 79, 150, 163, 176, 177, 178, 215, 218, 227, 228, 230, 232, 241, 243, 246, 257, 259, 265, 282, 284, 287, 288, 308, 314, 337, 339, 383, 389, 399.

- **Union Soviétique** : 10, 37, 38, 66, 67, 82, 83, 84, 85, 86, 87, 88, 90, 92, 94, 95, 96, 97 , 98, 99, 100, 101, 102, 103, 104, 106, 108, 109, 110, 111, 112, 113, 114, 115, 116, 117, 118, 119, 120, 121, 122, 123, 124, 125, 126, 127, 128, 129, 144, 156, 159, 161, 163, 318, 374, 402.

- **Vinh Lĩnh** : 205 + **Vĩnh Phú** : 53, 174, 248, 249, 292, 331, 339, 385.

- **Yên Bái** : 56, 58, 338 + **Yougoslavie** : 105, 156.

NOMS PROPRES

- **N.J. Allen** : 377 + **Général Alessandri** : 103 + **L. Althusser** : 5 + **Ananda** : 83 + **Khuang Aphaiwong** : 84 + **Saint Thomas d'Aquin** : 28 + **H. Arendt** : 29, 32.

- **Bàn Văn Minh** : 234, 245 + **Bachitov** : 96, 97, 98 + **Bế Văn Đàn** : 310, 383 + **G. Boudarel** : 295 + **Boukharine** : 374 + **Braudel** : 20 + **Brotherton** : 95, 96, 101 + **Bùi Đình Hac** : 360 + **Bùi Các** : 110, 116 + **Bùi thị Xuân** : 63, 390 + **Bùi Tín** : 124, 158.

- **Cao Hồng Lãnh** : 93, 94, 95, 103, 106 + **Cao Lục** : 324, 340, 385 + **Cao Viết Bảo** : 385 + **Thomas Carlyle** : 35 + **Chateaubriand** : 16 + **Châu Hoà Mủn** : 245 + **Chen Boda** : 311, 312, 313 + **Chen Geng** : 127 + **Chiang Kai-shek** : 83, 156 + **Chu Văn Cầu** : 214 + **Chu Văn Mùi** : 242, 251 + **Confucius** : 76 + **Cù Chính Lan** : 24, 177, 225, 232, 241, 242, 310, 320, 321, 324, 332, 339, 360, 383, 389 + **Cù Chính Thào** : 225.

- **Đàm thị Thủy** : 197 + **Đặng Tất** : 58 + **Đặng Đức Song** : 254 + **Đặng Thái Thân** : 61 + **Đỗ Tiến Hảo** : 256 + **Đỗ Văn Tiết** : 253 + **J.L. Domenach** : 18, 29 + **Dong Qi Wu** : 117 + **Drugov** : 84 + **Prasenjit Duara** : 8 + **Đường Bách Mai** : 105.

- **D. Filtzer** : 67 + **F. Furet** : 31.

- **Gia Long** : 50, 51, 307, 314 + **C. Ginzburg** : 397 + **C. E. Goscha** : 85 + **Gromyko** : 127.

- **Hà Huy Giáp** : 71, 73 + **Hà Huy Tập** : 321, 340 + **Hải Như** : 234 + **Hồ Chí Minh** : 23, 27, 43, 55, 70, 71, 72, 73, 77, 78, 79, 84, 85, 86, 87, 88, 91, 99, 102, 107, 109, 110, 112, 113, 114, 115, 116, 117, 118, 119, 120, 121, 122, 123, 124, 125, 126, 128, 132, 133, 142, 153, 154, 155, 156, 157, 158, 159, 160, 163, 168, 176, 178, 181, 208, 224, 237, 238, 239, 243, 252, 253, 258, 265, 267, 278, 279, 285, 290, 291, 292, 307, 308, 308, 314, 326, 329, 334, 337, 340, 350, 357, 377, 380, 382, 389 + **Hồ thị Minh** : 112 + **Hồ Túng Tín** : 326 + **Hồ Tưng Mậu** : 321, 340 + **Hồ Xây Dậu** : 244, 260 + **Hoàng Đình Dong** : 321, 323, 337 + **Hoàng Hanh** : 24, 150, 177, 215, 218, 219, 232, 242, 243, 257, 333, 389 + **Hoàng Hoa Thám** :

56, 58, 315, 316 + **Hoàng Minh Giám** : 120, 121, 125 + **Hoàng Ngọc Oanh** : 152 + **Hoàng thị Liên** : 151 + **Hoàng thị Loan** : 340 + **Hoàng Tôn** : 310 + **Hoàng Tranh** : 116 + **Hoàng Văn Hoan** : 89, 91, 92, 93, 96, 99, 100, 102, 103, 104, 105, 106, 110, 111, 112, 113, 116, 117, 119, 123, 162 + **Hoàng Văn Thụ** : 77, 316, 317, 318, 321, 322, 326, 337, 338, 382, 390 + **Hồng Cẩm Hoàng** : 49 + **rois Hùng** : 222, 307, 315.

- **Jdanov** : 86, 98.

- **Kat Katsonggram** : 103 + **J. Kleinen** : 316 + **D. Khapaeva** : 386 + **Khổng Văn Cúc** : 174 + **N. Khrouchtchev** : 75, 119 + **Kim Đồng** : 319, 323, 324, 332, 337, 360, 369, 382, 390 + **N. Kopossov** : 386 + **Zoia Kosmodiemianskaya** : 341.

- **La Văn Cầu** : 23, 24, 177, 229, 232, 241, 243, 250, 254, 257, 319, 320, 329, 383, 390 + **P. Langlet** : 50 + **Lê Chiêu Thống** : 315 + **Lê Duẩn** : 292 + **Lê Đức Chỉnh** : 111 + **Lê Hồng Phong** : 59, 77, 321, 326, 340, 380, 381 + **Lê Hy** : 87, 89, 90, 93, 94, 95, 96, 97, 98, 99, 100, 101, 102, 103, 104, 105, 110, 111, 112 + **Lê Lợi** : 54, 55, 61, 314, 316 + **Lê Minh Đức** : 385 + **Lê Minh Ngọc** : 52 + **Lê Thanh Nghị** : 244 + **Lê Van Tám** : 384, 389 + **S. Leys** : 263 + **Lê Thiết Hùng** : 59, 380 + **Lê Văn Hiển** : 102, 260 + **Lei Feng** : 5, 33, 240 + **Lénine** : 5, 26, 159 + **C. Lévi-Strauss** : 8, 36 + **Lin Bo Qu** : 117 + **Liu Shaoqi** : 109, 117, 118 + **Luo Guibo** : 127, 163 + **Lunatcharsky** : 374 + **Lương Khánh Thiện** : 235 + **Lương Văn Chi** : 323, 337, 338 + **Lý Tế Xuyên** : 48 + **Lý Thai Bảo** : 360 + **Lý Thái Tổ** : 57, 307 + **Lý Thường Kiệt** : 23, 54, 307, 319 + **Lý Tự Trọng** : 310, 319, 323, 334, 335, 340, 360, 369, 382.

- **Mạc Đĩnh Chi** : 341, 345, 348 + **Mạc thị Bưởi** : 236, 310, 319, 324, 327, 339, 340, 341, 342, 343, 344, 345, 346, 347, 348, 350, 351, 352, 364, 383 + **Mac Namara** : 226, 385 + **Mạc thị Thành** : 342, 343 + **Machentov** : 123 + **Mai Hắc Đế** : 307 + **Mai Thế Chầu** : 87 + **Mai Tinh Kang** : 245 + **Mao Zedong** : 5, 7, 8, 67, 89, 106, 108, 110, 115, 123, 133, 156, 157, 159, 257, 359 + **D. Marr** : 137 + **K. Marx** : 26, 316 + **Masykuri** : 223 + **Mencius** : 72 + **Merlin** : 59, 268, 380 + **Michelet** : 16 + **Minh Mạng** : 51 + **Molotov** : 97, 109 + **Montesquieu** : 33 + **Vasiku Moskov** : 84 + **Morosov** : 233.

- Ngô Đắc Kha : 360 + Ngô Đình Diệm : 304, 315 + Ngô Gia Khảm : 24, 163, 177, 232, 233, 235, 236, 241, 243, 259, 324, 339 + Ngô Gia Tự : 77, 321, 326, 338, 381 + Ngô Quyền : 61, 307, 315 + Ngô Thành : 216 + Nguyễn Công Hùng : 343 + Nguyễn Đình Chú : 64 + Nguyễn Đổng Chi : 57 + Nguyễn Đức Cảnh : 321, 328 + Nguyễn Đức Quý : 87, 89, 91, 92, 93, 96, 98, 99, 100, 101, 102, 103, 104, 105, 108, 110, 111, 121, 128 + Nguyễn Du : 323 + Nguyễn Hữu Huân : 61 + Nguyễn Khắc Trường : 203 + Nguyễn Khánh Toàn : 77 + Nguyễn Lam : 310 + Nguyễn Lương Bằng : 126, 127, 128 + Nguyễn Minh : 313 + Nguyễn Như Nguyện : 194 + Nguyễn Ngọc : 390 + Nguyễn Quảng Du : 296 + Nguyễn Quốc Trị : 24, 177, 232, 241, 257, 383 + Nguyễn Sinh Sắc : 340 + Nguyễn Sơn : 157 + Nguyễn Thái Học : 268, 319, 338 + Nguyễn thị Chiên : 24, 177, 232, 236, 241, 320, 383 + Nguyễn thị Hiên : 174 + Nguyễn thị Khương : 258 + Nguyễn thị Minh Khai : 77, 326, 381 + Nguyễn thị Mi : 257 + Nguyễn thị Nhờ : 188 + Nguyễn thị Suốt : 339, 383 + Nguyễn Thinh : 216 + Nguyễn Thường : 128 + Nguyễn Tri Phương : 230, 316 + Nguyễn Trãi : 54, 55, 61, 307, 314, 389 + Nguyễn Trung Thiếp : 271 + Nguyễn Trương Chính : 218 + Nguyễn Tuấn : 225 + Nguyễn Văn Bé : 226 + Nguyễn Văn Cừ : 77, 321, 326, 338, 381 + Nguyễn Văn Hợp : 193 + Nguyễn Văn Hướng : 111 + Nguyễn Văn Thuyên : 361 + Nguyễn Văn Trỗi : 225, 226, 261, 333, 360, 372, 375, 385 + Nguyễn Văn Tư : 226 + Nguyễn Văn Ủy : 291 + Nguyễn Việt Hồng : 226 + Nguyễn Viết Xuân : 324, 331, 339, 385 + S. Niemchine : 84, 89, 93, 94, 95, 98, 99, 100, 101, 102, 103, 104, 105, 121, 128 + Nông Ích Đạt : 360 + Núp : 237, 243, 383, 390.

- P. Papin : 80 + Phạm Hồng Thái : 59, 61, 63, 267, 268, 319, 323, 340, 380 + Phạm Hùng : 292 + Phạm Quang Lịch : 321, 322 + Phạm Phi Kiến : 49 + Phạm Trọng Tuyển : 59 + Phạm Ngọc Thạch : 85, 86, 87, 89, 90, 100, 254, 255 + Phạm Văn Đồng : 109, 163, 357, 359 + Phan Bội Châu : 38, 54, 55, 56, 57, 58, 59, 60, 61, 62, 63, 64, 340 + Phan Đình Giót : 310, 332, 340 + Phan Đình Phùng : 23, 308, 316, 326, 338, 340, 383 + Phan Ngọc : 64, 388 + Phạm Thành Mỹ : 59 + Phan thị Quyên : 225, 226 + D. Pike : 85 + Pridi Phanamyong : 82, 83, 84 + Phùng Văn Khầu : 242, 251 + Plekhailov : 96 + Plekhanov : 7 + Pokrovski : 374 + Pschinoviev : 123.

- Quang Phúc : 219 + Quang Trung : 61, 315.

- **J. Radvanyi** : 109 + **Roshchin** : 118 + **Roskov** : 90.

- **Shi Zhe** : 115 + **S. L. Shirk** : 25 + **Nicolas Shmigol** : 84 + **Phibun Songkram** : 84, 93, 102, 105 + **Souslov** : 122 + **Phao Sriyanon** : 84 + **Alexei Stakhanov** : 5, 66 + **Staline** : 86, 98, 110, 113, 114, 116, 118, 119, 120, 121, 122, 123, 124, 125, 128, 132, 156, 178, 234, 257.

- **Tạ thị Kiều** : 226, 238 + **Tạ Văn Cừu** : 174 + **Tăng Bạt Hổ** : 61 + **Mikhail Tchiaourelli** : 162 + **Sarit Thanarat** : 84 + **Tito** : 87 + **Tô Hiệu** : 338 + **Tôn Đức Thắng** : 292 + **Tôn Thất Tùng** : 254, 255 + **mẹ Tơm** : 339 + **Thủ Khoa Huân** : 63 + **Trần Bình Trọng** : 63 + **Trần Cừ** : 383 + **Trần Đại Nghĩa** : 24, 177, 232, 242, 243, 254 + **Trần Đăng Ninh** : 116, 117, 156 + **Trần Đình Vân** : 226 + **Trần Hoàng Môi** : 361 + **Trần Huy Liệu** : 308, 312, 313 + **Trần Hưng Đạo** : 23, 54, 58, 61, 307, 313, 314, 316, 317, 329 + **Trần Hữu Buồm** : 199 + **Trần Ích Tắc** : 314 + **Trần Mai** : 121 + **Trần Ngọc Danh** : 90, 97, 105, 110, 111, 112, 113 + **Trần Phú** : 77, 316, 317, 319, 321, 324, 326, 339, 340, 381 + **Trần Qúy Khoáng** : 58 + **Trần thị Đào** : 360 + **Trần thị Liên** : 215 + **Trần Thiêm Bình** : 314 + **Trần Văn Chiến** : 191 + **Trần Văn Giàu** : 85, 87, 90 + **Trần Văn Luân** : 87, 92 + **Trần Văn Ơn** : 310, 384 + **Bà Triệu** : 54, 319, 390 + **Triệu Thùng Chòi** : 192, 207 + **Hai bà Trung** : 54, 61, 307, 313, 316, 390 + **Trường Chinh** : 64, 69, 137, 155, 159, 234, 308, 319 + **Trương Định** : 61, 63.

- **I. Usatchev** : 84, 89, 98, 108, 110.

- **V. Chương** : 90, 94, 95, 103 + **Văn Tạo** : 311 + **Vichinsky** : 121 + **Vladimorov** : 127 + **Võ Nguyên Giáp** : 23, 89, 116, 117, 118, 119, 136, 138, 292, 308 + **Võ thị Sáu** :310, 369, 384, 389 + **Vòong Nải Hoài** : 245 + **Vũ A Dính** : 328, 384, 390, 391 + **Vũ Đình Tụng** : 291 + **Vũ Khiêu** : 78 + **Vũ Phạm Từ** : 360.

- **A. G. Walder** : 9, 30, 405 + **Wang Jiaxiang** : 118, 119, 125, 127 + **Wei Guoqing** : 309 + **A. Wolf** : 376 + **Wu Xuiquan** : 115, 122 + **M. Weber** : 25, 29 + **C. White** : 201.

- **Xiu Gu** : 128 + **Général Xuân** : 133.

- **Yue Fei** : 312.

- **Zhou Enlai** : 115, 116, 117, 118, 123 + **Zhei Cheng-gong** : 312 + **Zhu De** : 117.

Glossaire

A

Anh hùng chân chính : héros légitime
Anh hùng chủ nghĩa : héroïsme
Anh hùng hữu danh : héros renommé
Anh hùng lao động : héros du travail
Anh hùng lịch sử : héros historique
Anh hùng lực lượng vũ trang : héros des forces armées
Anh hùng mới : héros nouveau
Anh hùng phản bội : héros traître
Anh hùng phong kiến : héros féodal
Anh hùng tập thể : héros collectif
Anh hùng vô danh : héros anonyme

B

Ban cán sự trung ương ở hải ngoại : bureau central des cadres d'Outre-mer
Ban canh nông : comité agricole
Ban liên lạc quốc tế : comité de liaison avec l'étranger
Ban nghiên cứu Lịch sử Đảng : comité d'étude de l'histoire du Parti
Ban thông tin tuyên truyền : bureau d'information et de propagande
Ban tổ chức Đại hội : comité d'organisation de conférences
Ban tuyên giáo Đảng lao động : section de propagande et d'éducation politique du Parti
Ban vận động thi đua : comité ou bureau d'émulation
Bàn thờ tổ tiên : autel des ancêtres
Bằng khen : certificat de mérite
Bằng tổ quốc ghi công : certificat "la patrie reconnaissante"
Bần nông : paysan pauvre
Bí thư xã : secrétaire du Parti de la commune
Bộ canh nông : ministère de l'Agriculture
Bộ công nghiệp : ministère de l'Industrie
Bộ đội địa phương : forces communales de l'Armée populaire
Bộ giáo dục : ministère de l'Éducation
Bộ lao động : ministère du Travail
Bộ lễ : ministère des Rites
Bộ nội vụ : ministère de l'Intérieur
Bộ quốc phòng : ministère de la Défense nationale
Bộ thương binh cứu binh : ministère des Invalides
Bồi dưỡng anh hùng : formation des héros

C

Cá nhân xuất sắc : individu émérite
Cải tạo tư tưởng : réforme idéologique
Cán bộ gương mẫu : cadre exemplaire
Cán bộ lưu động tỉnh : cadres provinciaux itinérants

Cán bộ sản xuất nông nghiệp : cadre de production agricole
Cán bộ thi đua tỉnh : cadre provincial responsable de l'émulation
Cán bộ văn hóa : cadre culturel
Cần, kiệm, liêm, chính : Économie, Diligence, Intégrité, Droiture
Câu lạc bộ : club
Chi bộ : cellule du Parti
Chiến sĩ thi đua công nghiệp : combattant d'émulation ouvrier
Chiến sĩ thi đua nông nghiệp : combattant d'émulation paysan
Chính trị viên : commissaire politique
Chỉnh huấn : rectification
Chủ nghĩa cá nhân : individualisme
Chủ tịch xã : président de la commune
Chùa : pagode
Con người mới : homme nouveau
Công tác liệt sĩ : politique des martyrs
Công thần : culte des officiers méritants
Cố nông : paysan sans terre
Cờ danh dự : étendard patriotique
Cơ quan thông tấn xã Việt Nam : bureau d'information du Việt Nam

Đ

Đại diện Trung ương Đảng : représentant du comité central du PCI

Đại gia đình Việt Nam : grande famille vietnamienne (le pays)
Đài tưởng niệm : statue commémorative
Đảng Lao động : Parti du travail
Đảng viên : membre du Parti
Đất nước : pays
Đất tổ tiên : terre des ancêtres
Đền thờ : autel
Địa chủ : propriétaire foncier
Đình : maison communale
Đoàn đánh cá : groupe de pêcheurs
Đội bình dân học vụ : groupe d'éducation populaire
Đội cải cách ruộng đất : équipe de la réforme agraire
Đội chiến sĩ thi đua : groupe de combattant d'émulation
Đội dân quân văn hóa : groupe culturel de miliciens
Đội lão quân : groupe de militaires du troisième âge
Đội trật tự : service d'ordre
Đội xung phong : groupe d'avant-garde
Đội sống mới : nouvelle société
Đơn vị du kích : unité de guérilla
Đức : vertu

D

Danh hiệu : titre
Dân công : travailleur civique
Dân quân : milice populaire
Dân tộc anh hùng Việt Nam : peuple héroïque vietnamien

Dân tộc thiểu số : peuple minoritaire

G

Gia đình mất tích : famille des disparus
Gia đình nuôi dưỡng thương binh : famille qui s'occupe d'invalide
Giấy khen : témoignage de satisfaction
Giải khuyến khích : prix d'encouragement

H

Hành động : action
Huyện : district
Huyện ủy : comité du Parti du district
Hiệu sách nhân dân : librairie populaire
Họ : nom de famille, parenté
Học sinh gương mẫu : élève exemplaire
Hộ : foyer, feu
Hội đồng chính phủ : commission gouvernementale
Hội đồng huân chương lao động : comité de collecte des informations pour délivrer des médailles du travail
Hội đồng khen thưởng trung ương : commission nationale de remise de décoration
Hội đồng nhân dân : assemblée populaire
Hội liên hiệp phụ nữ : association des femmes
Hội mẹ chiến sĩ : association de mères de combattants
Hội nghiên cứu chủ nghĩa Mác : association d'étude du marxisme
Hội nghị thi đua toàn quốc : conférence nationale d'émulation
Hội nông dân cứu quốc : association des paysans du salut national
Hội trợ giúp giáo dục : association pour le développement de l'éducation
Hợp tác xã : coopérative
Huân chương Lao động : médaille du travail

K

Khu : zone
Khu mộ : espace commémoratif autour de la tombe d'un mort illustre
Khu tự trị : zone autonome
Khu vực thờ : espace cultuel

L

Làng : village
Lao động tiên tiến : travailleur d'avant-garde
Lao động xuất sắc : travailleur émérite
Lễ hội : festival

Liên hiệp công đoàn : organisation syndicale
Liên Khu : inter-zone
Liệt sĩ tổ quốc : martyr de la patrie
Lý lịch : biographie

M

Mặt trận tổ quốc : Front de la patrie
Miền Nam tập kết : personnalités originaires du Sud Việt Nam réfugiées au Nord
Mộ giả : tombe symbolique

N

Nhà nghỉ dưỡng : maison de repos
Nhà văn hóa : maison de la culture
Nhân cách cao thượng : caractère exceptionnel
Nhân thần : génie humain
Nhóm sản xuất : groupe de production
Nền nếp : ordre et discipline
Ngành : branche d'activité
Ngày thương binh tử sĩ : journée des invalides et des morts pour la patrie
Nghĩa trang : cimetière de martyrs
Nhà lưu niệm : maison du souvenir

P

Phái đoàn chính phủ : délégation du gouvernement

Phát động quần chúng : mobilisation des masses
Phi nghĩa : mauvaise cause, illégitime
Phong trào thi đua ái quốc : mouvement d'émulation patriotique
Phòng kế hoạch thi đua : cellule de planification de l'émulation
Phú nông : paysan riche

Q

Quê hương : village natal

S

Sùng bái cá nhân : culte de la personnalité

T

Tầng lớp dưới : classe inférieure
Thanh niên : organisation de la Jeunesse
Thị trấn : bourg
Thiên thần : génie céleste
Thiếu nhi : organisation d'enfants
Tiền tuất : pension
Tiểu sử anh hùng mới : biographie du héros nouveau
Tinh thần dân tộc : esprit national
Tỉnh : province
Tỉnh ủy : comité provincial du Parti
Tổ đổi công : cellule d'entraide
Tổ quốc : nation, patrie

Tôn kính anh hùng : vénération du héros
Tôn ti trật tự : ordre social
Trung nông : paysan moyen
Trung ương : échelon central
Tử sĩ : mort en activité
Tử trận : mort au combat
Tư tưởng tập thể : esprit collectiviste
Tư tưởng xã hội chủ nghĩa : esprit socialiste

Ủ

Ủy ban kháng chiến hành chính : comité de résistance et d'administration
Ủy ban thống nhất : comité pour la réunification

V

Vì nghĩa : juste cause
Viện huân chương : Institut des décorations
Việc bình thường hóa anh hùng : normalisation du héros
Vong quốc : perte de la patrie

X

Xã : commune
Xã hội mới : nouvelle société

Xây dựng chủ nghĩa xã hội : construction du socialisme
Xây dựng con người mới : construire l'homme nouveau

TABLE DES MATIÈRES

Héros et Révolution au Viêt Nam 1948-1964

Préface : Histoire et révolution au Viêt Nam — 5

Introduction — 21

Chapitre I : **De l'héroïsme au Viêt Nam** — 43
    Le héros dans le Viêt Nam traditionnel — 44
    Phan Bội Châu ou la mue du héros — 54
    Le "héros nouveau" dans le Viêt Nam communiste — 65

Chapitre II : **Le "héros nouveau", une affaire de diplomatie** — 81
    Les hésitations d'une diplomatie désorientée — 82
    Mainmise sur la diplomatie de la RDVN ? — 99
    L'intégration de la RDVN au bloc communiste — 113

Chapitre III : **L'émulation patriotique, 1948-1952** — 131
    Une morale collective — 133
    La première campagne d'émulation patriotique — 138
    L'émulation dans la province du Nghệ Tĩnh — 146
    La réforme sino-soviétique de l'émulation — 155

Chapitre IV : **Le combattant d'émulation, 1950-1964** — 179
    Portrait du combattant d'émulation — 181
    Le combattant d'émulation et la commune — 186
    Dérives du combattant d'émulation — 198
    Une nouvelle élite locale ? — 203
    Combattants d'émulation et ethnies minoritaires — 207
    Combattants d'émulation et catholiques — 214

Chapitre V : **Le héros nouveau, 1952-1964**	221
La biographie officielle	222
Représentation du "héros nouveau"	228
La vie officielle du "héros nouveau"	231
La production du "héros nouveau"	240
Géographie du "héros nouveau"	246
Le métier de "héros nouveau"	250
Le statut du "héros nouveau"	256
Chapitre VI : **La vie des morts**	263
L'ordre des morts	265
Le certificat posthume	271
Les campagnes de classification des morts	273
La journée des invalides et des martyrs	285
Les cimetières patriotiques	296
Les camps de repos	300
Chapitre VII : **Le culte des héros nouveaux**	305
L'héritage national en question	307
Le calendrier patriotique	314
Typologie des "génies nouveaux"	320
Une nouvelle géographie cultuelle	325
Les nouveaux lieux du souvenir	329
Mạc thị Bởi, un rite patriotique	340
Chapitre VIII : **Un nouveau panthéon patriotique**	355
Culture de masse et "héros nouveau"	357
Le "héros nouveau" et la commune	362
Les saisons du "héros nouveau"	373
Un nouveau panthéon historique	376

Conclusion	395
Références bibliographiques	409
Index	429
Glossaire	437
Table des matières	443

Achevé d'imprimer le 20 septembre 2001
sur les presses de

Imprimerie D. Guéniot
Langres - Saints-Geosmes
Photocomposition : L'Harmattan
Dépôt légal : octobre 2001 - N° d'imp. : 4446